PRINCIPIANTES

Una publicación para maestros de niños principiantes de 6 a 8 años de edad.
Corresponde al año 3 del ciclo de tres años de principiantes.

[maestro]

año
3

I0108491

cnp

Casa Nazarena de Publicaciones

Estas lecciones se tradujeron y adaptaron del material publicado originalmente en ingléºs por WordAction Publications.

Publicado con permiso de Nazarene Publishing House, Kansas City, Missouri (USA)

Publicado por
Casa Nazarena de Publicaciones
17001 Praire Star Parkway
Lenexa, KS 66220 EUA.

informacion@editorialcnp.com • www.editorialcnp.com

David Hayse, Director
Publicaciones Nazarenas Global

Germán Picavea, Editor General
Casa Nazarena de Publicaciones

Patrica Picavea, Editora
Publicaciones Ministeriales

Traducción, adaptación y editorial: Gladys de Aparicio, Florencia Himitián, Marcelo Laffitte,
Isabel Márquez, Cristina de Palikián, Gladys Perales, Johanna Radi, Javier Sottini, Ana M. Zani
Diseño de la portada: Región MAC

ISBN 978-1-56344-515-6

Categoría: Educación cristiana

CONTENIDO

CONOZCAMOS AL PRINCIPIANTE

Es muy activo y la coordinación de sus músculos se está afinando.

Su habilidad para contar, pintar, pegar, recortar y doblar mejora progresivamente.

Su razonamiento se basa en experiencias previas o en objetos concretos.

Aprende mejor haciendo que viendo.

Busca la aprobación de los adultos y sus compañeros.

Valora la justicia y no comprende cuando las reglas cambian.

Tiene habilidades básicas (leer, escribir, organizar, clasificar) suficientemente desarrolladas como para lograr objetivos.

Comprende mejor los conceptos de tiempo, espacio y distancia.

El compañerismo es muy importante. En esta edad le importa más ser aceptado por sus compañeros que por los adultos.

Está aprendiendo a conocer la perspectiva de otras personas y a reconocer que un problema puede tener varias soluciones.

Considerando las características de la etapa de desarrollo de sus alumnos, incluimos algunos consejos para mejorar la dinámica de su clase:

✗ Use ayudas visuales, ilustraciones y ejemplos variados para ayudarles a entender las ideas abstractas.

✗ Establezca normas firmes.

✗ Guíe las discusiones con preguntas sencillas y cortas, para ayudarles a comprender el concepto y use ejemplos para ilustrarlo.

✗ Planee actividades en pequeños grupos.

✗ Pida a los alumnos que den ideas para planear proyectos de ayuda a otros en la iglesia y la comunidad y que participen en ellos.

✗ Ponga énfasis en la importancia del trabajo misionero.

✗ Provea oportunidades para que discutan y piensen acerca de temas morales.

✗ Presente historias sin final para que ellos las terminen y tomen las decisiones.

✗ Use el drama como método y permita que los niños participen.

RECURSOS DIDÁCTICOS

Estimado maestro:

Hemos preparado esta serie de recursos didácticos que le ayudarán a enriquecer la dinámica de su clase.

En algunas lecciones, en la sección de actividades, se recomienda el uso de estos materiales para estimular al niño a ejercitar sus habilidades motrices y encaminarlos hacia un aprendizaje más significativo.

RECETAS DE PLASTILINA O MASA PARA MODELAR

MASA DE HARINA Y SAL

Ingredientes:

2 ó 3 tazas de harina común
3/4 taza de sal fina
1/2 taza de agua tibia
Colorante vegetal

Instrucciones:

Mezcle la harina con la sal e incorpore poco a poco el agua tibia mientras revuelve. Si desea añadirle color, agregue unas gotas de colorante vegetal mientras amasa. La consistencia de la masa dependerá de la cantidad de agua que agregue. Guarde la masa terminada en un recipiente cerrado dentro del refrigerador.

MASA COCIDA

Ingredientes:

2 tazas de harina
1 taza de sal
1 cucharada de aceite vegetal
2 cucharaditas de crémor tártaro
1/2 taza de agua
Colorante vegetal

Instrucciones:

Mezcle los ingredientes secos; después agregue el agua y el aceite vegetal. Ponga la mezcla a fuego mínimo, revolviendo constantemente hasta que la preparación espese.

Retírela del fuego y déjela enfriar. Para lograr el color deseado, agregue unas gotas de colorante vegetal mientras amasa la mezcla. Se conserva más de un mes si se guarda en un recipiente cerrado.

MASA DE BARRO

Ingredientes:

2 tazas de tierra
2 tazas de arena
1/2 taza de sal
Agua

Instrucciones:

Mezcle la tierra, la arena y la sal; después agregue el agua poco a poco hasta obtener la consistencia deseada para modelar.

PINTURAS DACTILARES (DACTILOGRÁFICAS O DACTÍLICAS)

Ingredientes:

1 1/4 de taza de almidón
1/2 taza de jabón en polvo
3 tazas de agua hirviendo
1 cucharada de glicerina
Colorantes vegetales o témpera

Instrucciones:

Disuelva el almidón en agua fría; después vacíelo lentamente en el agua hirviendo mientras revuelve en forma constante para evitar que se formen grumos. Agregue el jabón y por último añada la glicerina. Para darle color, agregue colorantes vegetales o témpera. Se obtiene una preparación gelatinosa que no es tóxica. Si envasa esta pintura en frascos de plástico, se conservará por varios días.

PEGAMENTO BLANCO

Ingredientes:
 4 tazas de agua
 1 taza de harina de trigo
 1/2 taza de azúcar
 1/2 taza de vinagre

Instrucciones:
 Hierva tres tazas de agua. Mientras tanto, en un recipiente mezcle una taza de agua, la harina, el azúcar y el vinagre. Cuando el agua esté hirviendo, agregue la mezcla y revuelva lentamente sobre el fuego hasta que suelte el primer hervor. Si quedan grumos, puede licuar la mezcla. Si está muy espeso, agréguele agua; si queda aguado, hiérvalo más tiempo. Guarde el pegamento en un frasco tapado.

PAPEL PARA TARJETAS Y MANUALIDADES

1. Remoje en agua caliente 6 hojas de papel o de revistas cortadas en pedacitos.
2. Muela en la licuadora el papel con media taza de avena, o de flores, o bagazo de frutas o verduras como zanahoria, apio, etc.
3. Cuele la mezcla y agregue cuatro cucharadas de glicerina y 6 cucharadas de pegamento blanco.
4. Extienda la pasta sobre un plástico con un rodillo o palo de amasar hasta que quede delgada y pareja.
5. Déjela secar al sol durante dos días.
6. Con el papel puede hacer tarjetas, separadores de libros, cartas, etc.

Introducción – Unidad I
JESÚS COMIENZA SU MINISTERIO

Bases bíblicas: Lucas 2:41-52; Mateo 3:1-17; 4:1-11; 4:18-22; Marcos 3:13-19; Juan 1:35-51.

Texto de la unidad: *Y Jesús crecía en sabiduría, en estatura y en gracia para con Dios y los hombres* (Lucas 2:52).

Propósitos de la unidad

Esta unidad ayudará a los principiantes a:

✗ Conocer los primeros pasos del ministerio de Jesús.
✗ Ver su crecimiento en el conocimiento de Dios.
✗ Comprobar su actitud de obediencia al bautizarse.
✗ Aprender de la forma tan particular que utilizó Jesús, para seleccionar a sus discípulos.

Lecciones de la unidad

Lección 1:   Jesús aprende a obedecer
Lección 2:   Jesús se bautiza
Lección 3:   Jesús es tentado
Lección 4:   Jesús escoge a sus discípulos

Por qué los principiantes necesitan la enseñanza de esta unidad

Es importante que los principiantes sepan que Jesucristo es el personaje de una historia real.

Muchas veces se les torna confuso el límite entre las historias fantásticas que ven en los dibujos animados (caricaturas) y la realidad.

De allí que es importante que comiencen a saber de Jesús desde su niñez.

Precisamente, esta serie de lecciones permitirán que sus alumnos conozcan a Jesús desde la temprana edad de 12 años.

A través de los textos bíblicos, comenzarán a familiarizarse, primero, con un pequeño que llamaba la atención de la gente por su sabiduría; segundo, con la manera en que respondía con las Escrituras ante cada tentación del diablo; y por último, con su especial forma de seleccionar a quienes conformarían su círculo íntimo: no escogió ni a personas adineradas, ni influyentes, sino a hombres simples y hasta toscos.

Para poder amar a alguien hay que conocerlo. Por eso, guíe a los alumnos a empaparse de la personalidad y de las sabias acciones de Jesús, y eso los ayudará a amarlo.

Jesús aprende a obedecer

Base bíblica: Lucas 2:41-52
Objetivo de la lección: Enseñar a los principiantes que Jesús obedeció a su Padre Dios y que ellos pueden hacer lo mismo.
Texto para memorizar: *Y Jesús crecía en sabiduría, en estatura, y en gracia para con Dios y los hombres* (Lucas 2:52).

¡PREPÁRESE PARA ENSEÑAR!

Cuando vemos a los niños de nuestra congregación corriendo por los pasillos -riendo y jugando- tendemos a cometer el error de tantos adultos: pensamos que nuestros niños son incapaces de pensar seriamente y que son inmaduros espiritualmente. Debemos corregir esta manera de pensar. Los pequeños tienen una enorme capacidad para comprender la naturaleza espiritual de nuestro mundo, algunas veces hasta más claramente que nosotros, los adultos. Por eso, como tales, podemos aprender lecciones valiosas sobre desarrollo espiritual, a medida que los vemos entregar sus pequeñas vidas en la poderosa mano de Dios. Los niños no saben de teología ni de doctrina, pero pueden experimentar la realidad detrás de conceptos elevados.

Como maestro, ayúdelos a profundizar su comprensión de la Biblia y de su Autor. Sus mentes inquisitivas y sus tiernos corazones necesitan ser llenos de las verdades de Dios, de la misma forma en que la mente y el corazón de Jesús lo fueron cuando niño. Estos primeros años determinarán la dirección que sus alumnos seguirán en el futuro. ¡Qué gran privilegio y responsabilidad tiene usted como su maestro!

COMENTARIO BÍBLICO

Recuerdo con nostalgia los viajes que hacíamos como familia, con mis padres y hermanos. Siempre nos deteníamos a conocer sitios de interés y monumentos históricos. Mientras viajábamos, nos contábamos historias y secretos. Gozábamos de ese tiempo en el que estábamos juntos.

En la historia de Lucas 2:41-52, encontramos a Jesús de viaje con su familia a la ciudad de Jerusalén. Había muchas fiestas en el calendario judío. Una de esas fiestas era la Pascua, en la que se recordaba la milagrosa liberación luego de los 400 años de esclavitud en Egipto.

Este viaje en particular fue muy especial para Jesús. Un muchacho judío que a los 13 años se unía a la comunidad como miembro, de la misma manera que lo hacen hoy los jovencitos de esa edad. En este pasaje, Jesús habría viajado a Jerusalén en preparación para los eventos del próximo año. Podemos imaginar la emoción que habrá sentido al saber que en poco tiempo tendría la responsabilidad que concierne al mundo de los adultos.

Cuando terminó la Pascua, la familia de Jesús dejó Jerusalén con el resto del grupo y viajó todo un día. El grupo era grande y la gente se movía de un lado a otro. Por ese motivo, fue fácil que Jesús se separara de sus padres.

José y María regresaron a Jerusalén en busca de su hijo. Cuando, al fin, lo encontraron, él se hallaba con los doctores de la ley. Todos estaban maravillados de la inteligencia y de las respuestas de Jesús. José y María expresaron su preocupación como padres cuando lo encontraron. Jesús simplemente les respondió que estaba haciendo lo que era mejor para él: ocuparse de los negocios de su Padre. Sus prioridades tenían dimensiones terrenales y celestiales.

La Escritura dice que Jesús, obedientemente, siguió a sus padres terrenales de regreso a Nazaret. Allí vivió en sumisión a ellos, mientras afianzaba la relación con su Padre celestial.

Lucas 5:22 nos recuerda que Jesús se desarrolló como todo niño -física, intelectual y espiritualmente, pero también creció *"en gracia para con Dios y los hombres"*. Sabemos, con certeza, que a los 12 años de edad comprendió la importancia de su relación con Dios. Las lecciones que aprendió como adolescente lo ayudarían, más tarde, a confiar en el que lo envió a cumplir la misión de ser el Salvador del mundo.

DESARROLLO DE LA LECCIÓN

Prepare con anticipación los materiales didácticos que utilizará para esta lección y procure tener el salón de clases listo, antes de que sus alumnos lleguen.

Recuerde dar la bienvenida a los visitantes y tomar sus datos para contactarlos durante la semana.

Escoja una de las siguientes actividades para captar la atención de sus alumnos.

Realicemos un viaje

Antes de la clase, prepare una maleta (*valija o bolsón*) de viaje y colóquela frente a la clase, en un lugar visible, para ilustrar la idea de viajar.

En la clase, pida a los niños que piensen en viajes o paseos familiares que hayan realizado recientemente. Pregúnteles: ¿Qué empacaron para llevar en su viaje? ¿Cuánto tiempo duró ese viaje? ¿Qué vieron en el camino? ¿Adónde fueron? Permita que los niños cuenten sus experiencias.

Escuchemos una historia interesante sobre un viaje que realizó Jesús con su familia. El viaje no era tan importante, pero sí lo era el lugar al que se dirigían: Jerusalén. Veamos qué sucedió y el porqué de su importancia.

¿Te perdiste?

Pregunte: ¿Cuántos de ustedes se perdieron al separarse de sus padres en algún centro comercial o en un parque? (Es posible que la mayoría de los niños hayan tenido esa experiencia.) Pregúnteles:

✘ ¿Cómo se sintieron?

✘ ¿Cómo se sintieron sus padres?

✘ ¿Sus padres los encontraron a ustedes?

✘ ¿Ustedes encontraron a sus padres?

✘ ¿Qué sucedió cuando se reunieron con ellos?

Permita que los niños cuenten sus experiencias. Pregunte: ¿Creen que Jesús se perdió alguna vez? La historia de hoy nos cuenta sobre algo que le ocurrió cuando era un muchachito.

HISTORIA BÍBLICA

Maestro, use láminas o figuras que muestren a Jesús sentado junto a los doctores de la ley para ilustrarles la historia bíblica a los niños.

Lo más importante para Jesús

Cada año, los padres de Jesús se preparaban para ir a Jerusalén a una celebración especial llamada Pascua. Preparaban comida, ropa, y otros artículos que necesitarían durante el viaje. Luego, se reunían con otros miembros de la familia y amigos para la larga caminata hacia aquella ciudad. Mientras caminaban, hablaban de lo que harían y verían al llegar.

—Ahora que tienes 12 años estás casi listo para ser un hombre —le dijo José a su hijo Jesús—. Mira cuidadosamente a los muchachos más grandes que tú, cómo se preparan para los eventos especiales que se aproximan.

El entusiasmo en Jesús crecía y crecía a medida que se acercaba a la ciudad. Él sabía que algo significativo estaba por suceder. La Pascua era una festividad muy importante para los judíos. Se ofrecían sacrificios, se comía pan sin levadura, se recordaba cuando Dios los libró de la muerte al pintar con la sangre de los corderos los dinteles de las puertas, se recordaba cuando Dios los sacó de Egipto después de muchos años de esclavitud, se adoraba y escuchaba la palabra de Dios en el templo de Jerusalén.

Después de unos días, la fiesta terminó, y todos regresaron a sus hogares. José y María, mientras caminaban, hablaban del tiempo transcurrido en la ciudad santa y de las bendiciones de Dios.

—Pienso que Jesús tuvo un buen tiempo —dijo María.

—Él se está convirtiendo en un muchacho fuerte —comentó José.

El final del día los encontró buscando a Jesús.

—Ya es tiempo de detenernos a descansar. ¿Dónde estará? —preguntó María, con voz preocupada.

—Yo lo buscaré, no te inquietes —le contestó José.

Ambos comenzaron a preguntarle a la gente:

—¿Vieron a Jesús? ¿Está con sus niños?

Nadie lo había visto. No podían encontrarlo. Finalmente, decidieron regresar a Jerusalén.

—¿Qué crees que le pasó? —preguntó José.

—¡Espero que esté bien! —exclamó María, con nerviosismo.

Les tomó todo un día regresar a Jerusalén. Allí continuaron buscándolo.

Mientras tanto, Jesús estaba en el templo escuchando a los maestros. Aunque tenía solamente 12 años, le permitieron sentarse, escuchar y aun hacer preguntas. Los maestros estaban admirados de su conocimiento y comprensión.

¡Por fin sus padres lo encontraron! Cuando lo vieron con los doctores y maestros se maravillaron, pero también estaban molestos. Su madre le preguntó:

—¿Por qué no regresaste con nosotros? Cuando no te vimos, comenzamos a preocuparnos. ¡Te buscamos por todos lados!

Jesús estaba sorprendido.

—¿*Por qué me buscabais? ¿No sabíais que en los negocios de mi Padre me es necesario estar?* (Lucas 2:49).

José y María no entendieron lo que les decía.

Finalmente, los tres regresaron a Nazaret. Aunque sus padres no lo entendían, Jesús los obedeció. Él honraba a Dios al ser obediente a sus padres terrenales. "*Y Jesús crecía en sabiduría, en estatura y en gracia para con Dios y los hombres*" (Lucas 2:52).

ACTIVIDADES

¡Hagamos un viaje!

Diga: Hoy realizaremos un viaje. ¿Qué es viajar" (Permita que algunos contesten). Sí, es ir de un lugar a otro. Nuestro viaje nos llevará a un sitio donde escucharemos una historia bíblica.

Permita que los niños lo sigan, caminando alrededor del edificio de la iglesia, por los pasillos, la cocina, y demás lugares donde no interrumpan otras clases. Recorran el santuario principal, el jardín y los patios.

Al llegar al lugar donde relatará la historia, permita que los pequeños se sienten a su alrededor. Dígales: ¡Al fin llegamos! Nos llevó bastante tiempo. Nuestra historia de hoy habla de cuando Jesús y su familia hicieron un largo viaje, de Nazaret a Jerusalén. Nuestro viaje nos llevó solamente unos pocos minutos, pero a ellos les llevó varios días. Escuchemos lo que dice la Biblia sobre Jesús. Sostenga su Biblia abierta. Cuente la historia de Lucas 2:41-52.

Luego, pídale en secreto a algún niño que se quede en el mismo lugar donde relató la historia. Mientras regresan al salón de clase, pregunte: ¿Están todos aquí? Si nadie contesta, mire alrededor del salón y cuente cuántos niños hay. Finja que está sorprendido porque falta uno. Debemos regresar a buscar a _____ (nombre del niño que falta), ¡él no está en el grupo! (Si alguien menciona el nombre del niño que falta, pídale que regrese y lo busque).

Al regresar al salón con todos, diga: "_____ se quedó donde estábamos. Él no regresó con el grupo. Piensen cómo se sentían los padres de Jesús cuando se dieron cuenta de que él no estaba con ellos. ¿Qué les dijo Jesús cuando lo encontraron en el patio del templo?" ("¿No saben que en los negocios de mi Padre me es necesario estar?"). La relación con su Padre Dios era muy importante para Jesús, aun cuando él todavía era un niño. Jesús deseaba conocer a Dios.

Lo más importante para Jesús

Para esta actividad, y con anticipación, debe preparar el modelo del "televisor mágico". Elementos necesarios: tijeras, pegamento y lápices de colores. Se necesitará para cada niño: 1 caja de pañuelos de papel (*Kleenex*) en forma de cubo y 4 platos de cartón de 15 cm. de diámetro. Siga las instrucciones de la actividad de la Lección 1. Cada niño necesitará: 1 caja de pañuelos de papel o una caja de cartón parecida, en forma de cubo, y 4 platos pequeños de cartón, o 4 círculos de cartulina de 15 cm. de diámetro, para hacer el "televisor mágico". Prepare los cubos como lo muestra el diagrama.

En la clase, diga: Jesús deseaba más que cualquier otra cosa tener una buena relación con Dios. Al igual que Jesús, los niños y niñas pueden tener una relación cercana con Dios. Pregúnteles: ¿Cómo se puede lograr eso? (Leyendo y obedeciendo la palabra de Dios, orando y escuchando lo que dicen nuestros padres, pastores y maestros acerca de Dios).

Entrégueles la hoja de actividad y pídales que, en el círculo en blanco, escriban o dibujen algo que pueden hacer para estar cerca de Dios. Muéstreles el modelo que usted preparó con anterioridad. Entregue a los niños las cajas y los 4 platos de cartón, y ayúdelos

a preparar sus "televisores mágicos".

Con esta actividad, y a modo de repaso, pídales que le relaten a usted la historia bíblica y la verdad aprendida.

Memorización

"*Y Jesús crecía en sabiduría, en estatura, y en gracia para con Dios y los hombres*" (Lucas 2:52).

Necesitará una pelota o bolsita llena de semillas.

Divida a la clase en dos equipos. Pueden estar de pie o sentados, un equipo frente al otro. Entregue la pelota o bolsita al primer niño de uno de los dos equipos. Ese niño dirá la primera palabra del versículo (por ejemplo: "Y"). Luego debe arrojar la pelota al primer niño del equipo contrario, y este dirá la segunda palabra ("Jesús"). La pelota seguirá pasando de niño en niño, en forma de zigzag, hasta que todos hayan dicho una palabra del texto. Cuando terminen de decirlo, incluyendo la cita, comiencen de nuevo. Al repetirlo, los niños aprenderán el texto bíblico jugando.

Para terminar

Ore con los niños pidiendo al Señor que ellos sean obedientes como lo fue Jesús y que estén cerca de Dios, como él lo hizo.

Si es necesario, disponga un tiempo de oración de altar —si hay niños que son desobedientes a Dios y a sus padres.

Invite a los pequeños a regresar el próximo domingo. Puede repartir tarjetas con los nombres de los niños que deseen que se ore por ellos. Anímelos a orar unos por otros.

Recuérdeles llevar los televisores a su casa. Pídales que cuenten la historia bíblica de hoy a sus padres, hermanos y amigos. Dígales que, de esa manera, muchos aprenderán a conocer al niño Jesús y a saber que él fue obediente a sus padres.

Lección 2

Jesús se bautiza

Base bíblica: Mateo 3:1-17

Objetivo de la lección: Ayudar a los principiantes a conocer que Jesús es el Hijo de Dios y comprender que su bautismo nos muestra que vino a salvarnos del pecado.

Texto para memorizar: *Y Jesús crecía en sabiduría, en estatura y en gracia para con Dios y los hombres* (Lucas 2:52).

¡PREPÁRESE PARA ENSEÑAR!

Los principiantes no pueden experimentar el testimonio en sus vidas a partir de sus padres o de otros adultos de la iglesia. Es muy importante afirmar el

desarrollo espiritual de los niños. Aunque sean muy pequeños, pueden decidir amar y servir a Dios. Ellos observan los ejemplos de los adultos que los rodean. La responsabilidad de su desarrollo espiritual deriva de una asociación entre los mayores cercanos a ellos y Dios. Intentemos adaptar las percepciones del niño acerca de Dios y brindémosle oportunidades para que él experimente el amor y la gracia de Dios.

Estas lecciones sobre el ministerio de Jesús los ayudarán a entender mejor su vida y su mensaje. Así como crece su entendimiento, también aumenta su habilidad para responder al mensaje del evangelio de una manera positiva. Ore por los niños a quienes enseña cada semana y pídale a Dios su bendición para presentarles las verdades de su Palabra.

COMENTARIO BÍBLICO

Lea Mateo 3:1-17. Después de que Jesús se mudó a Nazaret con José y María (Mateo 2:19-23), la Biblia no nos dice mucho acerca de su vida. Aparentemente, trabajó como carpintero con José, su padre, aquí en la tierra, y probablemente tomó el negocio cuando José murió. Mientras Jesús trabajaba en la carpintería, su primo, Juan el Bautista, predicaba en el desierto. El mensaje de Juan era: *"Arrepiéntanse, porque el Reino de los cielos está cerca"*.

Cuando la gente escuchaba la predicación de Juan confesaba sus pecados y se bautizaba en el río Jordán. La palabra "arrepentimiento" significa dar un giro de 180 grados en la vida y encaminarse en una dirección totalmente opuesta a la que llevaba hasta entonces. En este caso –y aún hoy– implica que la gente deja el pecado y toma una nueva trayectoria hacia una vida recta. Pero ¿quién nos dará el poder para marchar en dirección a Dios?

Sabemos que necesitamos arrepentirnos para que nuestros pecados sean perdonados, pero también sabemos que necesitamos un cambio real en nuestro corazón para no pecar continuamente. Juan usó el bautismo con agua como una forma de mostrar que la persona dejaba de desobedecer a Dios. El bautismo con el Espíritu Santo (vv.11-12) era algo que Jesús haría para brindarle a la gente un corazón limpio, de modo que pudieran tener el poder de obedecer a Dios y vivir para él.

Cuando se acercaba el tiempo en que Jesús comenzaría su ministerio público fue a visitar a Juan, en el río Jordán. Jesús era el Hijo de Dios; él no necesitaba arrepentirse de ningún pecado.

Como el Mesías, lo primero que hizo Jesús fue anunciar públicamente que él se identificaba con la gente perdida, que había venido para salvar y que era obediente a la voluntad de Dios.

Cuando el Espíritu Santo descendió "como una paloma", era la manera de Dios de decirle al mundo que Jesús era su Hijo y que llevaría a cabo el plan de salvación de toda la humanidad. Los niños pequeños deben saber que cuando aman a Jesús están amando a alguien a quien Dios ama mucho. Ellos deben saber que cuando se arrepienten de sus pecados están diciendo que aman a Dios y desean obedecerlo. El Espíritu Santo es quien los ayudará a hacerlo.

DESARROLLO DE LA LECCIÓN

Prepare con anticipación los materiales didácticos que utilizará para esta lección y procure tener su salón de clases listo, antes de que sus alumnos lleguen.

Recuerde dar la bienvenida a los visitantes y tomar sus datos para contactarlos durante la semana.

Puede realizar la siguiente actividad para captar la atención de los niños.

¿Qué es esto?

Antes de la clase, escriba cada letra de la palabra "bautismo" en cuadrados de cartulina por separado (puede ponerle anillos de cinta adhesiva detrás de la letra, o perforarla y colocarle un hilo para colgar).

Mientras adivinan, los niños pueden ir poniendo cada letra en un mural en la pared, o en la pizarra.

En clase, mezcle las letras y entrégueselas a los pequeños. Dígales: Vamos a ordenar estas letras para formar una palabra que tiene un significado especial. Si tienes la letra que corresponde a la clave que voy a dar, tráela y cuélgala.

- ✘ La primera letra es la segunda letra del alfabeto (B)
- ✘ La segunda letra es la primera letra del alfabeto (A)
- ✘ La tercera letra es la última vocal (U)
- ✘ La cuarta letra es el nombre de una bebida (T)
- ✘ La quinta letra es una vocal con punto (I)
- ✘ La sexta letra es parecida a una serpiente (S)
- ✘ La penúltima letra tiene dos montañitas (M)
- ✘ La última letra parece un anillo (O)

Pregunte: ¿Qué palabra formamos con estas letras? (bautismo). Para los judíos, el bautismo era una forma de mostrar que se habían arrepentido de sus pecados. También mostraba que querían vivir para Dios.

Cuando Juan el Bautista predicó, les dijo a las personas que necesitaban arrepentirse y bautizarse. Nuestra historia bíblica de hoy nos cuenta sobre alguien que así lo hizo.

HISTORIA BÍBLICA

"Hola, mi nombre es Alberto. Les contaré sobre un hombre extraño. Su nombre es Juan y le hablaba a la gente desde el río Jordán. Le pregunté a mi mamá si podíamos ir a verlo. ¿Adivina qué? ¡Decidimos ir, y vimos las cosas más sorprendentes!

"El hombre usaba ropa hecha de pelo de camello. Tenía un cinturón de cuero. Alguien dijo que comía miel y langostas. ¿Pueden imaginar qué horrible es eso?

"Luego escuchamos que decía que la gente necesitaba reconocer su pecado y pedir perdón a Dios. Si así lo hacían, debían caminar hasta el río y el hombre los empujaba al agua. Mamá me dijo que eso se llama bautismo, y por eso la gente llamaba al hombre 'Juan el Bautista'.

"Estuvimos sentados en una roca mirando y mirando. Luego, escuchamos cuando un grupo de fariseos y saduceos se acercaron; alguien me dijo que esos eran los líderes religiosos más importantes. Juan los vio llegar y les dijo que eran como víboras. ¡Eso me sonó a insulto! Creo que no les gustó mucho lo que Juan les dijo. Realmente, el bautista dijo cosas extrañas: habló acerca de alguien que vendría, que era muy poderoso. Dijo que ni siquiera él podía desatar la correa de los zapatos de ese hombre. Pensé que ese señor poderoso llegaría en un caballo blanco, y con muchos soldados, o en un carro de hermosos y brillantes colores. Pero no fue así.

"Con mamá vimos a un hombre sencillo, que se acercó hasta el río. Estoy seguro de que Juan se emocionó al verlo. Alguien le susurró al oído a mi mamá que ese hombre se llamaba Jesús. Oí que deseaba ser bautizado, pero Juan no quería hacerlo. Escuchamos que Juan le decía a Jesús: 'Yo necesito ser bautizado por ti, ¿porqué vienes tú a mí?'

"Jesús insistió y le pidió a Juan que lo bautizara. Finalmente, aceptó. Ambos caminaron hacia el río y Juan ayudó a Jesús a descender a las aguas. Cuando salió del agua, sucedió la cosa más fantástica que jamás haya visto.

"En ese momento vimos que el cielo se abría y el Espíritu de Dios descendió sobre Jesús como una paloma. ¡La paloma era espectacular, hermosa! Creo que nunca volveré a ver una igual a esa.

"Entonces todos escuchamos una voz que decía: *Este es mi Hijo amado, yo estoy muy complacido con él.*

"Nuestros ojos y oídos no podían creerlo. ¡Nos fuimos a casa maravillados por todo lo que había acontecido!"

ACTIVIDADES

Jesús se bautiza

Siga las instrucciones de la lección 2 del libro del Alumno para ensamblar las figuras. Ayude a los niños a completar la sección del agua, si es que ellos tienen problema para hacerlo. Permítales que paren sus figuras sobre la mesa; utilícenlas para repasar lo que sucedió en la historia.

Muestre a los niños cómo colocar el agua para revelar a Jesús. Entregue sus figuras para que les cuenten la historia a los miembros de su familia y amigos.

Pregúnteles: ¿Quién bautizó a la gente? (Juan el Bautista). ¿Qué le dijo Juan a Jesús? ("Yo necesito ser bautizado por ti"). ¿Qué sucedió cuando Jesús salió del agua? (El Espíritu Santo descendió en forma de paloma y se escuchó la voz de Dios). ¿Cómo se preparó Jesús para hacer el trabajo planeado por Dios? (Se bautizó). ¿Por qué piensas que fue importante? (Porque mostró que amaba a los pecadores y que había venido para ayudarlos). ¿Cómo mostramos nuestro agradecimiento a Jesús por ser nuestro Salvador? (Amando a Dios y haciendo lo que él quiere que hagamos; recibiendo a Jesús como nuestro Salvador.)

Agradando a Dios

Necesitará una pelota. Divida a los niños en dos grupos (usted puede ser parte de alguno).

Pregunte: ¿Cuáles son las formas de agradar a Dios y demostrar nuestra alegría por el hecho de que Jesús sea nuestro Salvador? Permítales que sugieran las respuestas posibles, mientras usted las anota en la pizarra o en un cartel: orar, leer la Biblia, ir a la iglesia, obedecer a los padres, ser bondadoso, amar a otros, decir y actuar con la verdad, ser leal, etc. Luego, divida la clase en dos equipos. Coloque sillas, o pueden estar de pie, un equipo frente al otro. Entregue

la pelota al primer niño del primer equipo. Él dirá una manera de agradar a Dios (por ejemplo: orar), luego debe pasar la pelota al primer niño del equipo contrario, y este expresará otra forma (por ejemplo: leyendo la Biblia). Así, la pelota seguirá pasando de niño en niño hasta que todos hayan participado. Las respuestas pueden repetirse. Diga: Hacer las cosas que agradan a Dios los ayudará a crecer como Jesús. Recuerden: ¡deben obedecer tal como Jesús lo hizo!

Memorización

Puede usar la dinámica anterior con la pelota para que los niños aprendan el versículo de memoria. Cuando el niño tiene el balón en sus manos debe decir una palabra del texto, y mientras va pasando de niño en niño, aprenderán el versículo por repetición. Al pequeño que se le cae la pelota le corresponde decir dos palabras. Quien pueda decir todo el versículo sale del juego y se le brinda un fuerte aplauso.

Busca el texto perdido

Antes de la clase, escriba el texto en tarjetas de cartulina, de tamaño mediano (20 cm. x 20 cm.), y en cada tarjeta escriba una palabra. Necesitará 18 tarjetas, incluyendo la cita bíblica. Antes de que lleguen los niños, esconda las tarjetas en distintos lugares del salón. Luego de orar, dar la bienvenida y repetir varias veces el texto a memorizar –que estará escrito en la pizarra–, pida a los niños que busquen el *texto perdido*. Cuando lo hayan encontrado podrán permanecer de pie, y cada uno deberá ubicarse en el lugar, de modo que el texto quede ordenado correctamente. Puede escoger a tres niños para que sirvan de jueces y digan si el pasaje está armado en forma correcta.

Otra dinámica: Cambie a los niños que hacen de jueces y escoja a otros. Luego, haga que se cambien las tarjetas entre todos y que armen el texto una vez más. Los nuevos jueces dirán si el texto está en el orden correcto.

Esta es una actividad muy ajetreada, pero que los niños disfrutarán jugando y aprendiendo el texto de memoria.

Puede repetir este tipo de actividades durante la unidad y hacerlas con cualquier otro tema que le toque abordar.

Si el número de alumnos es grande, puede dividir la clase en dos o más grupos para que todos participen: algunos siendo jueces y otros quienes pongan el texto en orden.

Para terminar

Bríndeles siempre la oportunidad de preguntar sobre la lección. Se sorprenderá al ver que algunos muestran deseos de profundizar en la palabra de Dios y en los acontecimientos bíblicos.

Entone un coro de acuerdo al tema de la lección. Antes de despedirlos, dígales que se pongan en círculo y ore con ellos.

Jesús es tentado

Base bíblica: Mateo 4:1-11

Objetivo de la lección: Enseñar a los principiantes que cuando Jesús fue tentado por Satanás, él decidió obedecer a Dios. Por lo tanto, ellos pueden actuar del mismo modo.

Texto para memorizar: *Y Jesús crecía en sabiduría, en estatura y en gracia para con Dios y los hombres* (Lucas 2:52).

¡PREPÁRESE PARA ENSEÑAR!

En estos tiempos en que el mundo afirma que no existen absolutos, y que rara vez se dice que algo es realmente bueno o malo, los niños necesitan saber que algunas decisiones son incorrectas. La decisión de desobedecer a Dios es siempre mala. Dios nunca cambia. Si él dice que algo es malo, siempre será malo. Sin embargo, Satanás procura que sigamos los deseos humanos.

La tendencia actual es dar prioridad al "yo" y a lo que nos satisface. Dios desea que lo obedezcamos y lo busquemos a él en primer lugar. Esta lección ayudará a los niños a comprender que, así como Jesús tuvo que decidir entre obedecer a Dios o a Satanás, también ellos tendrán que tomar esa decisión. Anímelos a pedir la ayuda de Dios para vencer la tentación, porque él los conoce y los ama. Dios comprende nuestras debilidades y puede darnos fortaleza cuando somos tentados.

Esta serie de lecciones sobre la vida de Jesús guiarán a los niños hacia Dios. Él es nuestro ejemplo de obediencia y devoción al Creador.

COMENTARIO BÍBLICO

Cuando Jesús se bautizó, declaró públicamente que realizaría el plan de Dios. Estaba comprometido a cumplir la voluntad divina. Pero, para hacerlo, tuvo que enfrentar a Satanás, el enemigo de Dios. Con cada tentación, Satanás trató de convencerlo para que tomara un atajo en el cumplimiento de su misión. Y, en cada tentación, se enfrentó a lo que significaba ser el Hijo de Dios.

A Jesús se lo tentó a poner su necesidad física antes que la voluntad de Dios, convirtiendo las piedras en pan. Después, en su ministerio, él haría milagros para alimentar a miles de personas; pero ante la tentación, escogió no aceptar las órdenes del enemigo.

Luego, se lo tentó a poner a prueba a Dios y sus promesas, pero él decidió confiar en su Padre.

Finalmente, se lo tentó a apropiarse de su destino antes de haber llevado adelante su ministerio. Jesús sabía que algún día el Padre le iba a dar los reinos del mundo y lo iba a exaltar, y haría que todos se postrasen ante él. Pero antes debía morir en una cruz. Siendo un Hijo obediente, no quiso tomar un atajo hacia la gloria.

Después de resistir a Satanás usando las Escrituras, Jesús sabía que estaba preparado para la misión que su Padre le había encomendado: predicar y enseñar las buenas nuevas de que Dios es amor y desea que creamos en él para ser salvos.

DESARROLLO DE LA LECCIÓN

Reciba con afecto a sus alumnos y procure que el salón de clases esté limpio y arreglado para cuando lleguen. Antes de entrar al tema de hoy, repasen brevemente las dos lecciones anteriores y pida a sus alumnos que den algunos ejemplos de lo fieles que fueron a Dios durante este mes que está por concluir.

Elija alguna de las siguientes actividades para dirigir la atención de sus alumnos a la enseñanza bíblica.

Palabra importante

Antes de la clase, escriba cada letra de la palabra "tentación" en una tarjeta de cartulina. Péguelas en la pizarra en orden, pero sin mostrar las letras escritas. Luego, escriba la definición en otra tarjeta.

En la clase, diga a sus alumnos que aprenderán un nuevo término. Hágales preguntas, dándoles la oportunidad de responder a todos. El que lo haga correctamente podrá dar vuelta una de las letras. Prepare preguntas sencillas como por ejemplo: ¿Debes obedecer a tus padres? ¿Es correcto mentir? ¿Está bien tomar algo que no te pertenece? ¿Debes pegarle a tu hermano o hermana? ¿Es correcto copiar la tarea o el examen de un compañero?

Cuando ya puedan ver varias de las letras, cualquier niño puede tratar de adivinar cuál es la palabra. Cuando lo hagan, pregúnteles si saben qué significa "tentación". Permita que opinen y, luego, si es necesario, ofrezca la siguiente definición: "Tentación es todo lo que nos anima o incita a desobedecer a Dios, haciendo que eso parezca correcto".

Dígales: Todos enfrentamos tentaciones. Muchas veces tenemos que escoger entre lo bueno y lo malo. Hoy nuestra historia habla de alguien que enfrentó tentaciones. Veamos si tomó las decisiones correctas.

Déles tiempo para que los niños completen las palabras cruzadas del libro del Alumno. Las preguntas que aparecen al final lo ayudarán a repasar la lección.

Pan fresco

Lleve a su clase un pan especial (si está recién horneado... ¡mucho mejor!) para compartirlo con sus alumnos.

Coloque el pan en un plato, frente a los niños. Pregúnteles: Si no hubiesen comido nada por un día, una semana o un mes, ¿tendrían deseos de comer este pan?

Sirva un trozo de pan a cada niño y pregúnteles qué tal está. Diga: El pan nos satisface cuando tenemos hambre. Nuestra lección de hoy tiene que ver con panes. Presten atención al relato para saber qué sucedió.

Gánenle al reloj

Antes de la clase, consiga un reloj de cocina o un cronómetro. Prográmelo para que suene al cumplirse un minuto. Escriba cada palabra del texto a memorizar en tarjetas.

En la clase, permita que los niños se turnen para poner en orden las tarjetas antes que suene el reloj. Al terminar, que todos lean el versículo en voz alta.

Diga: Este versículo nos dice cómo creció Jesús. Él se preparó para su ministerio obedeciendo a Dios y mostrándonos cómo agradarlo.

Diga: La historia bíblica de hoy nos muestra otra forma en la que Jesús se preparó para llevar a cabo la obra de Dios en la tierra. Veamos qué sucedió después de que Juan bautizó a Jesús.

HISTORIA BÍBLICA

Entregue a cada niño una hoja y un lápiz. Indíqueles que doblen la hoja por la mitad; luego, que la abran y la doblen por la mitad en la dirección opuesta. Así el papel quedará dividido en cuatro secciones iguales. Pídales que las enumeren del 1 al 4. Mientras relata la historia, haga una pausa al final de cada escena, y pida a los niños que hagan un dibujo sencillo relacionado con esta.

Una prueba difícil para Jesús (Mateo 4:1-11)

Escena 1: Después de que Juan bautizó a Jesús, el Espíritu de Dios lo guió al desierto. Como preparación antes de empezar la obra que Dios le había encomendado, Jesús debía saber lo que era ser tentado a desobedecer al Padre. Durante 40 días y 40 noches no comió nada. ¿Se imaginan el hambre que tendría? Entonces, el diablo le dijo: "Si eres Hijo de Dios, manda que estas piedras se conviertan en pan".

Jesús tenía mucha hambre, pero le dijo al diablo: "El hombre no vivirá solo de pan, sino de toda palabra que sale de la boca de Dios".

Escena 2: Luego, el diablo llevó a Jesús a la ciudad de Jerusalén. Lo puso en el lugar más alto del templo y trató de tentarlo otra vez, diciendo: "Si eres Hijo de Dios, tírate desde aquí, porque la palabra de Dios dice que los ángeles te cuidarán si te caes. Ellos no dejarán que te lastimes".

Pero Jesús le respondió con las palabras de Deuteronomio 6:16: *"Escrito está también: No tentarás al Señor tu Dios"*.

Escena 3: Finalmente, el diablo llevó a Jesús a la cima de una montaña muy alta. Desde allí se podía ver a muchos kilómetros de distancia. Y le dijo: "Te daré todos los reinos del mundo si te postras y me adoras".

Pero Jesús le respondió: "Vete. ¡Aléjate de mí! La Escritura dice que solo debemos adorar a Dios. Solo ante él debemos postrarnos y solo a él debemos servir".

Escena 4 - Conclusión: Entonces el diablo se fue y los ángeles se acercaron a Jesús para cuidar de él. Había pasado con éxito esa gran prueba. Cada vez que el diablo trató de tentarlo, él decidió obedecer a Dios.

Después de la historia, permita que algunos niños la relaten brevemente usando sus dibujos.

ACTIVIDADES

Unamos la historia

Antes de la clase, consiga 9 hojas. En cada una escriba uno de los siguientes números y frases: 1 - 2 - 3 - Convertir piedras en panes - Lanzarse desde lo alto - Postrarse y adorar - Desierto - Templo - Montaña.

Para repasar la historia, reparta las 9 hojas entre los niños. Mientras las sostienen, deben leer las palabras escritas en ellas. Los niños con los números 1, 2 y 3 representan las tres tentaciones de Jesús. Indíqueles que busquen a los compañeros que tienen la información relacionada con cada tentación y que cada grupo forme una fila mirando hacia el frente.

Si su clase es grande, prepare otras tres hojas con las respuestas de Jesús. Si la clase es pequeña, use solo seis hojas, uniendo el número con la frase correspondiente.

Refuerce las enseñanzas diciendo: El diablo tentó a Jesús tres veces y, cada vez, Jesús decidió ser fiel a Dios. Nosotros también podemos decidir ser obedientes a Dios y hacer su voluntad.

La montaña de la obediencia

Dialogue con los niños acerca de las formas en que podemos obedecer a Dios. (Posibles respuestas: leer la Biblia, orar, poner en práctica lo que dice la Palabra, hacer lo bueno, amar y servir a Dios, ayudar al prójimo.)

Entregue la hoja del libro del Alumno y pregunte: ¿Qué nos muestra esta ilustración? (A Jesús en la montaña donde el diablo le prometió que le daría los reinos del mundo si se postraba y lo adoraba.) Indíqueles que en el espacio provisto dibujen o escriban algo que puedan hacer para obedecer a Dios.

Después, dígales que corten la montaña y la línea B. Muéstreles cómo armar la montaña. Ayude a los niños que necesiten asistencia.

Pida que algunos lean lo que escribieron o que muestren su dibujo. Anímelos a mostrar su trabajo en casa y a relatar la historia de hoy.

Cuando enfrentamos tentaciones

Busque ilustraciones o dibuje situaciones en las que un niño o una niña son tentados a hacer algo malo. Dialogue con sus alumnos sobre cada caso y dígales cuál debe ser su respuesta, siguiendo el ejemplo de Jesús.

Memorización

"*Y Jesús crecía en sabiduría, en estatura y en gracia para con Dios y los hombres*" (Lucas 2:52).

Necesitará una pelota o una bolsita llena de semillas.

Divida a la clase en dos equipos. Pueden sentarse o estar de pie, un equipo frente al otro. Entregue la pelota o bolsita al primer niño de uno de los dos equipos. Ese niño dirá la primer palabra del versículo. (Por ejemplo: "Y"), luego debe arrojar la pelota al primer niño del equipo contrario, y este dirá la segunda palabra ("Jesús"). La pelota sigue pasando de niño en niño, en ambos equipos, hasta que todos hayan dicho una palabra del texto. Cuando lleguen al final del pasaje y la cita, comenzarán nuevamente. Al repetirlo, los niños aprenderán el texto jugando.

Para terminar

Pregunte a los niños si tienen pedidos de oración. Ore por esas peticiones y luego por sus alumnos, pidiendo que Dios los ayude a vencer las tentaciones como lo hizo Jesús.

Anímelos a asistir a la próxima clase y a contar a otros personas la historia de hoy.

Lección 4

Jesús escoge a sus discípulos

Base bíblica: Mateo 4:18-22, Marcos 3:13-19, Juan 1:35-51.
Objetivo de la lección: Ayudar a los principiantes a ser seguidores de Jesús.
Texto para memorizar: *Y Jesús crecía en sabiduría, en estatura y en gracia para con Dios y los hombres* (Lucas 2:52).

¡PREPÁRESE PARA ENSEÑAR!

Los principiantes creen que no pueden hacer mucho por Jesús porque son muy pequeños. Es importante que sepan que Dios nos valora y no es indiferente a nuestras necesidades. Jesús hoy necesita seguidores que ayuden a propagar las Buenas Nuevas: que Dios ama y cuida a las personas. Hay muchas formas en que los principiantes pueden ser ayudantes de Jesús. Esta lección les servirá a los niños a comenzar a entender lo que significa ser un seguidor de Jesús e identificar las formas en las que pueden ayudar en la obra de Dios en el mundo de hoy.

A lo largo de la historia, hay ejemplos en los que los niños fueron instrumentos escogidos por Dios para guiar a sus padres a Cristo. Si usted sabe de algún caso, cuéntelo a su clase. Pida a su pastor que visite su clase y cuente alguna historia de cómo los niños ayudaron a marcar la diferencia. Estas historias animarán a sus alumnos.

COMENTARIO BÍBLICO

Jesús se preparó para realizar la obra que su Padre lo envió a hacer. Anunció públicamente su bautismo. Fue un Hijo dócil y dijo "sí" a la voluntad de Dios. También, cuando nadie lo observaba durante la tentación en el desierto, demostró que era un Hijo obediente.

Jesús pensó que estaba listo para comenzar su trabajo especial para Dios. Sabía que no podía hacer las cosas por sí mismo. También sabía que no permanecería en la tierra después de su resurrección. Es por eso que Jesús escogió a los 12 discípulos como compañeros, para ayudarlo con la tarea que le había encomendado su Padre Dios. Jesús reconoció que necesitaba escoger y enseñar a un grupo de personas que estarían con él cada día. Después de su resurrección, esos hombres y mujeres estarían preparados para llevar al mundo entero las buenas noticias del evangelio y decirles a los demás cuánto Dios los ama.

Las primeras personas que Jesús encontró para ayudarlo fueron dos hermanos: Andrés y Pedro. Eran pescadores en el Mar de Galilea, como lo eran los otros hermanos, Jacobo y Juan. Más tarde, Jesús encontró a Felipe y le dijo que se uniera a su equipo. Felipe encontró a Natanael y le dijo que Jesús, el Mesías, estaba buscando algunos buenos ayudantes. Así que, en poco tiempo, contaba con seis personas que colaborarían con él.

Pocos días después, otros se unieron al grupo de discípulos, como Mateo, el recaudador de impuestos. Finalmente, Jesús tuvo que escoger a 12 de entre todas las personas que lo seguían. Ellos serían un grupo del que Jesús dependería para llevar las Buenas Nuevas del amor de Dios a todo el mundo. Estos 12 vieron y escucharon casi todas las cosas que Jesús hizo y dijo.

Era un privilegio maravilloso ser seguidor de Jesús, tan admirable que cada discípulo dejó lo que estaba haciendo para aceptar el llamado a seguirlo. Lo que sabemos es que los pescadores no dejaron sus trabajos en forma gradual. Mateo tampoco dejó su trabajo en forma paulatina. La gente no titubeó en ser un discípulo de Jesús, lo hicieron inmediatamente, en la primera oportunidad, sin titubear.

Los principiantes pueden aprender que debemos estar listos a responder cuando Jesús nos llame a seguirlo. También deben saber que cuando siguen a Jesús se convierten en colaboradores de la importante tarea que comenzó hace 2,000 años y que continúa hoy: contarle a todo el mundo que Dios nos amó tanto que envió a su Hijo Jesús a morir en la cruz para salvarnos de nuestros pecados. A este mensaje se lo llama las "Buenas Nuevas" o el "evangelio". Transmitamos a los niños que Dios ha puesto bajo nuestra responsabilidad que ellos respondan rápidamente al llamado de Jesús para cumplir con esta tarea en todo el mundo.

DESARROLLO DE LA LECCIÓN

Reciba con afecto a sus alumnos y procure que el salón de clases esté limpio y arreglado para cuando lleguen. Antes de entrar al tema de hoy, repasen brevemente las tres lecciones anteriores y pida a sus alumnos que den algunos ejemplos de lo fieles que le han sido a Dios durante este mes que está por concluir.

Realice esta actividad para enfatizar la enseñanza de hoy:

Simón dice...

Pregunte: ¿En que lugares se nos dan instrucciones, que debemos cumplir? (Permita que los niños expliquen. Respuestas posibles: en la escuela, en un parque de diversiones, en un centro comercial, cuando se arma algún objeto.) Ahora veamos lo bien que pueden escuchar y seguir instrucciones ustedes. Juegue a *Simón dice...* con los niños. Déles varias instrucciones y en ciertas ocasiones no diga: "Simón dice..." Aquel que cumpla la instrucción sin que usted diga "Simón dice", queda fuera del juego. Por ejemplo: Simón dice: toca tu nariz. Simón dice: salta en un pie. Salta dos veces. (Si los niños saltan esta vez, quedarán fuera del juego.) Pregunte: ¿Qué debes hacer para jugar bien a *Simón dice...*"? (Escuchar las indicaciones y hacer lo que Simón dice). Tienes que seguir las instrucciones. Es muy importante escuchar cuidadosamente y con atención.

La historia de hoy nos cuenta sobre algunas personas que escucharon y siguieron las instrucciones. Escuchemos quiénes eran y qué preceptos debían seguir.

HISTORIA BÍBLICA

Después de su bautismo y tentación, Jesús comenzó su ministerio. Cierto día, mientras caminaba por la playa del Mar de Galilea, Jesús vio a algunos pescadores. Se encontraban en la orilla del agua y tiraban sus redes para pescar. Sus nombres eran: Simón, llamado Pedro, y su hermano Andrés. Estaban ocupados pescando en el momento en que Jesús los llamó.

—Venid en pos de mí, y os haré pescadores de hombres —les dijo Jesús.

Pedro y Andrés se miraron, observaron sus redes y las dejaron al instante para seguirlo.

Mientras caminaban con Jesús por la playa, vieron a dos de sus amigos, Jacobo y Juan. Los dos hombres estaban sentados en el barco pesquero, arreglando sus redes. Ellos les hicieron una seña a Pedro y a Andrés, mientras pasaban cerca. Jesús los miró y les dijo—: Síganme y aprendan a pescar gente.

Rápidamente, Jacobo y Juan se pusieron de pie, saltaron fuera del bote, y siguieron a Jesús.

Después de unos días, el nazareno decidió dejar la zona de Galilea. Y encontró a Felipe, que era de la misma ciudad de Pedro y Andrés, y también lo llamó para que lo siguiera.

Felipe encontró a su amigo Natanael.

—Debes venir y conocer a alguien —le dijo—, su nombre es Jesús de Nazaret y es el Salvador prometido, de quien Moisés y los profetas escribieron.

—¿Dijiste que es de Nazaret? —preguntó Natanael—. ¿De allí puede salir algo bueno?

—Ven y ve —le contestó Felipe.

Natanael fue con Felipe. Cuando Jesús los vio venir, dijo:

—¡He aquí un verdadero israelita en quien no hay engaño!

Natanael quedó realmente sorprendido.

—¿De dónde me conoces? —le preguntó.

—Te vi cuando estabas debajo de la higuera, aun antes que Felipe te llamara —le respondió Jesús.

Ahora Natanael estaba más que sorprendido. Sabía que Jesús no era una persona común.

—¡Rabí, tú eres el Hijo de Dios! ¡Tú eres el Rey de Israel! —sentenció.

Jesús lo miró.

—¿Crees porque te dije que te vi debajo de la higuera? ¡Cosas mayores que estas verás!

Jesús y sus seguidores viajaron por la región. Muchos se unieron al grupo que escuchaba sus enseñanzas y veía sus milagros.

Cierto día, Jesús subió a la montaña. Invitó a algunos de sus amigos a que fueran con él, y dijo a los 12:

—Ustedes serán mis ayudantes. Serán llamados apóstoles. Quiero que se queden conmigo y aprendan. Los enviaré a predicar y les daré autoridad para pelear contra el enemigo.

Los nombres de los 12 eran: Simón, llamado Pedro; Andrés; Jacobo; Juan; Felipe; Bartolomé; Tomás; Mateo; Jacobo, hijo de Alfeo; Lebeo, de sobrenombre Tadeo; Simón, el cananita; y Judas Iscariote. Estos 12 vinieron a ser los ayudantes especiales de Jesús. Viajaron con él y lo ayudaron en su ministerio aquí en la tierra. También se los llamó "discípulos".

Jesús todavía necesita ayudantes que lo sigan, que aprendan de él, que lo obedezcan, que lo sirvan, y que sean sus discípulos. Ustedes pueden ser esas personas.

Este es un buen momento para que los niños escriban su nombre y dibujen un retrato o peguen una foto de ellos mismos en el óvalo de la ilustración del libro del Alumno.

ACTIVIDADES

Haga un repaso de la historia. Consiga figuras o láminas que ilustren a Jesús con los pescadores que comenzaron a seguirlo. Usted puede hacer las figuras para que los niños las coloreen. Realice con anticipación, en cartulina, una escena para un mural. Dibuje un fondo de mar, playa y algunos barcos; puede hacerlo con trazos simples y rápidos. Al relatar la historia, permita que algunos alumnos coloquen las diferentes figuras en ese mismo momento. Las figuras de Jesús, Pedro y los demás apóstoles pueden tener cinta adhesiva en la parte posterior, o puede pegarles un imán para que queden firmes al colocarlas en el mural con fondo de mar y playa. Los niños se sentirán muy bien al ser "ayudantes del maestro" durante el transcurso de la historia bíblica.

Sería muy interesante si pudiera preparar con tiempo figuras de varias personas adicionales, incluyendo varios niños (puede copiarlas de revistas). Coloque en esas figuras el nombre de cada alumno de su clase. Los pequeños pueden pintar las figuras. Luego, al realizar la invitación para seguir a Jesús, los niños pueden pasar y colocar las figuras con sus nombres siguiendo a Jesús, junto a las figuras de Pedro, Felipe, Juan y los otros discípulos.

Representación: esta historia es apropiada para que algunos niños dramaticen las escenas de los pescadores, Jesús, las redes (puede ser una manta o sábana vieja) y los 12 seguidores del Maestro. Con un simple: "Ven, sígueme", ellos captarán la idea de lo que hizo Jesús y de la decisión que tuvieron que tomar los discípulos.

Maestro, recuerde que para los niños, de cualquier edad, es más fácil la comprensión de las ideas cuando estas se visualizan o se ponen en práctica.

Memorización

Mientras los niños van pasando hacia el mural, para colocar las figuras con sus nombres, pueden repetir varias veces el texto a memorizar: "*Y Jesús crecía en sabiduría, en estatura y en gracia para con Dios y los hombres*".

Para terminar

Al terminar de colocar las figuras con sus nombres, todos pueden quedarse de pie cerca del mural. Allí mismo ore por cada uno de ellos para que sean verdaderos discípulos y seguidores de Jesús. Terminen con un coro apropiado.

✎ **Mis notas:**

Año 3

Introducción – Unidad II
JESÚS MARCA LA DIFERENCIA

Bases bíblicas: Marcos 1:40-44; 2:13-17; 10:13-16; 14:66-72; Juan 21:1-19.

Texto de la unidad: *De modo que si alguno está en Cristo, nueva criatura es: las cosas viejas pasaron; todas son hechas nuevas* (2 Corintios 5:17).

Propósitos de la unidad

Esta unidad ayudará a los principiantes a:
- ✗ Entender que aquellos que aceptan a Jesús ya no serán como antes.
- ✗ Comprobar que Cristo los guiará y serán mejores personas.
- ✗ Saber que ahora son seguidores de un Dios que es tan poderoso como amoroso.
- ✗ Confiar en que el Señor puede cambiar hasta a la persona más pecadora y mala.

Lecciones de la unidad
Lección 5: Jesús sana a un leproso
Lección 6: Jesús transforma a Mateo
Lección 7: Jesús ama a los niños
Lección 8: Jesús perdona a Pedro

Por qué los principiantes necesitan la enseñanza de esta unidad

Para un principiante no es fácil entender la palabra pecado. Por eso, no se debe asumir que ellos captarán el término durante la clase. Pero sí están capacitados para discernir cuando una persona hace cosas buenas o malas.

Por medio de esta unidad, podrán darse cuenta de los beneficios que acarrea el hecho de ser buenos y honestos.

Se darán cuenta, también, de que Jesús es un especialista en ayudarlos a ser mejores hijos, alumnos y amigos.

Guíelos a comprender que antes, cuando no habían aceptado a Cristo en su corazón, estaban bajo el dominio del diablo (reino de las tinieblas), pero ahora son hijos de Dios (reino de la luz). Dígales que si antes acostumbraban a mentir, robar o decir malas palabras, ahora sabrán que todo eso es malo y ya no sentirán deseos de repetirlo.

Llévelos a que comprendan que cuando Dios nos da un corazón nuevo ya no queremos pecar más, sino hacer cosas limpias y honestas.

Jesús sana a un leproso

Base bíblica: Marcos 1:40-44
Objetivo de la lección: Ayudar a los principiantes a creer y experimentar el amor de Jesús.
Texto para memorizar: *De modo que si alguno está en Cristo, nueva criatura es: las cosas viejas pasaron; todas son hechas nuevas* (2 Corintios 5:17).

¡PREPÁRESE PARA ENSEÑAR!

Una de las herramientas más eficaces de enseñanza en todas las áreas del aprendizaje son los patrones de conducta. Los principiantes observan conductas en el hogar, en la escuela y en la iglesia, y comienzan a incorporarlas a sus propias acciones y actitudes con facilidad. Pueden ser características positivas o negativas, dependiendo de las circunstancias.

La historia de Jesús sanando al leproso es una lección dinámica que capacitará a sus alumnos a entender la compasión y el cuidado hacia los menos afortunados. No importa cuán sólida sea la vida del niño en el hogar y cuánta instrucción cristiana tenga; seguramente encontrará actitudes cuestionables hacia las personas en sus experiencias fuera del hogar.

Si bien los principiantes están comenzando a entender los sentimientos y problemas de otras personas, este nuevo conocimiento puede ser a menudo "asfixiado" por la necesidad de aceptación de sus semejantes. Para que sus alumnos sientan compasión y amor por otros, ellos deben tener modelos de conducta. Esto los ayudará a comprender que Jesús los ama.

Esta lección les mostrará la verdad de que Jesús ama a las personas que son rechazadas y que su amor y cuidado también se extiende a ellos. A la vez, los niños aprenderán que de la misma forma pueden llevar sus necesidades y problemas a los pies de Jesús.

COMENTARIO BÍBLICO

Lea Marcos 1:40-44. Jesús en su ministerio estaba en contacto con gente que tenía diversas necesidades físicas y espirituales. Ninguna de ellas era tan devastadora como la lepra. A cualquier enfermedad de la piel se la llamaba lepra.

El hecho de que Jesús tocó al hombre con lepra constituyó un hecho de gran importancia. Se consideraba a los leprosos ceremonialmente inmundos, y quien tocara a alguien en esa condición se incluía en la misma categoría.

Por esta razón, a los leprosos se les pedía que dejaran a su familia y amigos y permanecieran a distancia, alejados de todos.

La compasión de Jesús era mucho más grande que cualquier ritual. Si bien él tenía respeto por la ley, demostró constantemente que las necesidades de las personas estaban en primer lugar. Al observar al hombre con lepra, Jesús vio a alguien con una gran necesidad y no violó el protocolo religioso. Cuando Jesús sanó al leproso, lo hizo porque lo amaba, no porque quisiera ganar favores a los ojos de los líderes públicos o religiosos.

Es fácil sentir compasión por las personas buenas o limpias. Cuando nuestros amigos están enfermos o en necesidad tiene sentido hacer algo para ayudarlos. Pero, ¿y si la persona en necesidad huele mal, viste con harapos o es claramente diferente a nosotros? ¿Podemos mostrar compasión por ese tipo de gente? ¿Podemos mostrar afecto por ellos?

En el Sermón del Monte, Jesús habló de cuán fácil es amar a aquellos que nos aman (Mateo 5:43-48). Lo difícil, dijo él, es mostrar amor por aquellos a los que tú consideras enemigos. También es muy difícil amar de verdad a los que parecen no tener amor.

Veamos nuestra propia situación. No es difícil amar a los niños de su clase que se portan bien, pero con los niños que se rehúsan a obedecer, la situación es diferente. Es fácil abrazar a los niños que están limpios y bien vestidos, ¿verdad?

Es muy difícil ofrecer lo mismo a los que constantemente huelen mal o vienen a clase con la ropa sucia.

Esta semana usted tendrá la tarea de enseñar a sus niños sobre el amor de Dios.

Por medio de esta interesante historia, los niños podrán conocer acerca de la compasión y el amor de Jesús. Ellos verán que él no tuvo miedo de tocar a alguien en una condición deplorable. Jesús no temió tocar al leproso, aún pudiendo contagiarse.

Sin embargo, la lección sobre la compasión comienza antes que usted empiece a enseñar. Comienza en el momento en el que los niños entran al salón. De acuerdo a la manera en que usted trate a cada uno de ellos, los hará experimentar verdaderamente el amor y compasión de Jesús.

Al acercarse a su clase esta semana, pídale a Dios que pueda reflejar el amor de Jesús del cual habla la historia de hoy. Demuestre que está interesado en los niños y no en sus acciones o apariencia. Permita que ellos aprecien una demostración viva de Jesús en su clase esta semana.

DESARROLLO DE LA LECCIÓN

Prepare con anticipación los materiales didácticos que utilizará para esta lección y procure tener listo su salón de clases antes que sus alumnos lleguen.

Recuerde dar la bienvenida a los visitantes y tomar sus datos para contactarlos durante la semana.

Escoja alguna de estas actividades para captar la atención de los niños ayudándolos a aprender la verdad bíblica de hoy.

Pirámide de palabras

Antes de la clase, prepare con cartulina o cartón fino, tarjetas de 16 cm. x 12 cm. en forma de ladrillos, coloreados, para armar una pirámide.

Luego, escriba en cada tarjeta una palabra del versículo y la cita de 2 Corintios 5:17. Coloque un anillo de cinta adhesiva en la parte posterior de cada tarjeta o ladrillo.

En la clase, repitan varias veces el versículo todos juntos. Diga: Las lecciones de esta unidad nos ayudarán a entender el significado de este versículo.

Muéstreles cómo construir la pirámide usando los bloques coloreados mientras repiten el texto para memorizarlo. Coloque las tarjetas sobre una mesa con las palabras mirando hacia abajo. Cada niño debe pasar, tomar una tarjeta/ladrillo, leer la palabra y colocarla en el lugar correcto para formar la pirámide. Permita que los niños jueguen formando la pirámide y al mismo tiempo recitando el texto a memorizar.

Símbolo de amor

Usted necesitará para cada niño: un cuadrado de papel rojo de 10 cm. x 10 cm., pegamento, un palo o paletas de helado de unos 20 cm. de largo y tijeras. Antes de la clase doble cada cuadrado por la mitad y con línea de puntos dibuje el modelo de un corazón.

Durante la clase, pida a los niños que corten y saquen el corazón de cada cuadrado. El niño se quedará con el corazón entero, el cual pegará al palo o paleta de helado. Cuando hayan terminado con la manualidad pregúnteles: ¿Qué representa el corazón? (Amor). Usaremos el corazón para ilustrar la lección de hoy. Ustedes levantarán el corazón cada vez que escuchen algo que indique que *Jesús mostró su amor.*

HISTORIA BÍBLICA

Un leproso encuentra ayuda

"¡Inmundo, inmundo!". El hombre triste y enfermo gritaba estas palabras cada día. Siempre estaba sentado en la calle mirando a la gente feliz y saludable que caminaba por allí. Los líderes de la ciudad habían promulgado una ley que afirmaba que un leproso debía gritar "inmundo" para que nadie se acercara y se contagiara de su enfermedad. No se le permitía al enfermo entrar a los edificios o permanecer cerca de otras personas. Sus ropas estaban rotas y sucias. ¡Qué difícil debe haber sido para él encontrar comida! Y las llagas, en todo su cuerpo, eran dolorosas y feas. La gente lo señalaba y corría hacia otro lado. El hombre se sentía muy solo.

Cada día sucedía lo mismo. Pero una mañana, mientras gritaba: "¡inmundo!, ¡inmundo!", para advertir a la gente que no se acercara, el leproso notó a un hombre que nunca antes había visto.

"¿Será posible?", pensó con entusiasmo. "¿Es ese el Jesús del que escuché, el que dicen que puede sanar enfermedades? Yo estoy agonizando con esta terrible lepra, y tal vez este hombre me pueda ayudar".

Entonces, el hombre se acercó a Jesús. De rodillas, le suplicó diciendo:

—Si es tu voluntad limpiarme, puedes hacerlo.

Jesús miró al enfermo, que estaba arrodillado ante él, lo amó y, al instante, lo ayudó: extendió su mano y tocó al hombre diciendo:

—Quiero, sé limpio.

¡El hombre se levantó sano! ¡Ya no estaba enfermo! ¡No sabía qué pensar! ¡Su sueño se había hecho realidad! ¡Sí, fue posible! Ya no era un sueño, era la realidad que le habían contado. Quien se acercaba a Jesús, recibía sanidad, perdón, misericordia y esperanza.

—¡Oh, gracias, Jesús! —exclamó el hombre, mientras observaba que sus brazos y piernas, que habían estado cubiertos con llagas momentos antes, ahora estaban limpios y suaves. Su piel era nueva. El hombre exclamó lleno de felicidad—: ¡Estoy tan agradecido y feliz, que debo apresurarme y contarle a todos lo que me acaba de suceder!

Pero Jesús le dijo:

—Mira, no digas a nadie nada, sino ve, muéstrate al sacerdote y ofrece un sacrificio por tu purificación para mostrar que fuiste sanado.

El hombre, gozoso, contestó:

—¡Gracias, gracias, lo haré inmediatamente, estoy tan feliz!

Entonces desapareció entre la multitud, contando a la gente lo que Jesús había hecho con él.

Fue un día maravilloso para el pobre hombre. Por la mañana había despertado enfermo, leproso e inmundo, pero por la noche se fue a la cama limpio y sano, comprendiendo además que Jesús lo amaba, a pesar de su enfermedad tan terrible.

ACTIVIDADES

Jesús marca la diferencia

Reparta a los niños la hoja de actividad del libro del Alumno (lección 5). Permita que los niños observen las dos escenas. Lea las instrucciones a la clase. Permita que los pequeños las comparen y hablen sobre las diferencias entre los dos actos.

Esté seguro de que cada niño entienda el concepto de antes y después, de que Jesús sanó al leproso. Pregunte: ¿En que situación estaba el hombre cuando le pidió ayuda a Jesús? (Estaba enfermo de lepra). ¿Qué hizo Jesús? (Lo sanó). Diga: Jesús lo sanó, por eso llegó a ser un nuevo hombre. Nuestro versículo para memorizar habla acerca de una nueva creación. El leproso experimentó la bendición que Cristo le trajo.

Dé a los niños tiempo para colorear el cuadro del leproso.

Cantemos alabanzas

Diga: ¿Pueden imaginar cómo se sintió el leproso cuando Jesús lo sanó? Sin duda comprendió cuánto lo amaba. Jesús te ama y ama a todo el mundo, no importa cómo seamos. Cantemos con alegría alabanzas al Señor y démosle gracias por su amor (prepare con anticipación dos coros alegres y apropiados).

¿Y si fuéramos nosotros?

Para esta actividad, prepare láminas recortadas de revistas y periódicos de personas "diferentes": enfermos en camas, niños y adultos en sillas de ruedas, niños con anteojos o con perros lazarillos, cualquiera que exprese la idea de "diferencia". Entregue las láminas a cada niño, y pregunte: ¿Qué ves en esa foto? ¿Qué crees que tiene esa persona? ¿Cómo te sentirías si fueras tú, sentado en esa silla de ruedas o postrado en esa cama? ¿Jesús puede sanar a esa persona? Haga énfasis en el poder sanador de Dios. Hable de lo triste que debe ser para esas personas que nosotros nos alejemos de ellas, o nos burlemos. Diga: Pidámosle al Señor que nos ayude a ser misericordiosos, y que les contemos a esas personas que Jesús es un Dios de amor y que ellos son amados por él y por nosotros.

Memorización

"De modo que si alguno está en Cristo, nueva criatura es: las cosas viejas pasaron; todas son hechas nuevas" (2 Corintios 5:17).

Repita junto con la clase varias veces el texto a memorizar. Esta actividad de memorización la puede utilizar en las cuatro lecciones de la unidad (lecciones 5 a la 8). Antes de la clase, escriba en una cartulina o en la pizarra en forma parcial, el texto a memorizar. Por ejemplo: *"De modo que si _____ está en _____, nueva _____ es; las cosas _____; todas son hechas _____"* (2 Corintios 5:17). Deje los espacios en blanco para que los niños los completen con las palabras correspondientes, las cuales estarán escritas en trozos de cartulina y escondidas en diferentes lugares del salón. Los pequeños deben buscar las palabras, correr hacia la pizarra y colocarlas en los lugares correctos, hasta completar el texto a memorizar. (Estos serán momentos ruidosos, advierta a las maestras de las clases cercanas a su salón.) Puede hacer dos juegos de cartulinas con el texto, para dividir a la clase en dos grupos. La competencia será muy divertida para los niños.

Diga: Este versículo es uno de los más alegres de la Biblia. Significa que Jesús te ama mucho y que si se lo pides él puede cambiar tu vida. Él te ayuda y puede ser tu Salvador. De la misma forma que limpió al leproso en nuestra historia, Jesús puede limpiarte y perdonar tus pecados.

Proporcione tiempo para que los niños completen la página del libro del Alumno: *"El texto perdido"*.

Para terminar

Reúna a los niños para un tiempo de oración. Diga: Gracias Dios, por mostrarnos tu amor a través de la historia de Jesús sanando al leproso. Gracias por amarnos. Ayúdanos a tener más amor por otros, especialmente por aquellos que no son amados, por los que están enfermos y por los que son diferentes a nosotros. Amén.

Para la semana: pida a los niños que busquen oportunidades para ayudar y orar por alguien que esté en alguna situación poco afortunada. Dígales que el próximo domingo podrán contar al resto de la clase cómo se sintieron al ayudar a esa persona.

Lección 6

Jesús transforma a Mateo

Base bíblica: Marcos 2:13-17

Objetivo de la lección: Ayudar a los principiantes a saber que las personas pueden ser seguidoras de Jesús sin importar lo que hayan hecho en el pasado. Jesús siempre está dispuesto a perdonar a quien se lo pide.

Texto para memorizar: *De modo que si alguno está en Cristo, nueva criatura es: las cosas viejas pasaron; todas son hechas nueva* (2 Corintios 5:17).

¡PREPÁRESE PARA ENSEÑAR!

¿Cuándo es el tiempo adecuado para dejar de tratar a los niños como bebés y comenzar a depositar nuestra confianza en ellos? La respuesta es: lo más pronto posible. Pero en el caso de los principiantes, necesitamos recordar que su habilidad para pensar en lo concreto sobrepasa el dominio de lo abstracto. Debemos estar seguros de hablarles de una manera comprensible para ellos.

Esta lección trata sobre el perdón y la salvación. Tal vez le parezca que es un concepto muy elevado para los niños de primero y segundo grado, pero no es así. El amor es la base del perdón que Jesús ofrece, y estos niños comprenden qué es el amor, ya sea que lo reciban regularmente o no. Sin embargo, es más difícil transmitirles la idea de pecado. A esta edad es más fácil indicar las faltas y pecados en otros que reconocerlas personalmente. Esta lección introducirá el hecho de que todos somos pecadores y necesitamos ser perdonados por Jesús; esto ofrecerá una oportunidad para que los niños oren y pidan perdón a Jesús por sus pecados.

Es en esta edad de conceptos concretos, donde los niños pueden llegar a conocer a Jesús como su Salvador personal. Ellos confían lo que dicen los adultos y sienten el amor cuando sus padres, familiares, profesores u otras personas se los ofrecen. Durante la preparación de su clase, ore para que los niños sean sensibles al mensaje y que lleguen a ser seguidores del Maestro.

COMENTARIO BÍBLICO

¿Por qué Jesús come con los pecadores?

¡Qué pregunta interesante! Aquellos que la hicieron eran maestros de la ley. Eran hombres con muchos años de estudio y contemplación. Su vida implicaba el aprendizaje de la ley de Dios y su tarea era la de impartir ese conocimiento a otros.

Era apropiado para esos maestros hacer alguna pregunta teológica profunda. Si ellos creían que Jesús era el Hijo de Dios, como él decía serlo, ellos deberían haber estado ansiosos por preguntar y también absorber sus enseñanzas. Pero si no creían, estaban en su derecho de hacer preguntas profundas para exponer a Jesús como un farsante.

Por ese motivo querían saber porqué Jesús comía con pecadores. Era un hecho que iba más allá de su comprensión. Si Jesús era el Hijo de Dios, ¿podría asociarse con tal gente? Y si era un fraude, ¿por qué lo arriesgaría todo por un error tan obvio?

Entonces, "¿por qué él come con los pecadores?" era la gran pregunta, y parecía que nadie podía dar una respuesta apropiada.

La semana pasada aprendimos cómo Jesús mostró compasión por un leproso "inmundo" y lo sanó. Estos "pecadores" no estaban enfermos físicamente, pero eran tan inmundos como el leproso. Ellos eran judíos "buenos" y eran advertidos de que se alejaran de los recaudadores de impuestos, los adúlteros, los ladrones y de aquellos que rehusaban seguir la ley. La gente buena no comía con pecadores, porque comer juntos significaba que eran amigos o "iguales a ellos".

Entonces, ¿por qué Jesús comía con los pecadores?

Primero, este grupo de "pecadores" incluía a un antiguo pecador llamado Leví (o Mateo).

Anteriormente, Jesús le había pedido a Leví que lo siguiera. De inmediato, Leví dejó su trabajo de cobrar impuestos y su estilo de vida desordenada para seguir a Jesús. Su vida cambió. ¡Jesús estaba en la fiesta celebrando esa nueva vida!

Segundo, como antiguo pecador, Leví tenía muchos amigos que aún estaban en "esa categoría". Cuando preparó una fiesta para celebrar su nueva vida, Leví invitó a la gente que conocía, o sea a otros pecadores. Leví no había sido un "muchacho bueno" por mucho tiempo como para saber que no debía seguir juntándose con ellos.

Tercero, y muy importante, esta fue la clase de gente a la que Jesús vino buscar. Jesús no vino a "sanar a los sanos", él vino a alcanzar a los que necesitaban ayuda, a los pecadores.

Cuando los fariseos miraron a través de las ventanas la fiesta de Leví, vieron una escena vil y desagradable. ¡Alguien que decía ser el Hijo de Dios estaba asociándose con los inmundos y pecadores! Estaban aterrados por las acciones de Jesús.

Cuando Jesús miró alrededor del salón vio a personas enfermas. No estaban enfermos físicamente, sino que eran enfermos espirituales y Jesús era el Gran Doctor. Este es el motivo por el que vino a sanar a todos los que se lo pedían.

Irónicamente, los fariseos estaban enfermos, pero no lo reconocían. Su misma rectitud no los dejaba ver a Jesús, ni experimentar la sanidad espiritual que solamente él podía ofrecer.

Nosotros, en vez de preguntarnos por qué Jesús comía con los pecadores, debemos agradecer que así lo hiciera. Demos gracias a Dios porque Jesús pasó tiempo con los pecadores, porque eso nos incluye a nosotros también, y lo hizo para darnos una nueva vida.

DESARROLLO DE LA LECCIÓN

Prepare con anticipación los materiales didácticos que utilizará para esta lección y procure tener listo su salón de clases antes que sus alumnos lleguen.

Recuerde dar la bienvenida a los visitantes y tomar sus datos para contactarlos durante la semana.

Puede repetir el juego de la construcción de la pirámide que se realizó la semana anterior.

Ahora es un buen momento para recordar la lección de la clase pasada. Realice algunas preguntas sobre lo que aconteció en esa lección. ¿A quién sanó Jesús? (A un leproso). ¿Qué tipo de enfermedad tenía ese hombre? (Lepra). ¿Qué gritaba el hombre de sí mismo? (Inmundo, inmundo). ¿Sanó Jesús al hombre? (Sí), etc.

Al llegar los niños a la clase, pueden comenzar a practicar el texto escrito en los bloques o ladrillos. Coloque con anticipación las tarjetas o ladrillos con las palabras hacia abajo. Los niños pueden empezar armando la pirámide colocando las palabras en el lugar correcto.

Palabra importante

Antes de la clase, prepare una tarjeta con la palabra "perdón" e imprima la definición en la parte de atrás. Cubra la tarjeta con cinta de empacar o papel para plastificar.

En la clase, presente la palabra "perdón". Diga: Hoy tenemos un juego divertido para ayudarlos a entender una palabra nueva: "perdón". El perdón es un regalo de Dios. Cuando estamos afligidos por desobedecer a Dios, Jesús carga sobre sí mismo nuestros pecados y nos libera del castigo. El "perdón" de Dios nos une a él otra vez.

Sigue al líder

Pregunte a los niños quién sabe jugar a "*Sigue al líder*".

Coloque a los niños en una línea uno detrás del otro; usted será la/el líder. Esté seguro de que haya suficiente espacio para moverse en el salón. Si no lo hay, diríjase a un área más amplia. Tenga la palabra "perdón" y su definición escrita en un papel mientras juegan.

Diga a la clase que cuando mencione la palabra "perdón" o parte de su significado, ellos pueden seguirlo y hacer lo que usted haga. Si usted dice algo más que no tiene nada que ver con la palabra "perdón", la clase se detendrá en el acto o se quedarán quietos donde están y no lo seguirán.

Use palabras y frases que no tengan nada que ver con la lección de hoy para que los niños estén seguros de que usted está diciendo la palabra "perdón" y su significado. Algunos ejemplos pueden ser: cebra, tabla para patinar, mariposa, por favor, pasa las papas, ojos torcidos, etc. Juegue hasta que los alumnos estén seguros de que escucharon la palabra "perdón" y su significado. Ríase con ellos con las palabras y frases simples, reemplácelas para descolocarlos.

HISTORIA BÍBLICA

Mateo encuentra un Salvador

Era un hermoso día y Jesús caminaba cerca del lago enseñando a la gente sobre el amor de Dios.

—¡Jesús, háblanos más! —exclamaban ellos.

Jesús les habló por largo tiempo. Gran cantidad de personas lo seguían a todos lados donde iba.

Cierto día Jesús y la gente caminaron hasta cerca de la ciudad. Leví, llamado luego Mateo, estaba sentado cobrando los impuestos en una cabaña. El recaudador miraba a los que pasaban por allí con cierta indiferencia. Aunque sabía muy bien que no le simpatizaba a ninguno. Era un día muy agitado y había muchos que viajaban de un lado a otro.

El trabajo de Mateo era recolectar el dinero de los impuestos de los que viajaban fuera de la ciudad o de los que entraban a ella. Muchos despreciaban a Leví porque su trabajo era para el gobierno romano.

Generalmente, los publícanos recaudaban un poco de dinero extra para ellos, por ese motivo nadie decía nada bueno de Leví. Era para sorprenderse cuando alguien expresaba algo amable de este judío, de quien sin duda, el dinero era su único amigo.

—Ven, sígueme —le dijo una voz.

Mateo fijó sus ojos en el rostro del que le había hablado. ¡Era Jesús! La mano del Maestro estaba extendida hacia Mateo. ¡Mateo se quedó sin aliento!

De inmediato se levantó de su mesa y siguió a Jesús. No miró hacia atrás; tampoco se preguntó si había tomado una buena decisión. No se preguntó: "¿Y mi dinero, y mis ganancias?" Tampoco le preguntó a Jesús hacia dónde lo seguiría. Solamente escuchó la voz del Maestro e hizo lo que Jesús le dijo: ¡Lo siguió!

Al día siguiente, Mateo decidió hacer un banquete en su casa. ¡Cómo no haría una fiesta si Jesús estaba allí y había cambiado su vida totalmente! Era el momento perfecto para presentárselo a sus amigos. Jesús y sus discípulos fueron a la casa de Mateo a comer con él. Muchos de sus amigos —recaudadores de impuestos— llegaron a la fiesta. Algunos, probablemente, no eran honestos y habían engañado en asuntos de dinero e impuestos. Había otros pecadores alrededor de la mesa, quienes no conocían a Jesús.

Mateo pensó: "Si todos estos vienen a mi casa a comer, escucharán lo que Jesús tiene para decirles y es posible que se vuelvan sus seguidores también".

Durante la comida, Jesús se sentó en medio de todos los publicanos y pecadores. Sonrió y habló con ellos mientras comían. Debe haber sido una conversación muy interesante. Los hombres escucharon acerca de cómo podían recibir el perdón de Dios y seguir a Jesús.

Todos pasaron un momento agradable en el banquete, hablaron y escucharon el maravilloso mensaje que Jesús tenía para darles. Fue entonces que alguien avisó que un grupo de fariseos estaba cerca... observándolos. Eran los hombres que imponían las leyes, y Jesús no era de su agrado. Ninguno confiaba ni creía en Jesús como el Salvador. Los fariseos se quejaron y enojaron.

Jesús le escuchó decir a uno de ellos:

—¿Por qué ese Jesús come con los publicanos y pecadores? ¡Si es quien dice ser, entonces debe alejarse de ellos!

El Maestro no se enojó con los fariseos ni tampoco los sacó de la casa. En vez de eso, los miró y les enseñó algo importante. Les dijo:

—Los sanos no tienen necesidad de médico, sino los enfermos. No he venido a llamar a justos sino a pecadores.

Los fariseos no entendieron lo que Jesús les había dicho. Ellos continuaban enfurecidos. Pero Mateo comprendió muy bien. Él pudo amar a Jesús porque Jesús lo amó y amó a todos sus amigos. El nazareno sabía que los publicanos y pecadores no actuaban rectamente. Él sabía que no vivían de una manera correcta, pero quiso ayudarlos para que aprendieran acerca de Dios y supiesen que sus pecados podían ser perdonados. Jesús aprovechó esa excelente oportunidad para comunicar el mensaje del Padre. Toda la gente alrededor de esa mesa, en la casa de Leví, necesitaba perdón, restauración y una nueva vida. Esa era la razón por la que fue al banquete con todos ellos. ¡Su amor y perdón es para todas las personas! Su amor y perdón era y es mucho más importante que el pecado que todos ellos hubieran cometido.

Pregunte: ¿Qué le dijo Jesús a Leví? (Sígueme). ¿Qué hizo Leví? (Dejó todo y siguió a Jesús). ¿Por qué crees que invitó a sus amigos al banquete en su casa? (Quiso que escucharan a Jesús). ¿Qué significa cuando Jesús dijo que los sanos no necesitan un doctor, sino los enfermos? (Jesús llama a los que están enfermos de pecado para que lo sigan y dejen de pecar.)

Títeres de media (calcetín)

Necesitará: una media o calcetín limpio para cada niño/a, marcadores o plumones, pintura para tela, pegamento, tijeras, trozos pequeños de hilo o lana para el pelo, cuadrados de papel encerado o cartón, ojos movibles o botones.

Diga: Mateo realmente necesitó un Salvador e hizo lo correcto al seguir a Jesús. Entendió el significado de lo que él había dicho: que el sano no tiene necesidad de un médico, sino el que está enfermo.

Permita que los niños contesten, y guíe su pensamiento hacia la idea de que Jesús ama a todos y quiere perdonarlos.

Diga: Haremos un títere de media para representar la historia que hemos escuchado.

Mientras los niños trabajan, repase las secuencias de la historia con ellos.

Permita que cada niño haga un títere simple con el calcetín. Que los niños coloquen su mano o el cartón dentro de la media para trazar y dibujar la boca y otros rasgos faciales. Esto evitará que la tinta o el pegamento impregnen la parte posterior de la prenda.

Los niños necesitarán la dirección de un adulto para dibujar la cara. Pueden pegar ojos movibles o botones; si no los tiene, dibújelos con marcadores. Puede añadir cabello de hilo grueso o lana. Cuando estén terminados, pida a los niños que repitan la historia usando sus títeres.

ACTIVIDADES

¡Sígueme!

Diga: Jesús puso atención en Mateo y también en ti. Él quiere que tu vida sea diferente.

Entregue a cada niño la página de la lección 6 del libro del Alumno. Guíe a los niños a seguir las instrucciones. Al completar su proyecto hablen de cómo Jesús nos cuida.

Diga: Hemos aprendido que cuando Jesús le pidió a Mateo que lo siguiera, Mateo obedeció. Nosotros también podemos seguir a Jesús. De igual manera, tampoco debemos mentir, ni robar, ni engañar a otros con su dinero, como lo hicieron Mateo y sus amigos. Todos somos pecadores porque desobedecimos a Dios. Podemos pedirle perdón al Señor y luego ser sus seguidores. Leví decidió seguir a Jesús. Tú también puedes tomar esa decisión.

Este es un buen momento para hacer una invitación de salvación a los niños. Anímelos a contar la historia bíblica a alguien de su casa utilizando la historia ilustrada de sus cuadernos.

Para concluir, si hay niños que deciden seguir a Jesús, hable y ore a solas con ellos, después de haber hecho la oración de despedida con todos. Pida a un asistente que despida al resto de los niños, para que usted se quede unos minutos más con aquellos que aceptaron a Jesús en sus corazones.

Memorización

"De modo que si alguno está en Cristo, nueva criatura es: las cosas viejas pasaron; todas son hechas nuevas" (2 Corintios 5:17).

Repita varias veces con la clase el texto a memorizar.

Antes del comienzo de la clase, escriba en una cartulina, o en la pizarra, una palabra sí y una no del texto para memorizar. Por ejemplo: "De", _____, "que", _____, etc. Deje los espacios en blanco para que los niños los completen con las palabras correspondientes, las cuales estarán escritas en trozos de cartulina y escondidas en diferentes lugares del salón. Los niños deben buscar las palabras, caminar rápidamente hacia la pizarra y colocarlas en los lugares correctos, hasta completar el texto. (Estos serán momentos ruidosos, advierta a las maestras de las clases cercanas a su salón.) Puede hacer dos juegos de cartulinas con el texto para dividir a todo el grupo en dos. La competencia será muy divertida para los niños.

Diga: Este versículo es uno de los más alegres de la Biblia. Significa que Jesús te ama mucho y que si se lo pides él puede cambiar tu vida. Él te ayuda y puede ser tu Salvador. De la misma forma que Mateo en nuestra historia, Jesús puede limpiarte y perdonar tus pecados.

Para terminar

Aproveche la oportunidad para invitar a los niños a aceptar a Jesús como su Salvador personal. Haga de este un momento especial, para que los pequeños realmente comprendan que son pecadores y que Jesús está dispuesto a perdonarlos, si ellos se lo piden.

Ore con ellos, y durante la semana entable una conversación con los padres de los que aceptaron a Jesús y con el pastor, para que celebren el "nuevo nacimiento" de sus pequeños principiantes.

Jesús ama a los niños

Base bíblica: Marcos 10:13-16
Objetivo de la lección: Que los principiantes aprendan que Jesús ama a todos los niños y que desea que le pertenezcan.
Texto para memorizar: *De modo que si alguno está en Cristo, nueva criatura es: las cosas viejas pasaron; todas son hechas nuevas* (2 Corintios 5:17).

¡PREPÁRESE PARA ENSEÑAR!

Esta es una oportunidad que vale oro para usted como maestro de principiantes. Ya sea que tenga una clase de dos niños como una de 20, puede estar seguro de que todos vienen de diferentes trasfondos y ambientes. Algunos habrán escuchado las historias de Jesús en sus casas, habrán visto figuras o pinturas del Maestro abrazando a los niños, otros habrán visto películas o videos cristianos, y unos cuantos ya habrán aceptado a Jesús como su Salvador personal. Pero habrá niños que no han pasado por ninguna de estas experiencias.

No hay un mensaje más sencillo en toda la Biblia, que el que debe enseñar hoy. Jesús ama a los niños. Él los ama en forma individual, y en forma universal. Los ama en los momentos de alegría tanto como en tiempos de tristeza. Los ama cuando hacen malas o buenas elecciones. Los ama en forma incondicional. No pueden escapar de su inmenso amor.

Los principiantes tienen corazones tiernos y pueden comprender el concepto de que Jesús ama a todos los niños. Aunque para los que experimentan problemas en sus hogares o en la escuela será más difícil entender la idea de que Jesús lo ama de forma individual, de la misma manera que ama a otros pequeños. Por medio de la historia bíblica y de las actividades de hoy, usted guiará a la clase a través de esos conceptos sobre el amor de Jesús por ellos, como grupo y en forma individual. Esa es la manera en que sus alumnos tendrán el deseo de aceptar y de retribuir el amor de Dios, y de entender que ellos le pertenecen a él.

COMENTARIO BÍBLICO

"¡Ahora no!" "¡Estoy ocupado!" "¿No ves que estoy hablando?"

Estas son las expresiones que los niños escuchan la mayoría de las veces de los adultos. Ellos son "interrupciones" que caminan. Es que aún no tienen sentido del tiempo ni de las ocasiones. Hablan en momentos inoportunos y dicen cosas equivocadas. Además tienen la "habilidad" de avergonzar a sus padres.

Tratar de que los niños dejen de interrumpir las conversaciones de los adultos no terminó con las impacientes palabras de los discípulos hace 2,000 años atrás. A través de la historia, se colocó a los niños atrás de las multitudes y se les dijo que se callaran y que esperaran. Prácticamente en todas las culturas los niños ocupan el último lugar.

En los tiempos bíblicos, especialmente las madres le pedían muchas veces a algún rabino conocido que bendijera a sus hijos, mayormente cuando el niño estaba por cumplir su primer año de vida. Esos padres creían que el toque y la bendición de Jesús ayudarían a sus hijos. No es de sorprenderse. Ellos observaron que Jesús sanaba a los enfermos, daba vista a los ciegos y hacía que los paralíticos caminaran.

¡Quién sabe que bendición buscarían esos padres! Tal vez deseaban sanidad para sus hijos enfermos. Tal vez buscaban algo especial para que ellos vencieran las circunstancias y enfermedades que mataban a los jovencitos en esos días. O tal vez la bendición de Jesús garantizaría una buena y próspera vida para sus pequeños en el futuro.

Desafortunadamente, Jesús no tenía tiempo para los niños. Eso es lo que los discípulos pensaban, aunque el pasaje no lo explica. Tal vez pensaron: "Jesús tiene cosas más importantes que hacer. Es posible que estos niños no sean 'limpios' como los rituales lo estipulan. Hay muchas personas ("adultos") que Jesús debe atender y ayudar. Jesús es un hombre muy ocupado… los niños deben esperar". Pero los discípulos estaban equivocados. Cuando Jesús vio que los discípulos rechazaban a los niños, se indignó. En el idioma original, este término enfatiza un grado de enojo muy fuerte. El Señor no era un político intentando caerles en gracia a los niños. Este era el Hijo de Dios indignado porque sus discípulos los despreciaban.

Inmediatamente Jesús detuvo la acción de los discípulos y llamó a los niños al frente de la multitud. No solo les dio su bendición, sino que los utilizó como objeto de una importante lección. ¡Qué vuelco en la historia! Unos minutos antes, esos niños habían sido empujados hacia atrás, al fondo de la multitud. Ahora, Jesús los usaba como un ejemplo de lo que los "adultos" debemos ser para poder entrar al Reino de Dios.

Los niños de su clase con frecuencia experimentarán lo que significa que se los trate como ciudadanos de segunda clase. Aun si sus padres son amorosos y pacientes, ellos serán olvidados por otros adultos. Nuestras culturas no son diferentes a la cultura de Jesús en esos días, por lo menos en este punto.

De esa forma, los niños aprenderán lo importantes que son para Dios. Por medio de esta lección, sabrán que, sin importar la forma en que otros los traten, Jesús los ama a cada uno en forma particular.

DESARROLLO DE LA LECCIÓN

Reciba con afecto a sus alumnos y procure que el salón de clases esté limpio y arreglado cuando lleguen. Antes de entrar al tema de hoy, repasen brevemente las dos lecciones pasadas y pida a sus alumnos que den algunos ejemplos de los fieles que han sido a Dios durante estas semanas.

Palabras importantes

Antes de la clase, prepare en tarjetas grandes hechas con cartulina las palabras: "perdón", "discípulos" y "Salvador".

En la parte de atrás, escriba el significado de cada una. Luego, colóquelas en un sobre grande.

Perdón: es el regalo de Dios. Cuando estamos tristes por desobedecerlo, él quita nuestros pecados y nuestra culpa. El perdón nos hace sentir que estamos bien con Dios.

Discípulos: son personas que aman a Jesús y que obedecen sus enseñanzas. Cuando Jesús estuvo en la tierra escogió a 12 hombres para que fuesen sus seguidores. A ellos se los llamó discípulos.

Salvador: un salvador da libertad a quien la necesita. Jesús es nuestro Salvador.

Él vino a la tierra para mostrarnos el amor de Dios. Jesús murió para darnos libertad de nuestros pecados.

Pida a los niños que se sienten en círculo. Comience pasando un sobre con las palabras importantes al niño de su derecha, mientras pone música. Cuando la música se detiene, el niño con el sobre sacará una tarjeta y leerá la palabra importante. Si lee del lado donde está la palabra, usted puede darle pistas sobre su significado. Y si lee el significado, este puede darle pistas sobre la palabra. Por ejemplo: "PERDÓN": comienza con "p" y termina con "n". Es por lo que Jesús murió por nosotros. Cuando un niño acierta, pueden aplaudir o gritar: "¡Muy bien!"

En el caso de la palabra "discípulo", usted tendrá la oportunidad de repasar la lección anterior y hacer varias preguntas preparadas con anticipación.

Si al detenerse la música el niño no conoce esa palabra o su significado, prosiga con la música hasta que el sobre caiga en manos de otro pequeño. Nadie debe reírse o burlarse de quien no sabe las Palabras Importantes. El juego y la repetición los ayudarán a aprender.

HISTORIA BÍBLICA

Los niños encuentran un amigo

Cierto día, Jesús estaba enseñando a muchas personas. Algunos habían traído a sus hijos.

El Maestro pasó mucho tiempo enseñando mientras estuvo en la tierra. Las multitudes lo seguían. Los padres que escuchaban deseaban que sus niños conocieran a Jesús. Ellos querían que él los tocara y los sentara en su falda. Los padres necesitaban que Jesús orara por sus hijos.

Las personas sabían que el Señor era especial. Tal vez lo habían visto sanar a los enfermos y querían ese "toque especial" sobre sus niños. Pero a los discípulos no les gustó esto. Ellos les pusieron mala cara a los papás y mamás.

—¡Deténganse, no hagan eso! —les dijeron.

Es posible que los discípulos pensaran que Jesús estaba muy ocupado, como para darles tiempo y atención a los niños. Tal vez pensaron que los pequeños no eran importantes.

Pero Jesús levantó la mirada, vio a los discípulos y escuchó lo que decían.

Jesús no estaba feliz con lo que habían hecho sus discípulos. Por eso se enojó mucho y dijo:

—¡Dejen que los niños vengan a mí, no los saquen de mi presencia!

Él quería verlos. Estaba feliz de que lo visitaran. Jesús amaba a los niños y hoy también los ama a cada uno de ustedes en particular, como también a todos los pequeños del mundo.

Jesús les dijo:

Dios ama a los niños. El Reino de Dios pertenece a las personas que son como un niño.

El Maestro sabía que Dios se preocupaba y se interesaba por todos los seres humanos, no solamente por los adultos. Él ama a todos los niños.

Entonces Jesús miró a un pequeñito y dijo a los adultos:

Ustedes deben ser como un niño, de lo contrario no podrán entrar al Reino de los cielos.

Jesús deseaba que todos entendiesen que necesitaban llegar a Dios con confianza y obediencia como lo hace un niño.

Los pequeños llegaron donde estaba Jesús. Él los levantó, conversó con ellos y los bendijo.

Dios te ama —le dijo Jesús a cada uno—. Tú eres muy especial para Dios.

Él ayudó a esas personas a comprender que Dios ama a los niños tanto como a los adultos. Los niños son especiales para el Padre. Jesús quiere que los niños también sean sus seguidores.

Dramatización

Usted necesitará disfraces, una persona que represente a Jesús, otras 2 ó 3 que personifiquen a los discípulos y otro grupo que haga las veces de padres.

Anime a los niños a participar en esta pequeña dramatización bíblica. Pueden hacer todo con mímicas o si lo desean pueden aprender oraciones cortas para contar la historia de hoy.

ACTIVIDADES

Jesús me ama

Entregue a los principiantes las escenas de Jesús con niños en sus brazos, del libro del Alumno (lección 7). Provéales lápices para colorearlas. Además, corte cuadrados de cartulina un poco más grandes (3 cm. más en cada lado), que las escenas. Recorte las orillas en forma decorativa. Haga dos marcas en la parte superior de las tarjetas para que luego los niños las perforen. Entregue a cada niño dos hebras de hilo o lana gruesa para que lo pasen por los agujeros de los cuadrados. Mientras trabajan en esta actividad, repase la lección. Pregunte a los niños de qué forma ellos sienten que Jesús los ama (dándoles la salvación, proveyendo salud y trabajo a sus padres, brindándoles salud a ellos, suministrando los alimentos de cada día, facilitándoles nuevos amigos, una casa donde vivir, permitiendo que estudien). Diga a los niños que pueden regalar una de las escenas a un amigo y contarle que Jesús lo ama.

Memorización

"De modo que si alguno está en Cristo, nueva criatura es: las cosas viejas pasaron; todas son hechas nuevas" (2 Corintios 5:17).

Repita varias veces con la clase el texto a memorizar. Antes del comienzo de la clase, escriba en una cartulina o en la pizarra palabras salteadas del texto a memorizar. Por ejemplo: "De", _____, "que", _____, etc. Deje los espacios en blanco para que los niños los completen con las palabras correspondientes, las cuales estarán escritas en trozos de cartulina y escondidas en diferentes lugares del salón. Los niños deben buscar las palabras, encontrarlas, correr hacia la pizarra y colocarlas en los lugares correctos, hasta completar el texto. (Estos serán momentos ruidosos,

advierta a las maestras de las clases cercanas a su salón). Puede hacer dos juegos de cartulinas con el texto para dividir a todo el grupo en dos. La competencia será muy divertida para los niños.

Diga: "Este versículo es uno de los más lindos de la Biblia. Significa que Jesús te ama mucho y que si se lo pides él puede cambiar tu vida. Él te ayuda y puede ser tu Salvador. Jesús puede limpiarte y perdonar tus pecados".

Para terminar

Debata con los niños el hecho de que Jesús ama a todos los niños, no solamente a los que escucharon muchas veces hablar de él, o los que vienen cada semana a la iglesia, o los que aprenden de memoria los textos bíblicos. Pregúnteles si conocen otros niños a los que nadie quiere en la escuela o en el barrio. Cuidado: no deje que digan el nombre del niño que nadie ama.

El propósito de la pregunta es que los niños de su clase oren por otros menos afortunados, ya sea porque son diferentes, no tienen dinero, o actúan bruscamente. Pida a los niños que oren en silencio. Luego usted ore por esos niños "difíciles" (sin repetir nombres), después hágalo por su clase, para que sus alumnos sean amorosos con los niños que no son amados. Despida a los niños con un abrazo y dígales que Jesús los ama y usted también.

No olvide entregar las manualidades de hoy.

Jesús perdona a Pedro

Base bíblica: Marcos 14:66-72; Juan 21:1-19

Objetivo de la lección: Ayudar a los principiantes a comprender que, así como Jesús perdonó a Pedro cuando lo negó, él también puede perdonar sus pecados.

Texto para memorizar: *De modo que si alguno está en Cristo, nueva criatura es: las cosas viejas pasaron, todas son hechas nuevas* (2 Corintios 5:17).

¡PREPÁRESE PARA ENSEÑAR!

El temor al fracaso se adquiere desde temprana edad. El mundo dice a gritos que por nuestros triunfos seremos juzgados. Esto no solamente sucede en el trabajo, o con los adultos, sino que sucede también en las clases de primaria, en el patio y salones de juego, o en el comedor de la escuela. Los principiantes

están familiarizados con el éxito y el fracaso. Tristemente, ellos están habituados también a la creencia popular que reza: "si no lo logro en el primer intento… me doy por vencido".

La lección de hoy les muestra a los estudiantes la verdad de que Jesús no está enfocado en nuestras equivocaciones, sino que él está dispuesto a perdonarnos si pecamos. Pedro negó a Jesús. Eso era pecado. De manera que los niños descubrirán hoy que Jesús perdonó a Pedro cuando vino arrepentido a él. Si nosotros pecamos, Jesús nos perdona. Solamente necesitamos ir a él con verdadero arrepentimiento (dolor) por haberlo hecho. Pedro lo hizo así, y se constituyó en apóstol y líder de la iglesia primitiva.

Sus alumnos deben sentirse animados por esta lección al escuchar sobre la jornada de fe de Pedro. Deben sentirse alentados al saber que si se equivocan o pecan Jesús los perdonará. Deben sentirse felices al saber que Dios los transforma y obra por medio de ellos para llevar salvación a otras personas, familiares y amigos.

COMENTARIO BÍBLICO

Lea Marcos 14:66-72 y Juan 21:1-19

¿Recuerda alguna ocasión cuando usted le falló a Jesús? ¿Se acuerda cuando "negó" al Señor de una forma u otra? ¡Yo sí!

Para algunos de nosotros, nuestras fallas no han sido tan dramáticas como la de Pedro. No hemos fallado a Jesús en un mercado público como le aconteció al apóstol. Pero sí conocemos muy bien nuestras fallas. Y Jesús también.

Es fácil relacionarnos con Pedro. A pesar de su fanfarronería, Pedro se desplomó junto al fuego.

Momentos antes, había prometido pelear por Jesús si era necesario. Pero lo tomó por sorpresa ver que hombres enojados, con palos y espadas, arrestaban a su Maestro, y sucumbió ante el pánico.

Es muy fácil tomar una posición a favor del Señor en medio de un servicio dominical. En esa situación no es difícil ser aliados de Jesús. Somos felices cuando cantamos, oramos y hasta levantamos las manos. ¡Allí no hay problemas!

Lo difícil es vivir la vida cristiana en el mundo real, en la calle. Se vuelve difícil cuando no es popular ser cristianos. No es fácil ser leales a Jesús cuando otros se burlan o nos amenazan.

Si usted le falló a Jesús, sabe lo mal que uno se siente. Usted desengañó a la persona más importante de su vida. Usted hizo una promesa y la rompió. Su firme compromiso se desplomó bajo las presiones. Y se pregunta: "¿cómo podrá Jesús confiar en mí otra vez?"

Aún así, él sigue confiando en nosotros. Él nos espera en la playa y nos prepara el desayuno. Él no lo hace para luego darnos una paliza por nuestras malas actitudes. Él lo hace porque nos ama y desea pasar tiempo con nosotros.

Y allí viene la pregunta de Jesús:

"¿Me amas?"

Y pensamos… "¡Ya lo sabía! ¡Él todavía lo recuerda! ¡Está enojado u ofendido!"

Pero no es así. En la pregunta hay una oportunidad para decir: "Sí, todavía te amo".

Sin la pregunta no tenemos forma de responderle. Si él no nos consulta, no le podemos hacer saber, desde nuestro corazón, que lo seguimos amando. La pregunta nos da la oportunidad de expresar lo que deseamos decir desesperadamente. "Me equivoqué, pero todavía te sigo amando".

En un principio podemos pensar que hubiese sido mejor que Jesús le dijera: "te amo". Pero esa frase no era necesaria. El hecho de que Jesús amara a Pedro y nos ama a nosotros es comprensible.

Él prueba su amor de tantas formas, eso sin mencionar su camino a la cruz. Jesús nunca nos falló, ni lo hará. Su amor por nosotros jamás será cuestionado.

Jesús amó a un leproso lo suficiente como para tocarlo y sanarlo.

Jesús amó a un pecador como Leví lo suficiente como para llamarlo a ser uno de sus discípulos.

Jesús amó a los niños lo suficiente como para brindarles de su tiempo y usarlos como el centro de una ilustración de cómo debemos ser si queremos entrar en su Reino.

Jesús nos ama a usted y a mí lo suficiente como para tocarnos y buscarnos en nuestro estado de pecado. Nos ama tanto que nos atrae hacia él. Nos amó lo suficiente para morir en la cruz. Continúa amándonos, aún si nos equivocamos.

Y ahora, nos prepara el desayuno y nos invita a sentarnos para comer con él. Solo una pregunta oportuna: "¿lo ama?"

DESARROLLO DE LA LECCIÓN

Reciba con afecto a sus alumnos y procure que el salón de clases esté limpio y arreglado cuando lleguen. Antes de entrar al tema de hoy, repasen brevemente las tres lecciones anteriores y pida a sus alumnos que den algunos ejemplos de lo fieles que han sido a Dios durante este mes que está por concluir.

Lea otra vez la actividad "Pirámide de palabras" de las lecciones 5, 6 y 7 para practicar el texto bíblico. En el momento que los niños entran a la clase, pueden tener las tarjetas, bloques sobre la mesa para ejercitar y repetir el versículo. Ya para hoy, todos los niños deberían saber el texto de memoria.

Pida a todos los voluntarios que lo hayan aprendido, que pasen al frente y lo digan a toda la clase, colocando los bloques de la pirámide en el lugar correcto.

Palabras importantes

Como esta es la última lección de la unidad, haga el juego del sobre con las palabras importantes. Los niños ya deben conocer las palabras y su significado: perdón, discípulos y Salvador.

HISTORIA BÍBLICA

Pedro encuentra el perdón

La noche era tranquila y oscura. Pedro jamás había estado tan triste en su vida como lo estaba en estos momentos. Hacía pocas horas los soldados habían llegado y se habían llevado al Maestro. Pedro sabía que esos hombres querían lastimar a Jesús. Este discípulo estaba confundido y enojado. Mientras se detuvo en el patio del palacio donde llevaron a Jesús, Pedro se calentó las manos junto al fuego. ¡Temblaba de frío!

Había estado al lado de Jesús en situaciones emocionantes cuando enseñaba sobre el amor de Dios por su pueblo.

Había aprendido mucho de él y lo amaba. Pero esa noche, Pedro tuvo miedo.

"Jesús fue arrestado", pensó. "¿Qué puedo hacer?"

Pedro se sobresaltó cuando escuchó que alguien se acercaba donde él estaba. Aunque había muchas personas por allí, él deseaba que nadie lo molestara.

—¡Tú estabas con Jesús de Nazaret! —le dijo una mujer.

—¡No sé lo que dices, ni a quién te refieres! —dijo Pedro.

Dio la vuelta y se encaminó hacia un patio cercano. Deseaba estar solo.

No pasó mucho tiempo, cuando la mujer se acercó a Pedro otra vez. Pero esta vez no le habló a él, sino a todos los que pasaban por allí y a los curiosos que se detenían.

—¡Este es uno de ellos! —gritaba, mientras lo señalaba con el dedo.

Pero una vez más, él volvió a negarlo:

—¡No, No!

Un grupo de personas se acercó a Pedro. Él estaba aterrorizado.

Otros que estaban allí insistieron:

—Verdaderamente tú eres de ellos, porque eres galileo y tu manera de hablar es semejante.

Pedro explotó de enojo y comenzó a maldecir y a jurar:

—¡No conozco a este hombre!

De repente, un ruido estremecedor se escuchó en el aire. Era el canto de un gallo en la cercanía.

No solo cantó una vez, sino dos veces. Pedro quedó helado... escuchando. ¡No lo podía creer! En ese momento recordó las palabras de ese Jesús que tanto lo amaba. "¡Antes que el gallo cante dos veces, me negarás tres!"

Era demasiado para Pedro. Jamás se había sentido tan mal. Jesús estaba en lo correcto. Pedro lo había negado y no solo eso, había mentido diciendo que no lo conocía. ¡Lo había negado tres veces! El apóstol cayó al suelo sumido en un profundo llanto.

Unos días después de que Jesús fue crucificado, había muerto y resucitado, Pedro estaba con sus amigos, tratando de pescar en el Mar de Galilea.

Los hombres estaban cansados, habían intentado toda la noche pero no habían capturado ni un solo pez. Todos se sentían muy mal, estaban desanimados y tristes.

El sol de la mañana brillaba y era un día espléndido. El fulgor no los dejaba ver con claridad. Pero uno de ellos divisó a alguien que estaba en la playa, como espiándolos. Era Jesús, pero los pescadores no lo reconocieron. En eso les preguntó:

—Hijitos, ¿tenéis algo de comer?

—¡No! —respondieron.

—Echad la red a la margen derecha de la barca y hallaréis —les contestó.

Pronto, la red se llenó de hermosos pescados. ¡Nadie lo podía creer! Los hombres restregaban sus ojos y pensaban quién sería el que les gritaba desde la playa.

Uno de ellos le dijo a Pedro:

—¡Es el Señor!

Inmediatamente, el discípulo se puso algo de ropa y se tiró al agua. Los otros llegaron a la orilla con la barca arrastrando la red llena de pescados. Pedro no podía soportar más, estaba tan emocionado que se fue nadando hasta la orilla.

Cuando todos llegaron a la costa, notaron que había un pequeño fuego, un pescado asándose y también había pan. Entonces Jesús les dijo que trajeran más pescado, del que habían sacado. Pedro corrió y trajo la pesada red. Los pescados eran grandes, hermosos. Había 153 y la red no se rompió.

Jesús los invitó a comer. ¡Qué hermoso! ¡Los cansados y hambrientos hombres tenían un desayuno listo! Pero lo más maravilloso era quién se los había preparado.

Después de comer y saciarse, Jesús comenzó a hablarles. Se dio vuelta hacia Pedro y le dijo:

—Simón, ¿me amas más que estos?

—Sí, Señor; tú sabes que te amo —respondió.

Jesús le preguntó a Pedro si lo amaba en dos ocasiones más.

—Sí —dijo Pedro en ambas.

Jesús perdonó a Pedro por lo que había hecho. Mientras hablaban en la playa, Jesús le dijo algunas cosas importantes que debía hacer. Le pidió que diera de comer a sus ovejas, que las cuidara y que una vez más les diera de comer.

Jesús no le dijo a Pedro que cuidara ovejas verdaderas, sino que cuidara personas, y que les hablara del amor de Cristo. Lo último que el Maestro le dijo a Pedro fue una sola palabra, tal vez la palabra más importante de todo el universo:

—¡Sígueme!

Pedro siguió a Jesús hasta su muerte. Pero antes de eso, fue uno de los predicadores más grandes de la iglesia primitiva.

ACTIVIDADES

El pecador perdonado

Necesitará: tijeras, pegamento y lápices.

Entregue a los niños la hoja de actividades de la lección 8 del libro del Alumno. Explíqueles las instrucciones. Pregunte: ¿Cómo fue que Pedro le falló a Jesús? (Lo negó). ¿Qué hizo Jesús por Pedro? (Lo perdonó). ¿Cómo cambió Pedro? (Pedro llegó a ser un gran predicador de la iglesia primitiva). ¿Cómo cambió tu vida al ser perdonado por Jesús? (Permita que los niños respondan).

Textos dulces

Necesitará: la página de actividades del libro del Alumno, lección 8, tijeras, cartulina más grande que el frasco de dulces, y colores. Encontrará en diversas páginas del libro del Alumno, el texto para memorizar para cada Unidad, en formas de caramelos o dulces con los versículos escritos en cada uno. Cuando el niño haya aprendido de memoria el texto bíblico, permita que recorte el dulce de esa unidad y lo pegue dentro o en los alrededores del frasco. Al finalizar el año, podrán llevar el frasco con dulces a sus casas. De esa manera podrán repetir a sus familiares los versículos aprendidos.

Memorización

Ya que llegaron al final de la Unidad 2, puede hacer una competencia. Divida la clase en dos grupos. Pida que 2 ó 3 niños elegidos por ellos mismos (o por usted) en los respectivos grupos, reciten el texto. El grupo que dijo el pasaje sin equivocarse recibirá un aplauso especial, o saldrá primero del aula, etc. Use su propia creatividad para premiar a los niños. Tal vez quiera agasajarlos con galletas, o un trozo de fruta.

Para terminar

Pida a los niños que completen la hoja del libro del Alumno: *Un regalo de Dios*, y que firmen la carta dirigida a Dios. Realice una oración especial por los que aceptaron a Jesús durante esta segunda unidad. Permítales que cuenten lo que sienten ahora que Jesús vive en sus corazones y los perdonó de sus pecados.

Anímelos a regresar a sus casas y contar sobre su nueva experiencia con el Señor a su familia y también a sus amigos.

✏ **Mis notas:**

Año 3

Introducción – Unidad III

LOS MILAGROS Y EL MINISTERIO DE JESÚS

Bases bíblicas: Marcos 1:21-28; 4:35-41; Lucas 7:1-17; 9:1-6; 10:1-20.

Texto de la unidad: *Y se oyó una voz desde la nube, que decía: "Este es mi Hijo amado, en quien tengo complacencia; a él oíd"* (Mateo 17:5).

Propósitos de la unidad

Esta unidad ayudará a los principiantes a:

✗ Descubrir el gran poder de Jesús.
✗ Asombrarse y recordar siempre los milagros que fue capaz de hacer.
✗ Tener la certeza de que Jesús usa ese poder para liberarnos de situaciones difíciles.

Lecciones de la unidad

Lección 9: Jesús, el mejor maestro
Lección 10: Jesús, el mejor médico
Lección 11: Jesús, el más poderoso
Lección 12: Jesús, el mejor líder

Por qué los principiantes necesitan la enseñanza de esta unidad

Los principiantes se encuentran atravesando una edad en donde la capacidad de asombro es muy alta y la curiosidad los impulsa a descubrir cosas nuevas.

Esta faceta facilita que los hechos extraordinarios de Jesús se graben en ellos de una manera muy especial.

Por eso, el ver a un Jesús que, aunque tenía el aspecto de un hombre común, aplacó las olas del mar con la autoridad de su voz, sanó completamente al hijo del centurión que estaba al borde de la muerte y realizó hazañas propias de un ser sobrenatural, impactará a sus alumnos. Y será difícil que se olviden del poder de Dios.

Es bueno remarcarles que Jesús no hacía milagros solo para entretener a la gente, sino para atraerlas a sí mismo y cambiar sus vidas.

Jesús, el mejor maestro

Base bíblica: Marcos 1:21-28

Objetivo de la lección: Ayudar a los principiantes a entender que Jesús actuaba y enseñaba de una manera maravillosa, para que creyeran y tuvieran fe en él.

Texto para memorizar: *Se oyó una voz desde la nube, que decía: "Este es mi Hijo amado, en quien tengo complacencia; a él oíd"* (Mateo 17:5).

¡PREPÁRESE PARA ENSEÑAR!

Las culturas de hoy son culturas visuales y ricas en imágenes. Esto me recuerda un servicio de Pascua al que asistí. Mientras el coro cantaba, las imágenes de Jesús sufriendo en la cruz vinieron a mi memoria, agregando dimensión a la música.

Como los niños crecen con estímulos visuales, es muy difícil comunicarse con ellos cuando no se tienen esos recursos. Además, los pequeños de su clase no tienen el beneficio de haber estado presentes cuando Jesús enseñó en la sinagoga. Es difícil para nosotros entender la admiración que sentía la gente en los tiempos bíblicos cuando escuchaba a Jesús. Debió ser increíble presenciar los milagros y sanidades que acontecieron durante su ministerio.

Estas lecciones le darán la oportunidad de ayudar a los niños a experimentar algo de esa admiración. Use las actividades para llamar la atención e incentivar la imaginación para comprender mejor las historias. Durante esta sesión guíelos a los tiempos cuando la gente escuchaba las enseñanzas de Jesús. Ayúdelos a entender por qué este Maestro era tan diferente a los demás. Su autoridad venía de Dios, porque él era el Hijo de Dios.

COMENTARIO BÍBLICO

Lea Marcos 1:21-28. Cuando usted era niño, ¿su maestro le enseñaba con figuras u objetos? Mi maestra sí lo hacía. A través de los años, vi historias bíblicas ilustradas con franelógrafos, con dibujos en la pizarra, y también con títeres. Me expusieron a una variedad de objetos hechos en papel periódico para guiarme durante la lección.

Una de las lecciones que recuerdo muy vívidamente fue cuando mi padre explicaba el evangelio por medio de un experimento químico. Tenía un vaso con un líquido transparente, al que le agregaba otro líquido oscuro, mientras nos hablaba de cómo el pecado manchaba nuestras vidas. El segundo líquido enturbiaba el primero hasta llegar a ser casi negro. Luego, al hablar de Jesús derramando su sangre por nuestros pecados, papá agregaba un líquido rojo al vaso turbio. Mágicamente, el líquido se volvía transparente. ¡Era maravilloso!

Ver la transformación fue una experiencia importante para mí. Recuerde que "el ver" es parte de nuestro aprendizaje, independientemente de cómo la información llegue a nosotros. Permítame que le explique.

Cuando aprendemos, ¿cómo recibimos la información? Algunas veces nos llega por medio del tacto: tocar un objeto, palpar sus contornos. Otras veces aprendemos escuchando: cuando alguien nos cuenta una historia. También nos instruimos leyendo (la mayoría de nuestro aprendizaje bíblico lo hacemos de esa manera). Y usted se preguntará: Pero ¿cómo "vemos" de esa manera? Cuando aprendemos por medio del tacto, nuestros dedos transmiten las sensaciones a una clase de mapa en nuestro cerebro. Cuando leemos alguna historia, vemos escenas en nuestras mentes. Más tarde, cuando alguien nos recuerda esa historia, las imágenes regresan inmediatamente.

Cuando leemos, traducimos las palabras en figuras que representan esas palabras. Por ejemplo, si decimos "tenedor" inmediatamente dibujaremos en nuestra mente la imagen de un artículo de metal, plástico o madera, con un mango y tres o cuatro dientes. Hacemos esto cientos de veces, cada vez que leemos una página, sin ser conscientes de lo que estamos llevando a cabo. Por lo tanto todo es "ver", ya sea con nuestros dedos, con nuestros ojos, con nuestro olfato o con imágenes mentales.

En Marcos 1:21-28 la gente "vio" las enseñanzas de Jesús. Aunque Jesús usó palabras, la gente pudo "ver" que las cosas estaban cambiando. Su autoridad estaba físicamente presente en ellos. El poder de Satanás fue destruido delante de sus propios ojos. Algo nuevo, extraordinario, estaba sucediendo. Las enseñanzas de Jesús tenían la autoridad del poder de Dios.

Otro aspecto importante de "ver" es comprender. Por medio de las palabras de Jesús y de la sanidad del hombre poseído por el demonio, la multitud "vio" (eso quiere decir que entendieron) quién era Jesús: el Hijo de Dios.

En su rol de maestro de niños, ¿cómo enseña usted? ¿Depende de la fortaleza humana, de su creatividad natural y de algunos de los talentos que Dios le dio; o siente la autoridad de Dios detrás de las verdades que enseña a sus alumnos?

Ya sea que usted les dé objetos para tocar, les cuente una historia o les asigne una lectura bíblica, los niños aprenderán mejor cuando vean en usted el resplandor de Jesús.

DESARROLLO DE LA LECCIÓN

Prepare con anticipación los materiales didácticos que utilizará para esta lección y procure tener listo su salón de clases antes de que sus alumnos lleguen.

Recuerde dar la bienvenida a los visitantes y tomar sus datos para contactarlos durante la semana.

Elija alguna de las siguientes actividades para captar la atención de los principiantes en el tema de estudio.

¿Cómo escuchamos?

Pregunte: ¿Qué sucede algunas veces cuando ustedes deben escuchar con atención? ¿Pueden oír lo que les dice la otra persona si hay mucho ruido?

Permita que los niños respondan.

Diga: Haremos el siguiente experimento, les leeré algo. Mientras leo, ustedes pueden taparse los oídos, dar palmadas, zapatear y hablar con quien está a su lado. ¡Diviértanse! Pero deben guardar silencio cuando yo les indique y levante mi mano (muéstrese a los niños levantando su mano). Muy bien, ¡empiecen!

Lea Mateo 17:5 mientras los niños hacen ruido. Al terminar de leer, levante la mano y pregunte:

¿Quién escuchó lo que leí? (posiblemente ninguno). Ahora escuchen atentamente cuando yo leo.

Vuelva a leer el texto. Pregunte: ¿Quién puede decirme lo que acabo de leer esta vez?

Explique que ese es el versículo para memorizar durante el mes.

Dígales: Este versículo nos dice que Dios quiere que dediquemos tiempo para escuchar las enseñanzas de Jesús. ¿Cómo lo podemos hacer? (Viniendo a la iglesia, asistiendo a la Escuela Dominical, en una clase durante la semana, leyendo la Biblia, escuchando el mensaje del pastor, oyendo nuestra voz interior que nos recuerda lo que Jesús quiere de nosotros y lo que quiere que hagamos). "Nuestra historia trata acerca del tiempo cuando algunas personas se acercaron a escuchar a Jesús".

Palabras importantes

Escriba en tarjetas de 10 cm. x 10 cm. las palabras: "Hijo de Dios" y "milagro". Del otro lado, el significado.

Hijo de Dios: es un nombre especial para Jesús. Cuando conocemos a Jesús, conocemos quién es Dios y cómo es.

Milagro: es un acontecimiento increíble que muestra el poder de Dios. No se puede explicar de ninguna otra manera.

Coloque las tarjetas en una bolsa y, después de haber repasado varias veces el significado de las palabras, pida que algunos voluntarios saquen una tarjeta y digan el significado de esa palabra. Recuerde que el juego ayudará a que los niños aprendan. Repita esta actividad en cada lección de la unidad. Si desea agregue otras palabras a cada lección.

HISTORIA BÍBLICA

¡Sorpresa en la sinagoga!

Lea con anticipación Marcos 1:21-28.

—¡Aquí estamos! —dijo Jesús.

Él y sus discípulos estaban en la ciudad de Capernaúm. Era el día de reposo y habían llegado a la sinagoga, como lo hacían cada semana. Cuando el servicio comenzó, Jesús estaba listo para enseñar acerca de Dios.

La gente en la sinagoga tenía la costumbre de escuchar a los maestros. Cada semana, los maestros de la ley les explicaban las Escrituras. Pero cuando Jesús hablaba, inmediatamente todos ponían mucha atención.

—¡Jesús enseña diferente a otros maestros de la ley! —mencionó un hombre a su compañero.

—Ya lo sé, te puedes dar cuenta que sabe de lo que está hablando —contestó otro.

—Estoy de acuerdo —dijo alguien más—, él te hace sentir que realmente conoce a Dios.

En ese momento hubo un gran ruido en la sinagoga. ¡Todos dieron un salto!

(Si tiene una lámina de Jesús en la sinagoga con un grupo de gente, este es el momento de mostrarla.)

—¿Qué fue eso?

—¡Mira ese hombre, está controlado por un espíritu malo!

Jesús fue hasta donde estaba el hombre que gritaba sin parar.

El espíritu malo que controlaba al hombre dijo, muy enojado:

—¡Ah! ¿Qué tienes con nosotros, Jesús nazareno? ¿Has venido a destruirnos? Sabemos quién eres: el Santo de Dios.

—¡Cállate y sal de él! —le dijo el Señor.

El espíritu inmundo, sacudiéndolo con violencia y dando un alarido, salió del hombre atormentado, quien, inmediatamente, se sintió bien. El espíritu maligno se había ido. Ya no lo controlaba. Todos en la sinagoga estaban admirados.

—¿Qué es eso? —se preguntaban unos a otros.

—¡Es una nueva enseñanza! —decían algunos.

—¡Y con qué autoridad! ¡Él da la orden a los espíritus malignos y lo obedecen! —comentaban otros.

Jesús y sus amigos dejaron la sinagoga. Pero la gente no se olvidó de él. Las personas les contaban a sus amigos lo que había acontecido aquel día. Las noticias se extendieron por todo el país.

Repaso de la historia bíblica

Para esta actividad de repaso, entregue la hoja del libro del Alumno: *¿Quién lo dijo?* Guíe a los niños a recortar, pegar y armar la rueda de repaso. Puede darles algunos minutos para que formen equipos de dos y jueguen, mientras usted hace las preguntas sobre la historia que aparecen en la rueda. Los niños deben recordar quién dijo lo mencionado en los tres versículos bíblicos.

ACTIVIDADES

Señaladores o marcadores para tu Biblia

Antes de la clase, escriba en tiras de papel de 2

cm. x 15 cm. el texto para memorizar de Mateo 17:5. Además, corte en cartulina o cartón no muy grueso tiras de 4 cm. x 17 cm.

En la clase, entregue a cada niño las tiras con el texto bíblico y los cartones. Indique a los niños que peguen el texto en el cartón. Reparta figuras pequeñas o calcomanías para que los principiantes adornen sus señaladores. En la parte de atrás pueden colocar sus nombres.

Diga: Jesús fue un excelente maestro. Sus enseñanzas y milagros demostraron que él era el Hijo de Dios. Agregue: Coloquen sus señaladores en sus Biblias, en la historia de hoy. Al llegar a sus casas pueden leerla con sus familiares y amigos.

Memorización

¿Quién es el ganador?

Para esta unidad, escriba el texto a memorizar en trozos de cartulina en forma de nubes u otra forma de su agrado. Coloque en cada una de ellas una palabra del texto de Mateo 17:5.

Mézclelas sobre una mesa, con las palabras hacia abajo. Después de repetir varias veces el texto, anime a los niños a colocar en orden el pasaje bíblico.

Para esta actividad de memorización puede dividir a los niños en dos o tres grupos pequeños. Si es así, debe preparar dos o tres juegos de textos bíblicos. Haga una competencia. El equipo que aprenda el texto y lo coloque en el orden correcto, puede recibir un pequeño premio, como un lápiz, calcomanías o estampas. Esta actividad la puede repetir cada domingo mientras enseñe esta unidad.

Para terminar

Pida a los niños que guarden silencio. Prepare una serie de 3 ó 4 preguntas sobre la lección y la historia bíblica. Al terminar el repaso, pida que un niño ore para que puedan recordar la lección durante la semana. Ore para despedirlos. Pídales que les cuenten la historia bíblica a sus padres, hermanos y amigos. Para eso les servirá la rueda: "¿Quién lo dijo?"

Lección 10

Jesús, el mejor médico

Base bíblica: Lucas 7:1-17
Objetivo de la lección: Que los niños comprendan que Jesús, por ser el Hijo de Dios, podía sanar las enfermedades y resucitar a los muertos; y que ese mismo Jesús hoy puede ayudarlos cuando tienen necesidades.
Texto para memorizar: *Se oyó una voz desde la nube, que decía:'"Este es mi Hijo amado, en quien tengo complacencia; a él oíd"* (Mateo 17:5).

¡PREPÁRESE PARA ENSEÑAR!

Para la mayoría de los niños, la idea de que alguien pueda ser sanado existe solamente en las historias de la Biblia. A menos que los niños hayan experimentado la sanidad de algún familiar, ellos tal vez no puedan asociar esa forma del poder de Dios con su vida diaria.

Esta lección brinda una excelente oportunidad para que alguien que usted conozca -o usted mismo- testifique sobre su sanidad. El testimonio, en combinación con la historia bíblica, ayudará a que el poder de Jesús se haga real en las vidas de los niños. Además, creará un puente entre las historias bíblicas y la verdad de la palabra de Dios como una realidad en el mundo de hoy.

Pídale a Dios que lo ayude a ministrar a los niños de su clase. A medida que usted hable del poder de Jesús, sepa que algunos de ellos tienen necesidades serias. Unos tendrán incapacidades que Dios no ha sanado. Otros, padres o amigos enfermos.

Use esta lección para enseñar sobre la importancia de la oración en cada circunstancia. Recuerde a sus alumnos que Dios siempre nos escucha cuando oramos. También, que Dios se preocupa por sus resfríos y raspaduras de la misma manera que se preocupa por otras situaciones serias. Anime a la clase a orar y pedirle a Dios cuando tengan enfermedades y sufrimientos en sus familias. Dígales que no siempre la voluntad de Dios es que seamos sanados, pero sí es su voluntad que oremos y que aprendamos a aceptarla con la confianza de que él sabe lo que es mejor para nosotros.

COMENTARIO BÍBLICO

Cada historia tiene su "punto culminante". En un chiste, el "punto culminante" llega inesperadamente y por eso es gracioso. En la historia, este ítem puede tener más de una línea. Pero aún así, funciona de la misma manera. El propósito es terminar la historia de una forma poderosa. El "punto culminante" es lo que hará que recordemos esa historia en particular.

La historia de Lucas 7 tiene esos "puntos culminantes": *Dios ha visitado a su pueblo* (v. 16). Solo esa frase es suficiente para animarnos, a pesar del sufrimiento causado por este mundo enfermo por el pecado. ¡Y aún hay más en este pasaje! Tenemos dos demostraciones grandiosas de cómo Dios ayudó a su pueblo por medio de Jesús.

La primera historia es sobre un hombre que era autosuficiente en casi todas las áreas de su vida. Como líder militar, tenía una cantidad de soldados que hacían lo que él les pedía. Pero reconocía que había un área más allá de su poder de mando: él era incapaz de sanar a su siervo enfermo de muerte. Hizo lo que pudo: envió a algunos de sus amigos judíos de alto rango a pedirle ayuda a Jesús.

La segunda historia nos muestra a otra persona que no tenía recursos. Ella era viuda y lloraba la muerte de su único hijo. No solamente había perdido el sostén de su esposo, el cual era necesario para tener prestigio en la sociedad, sino que también estaba en proceso de enterrar el único recurso que le supliría alimentos.

Jesús reaccionó ante estas dos personas. Estaba *"maravillado"* (v. 9) de la fe del centurión. El centurión, al decir que Jesús no necesitaba llegar hasta su casa para sanar al siervo, demostró más fe de la que Jesús había encontrado en la mayoría de los judíos de su época.

En contraste, el corazón de Jesús *"se compadeció"* (v. 13) de la viuda cuando se cruzó con el funeral de su hijo. Jesús reaccionó ante el dolor de la viuda de la misma forma que había actuado ante la petición del centurión.

Él no solo reaccionó, sino que también respondió a ambas situaciones. Jesús sanó al siervo del centurión "por control remoto". Llegó cerca de la casa, pero no a la casa. Al regresar, los mensajeros a la casa encontraron al siervo en buenas condiciones. En contraste, Jesús le respondió a la viuda actuando. Tocó el ataúd y volvió a la vida al muchacho, restaurando así la fuente de sostén de la pobre mujer. Luego, Lucas nos muestra la reacción de la gente: *"Y todos tuvieron miedo..."* (v. 16).

Esto nos lleva al "punto culminante": *"Dios vino a ayudar a la gente"* (v. 16).

DESARROLLO DE LA LECCIÓN

Prepare con anticipación los materiales didácticos que utilizará para esta lección y procure tener listo su salón de clases antes de que sus alumnos lleguen.

Recuerde dar la bienvenida a los visitantes y tomar sus datos para contactarlos durante la semana.

"M" es para "Milagros", repaso y palabra importante

Usted necesitará: cartón o cartulina, tijeras, pinturas, lápices de colores, marcadores, figuras, calcomanías o estampas, papeles de colores o brillantes picados, etc. para decorar las letras "M".

Antes de la clase, corte letras "M" de tamaño grande, de unos 6 cm. de ancho, para cada niño.

En la clase, mientras los niños adornan sus letras "M", indique que la "M" es la letra con la que comienza la palabra "MILAGRO". ¿Qué es un milagro? (Un acto poderoso que muestra el poder de Dios. No podemos explicar ese acto de ninguna otra manera). ¿De qué milagro hablamos la semana pasada? (Jesús quitó un espíritu malo de un hombre).

Brinde tiempo para que los niños muestren a sus compañeros sus letras "M" decoradas. Una vez que finalizaron el trabajo, coloque las letras "M" en exposición en un mural en una de las paredes del aula. Puede colocarlas rodeando la palabra "MILAGRO" y una foto de Jesús.

HISTORIA BÍBLICA

—Tu siervo está muy enfermo, no creo que se mejore —dijo el soldado romano a su comandante.

—Ya lo sé —respondió el comandante. Estoy preocupado. Él es un buen siervo. Hemos hecho todo lo posible por curarlo, pero sigue cada vez peor.

Pasaron los días y el siervo seguía mal. Finalmente, el comandante se dio cuenta de que si no buscaba ayuda inmediata, su siervo moriría. ¿Qué podía hacer?

De repente, tuvo una idea. Tal vez ese maestro judío, Jesús, podría ayudarlo. "¡Escuché historias maravillosas acerca de él! Y ahora viene a nuestro pueblo", pensó.

Rápidamente, el centurión envió un mensaje a sus amigos judíos. Ellos eran líderes importantes.

—Por favor, vayan a donde está Jesús y pídanle que sane a mi siervo —les dijo.

Los líderes judíos estaban felices de hacer lo que el comandante les pedía. Generalmente, a los judíos no les simpatizaban los soldados romanos. Pero este soldado era diferente a los demás, así que se apresuraron a buscar a Jesús.

—Jesús —le rogaron—, por favor, ven a la casa del comandante y sana a su siervo. Este romano es un buen hombre. Él ama a los judíos, y aun construyó una sinagoga para nosotros.

Rápidamente, Jesús fue con los hombres. Pero cuando estaban cerca de la casa del comandante, alguien salió a su encuentro.

—Señor, no te preocupes —le aclaró—. El comandante me dijo que te comunicara que él no es tan bueno como para que tú entres a su casa. Él sabe que si tú dices una palabra, su siervo sanará.

Cuando Jesús escuchó eso, se maravilló del comandante... Se dio vuelta y miró a la gente que estaba con él, y dijo:

—Les digo que ni aun en toda Israel he hallado tanta fe. —Y luego, dirigiéndose a los siervos del centurión, les dijo—: Regresen a la casa del comandante.

(Haga una pausa y diga: ¡Sorpresa! ¿Qué creen que sucedió? Deje que los niños adivinen cuál es la primera sorpresa de la historia. Continúe.)

Los hombres amigos del comandante regresaron a la casa. Allí descubrieron la maravillosa verdad. ¡El siervo del comandante romano estaba completamente sano!

Un tiempo después, Jesús fue a la ciudad de Naín. Los discípulos y una gran multitud iban con él. Justo cuando estaba entrando a la ciudad vio un funeral. Un hombre joven había muerto y lo llevaban a enterrar. Su madre iba con ellos.

Jesús se compadeció de la pobre mujer. Su esposo había muerto ya hacía tiempo. Solo tenía a ese único hijo, quien cuidaba de ella. Y ahora había muerto. ¿Qué podía hacer esta mujer?

—No llores —le dijo Jesús a la viuda. Luego se acercó al féretro, lo tocó y declaró—: Joven, a ti te digo, ¡levántate!

(Otra vez haga una pausa y diga: ¡Sorpresa! ¿Qué aconteció? Permita que los niños adivinen cuál es la segunda sorpresa. Luego continúe.)

De repente, el muchacho se sentó y comenzó a hablar. ¡Estaba vivo!

Jesús miró a la madre del joven; ella lo estaba mirando con total admiración.

—Aquí tienes a tu hijo —le dijo Jesús.

La gente estaba maravillada y comenzaron a alabar a Dios.

—¡Un gran profeta se ha levantado entre nosotros! —dijeron—. ¡Dios ha visitado a su pueblo!

ACTIVIDADES

Testimonio de sanidad

Antes del comienzo de la clase, invite a alguien para que cuente a sus alumnos cómo Dios lo sanó.

Durante la clase, permita que el visitante testifique sobre su experiencia de sanidad. Anime a los niños a que le hagan preguntas.

Diga: Jesús, el Hijo de Dios, tiene gran poder. Usa su poder para ayudar a la gente. Algunas veces sana a la persona, como lo hizo en los tiempos bíblicos. Otras veces, Jesús ofrece otra clase de ayuda. No importa lo que enfrentemos, podemos confiar en que Jesús nos ayudará porque él es Hijo de Dios. ¡No hay nada que Dios no pueda hacer!

Prepare un vaso de gaseosa y galletitas para compartir con el visitante y sus acompañantes.

El invitado debe dar un testimonio apropiado a la edad de los niños sobre una sanidad física, y no hablar de cuestiones personales. Es importante que sea alguien que pueda hablar al nivel de los niños. Permita que el pastor apruebe a esta persona.

Instrumentos del doctor...

Indique a los niños que recorten la hoja de actividad del libro del Alumno (lección 10). Dígales que sigan las instrucciones de la lámina. Ellos podrán recortar, pintar y pegar en una cartulina los instrumentos que algunos doctores usan. Luego, pídales que escriban el nombre de cada uno: 1. termómetro, 2. jeringa, 3. curita, 4. medicina, 5. estetoscopio, 6. paleta para bajar la lengua, 7. instrumento para los oídos, 8. instrumento para tomar la presión, 9. yeso.

Curitas para todos

Lleve a la clase una caja de curitas. Escriba en cada curita: "Jesús sana". Entregue las curitas a los niños y dígales que las usen como recordatorio de que Jesús es el Hijo de Dios, que puede hacer milagros y que en cada milagro nos muestra su poder.

Pídales que se sienten en un círculo, para que cada uno cuente su necesidad. Tenga un momento de oración por esas necesidades.

Memorización

Continúe usando el mismo texto bíblico a memorizar. Escriba cada palabra en forma de nubes u otras formas. Divida la clase en dos grupos y entregue a cada uno un juego con el versículo bíblico. El equipo que complete primero el versículo será el ganador. Anime al otro grupo a seguir practicando para aprender el texto.

Para terminar

Pida a los niños que oren por sus familiares y amigos que están enfermos.

Haga una lista en la pizarra con los nombres de las personas enfermas. Diga: Porque Jesús es el Hijo de Dios, sabemos que tiene poder para ayudarnos y para sanar las enfermedades. Oremos por sus amigos y familiares enfermos. Pidamos al Señor que los sane, pero también roguemos que, si no es su voluntad sanarlos, tanto ellos como nosotros aprendamos a estar felices con la voluntad de Dios para nuestras vidas. Él puede ayudar a los enfermos a sobrellevar los momentos de dolor. Él nos da fuerzas en medio del dolor.

Jesús, el más poderoso

Base bíblica: Marcos 4:35-41

Objetivo de la lección: Ayudar a los principiantes a comprender que Jesús, como Hijo de Dios, tiene poder sobre las fuerzas de la naturaleza, sobre las enfermedades y sobre cualquier otra cosa. Que sepan que él está con nosotros cuando tenemos miedo.

Texto para memorizar: *Se oyó una voz desde la nube, que decía: "Este es mi Hijo amado, en quien tengo complacencia; a él oíd"* (Mateo 17:5).

¡PREPÁRESE PARA ENSEÑAR!

Hay muchas cosas en el mundo que hacen que los principiantes tengan miedo, como las tormentas, los ruidos nocturnos o estar lejos de mamá y papá. Hay miedos muy peculiares que afectan a cada niño en particular. Tenga en mente que ellos pueden enfrentar temores muy grandes en su vida de todos los días.

Los pequeños principiantes tienen muy poco control sobre sus vidas. Son dirigidos por sus padres, maestros y otros adultos. Esto, en sí mismo, puede causarles miedo. Aunque ellos nunca estarán en un bote durante una tormenta, sus temores igualmente son reales. Es importante que, como adulto que representa a Jesús para sus vidas, usted reconozca que en ellos existen esos sentimientos.

En la lección de hoy, los niños aprenderán que aun hay hombres fuertes que le tienen miedo a las tormentas.

Es bueno que los pequeños sepan que los adultos también tienen miedo. Los niños entienden el temor que sobreviene por fuertes tormentas, truenos y relámpagos. Esta es una historia con la que se pueden identificar.

El fundamento de la historia es que podemos confiar en Dios cuando tenemos temor.

Use esta lección para darles a sus alumnos una herramienta importante: confianza en Dios. Dígales que Jesús está con ellos en cualquier lugar donde se encuentren y que él los ayudará y protegerá cuando el temor los agobie.

COMENTARIO BÍBLICO

Lea Marcos 4:35-41.

—¿Qué sucede? —preguntó dos veces, tratando de disimular el temblor de su voz.

Él y su esposa habían pasado las dos últimas horas en la sala de emergencia. Otra convulsión de dolor azotó el cuerpo de la mujer.

—No lo sé —contestó ella, débilmente.

Él tampoco lo sabía. Todo lo que sabía era que tenía mucho miedo.

Un doctor y una enfermera entraron al cuarto.

—Por favor, ¿puede ayudarla? —preguntó el esposo, sin ocultar su pánico

—Seguro —dijo el doctor—, le daremos algo para el dolor ya mismo. Luego la llevaremos a la sala de cirugía para curar la zona de hemorragia. Ella estará bien.

¡Qué diferente es tener conocimiento sobre algo! El hombre no sabía lo que le sucedía a su esposa, por eso estaba aterrado. El doctor sabía lo que sucedía y que era capaz de solucionarlo, por lo tanto no tenía miedo.

Muchas veces, la seguridad viene de la mano del conocimiento.

Si sabemos las respuestas a las preguntas, no nos dará miedo cuando nos tomen un examen. Si escuchamos un ruido en nuestra casa, durante la noche, no nos preocuparemos si sabemos quién lo está haciendo. Y podremos estar seguros cuando sabemos que un poder superior al nuestro está allí para cuidarnos.

El centro de la historia de Marcos, sobre "la tempestad" que azotó a Jesús y a sus discípulos, tiene que ver con saber; saber quién es Jesús y que tiene poder para actuar.

Jesús estaba en el mismo bote que sus discípulos, literal y simbólicamente. Jesús dormía en la popa del barco que los llevaba al otro lado del mar. Esta es la historia tal cual aconteció. Aunque Jesús también estaba "en el mismo bote", como todos nosotros –experimentando la vida como ser humano–, aún así no se asustó cuando los turbados discípulos lo despertaron y acusaron de no preocuparse por ellos. Jesús simplemente se levantó, *"reprendió al viento y dijo al mar: ¡calla, enmudece!"* (v. 39).

Jesús sabía, por eso estaba tranquilo.

¿Los discípulos sabían? Ellos se habían preguntado el uno al otro: *"¿quién es este?"* (v. 41).

Ellos habían estado con Jesús desde hacía tiempo, pero esta demostración de su poder los maravilló. También los llenó de temor. Se preguntaban si realmente sabían quién era Jesús. De hecho, lo conocían un poco, pero todavía tenían mucho que aprender. Esa pregunta al final del capítulo hace que también nosotros nos preguntemos: "¿Quién es este?"

¿Conocemos a Jesús? ¿Lo conocemos como aquel que tiene todas las respuestas a los problemas más complejos? ¿Lo conocemos como nuestro protector cuando pasamos por las noches más oscuras? ¿Sabemos que su poder es más grande que cualquier otro poder del universo?

Si no conocemos a Jesús de esa manera, estaremos continuamente ansiosos, porque la vida está llena de tempestades. En cambio, si lo conocemos, tendremos paz en medio de las tormentas.

Que podamos escuchar a Jesús susurrarle a nuestras tormentas: "¡Calla, enmudece!"

DESARROLLO DE LA LECCIÓN

Reciba con afecto a sus alumnos y procure que el salón de clases esté limpio y arreglado para cuando lleguen. Antes de entrar al tema de hoy, repasen brevemente las dos lecciones anteriores y pida a sus alumnos que den algunos ejemplos de lo fieles que han sido a Dios durante esta semana pasada.

Escoja una de estas actividades para captar la atención de los niños sobre la lección.

Ruidos de tormenta

Coloque a los niños en círculo. Pídales que hagan ruidos imitando varios tipos de tormentas (lluvia, truenos, vientos). Para la lluvia, haga que los niños golpeen rápidamente las palmas de sus manos sobre sus piernas. Para los truenos, pídales que golpeen con las plantas de los pies el piso, como si corrieran. Para el viento, pídales que soplen fuerte y hagan ruido diciendo: ¡Huuuu! ¡Huuuu!

Jueguen por un rato. Indíqueles una secuencia en los ruidos de la tormenta. Comiencen muy suavemente, luego más fuerte, más rápido, etc.

Pregúnteles: ¿Cómo se sienten cuando comienza a llover torrencialmente y escuchan truenos y ven relámpagos? (Deje que los niños respondan.)

Diga: En la historia bíblica de hoy, Jesús estaba con sus discípulos cuando los azotó una tormenta muy fuerte. Veamos lo que sucedió.

¡Calla! ¡Enmudece!

Este es un juego divertido. Pida a los niños que se coloquen en fila a un costado o al final del salón. Dígales: "cuando yo me cubra los ojos, ustedes podrán moverse hacia donde yo estoy. Cuando diga: "¡Calla! ¡Enmudece!", ustedes se detendrán inmediatamente. Destaparé mis ojos y si veo que alguien se mueve, tendrá que regresar al lugar de inicio".

Realice este juego lo que el tiempo le permita.

Diga: "¡Calla! ¡Enmudece! Veamos qué sucedió cuando Jesús expresó estas palabras".

HISTORIA BÍBLICA

¡Vientos y olas enmudezcan!

Atardecía. Jesús había enseñado a mucha gente durante todo el día, por lo tanto estaba muy cansado. Antes de oscurecer, decidió tomar un descanso. Les dijo a sus discípulos: "pasemos al otro lado". Todos subieron al bote, lo desataron y comenzaron a navegar. Jesús se recostó en la popa y se quedó dormido sobre un cabezal.

Mientras navegaban, se levantó una gran tempestad. El viento comenzó a soplar con furia. Mecía el bote de un lado al otro. Luego, comenzó a llover con

tanta fuerza que casi no se podía ver nada. Una tormenta poderosa los envolvió.

Los discípulos temblaban de miedo. Estaban tan atemorizados que no sabían qué hacer. Todos temían que el bote se hundiera.

—¿Qué haremos ahora? ¡Nos ahogaremos! —gritaban.

Al mirar alrededor, notaron que Jesús no los estaba ayudando. Él todavía dormía en la parte posterior del bote. Los discípulos estaban conmocionados. ¿Cómo podía hacer eso? ¿Cómo podía dormir Jesús en medio de esa terrible tormenta?

—¡Maestro! —exclamó uno de sus discípulos—, ¿no te preocupa si morimos?

Restregándose los ojos, Jesús se levantó y miró a su alrededor. Vio que el viento sacudía el bote de un lado al otro. La lluvia golpeaba su rostro, mientras miraba el cielo oscuro. Luego se volvió, miró el mar y le ordenó al viento que dejara de soplar.

—¡Calla! ¡Enmudece! —fue la orden de Jesús.

El viento se detuvo. La lluvia paró. La tormenta se calmó. Todo estaba tranquilo. Los discípulos, empapados, miraban sorprendidos.

El Maestro los miró a los ojos y les preguntó:

—¿Por qué tienen miedo? ¡Cómo! ¿No tienen fe?

Los discípulos estaban maravillados.

—¿Quién es este? —preguntó uno de ellos—. ¡Aun el viento y el mar le obedecen!

ACTIVIDADES

Escoja algunas de estas actividades para conectar la verdad bíblica con la vida diaria.

Cuando tenemos miedo

Entregue a cada niño la hoja de actividad del libro del Alumno y una variedad de colores.

Pregúnteles: ¿Qué cosas hacen que los niños o los adultos tengan miedo? ¿Qué hace que ustedes tengan miedo?

Prepárese para decirles a los niños algo que a usted le causa temor ahora o que le daba temor cuando era pequeño.

Pida que los principiantes dibujen en la hoja algo que les hace sentir temor. Mientras lo hacen, pregúnteles: ¿Qué pueden hacer cuando tienen miedo? (Orar. Recordar que Dios está con ellos.) ¿Cómo puede ayudarlos Jesús cuando tienen miedo? (Brindándoles tranquilidad, ayudándolos a pensar qué hacer, cambiando la situación.) Una vez que terminen los dibujos, pueden colocarlos en un mural por algunas semanas. Como título, escriba en el mural: "Jesús, el más poderoso".

Guíe a los niños a colorear la figura del libro del Alumno (lección 11). Siga las instrucciones de la misma página. Realice las preguntas que aparecen en la hoja, a modo de repaso. Pida a los niños que cuenten a la clase sobre eso. Anímelos diciendo que todas las personas, tanto niños como adultos, muchas veces sentimos miedos de diferentes maneras. Dígales que no tengan vergüenza, que ellos no son los únicos en sentir temor.

Memorización

Escriba en la pizarra el texto a memorizar. Después de repetirlo varias veces, borre una palabra a la vez, comenzando con la primera, hasta que los niños hayan memorizado el texto completamente. Pida a varios de ellos que escriban dos o tres palabras del versículo en la pizarra. Puede dividir la pizarra en varios espacios y dar la oportunidad para que varios pasen y escriban partes del texto. Ayude a los que se equivocan, o pida a quien ya sabe el texto que ayude a los que no lo saben.

Para terminar

Enseñe a los niños a orar cuando tienen temor por algún motivo. Anímelos a que recuerden siempre que Jesús es el más poderoso, que él está con nosotros siempre, que su presencia brilla en los rincones más oscuros y que es el antídoto contra el miedo.

Colóquelos en un círculo. De este modo, un niño puede orar por los temores de su compañero de la derecha, y así sucesivamente hasta terminar con usted, que orará por toda la clase.

Lección 12

Jesús, el mejor líder

Base bíblica: Lucas 9:1-16; 10:1-20
Objetivo de la lección: Que los principiantes entiendan que Jesús les pidió a sus seguidores que lo ayudaran en su obra y que él los capacitó para realizarla. Lograr que los niños estén dispuestos a hacer lo que el Señor les pida y confiar en que él los ayudará a cumplir esa tarea.
Texto para memorizar: *Se oyó una voz desde la nube, que decía: "Este es mi Hijo amado, en quien tengo complacencia; a él oíd"* (Mateo 17:5).

¡PREPÁRESE PARA ENSEÑAR!

Generalmente, los niños de esta edad no tienen la oportunidad de participar en el trabajo de la iglesia. En muchos casos, nuestras acciones refuerzan la idea de que ellos son "la iglesia del mañana", en vez de hacerlos parte de la iglesia de hoy.

Esta lección le permitirá mostrar a los niños cómo Jesús quiere involucrarnos a todos en su obra. Esto también incluye a los más pequeños. Tome tiempo para pensar en qué actividades pueden ayudarlo sus alumnos durante la clase. No los invite a participar solamente en esta lección, más bien continúe proveyéndoles oportunidades para servir en todas las clases. Ayúdelos a entender que ellos pueden hablarles a sus amigos acerca de Jesús y que eso también es ayudar a Dios.

La única razón por la cual los niños muchas veces no comprenden ese concepto es que no les damos oportunidades para servir. Que esta sea la semana del cambio. Brinde, para ello, oportunidades de servicio; permítales que experimenten el gozo que estas ocasiones les producen y anímelos a que el servicio sea su estilo de vida.

COMENTARIO BÍBLICO

Lea Lucas 9:1-6; 10:1-20. El apóstol Pablo nos dijo que Dios ha puesto varios obreros en la iglesia. Primeramente apóstoles, luego profetas, y en tercer lugar maestros (1 Corintios 12:27-28).

¿Alguna vez notó que los maestros están arriba en la escala, junto con los otros dos? ¿Y alguna vez ha tenido la curiosidad de saber el porqué de estas posiciones?

Apóstoles: la palabra griega de donde proviene este vocablo, en nuestro idioma significa "enviado". Entonces, los apóstoles son literalmente "los enviados".

Profetas: los profetas de la Biblia realizaban básicamente dos tareas: profetizar y transmitirlo al pueblo. Frecuentemente, la palabra que recibían de Dios llegaba antes de que ocurrieran ciertos eventos, entonces el mensaje trataba de lo que ocurriría en el futuro. En otros tiempos los profetas hablaban la palabra de Dios al pueblo. En cualquiera de los dos casos, los profetas debían hablar la verdad para advertir sobre las consecuencias del continuo pecado y para ayudar al pueblo a mantenerse en el camino de Dios.

Maestros: los maestros asignados por Dios eran formadores de vidas. Eran llamados a aplicar la verdad de Dios a la vida. Entre los primeros grandes maestros cristianos estaba el apóstol Pablo. Sus cartas instructivas aún nos enseñan y forman como seguidores de Cristo. Cuando Jesús envió a los 12 discípulos, en Lucas 9:1-6, él transformó a sus alumnos (discípulos) en apóstoles. Los envió a anunciar las Buenas Nuevas que habían aprendido de él. Cuando Jesús comisionó a los 70, en Lucas 10:1-20, también transformó a varios de sus seguidores en apóstoles. Los envió a trabajar arduamente en un campo espiritualmente preparado para el mensaje; ese campo no tenía trabajadores. Los 12 y los 70 tuvieron ministerios extremadamente activos y efectivos. Sin embargo, Jesús les dijo que lo más importante, más allá de cualquier éxito, era que pudieran tener el conocimiento de que ellos mismos pertenecían a Dios.

Mientras se preparaba para ascender al cielo, Jesús marcó el territorio que sus enviados cubrirían con el mensaje: *"En Jerusalén, en toda Judea, en Samaria y hasta lo último de la tierra"* (Hechos 1:8). Les encargó expandir su ministerio más allá del centro de su mundo, Jerusalén, hasta el más remoto lugar del planeta.

Ellos obedecieron a su mandato. Los apóstoles dispersaron la Palabra. Los profetas hablaron la verdad. Y los maestros formaron vidas. A lo largo de los siglos, personas fieles hicieron lo que Dios los llamó a hacer. Contaron la historia del evangelio, para que llegara desde los tiempos de Jesús hasta nuestros días. Y ahora nosotros se la trasmitimos a nuestros alumnos, la próxima generación de enviados de Dios.

Fue una larga cadena histórica. Ha sido y continúa siendo una historia preciosa que cambia vidas. Aquellos que fueron enviados a contarla tuvieron vidas ocupadas, y muchas veces llenas de peligros. Pero, gracias a que en cada generación hubo tantos fieles para expandir el mensaje, es que nosotros, tú y yo, podemos regocijarnos de que nuestros *nombres están escritos en los cielos"* (Lucas 10:20b). Nuestros alumnos también merecen el mismo privilegio. Es el deseo de Dios que ellos lo conozcan personalmente; entonces nuestro deber es ir y contárselos.

DESARROLLO DE LA LECCIÓN

Reciba con afecto a sus alumnos y procure que el salón de clases esté limpio y arreglado para cuando lleguen. Antes de entrar al tema de hoy, repasen brevemente las tres lecciones anteriores y pida a sus alumnos que den algunos ejemplos de lo fieles que han sido a Dios durante este mes que está por concluir.

Nosotros podemos ayudar

Antes de la clase: Esta semana permita que sus alumnos lo ayuden a preparar la clase. Elija tareas que ellos puedan realizar (repartir hojas de actividades, preparar el aula, darle la bienvenida a sus compañeros, etc.). Escriba cada tarea en una tarjeta. Para tareas más difíciles, escriba la misma consigna en varias tarjetas. Coloque las tarjetas con la parte escrita hacia abajo, sobre la mesa.

En la clase: Invite a los niños a mirar las tarjetas y elegir una tarea para realizar voluntariamente. Anímelos, mientras realizan sus trabajos. Si es necesario, ayúdelos. Felicítelos por su esfuerzo. (Sería bueno realizar esta actividad en cada clase.).

Diga: Ustedes fueron muy buenos ayudantes en el día de hoy. Jesús se pone contento cuando ayudamos. En la historia bíblica de hoy vamos a ver cómo Jesús eligió ayudantes.

HISTORIA BÍBLICA

"¡Vayan, prediquen y sanen!"

Lea Lucas 9:1-6; 10:1-20

Mucha gente sabía acerca de Jesús. La gente lo veía cuando venía a su pueblo. Muchos escuchaban sobre los milagros increíbles que él hacía.

Él sabía que muchos podrían conocer a Dios si sus discípulos iban y les hablaban a las personas. Entonces, un día, Jesús llamó a sus discípulos.

—Tengo un trabajo importante para ustedes —les dijo—. Les estoy dando permiso y poder para llevar adelante esta tarea. Vayan a las ciudades a donde yo los envíe. Prediquen del Reino de Dios, sanen a los enfermos, y echen demonios. No lleven nada —agregó—. No lleven comida, ni dinero, ni ropa. Cuando lleguen a un pueblo, la gente les ofrecerá sus casas para quedarse. Quédense con ellos hasta dejar la ciudad.

Jesús sabía que no todas las personas recibirían a los discípulos.

Si no los reciben, entonces sacudan el polvo de sus pies y váyanse —les dijo.

Los 12 obedientes discípulos fueron de ciudad en ciudad predicando y sanando a las personas.

Luego, el Maestro envió a más personas para hacer su obra. Llamó a 70, que eran sus seguidores, y también los envió a predicar y a sanar.

Id, yo os envío como corderos en medio de lobos mencionó Jesús a los 70 (Lucas 10:3).

No lleven nada. Solo vayan, prediquen y sanen. Yo estaré con ustedes.

Sus seguidores fueron. Le predicaron a la gente acerca de Dios. A cada lugar donde iban, muchos enfermos eran sanados.

—Esto es maravilloso —dijeron los discípulos—, Jesús nos ha escogido para hacer su obra.

Los discípulos volvieron a Jesús. Estaban emocionados y agradecidos de que él los incluyera en su obra.

—Aquí hay algo más por lo cual gozarse —les dijo el Señor—, regocíjense de que sus nombres están escritos en los cielos.

Después de la historia bíblica, diga: Nosotros también podemos ayudar a Jesús a hacer su obra. Podemos ir y hablarles a los demás del amor de Dios.

Pida a los niños que mencionen un lugar donde ellos puedan ir y hablar de Jesús a otros. Pregúnteles qué les pueden contar de él y cuál puede ser una forma de compartir el amor de Dios con una persona que está enferma o lastimada. Diga: Somos los ayudantes de Jesús. Podemos confiar en que él nos ayudará a contar a otros de su amor y poder.

ACTIVIDADES

Ayudantes en la iglesia

Antes de la clase, pregúntele a su pastor si sus alumnos pueden ayudar en el servicio principal. Si pueden hacerlo, organice junto al pastor que los niños saluden a la gente, repartan boletines, o participen recogiendo la ofrenda.

En la clase, diga: Hoy vamos a ayudar en el servicio.

Explíqueles lo que harán. Comente sobre las responsabilidades que tendrá cada uno.

Diga: Jesús nos ha escogido para hacer su labor. Hoy vamos a ayudar a Jesús haciendo su obra por medio de: (describa las tareas que los niños realizarán durante el servicio).

Mural: Preparándonos para viajar

Necesitará: marcadores, lápices o pinturas de color, recorte o dibujo de una maleta o valija, tijeras y pegamento. En una cartulina o cartón delgado, escriba: "¿Qué necesitamos para el viaje?" Luego, en el centro, pegue o dibuje una maleta o valija. Pregunte a los niños qué cosas son necesarias para hacer un viaje de tres días. Entrégueles una hoja en blanco o cartulina para que dibujen y coloreen todos los artículos que crean necesarios para el viaje. Al finalizar, pídales que peguen con cinta adhesiva sus dibujos alrededor de la valija. Pregunte si cada artículo es realmente necesario para el viaje. Pregunte: Si hubiéramos realizado este viaje en los tiempos de Jesús, ¿él nos habría hecho dejar esas cosas o las podríamos llevar?

Entregue a los niños la hoja de actividad del libro del Alumno (lección 12) y guíelos para que completen lo que falta. Que los pequeños peguen o dibujen una foto de Jesús en la tarjeta. Luego, que realicen, ayudados por las perforaciones de los costados, un borde con una lana no muy gruesa, pasándola de un agujero al otro.

Sigamos al líder

Diga a los niños que usted será el líder y que ellos deben seguirlo y hacer todo lo que usted hace. Esta es una buena actividad para realizar en un patio. Forme una fila con los niños detrás de usted. Comience marchando al son de cualquier canto sobre el tema. Haga ademanes que los niños puedan hacer, como detenerse y doblar las piernas, saltar, levantar las dos manos, levantar una sola mano, silbar, rascarse la cabeza, etc. El propósito de la actividad es que los niños comprendan lo que es seguir al líder y obedecerlo.

Al terminar la actividad, haga algunas preguntas de repaso de la historia bíblica. Diga: Así como ustedes siguieron al maestro-líder e hicieron lo que él les indicó, así el Señor escogió líderes, o sea profetas, apóstoles y maestros. Es por eso que los discípulos lo siguieron y obedecieron, haciendo lo que Jesús les indicó. Ellos debían predicar las Buenas Nuevas de salvación.

Memorización

Escriba el texto a memorizar en la pizarra. Enseñe a los niños el pasaje, palabra por palabra, y haga que lo repitan varias veces hasta que lo aprendan. Entonces, comience borrando una palabra y haga que repitan el versículo completo. Luego borre otra y así sucesivamente hasta que lo digan de memoria. Cada vez que borra una palabra, anime a los principiantes y realice comentarios como: Seguro no lo pueden decir, es muy difícil... (para desafiarlos). Festeje cuando lo digan bien. Al final, cuando ya no haya nada escrito en la pizarra, haga que lo repitan una vez más con todas las fuerzas.

Para terminar

Diga: ¡Qué hermosa historia aprendimos hoy! ¡Qué bueno es saber que Jesús quiere que lo ayudemos! Pero tenemos que poner todo nuestro esfuerzo en hacer su obra lo mejor posible. ¿Quién está dispuesto a hacer lo que Jesús le pida?

Oración final: Gracias, Señor, porque podemos colaborar en tu obra. Ayúdanos a confiar en que tú nos capacitarás para hacerla. ¡Queremos ser ayudantes excelentes! En tu nombre, amén.

Mis notas:

Año 3

Introducción – Unidad IV
EL PLAN DE SALVACIÓN

Bases bíblicas: Lucas 22:47-53, 63-71; Lucas 23; 24:1-12, 36-53; Marcos 16:15-16, 19-20.

Texto de la unidad: *A este Jesús resucitó Dios, de lo cual todos nosotros somos testigos* (Hechos 2:32).

Propósitos de la unidad

Esta unidad ayudará a los principiantes a:

- ✗ Saber que Cristo, al morir en la cruz por nosotros, pagó por nuestros pecados.
- ✗ Sentirse impactados ante un Jesús que resucitó de los muertos.
- ✗ Aceptar con fe y gratitud que él es nuestro Salvador.

Lecciones de la unidad

Lección 13: Jesús murió por nosotros.
Lección 14: ¡Jesús resucitó!
Lección 15: Jesús es nuestro Salvador.

Por qué los principiantes necesitan la enseñanza de esta unidad

Una persona que muere en una cruz es una figura casi incomprensible para un niño de esta edad, debido a que no es una costumbre del mundo actual. Por lo cual no puede entenderla, ni siquiera imaginarla (a menos que le hayan contado desde pequeñito la historia de Jesús).

Será imprescindible, entonces, llevar dibujos del momento de la muerte de Jesús en el calvario y explicar que fue sometido a un tipo de muerte distinta, por dos motivos: uno, para que se cumpliera lo anunciado en el Antiguo Testamento, y dos, para pagar con su muerte el pecado de todos los hombres y mujeres del mundo.

Es importante que los alumnos no vean esto solo como una lección de historia, sino que comprendan que aquella muerte, ocurrida hace más de 2,000 años, tiene hoy efecto en sus vidas. Y aunque a esta edad no tengan la madurez para comprender la responsabilidad de todos los seres humanos en la muerte de Jesús, es necesario que sientan que por culpa de la maldad de todos los hombres, incluidos los niños, Cristo tuvo que padecer semejante sacrificio.

Déjeles una nota positiva al enseñarles que esa muerte sirvió para darles vida para siempre, vida eterna.

Jesús murió por nosotros

Base bíblica: Lucas 22:47-53, 63-71; Lucas 23
Objetivo de la lección: Que los niños sepan por qué Jesús vino al mundo y murió en la cruz; que murió por sus pecados, y le pidan perdón por ellos.
Texto para memorizar: *A este Jesús resucitó Dios, de lo cual todos nosotros somos testigos* (Hechos 2:32).

¡PREPÁRESE PARA ENSEÑAR!

Los principiantes no son tan pequeños como para no saber que Jesús murió en la cruz por sus pecados. Esta clase será apropiada para invitar a los niños a recibirlo como su Salvador. Sin embargo, debemos hacerlo de la forma más adecuada.

La Dra. Catherine Stonehouse, del Seminario Teológico Asbury, señala que el primer paso que se debe dar es empapar al niño en la verdad del amor de Dios por él. Según Stonehouse, cuando el niño comprende (no solo sabe) que Dios lo ama incondicionalmente, se le hace más fácil ir a él para recibir su perdón.

Esta lección le dará la oportunidad de lograr que sus estudiantes comprendan con mayor claridad el amor que Dios tiene por ellos. Él los ama de tal manera que entregó a Jesús, su único Hijo, para que sufriera y muriera en la cruz. Jesús amó y recibió con agrado al ladrón que se arrepintió. De la misma manera amó a aquellos que maquinaron su muerte. Lamentablemente, hoy en día muchos niños no se sienten amados de manera incondicional por Dios ni por nadie. Pídale a Dios que lo ayude a hacer notar eso a cada pequeño de su clase. Si lo hace, ore para que Dios le permita ser la persona que le muestre al principiante que necesita responder a quien lo ama más que nadie: Jesús.

COMENTARIO BÍBLICO

Lea Lucas 22:47-53; 63-71, y Lucas 23.

En Marcos 15:12 Pilato exclama: *"¿Qué, pues, queréis que haga del que llamáis Rey de los judíos?"* Pilato no se había dado cuenta de lo crítica que era la pregunta que les estaba planteando. Pero el destino eterno de toda la humanidad dependía de lo que aquellas personas "hicieran" con Jesús.

En el pasaje de hoy vemos algunas personas "actuando" de diferentes maneras en respuesta a Pilato:

✘ **La respuesta de la traición.** Esta fue la respuesta de Judas y Pedro, la que resultó particularmente atroz. La traición es lo contrario a lo que uno esperaría en una relación. En los tiempos bíblicos, un beso en el cuello o en la mejilla era una forma común de saludarse entre hombres. Judas usó esa señal -que representaba amistad y estima- para abandonar a Jesús, entregándolo a sus enemigos. La negación de Pedro cambió totalmente su promesa de estar con Jesús hasta la muerte. Así también nosotros traicionamos a Jesús si vivimos hipócritamente o abandonamos nuestro compromiso con él cuando se hace difícil el camino.

✘ **La respuesta de la burla.** Refleja la forma en la que Herodes, los soldados (excepto el centurión), los gobernadores, la gente y un moribundo ladrón le respondieron a Jesús. Para ellos, él era simplemente el objeto de una buena broma. Ellos no veían nada particular en él ni en lo que representaba, como para ser reverenciado. ¿Conoce personas para quienes nada es sagrado? Cuando son confrontados por Jesús, por el pueblo de Dios, o por instituciones cristianas, se codean unos a otros riéndose, llegando en ocasiones, al extremo de la blasfemia.

✘ **La respuesta de la indiferencia.** Esta también fue la respuesta de Herodes. Se esperaba que condujera una seria investigación sobre un supuesto crimen. Pero todo lo que él quería era ver a Jesús realizar algunos trucos de magia. Cuando Jesús se rehusó, Herodes perdió el interés. Así es como la gente a menudo responde cuando descubren que no lo pueden manipular para sus propósitos particulares.

✘ **La respuesta del odio.** Esta es la respuesta más violenta, y estaba representada, en primer lugar, por los líderes religiosos. Estos hombres adoraban el poder, recibir honores y tener bienes materiales. Cuando Jesús públicamente se opuso a ellos en todos sus argumentos, había una sola cosa que les quedaba por hacer: eliminarlo. Aún hoy Jesús es odiado por aquellos que quieren constituirse en dioses, quienes, cruelmente, atormentan, persiguen y asesinan a sus seguidores.

✘ **La respuesta de un líder: "no me importa nada".** Pilato casi parecía el chico bueno de la historia. Él reconoció que Jesús no merecía la muerte e hizo numerosos esfuerzos por evitar su ejecución. Lo envió a Herodes, esperando que ante esta situación él llegara a un acuerdo. Luego, lo propuso para el programa anual: "ponga en libertad a un prisionero". Cuando eso fracasó, sugirió que le dieran una golpiza para amedrentarlo, y luego liberarlo. Pero como ninguna de esas tácticas funcionó, Pilato se encogió de hombros, se lavó las manos (Mateo 27:24) y se alejó de Jesús. Vemos la respuesta de Pilato en aquellos que son indiferentes al evangelio o abiertamente lo rechazan.

✘ **La respuesta de la aceptación.** Este grupo es pequeño, pero importante. Incluye a la mujer que lloró por él, al ladrón arrepentido, al atemorizado centurión, y a José de Arimatea. Aunque los detalles que da Lucas son poco precisos, podemos ver en estas personas un intento por acercarse a Jesús, con diferentes niveles de amor y fe. Hay muchas maneras de responder al Señor, y cada uno es responsable de su elección. La pregunta, entonces, aún continúa siendo: "¿Qué, pues, queréis que haga con el que (es) Rey de los judíos?"

DESARROLLO DE LA LECCIÓN

Prepare con anticipación los materiales didácticos que utilizará para esta lección y procure tener listo su salón de clases antes que sus alumnos lleguen.

Recuerde dar la bienvenida a los visitantes y tomar sus datos para contactarlos durante la semana.

Elija algunas de las siguientes actividades para ayudar a los niños a enfocar su atención sobre el tema a tratar y prepararlos para aprender la verdad bíblica.

B-U-S-C-A-R palabras bíblicas

Antes de la clase, dibuje en una pizarra un cuadro con seis espacios en sentido horizontal, y siete en sentido vertical. En los seis espacios de la fila (horizontal) escriba B-U-S-C-A-R. En los espacios de abajo, escriba las palabras que los niños sugieran y que tengan relación con el tema de la lección de hoy. Para ello, haga una lista de frases claves o pistas, que servirán de ayuda para que los niños encuentren la palabra correcta.

Por ejemplo:

✘ El libro especial de Dios   (BIBLIA)
✘ Nuestro Padre eterno   (DIOS)
✘ Desobediencia a Dios   (PECADO)

En las palabras incluidas ponga "crucifixión" y "resurrección", con sus pistas o significados correspondientes.

Diga a los niños: Les voy a dar pistas sobre algunas palabras que están en la Biblia. El que sepa de qué palabra se trata, levante la mano, pase al frente, tome una tiza o marcador y haga una cruz sobre la palabra. Luego leeré otra pista, y así sucesivamente. Ganará el que más palabras encuentre.

Lea las pistas en diferente orden. Para dar la respuesta, el niño deberá pasar adelante, señalar la palabra, decirla y tacharla con la tiza (yeso) o marcador. Pueden jugar hasta que los niños encuentren todas las palabras. Ganará quien haya descubierto la mayor cantidad.

Pregúnteles: ¿Cuántas palabras nuevas aprendieron en este juego? (Crucifixión y resurrección). ¿Habías escuchado esas palabras antes? ¿Qué significan? Deje que los niños respondan. Dígales: Nuestra historia bíblica de hoy trata acerca de esas palabras.

Pecado - ¡Está mal!

Antes de la clase, escriba el título de la actividad en un papel afiche o cartulina (papel para carteles) y adhiéralo a la pared a la altura de los ojos de los niños.

En la clase, muéstreles a los niños la palabra "PECADO" (la cual habrá escrito en letras mayúsculas y de tamaño grande) y pídales que expliquen qué significa.

Diga: En la Pascua siempre se habla de que Jesús murió en la cruz, y por eso las personas pueden recibir el perdón de sus pecados. Pensemos por qué pecados murió Jesús.

Entrégueles hojas en blanco, y permita que cada uno escriba palabras o frases nombrando diferentes pecados. Dígales que pueden decorarlas con colores oscuros de forma que se vean feas y tenebrosas, pero de manera que los demás las puedan leer. Los niños podrán hacer una ilustración en relación con lo que escribieron, y luego cortar sus hojas de diferentes formas. Finalmente, que cada uno pegue su hoja en el mural que usted puso en la pared, debajo del título.

Pregunte: ¿Qué cosas produce el pecado en el mundo y en las personas?

Deje que los niños hablen, y repita lo principal que dijo cada uno. Agregue: Jesús jamás hizo ninguna de estas cosas malas, pero él sufrió y murió por esos pecados. Aprenderemos más sobre esto en nuestra historia bíblica de hoy.

HISTORIA BÍBLICA

El día más triste y más feliz de la historia
Lea Lucas 22:47-53,67-71; Lucas 23

—¿Qué es ese ruido? —murmuraron algunos de los discípulos, mientras luchaban por ponerse de pie.

A la distancia se podía escuchar el metálico sonido de espadas y pesadas botas. En ese momento, la luz de antorchas encendidas iluminó la oscuridad de aquel jardín. Docenas de hombres, armados con palos y espadas, aparecieron de la nada. Liderando el grupo estaba Judas, el discípulo de Jesús. Rápidamente, Judas se aproximó a él y le dio aquel acostumbrado, amigable y respetuoso saludo: un beso en la mejilla.

Tristemente, Jesús miró a su discípulo:

—Judas, ¿con un beso entregas al Hijo del Hombre? —le preguntó.

Los discípulos ahora estaban bien despiertos, listos para defender a Jesús. En un instante, Pedro tomó su espada y le cortó la oreja al siervo del sumo sacerdote.

¡Basta ya!, dijo Jesús. Y tocando su oreja, lo sanó.

Entonces Jesús, volviéndose a la multitud, dijo:

¿Como contra un ladrón salieron con espadas y palos? Estuve con ustedes cada día en el templo, y no extendieron sus manos contra mí.

—¡Vamos! —rugieron los guardias del templo, quienes violentamente se llevaron a Jesús.

Llenos de pánico y dolor, los discípulos huyeron por sus vidas, dejándolo solo.

Aquella noche, los guardias del templo golpearon a Jesús con un látigo lleno de pequeños trozos puntiagudos de metal. Luego le vendaron sus ojos. Y riéndose, le dijeron:

—¡Eh, profeta! Cada vez que te golpeemos, dinos quién fue.

Y lo insultaban diciéndole muchas otras palabras irrespetuosas.

Después, llevaron a Jesús ante Pilato. Y allí comenzaron a acusarlo de toda clase de crímenes.

—Hemos encontrado que este pervierte a la nación —dijeron— y que prohíbe dar tributo al César, diciendo que él mismo es el Cristo, el Rey.

Pilato le preguntó a Jesús:

—¿Eres tú el Rey de los judíos?

—Tú lo dices —respondió el Maestro.

Pilato le hizo otras preguntas. Luego, volviéndose hacia la furiosa multitud, dijo:

—Este hombre no ha hecho nada malo.

—Jesús hace que todos se molesten —dijeron los líderes—. Ha comenzado a hacer esto en su pueblo natal. Y ahora lo está haciendo aquí.

Eso le dio a Pilato una idea. "No quiero encargarme de esto", pensó. "Enviaré a Jesús a Herodes. Él gobierna en la ciudad natal de Jesús. Dejemos que él decida qué hacer con Jesús".

Hacía tiempo que Herodes quería ver a Jesús.

—Haz algunos milagros —le reclamó.

Pero Jesús permaneció allí de pie, tranquilo, sin decir una palabra.

Pronto, Herodes se cansó. Y junto con sus soldados se burló de Jesús durante un rato. Entonces, vistiéndolo con una ropa espléndida, volvió a enviarlo a Pilato.

Pilato comenzó a disgustarse con los líderes religiosos. Y les dijo:

—Nada digno de muerte ha hecho este hombre, así que lo soltaré después de castigarlo.

—¡No! —exclamó la enfadada multitud—. ¡Fuera con ese; suéltanos a Barrabás!

Barrabás estaba en prisión por haber causado disturbios contra los gobernantes y por asesinato.

Pilato les habló otra vez, queriendo soltar a Jesús;

pero ellos volvieron a gritar diciendo:

—¡Crucifícalo! ¡Crucifícalo!

—Está bien —dijo Pilato, finalmente—. Aquí tienen a Jesús, hagan lo que quieran con él. Voy a dejar libre a Barrabás.

Los soldados sacaron a Jesús de aquel lugar, y pusieron una pesada cruz de madera sobre sus espaldas. Luego lo llevaron por la larga ruta que conducía hacia el lugar donde los criminales eran crucificados. Pero Jesús estaba débil luego de tantos azotes recibidos. Y no podía cargar su cruz.

—¡Eh, tú! —llamaron los soldados a un hombre que se encontraba allí cerca—. Carga esa cruz hasta el Gólgota.

Finalmente llegaron al Gólgota, al monte de la crucifixión. Los soldados clavaron a Jesús en la cruz y colgaron un cartel que decía: "ESTE ES EL REY DE LOS JUDÍOS". Luego enterraron la cruz en un agujero que había en el suelo. El dolor de Jesús era insoportable.

A ambos lados del Señor había dos ladrones que también estaban siendo crucificados. Jesús miró a la multitud, a los líderes religiosos, a los soldados, y a la gente, y oró diciendo:

—Padre, perdónalos, porque no saben lo que hacen.

Un ladrón se burló de Jesús:

—Sálvate a ti mismo y a nosotros —le reclamó.

Respondiendo el otro, lo reprendió:

—¿Ni siquiera estando en la misma condenación temes tú a Dios? Nosotros, a la verdad, justamente padecemos, porque recibimos lo que merecieron nuestros hechos; pero este ningún mal hizo. —Y le dijo a Jesús—: Acuérdate de mí cuando vengas en tu Reino.

Con amor, Jesús le respondió:

—De cierto te digo que hoy estarás conmigo en el paraíso.

Las horas pasaban lentamente. Como a las 3 de la tarde, Jesús, clamando a gran voz, dijo:

—Padre, en tus manos encomiendo mi espíritu.

Y habiendo dicho esto, murió.

Uno de los soldados romanos, mirando hacia arriba, dijo con gran sorpresa:

—Verdaderamente este hombre era justo.

Entre la multitud, se encontraba aquel día un seguidor de Jesús llamado José de Arimatea. Este fue ante Pilato:

—Por favor, déjame llevar el cuerpo de Jesús —le pidió—, lo quiero enterrar.

—Llévatelo —le respondió Pilato.

Entonces, José bajó el cuerpo de Jesús de la cruz y lo llevó hasta la tumba que había en un jardín. Lleno de dolor, se fue a su casa a preparar especias aromáticas y perfumes para poner sobre el cuerpo. ¡Su amigo había muerto! ¡Era el día más triste de la historia!

Luego de concluir la historia, diga a los niños: El

título de nuestra historia bíblica es: "El día más triste y más feliz de la historia". ¿Por qué decimos que fue el día más triste?" (Porque personas malvadas crucificaron a Jesús, el Hijo de Dios.). ¿Por qué piensas que también podemos llamarlo el día más feliz? (Porque ahora sabemos que Jesús sufrió y murió por nuestros pecados, y resucitó tres días después.).

ACTIVIDADES

Elija alguna de las siguientes actividades para ayudar a que los niños a comprendan el plan de salvación.

Jesús es NUESTRO Salvador

Pregunte a los niños:

- ✘ ¿Cuáles fueron los pecados que cometieron las personas de la historia bíblica que acabamos de contar?
- ✘ ¿Jesús murió por esos pecados?
- ✘ ¿Él los podría haber perdonado si ellos se lo pedían?
- ✘ ¿Qué clase de pecados comete la gente hoy en día?
- ✘ ¿Jesús murió por esos pecados? ¿Él nos perdona si se lo pedimos?

Dígales: Todas las personas han pecado. Seguramente nosotros no asesinamos a nadie, ni engañamos a nadie para que arresten y maten a una persona. Pero todos hemos desobedecido a Dios. Esa es la razón por la cual Jesús vino a la tierra. Vino para mostrarnos su amor y para morir por nuestros pecados. Cualquier persona del mundo puede ser perdonada de todas las cosas malas que hizo, porque Jesús murió por sus pecados. Les voy a contar cómo podemos ser perdonados y convertirnos en amigos de Dios.

Pida a los niños que completen la actividad del libro del Alumno (lección 13) y que escriban los pasos que debe dar una persona para aceptar el perdón de sus pecados: 1) Admitir que es pecador: arrepentimiento. 2) Creer con fe que Jesús murió por sus pecados y que Dios lo ama. 3) Confesar, contar a otros que Jesús perdonó sus pecados, o sea que ya entregó su vida a Jesús.

Dígales: Quizás algunos de ustedes están arrepentidos por haber desobedecido a Dios y quieren pedirle hoy a Jesús que sea su Salvador.

Pida a los niños que inclinen sus cabezas. Cante alguna canción que hable sobre el arrepentimiento, el perdón de pecados o la entrega a Cristo.

Luego, diga: Si quieres recibir a Jesús como tu Salvador, levanta tu mano.

Si alguno acepta, pídale a alguno de sus ayudantes que se haga cargo de los demás niños. Y usted junto a otros ayudantes hablen y oren con aquellos que han respondido al llamado. Permita que Dios lo guíe en esta tarea.

La cruz

Antes de la clase, haga una muestra con la forma de una cruz de cartón. Con ese molde confeccione un colgante con una cruz. Téngalo ya terminado para mostrárselo a los niños. Materiales que debe llevar: cartulina o cartón de color marrón, tijeras, pegamento, cuerdas plásticas, lápices, perforador, etc.

En clase, dé las instrucciones a los niños sobre cómo confeccionar la cruz: tomar la muestra de la cruz de cartón que usted realizó, dibujar el contorno en la cartulina, recortarla, agujerear la parte superior para insertarle el cordón y poder colgársela al cuello. Ayude a los niños. Anímelos a usar el colgante para que siempre recuerden que Jesús murió por ellos.

Memorización

Antes de la clase, escriba el versículo para memorizar, en letras de imprenta de tamaño grande, en una cartulina ("A este Jesús resucitó Dios, de lo cual todos nosotros somos testigos"). Luego, corte cada palabra, de forma que queden todas separadas, a modo de rompecabezas para armar.

En la clase, lea el versículo a memorizar (Hechos 2:32) y repítanlo juntos varias veces. Luego, ponga las palabras que usted recortó en una bolsa. Mézclelas bien. Permita que cada niño saque una palabra.

Pregunte: ¿Quién tiene el cartón con la palabra "Jesús"? Di el versículo conmigo.

Deje que el niño lo diga solo. Luego pídale que lo coloque sobre la mesa.

Luego, pregunte: ¿Quién tiene el cartón con la palabra "testigo"? Di el versículo conmigo.

Deje que él también lo diga solo y que ponga su cartón en la mesa. Cada pequeño debe colocar su cartón sobre la mesa en el lugar correcto hasta que se arme el versículo completo, de ese modo todos habrán repetido el texto a memorizar.

Para terminar

Haga una ronda con los niños. Dígales que se pongan los collares con la cruz. Pida que algunos voluntarios oren agradeciendo a Dios por su amor, por haber enviado a Jesús a morir en la cruz del Calvario y por haberlos salvado.

Anímelos a leerle la historia bíblica a algunos de los integrantes de su familia y a explicarles el porqué del título: "El día más triste y más feliz de la historia". Canten un coro apropiado.

¡Jesús resucitó!

Base bíblica: Lucas 24:1-12
Objetivo de la lección: Ayudar a los principiantes a que conozcan y crean que Jesús murió y fue sepultado, pero que Dios lo resucitó. Enseñarles que la historia de Pascua es para celebrar que él vive.
Texto para memorizar: *A este Jesús resucitó Dios, de lo cual todos nosotros somos testigos* (Hechos 2:32).

¡PREPÁRESE PARA ENSEÑAR!

¿Cuán real y emocionante podemos hacer la resurrección para los niños que tienen sus mentes fijadas en conejos y huevos de chocolate? La verdad es que no tenemos una buena respuesta. Los pequeños no revelan inmediatamente cuando una verdad espiritual llega a ellos. Y muchas veces los maestros no comprendemos las señales que nos envían.

Como maestros, no somos responsables de hacer que las verdades bíblicas se vuelvan reales para los niños; esa es la tarea del Espíritu Santo. Nuestra meta es presentar la verdad fielmente y de la mejor manera posible, y descansar en que el Espíritu la aplicará.

Mientras usted prepara la lección, considere lo que la resurrección significa para usted. ¿Le trae gozo, seguridad y esperanza? ¿Le ayuda a saber que puede encontrar victoria sobre sus pecados? ¿Aumenta su fe en Dios cuando se enfrenta con las luchas de cada día?

Usted "enseña" a sus alumnos reflejando con su vida lo que dice con sus palabras. De la misma manera que usted habla sobre la resurrección, les comunicará la realidad de este hecho a ellos. Por lo tanto, aunque usted reciba o no alguna indicación por parte de los niños, enseñe esta lección con confianza. A través de la resurrección, usted podrá saber que Dios, en sus tiempos, hará de esta verdad algo real para ellos.

COMENTARIO BÍBLICO

Lea Lucas 24:1-12

La seguridad de la resurrección de Jesús satura el mensaje del Nuevo Testamento. Primero, la resurrección, y más tarde la autoridad del Espíritu Santo, el cual capacitó a los apóstoles para llevar el mensaje de las Buenas Nuevas. Segundo, el hecho de la resurrección fue un tópico central del mensaje de los apóstoles, tal como se encuentra en Hechos.

Uno de los acontecimientos más admirables en la historia de la resurrección es que los amigos más cercanos a Jesús parecían no recordar o no creer en las muchas predicciones de su crucifixión y resurrección (Lucas 9:21-27, 44-45, 18:31-34).

En contraste, sus enemigos las recordaban muy bien.

Esa es la razón por la que los líderes religiosos se aseguraron de que la tumba de Jesús estuviera sellada y protegida por guardias hasta el tercer día.

El día de descanso (sabbat) era el sábado; por lo que el "primer día" de la semana fue nuestro domingo. Varias mujeres fueron a la tumba para completar el ritual funerario, colocando especias en los dobleces de la sábana que envolvía el cuerpo de Jesús.

Como en la mayoría de las veces en las que las personas se encontraban con seres celestiales, las mujeres se asustaron profundamente. Lucas no describe a los dos hombres como ángeles, pero sí lo eran. Sus ropas eran "resplandecientes" —de esa misma manera se describen las ropas de Jesús en la historia de la transfiguración (Lucas 9:29).

El hecho de que las mujeres fueron las primeras testigos de la resurrección de Jesús es importante.

Una teoría contra la verdad de la resurrección indica que los discípulos inventaron esa historia.

Aún así, en los tiempos bíblicos, a las mujeres no se les permitía ser testigos oficiales. Si los discípulos hubieran tramado la historia de la resurrección, por cierto no hubieran involucrado a las mujeres como las testigos presenciales.

Una segunda evidencia contra la "tramada teoría" es que los discípulos creían de mala gana que Jesús había resucitado. Cuando las mujeres dieron su informe, ellos lo rechazaron como algo que no tenía sentido. Aunque Pedro por lo menos mostró curiosidad, y junto con Juan (Juan 20:3-4) fueron a echar un vistazo. Particularmente, él notó la posición de la sábana, que no estaba como si algún ladrón de tumbas la hubiera removido antes de llevarse el cuerpo de Jesús. Pero aún así, Pedro no creyó; solamente se preguntó qué habría acontecido.

Lucas no da todos los detalles de la resurrección que se incluyen en los Evangelios. Él enfatiza la certeza de la resurrección. *"¡Él no está aquí, sino que ha resucitado!"*.

La verdad de la resurrección es el centro del cristianismo. El comentario de la Biblia Aplicada en inglés dice por qué Cristo resucitó de entre los muertos:

- ✘ Los cristianos sabemos que el Reino de los cielos irrumpió en la historia del mundo terrenal. El mundo se encamina hacia la redención y no hacia el desastre final.
- ✘ La muerte fue conquistada y todos tenemos la esperanza de la resurrección y de la vida eterna con Cristo.
- ✘ Nuestro testimonio al mundo tiene autoridad.
- ✘ La mayor tragedia -la crucifixión de Cristo- tuvo significado. Eso quiere decir que pode-

mos encontrar significado en las tragedias de la vida y tener esperanza para el futuro.

✘ Tenemos la seguridad de que Cristo vive y gobierna su reino. Él no es una leyenda; él está vivo y es real.

✘ El poder de Dios que levantó a Cristo de la muerte está disponible para ayudarnos a vivir victoriosamente sin pecar en este mundo funesto.

DESARROLLO DE LA LECCIÓN

Prepare con anticipación los materiales didácticos que utilizará para esta lección y procure tener listo su salón de clases antes que sus alumnos lleguen.

Recuerde dar la bienvenida a los visitantes y tomar sus datos para llamarlos o visitarlos durante la semana.

"¡Jesús resucitó!"

Diga: Recorta y arma las figuras de la lección 14 del libro del Alumno. Cuando hayas terminado, une los puntos para descubrir el mensaje oculto. Lleva las figuras a tu casa y muéstraselas a tus amigos y hermanos. Cuéntales la historia de la resurrección de Jesús. ¡Verás qué emocionante es! Recuerda dar gracias a Dios, por que tenemos a Jesús que resucitó de los muertos. ¡Jesús no está ni en la cruz, ni en la tumba! Todos los que te escuchen podrán conocer a Jesús. Tú eres su discípulo y puedes contar su historia.

HISTORIA BÍBLICA

"¡Él no está aquí, ha resucitado!"

Lea Lucas 24:1-12.

—¡No lo puedo creer! —le decía María Magdalena a sus amigas—. Es como una pesadilla.

—Ya lo sé —le respondió otra—. ¿Por qué mataron a Jesús de una manera tan horrible?

Era la mañana del domingo. María Magdalena, María la madre de Jacobo y otras mujeres que amaban a Jesús caminaban hacia la tumba. Ellas deseaban ultimar todos los detalles especiales que la gente realizaba por un ser querido que había muerto. Las mujeres llevaban jarras con especias de ricos perfumes. Colocarían los perfumes en los dobleces de la sábana que cubría el cuerpo de Cristo.

Mientras las mujeres caminaban, hablaban.

—¿Cómo entraremos a la tumba de Jesús? —preguntó una de ellas.

—¡Esa es una buena pregunta! —respondió la otra.

—¡Tienen razón! —aseveró una tercera—. Los líderes del templo pusieron una roca enorme en la entrada de la tumba y la sellaron. Y ahora tienen soldados custodiándola. Tal vez esos mismos soldados nos ayuden a remover la piedra.

—¡Miren! —gritó una de las mujeres—. La piedra fue quitada. ¡La tumba está abierta!

Rápidamente, las mujeres entraron al sepulcro. ¡Jesús no estaba allí!

—¿Dónde está el cuerpo de Jesús? —se preguntaban unas a otras—. ¿Qué habrá sucedido? ¿Quién podría habérselo llevado?

En ese momento, las mujeres vieron a dos hombres parados junto a ellas. Pero estos no eran hombres comunes. Sus ropas resplandecían como un rayo. Eran ángeles.

Las mujeres cayeron sobre sus rodillas, muy asustadas.

—¿Por qué buscan entre los muertos al que vive? —preguntaron los ángeles—. Él no está aquí, sino que ha resucitado. ¿No se acuerdan lo que dijo Jesús antes de morir? Él les dijo que sería crucificado por sus enemigos, pero que al tercer día resucitaría.

A medida que el ángel hablaba, las mujeres comenzaron a recordar las palabras de Jesús. Con entusiasmo, corrieron hacia donde estaban los discípulos de Jesús.

—¡La piedra fue removida, la tumba de Jesús está vacía! —dijeron emocionadas—. ¡Dos ángeles nos dijeron que Jesús vive, de la misma manera como él nos lo había dicho antes!

—¡Eso no tiene sentido! —dijeron los discípulos.

Ellos habían visto a Jesús morir dolorosamente en la cruz. Habían visto a José de Arimatea colocar el cuerpo de Jesús en la tumba. No recordaban las palabras del Maestro sobre su resurrección. Por lo tanto, no les creyeron a las mujeres.

Pedro deseaba asegurarse por sí mismo. Corrió hacia la tumba. Se agachó, miró el sepulcro abierto y vio la sábana que había envuelto el cuerpo de Jesús. Había algo extraño allí. Pedro movió su cabeza, dejó ese lugar y regresó con los discípulos. "¿Qué habrá sucedido?", se preguntaba. "¿Sería posible que Jesús estuviera vivo?"

Al terminar la historia, pregunte a los niños:

✘ ¿Qué milagro hizo Dios la mañana de Pascua? (Hizo que Jesús viviera otra vez.)

✘ ¿Quiénes creyeron las buenas noticias de que Jesús vivía? (Al principio nadie creía, más tarde las mujeres creyeron.)

✘ ¿Por qué creen que la historia de la resurrección es lo más importante para el cristianismo?

Escuche atentamente las respuestas de los niños. Es posible que algunos entiendan algo de esto. Diga: La historia de hoy es la mejor historia de toda la Biblia. El cristianismo es la única religión en la que su líder, Jesús, resucitó de los muertos y hoy vive en el cielo. Y porque Jesús resucitó, los cristianos sabemos que el poder de Dios es superior a cualquier otra cosa. Los cristianos sabemos que al morir volveremos a vivir y estaremos con Dios y Jesús en el cielo. ¡Esta es la buena noticia de la resurrección!

ACTIVIDADES

Recordemos escenas junto a la tumba vacía (dramatización)

Escoja a varios niños para que representen distintos personajes de la historia de la resurrección. Actores: las 3 mujeres, Pedro, tres o cuatro soldados, dos ángeles, varios discípulos.

Prepare de antemano un diálogo corto entre todos los personajes para hacer una representación del día de resurrección. Puede agregar más personajes como lo indican los Evangelios. Use su creatividad para idear la tumba con la piedra removida.

Convenzan a Pedro

Diga: Hagamos de cuenta que nos encontramos con Pedro cuando viene de regreso de la tumba vacía. Pedro está muy confundido por lo que vio. ¿Qué le diríamos a Pedro (con nuestras propias palabras) para ayudarlo a conocer y creer en la maravillosa noticia de que Jesús vive? ¿Cómo podemos convencerlo?

Escoja a un niño que haga el papel de Pedro y el resto de la clase, con entusiasmo, le dará las buenas noticias y tratará de convencerlo de que es verdad. Pedro se quejará y dirá que no es verdad lo que le cuentan. Al final, puede aparecer un niño que haga de Jesús, todo vestido de blanco, que salude a Pedro y a todos los que están reunidos.

Memorización

Escriba el texto a memorizar en la pizarra en forma desordenada. Por ejemplo: "Dios este nosotros testigos Jesús...". Luego de memorizarlo, deje que los niños pasen uno por uno para escribir en la pizarra el texto correcto y en orden.

Para terminar

Asegúrese de que los niños comprendan el verdadero significado de la resurrección. Den gracias al Señor por ella, porque la muerte fue vencida.

Enséñeles este diálogo, a modo de "saludo de Pascua o resurrección":

Maestro: —¡El Señor ha resucitado!

Alumnos: —¡Verdaderamente, él ha resucitado!

Luego, cada uno deberá despedirse con el mismo saludo.

Lección 15

Jesús es nuestro Salvador

Base bíblica: Marcos 16:15-16, 19-20; Lucas 24:36-53

Objetivo de la lección: Que los principiantes sepan que los discípulos de Jesús lo vieron regresar al cielo después de que Dios lo levantó de los muertos.

Texto para memorizar: *A este Jesús resucitó Dios, de lo cual todos nosotros somos testigos* (Hechos 2:32).

¡PREPÁRESE PARA ENSEÑAR!

¿Por qué invertimos tanto tiempo haciendo énfasis en la resurrección de Jesús, con los principiantes? Porque los niños de primero y segundo grado están creciendo en un mundo que hace énfasis en la aceptación de cada creencia religiosa como válida. Este concepto es declarado de varias formas: "Creo que las diferentes religiones son buenas formas para llegar a Dios". Otros dicen: "El cristianismo está bien para los cristianos, pero otras religiones son buenas también". Y otros preguntan: "¿Quién soy yo para decir que mi religión es la única correcta?"

Dado este clima espiritual, nunca es muy temprano para enseñar a los niños las verdades vitales sobre la crucifixión, resurrección y ascensión de Jesús.

Primero, los niños necesitan saber que solamente los cristianos tienen un Señor resucitado y que vive.

Segundo, ellos necesitan entender que aunque Jesús no está con nosotros corporalmente, lo está totalmente por medio del Espíritu Santo. Él siempre continúa trabajando en nuestras vidas.

Y finalmente, deseamos que los niños comiencen a preocuparse por la gente -algunas de esas personas son realmente sinceras- que no cree en Jesús. Ellos estarán eternamente perdidos, a menos que alguien los ayude a conocer a Cristo y a recibirlo como su Salvador.

Es posible que los principiantes estén o no listos para testificar de Cristo a sus amigos no creyentes. Aún así, el aprender y profundizar los conceptos fundamentales de la fe, mientras son pequeños, los ayudará a formar sus vidas de manera cristiana.

COMENTARIO BÍBLICO

Los pasajes bíblicos que consideramos tratan sobre "finales", porque hablan sobre los últimos días de Jesús en la tierra antes de su ascensión, también hablan de "comienzos" -la nueva era del reino de Dios en la tierra- y la evangelización del mundo.

Lea Lucas 24:36-43. Los eventos de este pasaje acontecieron en la noche del domingo de resurrección. Y aunque hubo un variado número y tipo de informes sobre esta, los discípulos dudaban considerablemente que Jesús estuviera vivo. Estas dudas tal vez se fueron disipando a medida que escuchaban el informe de los hombres de Emaús (Lucas 24:13-35); sin embargo, aún no habían desaparecido del todo.

Mientras los discípulos discutían sobre el informe de Emaús, Jesús se les apareció repentinamente. Juan nos cuenta que ellos estaban en un lugar con las puertas cerradas con llave (20:19). Por lo tanto, era obvio que Jesús había entrado de otra forma que la normal. En su cuerpo resucitado, Jesús estaba libre de las limitaciones terrenales.

Él ofreció diversas pruebas para demostrar que no era un fantasma. Les permitió tocar su cuerpo -el cual era sólido, era carne humana- y los dejó examinar sus heridas. También comió algo, lo cual un fantasma no podría hacer. Finalmente, parecía que los discípulos estaban convencidos.

Lea Lucas 24:44-49 y Marcos 16:15-16. Los eventos que Lucas menciona ocurrieron después de la resurrección. Sabemos, por Hechos 1:3, que Jesús permaneció en la tierra 40 días más. Durante ese tiempo se les apareció a sus discípulos y a otras personas en diversas ocasiones. Como lo indica el pasaje, Jesús instruyó a sus discípulos en las enseñanzas del Antiguo Testamento sobre el Mesías, ayudándoles a comprender que él era el cumplimiento de esas profecías. Lo más notable fue el énfasis de Jesús sobre la verdad de la crucifixión y la resurrección. Estos hechos históricos son el corazón de la predicación de los apóstoles en el libro de los Hechos.

Tanto Lucas como Marcos hablaron del mensaje que Jesús quería que sus discípulos predicaran, pero enfatizaron diferentes ideas. Lucas habló sobre el arrepentimiento y el perdón de pecados por medio de Jesucristo. Marcos enfatizó la necesidad de creer en Jesús. A medida que los discípulos se daban cuenta, el creer en Jesús no era algo fácil; pero era y es absolutamente esencial para la salvación.

Lea Lucas 24:50-53 y Marcos 16:19-20. Los últimos momentos del Maestro en esta tierra los pasó en la vecindad de sus más grandes sufrimientos y triunfos. La entrada triunfal, la bendición de los niños, la resurrección de Lázaro, el Getsemaní y su crucifixión, muerte y resurrección, todo aconteció en Jerusalén y sus cercanías.

Mientras Jesús se preparaba para dejar esta tierra, afirmó la promesa del Espíritu Santo y bendijo a sus discípulos. Luego, mientras ellos miraban, Jesús ascendió al cielo. Para él y sus discípulos, ese fue el "final" de un período histórico mundial. De igual manera, este era el comienzo de otra etapa histórica.

Jesús continuaría ministrando en y con la gente por medio del Espíritu Santo. Los discípulos, autorizados por este, llevarían a todo el mundo el mensaje de Jesús -la crucifixión, resurrección y ascensión del Señor- quien amó al mundo y provee completa salvación para todos los que creen en él y lo aceptan como su Salvador.

DESARROLLO DE LA LECCIÓN

Sonría al recibir a sus alumnos. Procure que el salón de clases esté limpio y arreglado para cuando lleguen. Coloque algún ramo de flores sobre la mesa.

Antes de entrar al tema de hoy, repasen brevemente las dos lecciones pasadas y pida a sus alumnos que cuenten sobre lo fieles que han sido a Dios en esta semana pasada. Usted también puede contar sus propias experiencias con el Señor.

¿Recuerdan la clase pasada?

Antes de la clase, prepare en dos cartulinas varias frases con los acontecimientos ocurridos junto a la tumba vacía, basado en Lucas 24:1-12. Por ejemplo:

1. Los discípulos estaban llenos de gozo porque Jesús había resucitado.
2. Los discípulos estaban tristes porque Jesús había muerto.
3. Los discípulos estaban tristes porque habían robado el cuerpo de Jesús.
4. Las mujeres creían en las Buenas Nuevas, pero los discípulos no.
5. Nadie creía que Jesús había resucitado.
6. ¿Cuántas mujeres fueron al sepulcro?
7. ¿Había una gran piedra cerrando la entrada de la tumba?
8. ¿Cuántos eran los varones con vestiduras resplandecientes?
9. ¿Las mujeres fueron a la tumba a las 3 de la tarde?
10. ¿Quién entró corriendo al sepulcro?

Divida a la clase en dos grupos pequeños y entrégueles cinco preguntas a cada uno. Haga una competencia entre los dos grupos para ver quiénes recuerdan mejor la historia de la clase pasada. El grupo que acierte la mayor cantidad de preguntas puede recibir un premio.

Palabras importantes

Escriba en tarjetas grandes las palabras importantes de esta lección: de un lado escriba la palabra "ascensión" y del lado opuesto escriba su significado: el Señor Jesús fue recibido arriba en el cielo y se sentó a la diestra (lado derecho) de Dios (Lucas 16:19).

"Testigo": persona que presencia un hecho o acontecimiento. Los discípulos presenciaron la ascensión de Jesús al cielo. Ellos debían seguir contando a todas las personas lo que vieron y aprendieron del Maestro. Es por eso que ahora podemos adorar al Señor, porque otros nos contaron la hermosa historia de la ascensión.

Esconda las tarjetas por el salón. Pida a los niños que las busquen. Cuando las hayan encontrado, deben leerlas (tal vez con su ayuda) y decir lo que significa cada palabra. Luego ellos pueden escoger otro niño a quien le pasarán la tarjeta, y así sucesivamente hasta que todos hayan leído las palabras y su significado.

HISTORIA BÍBLICA

¿Dónde está Jesús?

Lea Marcos 16:15-16; 19-20 y Lucas 24:36-53.

En un cuarto cerrado con llave, en la ciudad de

Jerusalén, los discípulos de Jesús y sus amigos estaban sentados conversando.

Todos estaban asustados, tristes, confundidos y a la vez entusiasmados. Dos de los seguidores de Jesús recién habían entrado corriendo a ese salón de Emaús.

—¡Jesús vive! —exclamaron emocionados—. Él caminó con nosotros todo el camino a Emaús, pero no supimos quién era. Luego lo invitamos a cenar. Mientras le pedimos que orara, al fin lo reconocimos. ¡Jesús vive!

—No es verdad —argumentaron los discípulos—. Jesús murió. Vimos que él murió. ¡La gente no resucita después de estar muerto por tres días!

—Pero es verdad —insistieron los dos hombres—. Además se le apareció a Simón.

Mientras mantenían ese diálogo, Jesús apareció en el cuarto.

—Paz a vosotros —les dijo.

—¡Es un espíritu! —decían algunos.

Todos temblaban de miedo.

—¿Por qué están turbados y vienen a vuestros corazones estos pensamientos? —preguntó Jesús.

—Miren mis manos y mis pies, que yo mismo soy; palpen y vean.

Al fin, los discípulos tuvieron que creer las Buenas Nuevas. Él no era un fantasma. Era Jesús, ¡y realmente estaba vivo!

Los próximos 40 días el Maestro se apareció a los discípulos en varias ocasiones. Les habló de todas las cosas que habían acontecido. Les mostró las escrituras del Antiguo Testamento que hablaban de su crucifixión y resurrección, y comenzó a decirles a sus amigos sobre la importante tarea que él deseaba que realizaran.

—Ustedes han visto todo lo que me sucedió —dijo Jesús—. Ahora quiero que vayan por todo el mundo y prediquen las Buenas Nuevas a todas las personas. Díganle a la gente que si dejan sus pecados serán perdonados. El que cree en mí será salvo. Pero aquellos que rehúsan a creer en mí, no lo serán.

—¿Debemos comenzar a creer ya mismo? —se preguntaban los apóstoles.

Jesús contestó rápidamente sus preguntas.

—Les enviaré el Espíritu Santo, como les prometí. Pero por ahora quédense en Jerusalén, hasta que hayan recibido poder desde lo alto.

Esos 40 días pasaron rápidamente. ¡Cómo deseaban los discípulos estar con Jesús una vez más! Entonces, cierto día, los guió a todos a un lugar especial en el Monte de los Olivos. Y levantando sus manos, pidió la bendición del Padre.

Mientras estaba hablando, comenzó a ascender al cielo. Y en unos instantes desapareció. Los discípulos nunca más volvieron a verlo en esta tierra.

¿Estaban tristes? Tal vez un poco, de la misma manera que nos sucede cuando alguien que amamos se va. Pero los discípulos también estaban llenos de gozo. ¡Jesús vivía! Pronto enviaría al Espíritu Santo para estar con ellos todo el tiempo. Y lo que era más importante: los discípulos tenían una tarea que cumplir. Debían decirle a todo el mundo que Jesús estaba vivo y que perdonaría todos sus pecados si se lo pedían.

ACTIVIDADES

"¡Jesús vive!"

Recorta y arma las figuras de la lección 15 del libro del Alumno. Cuando lo hayas terminado de armar, cuéntales a tus amigos y maestro la historia de la ascensión. Trata de hacerlo en tu casa y con tus amigos de la escuela. Recuerda agradecer a Dios porque Jesús se fue al cielo y está sentado junto a su Padre.

¡Quiero hablarles a otros de Jesús!

Enseñe a los niños a que practiquen formas naturales de ser testigos y contarles a los familiares y amigos sobre Jesús, el Salvador.

En clase, dramatice estos posibles escenarios.

¿Qué les dirías? ¿Cómo se los dirías?
1. Un amigo te pregunta por qué no puedes ir a un parque de diversiones con él o ella el domingo.
2. Un amigo nota que tú tienes una Biblia o Nuevo Testamento que te gusta leer y te pregunta por qué la lees.
3. Tu abuela o abuelo no es cristiano. Ve tus dibujos y arte con textos bíblicos y quiere saber su significado.
4. Un amigo de la escuela te dice que no cree en Dios.
5. Te regalaron un casete o CD de música cristiana y tus amigos te preguntan qué clase de música es.

Memorización

Escriba el texto a memorizar de atrás para adelante en la pizarra.

Pida a algunos voluntarios que pasen y lo escriban nuevamente, pero esta vez en el orden correcto.

Para terminar

Invite a los niños a orar. Pregúnteles: ¿Saben de alguien que no conoce a Jesús?

Permita que los niños nombren a personas conocidas, amigos, o familiares. Luego, divida a los niños en parejas. Cada niño orará por el familiar o amigo del otro que no conoce a Jesús. Anime a los pequeños a anunciar que Jesús resucitó y que ahora vive al lado del Padre.

Termine con una oración por los nombres expresados por los niños y pidiéndole al Señor que los haga valientes para ser testigos de Jesús, como lo fueron los discípulos.

Año 3

Introducción – Unidad V
LAS 10 REGLAS MÁS IMPORTANTES

Bases bíblicas: Éxodo 19:1–20:21; 24:12-18; 32:1–33:6; 34:1-14; 1 Samuel 17:12-20; 22:1-4; 1 Samuel 24; Mateo 5:21-22, 43-45; 2 Reyes 5:13-27; 1 Reyes 21:1-29.

Texto de la unidad: *Oirás, pues, la voz de Jehová, tu Dios, y cumplirás sus mandamientos y sus estatutos que yo te ordeno hoy* (Deuteronomio 27:10).

Propósitos de la unidad

Esta unidad ayudará a los principiantes a:

✘ Conocer las reglas que Dios nos dejó para vivir sabiamente.
✘ Cuidar los pensamientos.
✘ Respetar y amar a los padres.
✘ Saber que la mentira trae malas consecuencias.
✘ Comprender que Dios siempre debe estar en primer lugar.

Lecciones de la unidad

Lección 16: Reglas para vivir sabiamente
Lección 17: Dios debe estar en primer lugar
Lección 18: Honremos a nuestros padres
Lección 19: Cuida tus pensamientos
Lección 20: Robar y mentir traen consecuencias
Lección 21: La codicia es peligrosa

Por qué los principiantes necesitan la enseñanza de esta unidad

Los principiantes deben captar, aun desde temprana edad, que la Biblia es un libro para vivirlo; no es una historia que habla de un Dios que vivió hace miles de años y solo dejó un libro grande y difícil de entender.

Asimismo, es importante hacerles notar que los mandamientos y las reglas que Dios dejó para el hombre no son prohibiciones de alguien que quiere limitar su libertad y aun su alegría. Esas reglas son para evitarle sufrimientos y para que su vida transcurra en paz y armonía.

Será bueno demostrarles, con la participación de los propios alumnos, el precio que deben pagar aquellos que violan las disposiciones establecidas por Dios.

Reglas para vivir sabiamente

Base bíblica: Éxodo 19:1–20:21
Objetivo de la lección: Enseñar a los niños la importancia de obedecer los Diez Mandamientos que Dios le dio a Moisés para que Israel, su pueblo escogido, aprendiera a vivir como tal.
Texto para memorizar: *Oirás, pues, la voz de Jehová, tu Dios, y cumplirás sus mandamientos y sus estatutos que yo te ordeno hoy* (Deuteronomio 27:10).

¡PREPÁRESE PARA ENSEÑAR!

Los principiantes necesitan conocer la importancia de los Diez Mandamientos. Deben comprender por qué Dios se los dio a los israelitas, pero lo primordial es que adviertan la importancia vital que estos mandamientos tienen para sus vidas.

Los niños de su clase están creciendo en un mundo muy diferente al mundo en el que usted creció. Oyen decir, por ejemplo, que cada uno escoge lo que le parece bien para su vida. Se les dice que es indispensable tener tolerancia -que significa aprobación y aceptación- por todas las religiones y credos.

Los Diez Mandamientos transmiten a los niños un mensaje diferente, porque les dicen que Dios puso reglas para vivir rectamente, que él espera tener el primer lugar en sus vidas, y que ellos deben tratar a los demás con respeto, como él mismo lo hace.

Cuando los niños inician el estudio de estas seis lecciones, que se refieren a las diez principales normas que Dios estableció, comienzan a comprender que el respeto por Dios y por nuestros semejantes no procede de una decisión personal, sino que nace de una relación de amor con el Creador. Dios no desea que cumplan con sus reglas por miedo o como un fin en sí mismas. Por el contrario, los niños, al igual que todos nosotros, obedecerán los Diez Mandamientos porque aman al Señor y quieren vivir de la forma que él les enseña que lo hagan.

COMENTARIO BÍBLICO

Cuando yo era niño creía que mis padres habían establecido ciertas normas para que yo no hiciera determinadas cosas, así que las obedecía por ser complaciente; no quería que ellos se enojaran conmigo. A medida que fui creciendo, llegué a comprender que mis padres no me imponían dichas normas con el fin de controlarme, sino para guiarme y protegerme. Entendí que esas reglas reflejaban su amor por mí. Con el tiempo me di cuenta de que ellas die-

ron forma a la persona que soy y a la relación que tengo con ellos. Ahora, siendo adulto, mi madre es una de mis mejores amigas, y sé que puedo confiar en mi padre.

Cuando Dios dictó los Diez Mandamientos en el Monte Sinaí, estaba mostrando el amor de un padre que desea guiar a sus hijos. Los israelitas habían vivido en la esclavitud durante cientos de años, por lo tanto no habían tomado casi ninguna decisión por su propia cuenta, sino que acataban muchas de las leyes y costumbres de sus amos, los egipcios. No estaban listos aún para ser el pueblo con el que Dios haría su pacto, y por ello necesitaban aprender lo que significaba vivir en relación con un Dios santo y ser apartados para él.

Los Diez Mandamientos fueron producto del amor, parte de una promesa que Dios le hizo a su pueblo. ¿Qué promesa era esta? Que él sería su Dios y ellos su pueblo obediente. Mientras los israelitas vivieran en una correcta relación con él, obedeciendo sus reglas, él les daría su amor, dirección y protección, y los convertiría en una gran nación.

También nosotros, como cristianos, somos un pueblo apartado y llamado a vivir una vida santa y completamente dedicada a Dios. Los Diez Mandamientos sirvieron de guía para los israelitas cuando viajaban por el desierto, y luego ellos se convirtieron en una nación que tenía su propia tierra. Esos mismos mandamientos son los que nos guían a los cristianos a vivir rectamente en el mundo de hoy. Los primeros cuatro nos dicen cómo vivir en una correcta relación con Dios. Los últimos seis nos indican la forma de relacionarnos con nuestros semejantes. En un mundo en el que, por lo general, se considera que acatar las normas depende de la decisión personal de cada uno, tenemos la seguridad y la libertad que nos da a conocer lo que Dios espera de nosotros.

DESARROLLO DE LA LECCIÓN

Prepare con anticipación los materiales didácticos que utilizará para esta lección y procure tener listo su salón de clases antes de que sus alumnos lleguen.

Recuerde dar la bienvenida a los visitantes y tomar sus datos para contactarlos durante la semana.

Elija alguna de las siguientes actividades para captar la atención de los principiantes en el tema de estudio.

Con anticipación, prepare un afiche o mural de tamaño grande con los Diez Mandamientos. Lo utilizará durante toda la Unidad V. Puede escribir cada mandamiento de diferente color para hacerlo más llamativo.

Diez normas locas

Diga: Veamos si pueden adivinar un número que tengo en mente y que tiene que ver con la lección de hoy.

Indicándoles las siguientes pistas, una por una,

permita que los niños vayan ofreciendo respuestas en forma voluntaria.

1. Es un número que está en la Biblia, en el Antiguo Testamento.
2. Está ubicado entre el 1 y el 12.
3. Contiene el número "1".
4. Está antes del "12" y después del "8".

Cuando los niños hayan adivinado el número 10, felicítelos y, a continuación, dígales: En la lección de hoy, este número tiene que ver con normas (o reglas). Así que ahora vamos a divertirnos inventando unas normas bien locas. Las llamaremos: "Las diez normas más locas del mundo".

Usted podría sugerirles algunos ejemplos, como: "Jamás comer chocolate" o cualquier otra regla graciosa, así como alguna seria. A medida que los niños inventen las pautas, usted las colocará en la cartelera o pizarra. Los alumnos también pueden ilustrarlas.

Luego de concluido este paso, pregúnteles: Ahora que nos divertimos un poco, ¿qué les parece que tendrá que ver el número 10 con nuestra lección bíblica de hoy?

Permita que los niños respondan.

Este es el momento de mostrar el afiche con los Diez Mandamientos, y leer lo que dice cada uno. Luego, propóngales a los niños esta reflexión: ¿Les parece que nuestras normas locas servirán para algo? Seguramente no, pero hace mucho tiempo, Dios le dio a su pueblo 10 reglas muy buenas, llamadas los Diez Mandamientos. Durante las próximas seis semanas, estudiaremos por qué son tan importantes estos Diez Mandamientos que Dios nos dio.

¿Para qué sirven las reglas?

Pida a los niños que se sienten o se pongan de pié formando un círculo, incluyéndose usted, y se pasen de uno a otro una pequeña piedra lisa. Cuando usted diga: "los Diez Mandamientos", el niño que tenga en su mano la piedra dejará de pasarla, y usted le dirá: Cuéntanos sobre alguna regla que haya en tu casa. Deje que el niño explique alguna norma que haya en su hogar. Luego, pregúntele: ¿Por qué crees que tu papá (o mamá, o tus padres, según el caso) puso esa regla? Permita que el pequeño responda. Continúe con el juego, permitiendo que a cada niño le toque el turno de retener la piedra para que hable sobre alguna norma establecida en su propio hogar.

Por último, usted dejará de pasar la piedra cuando llegue a sus manos y dirá: Sus padres establecieron reglas para que ustedes las cumplan. Con ellas vivirán más seguros y aprenderán sobre la vida. Dios tiene 10 normas especiales que él espera que cumplamos, porque nos ayudan a saber cómo quiere que viva su pueblo. La historia bíblica de hoy se trata de estas 10 reglas importantes. ¿Quién sabe cómo se llaman? (Los Diez Mandamientos).

HISTORIA BÍBLICA

Los israelitas vieron la montaña que estaba frente a ellos, ¡era enorme! Habían viajado tres meses completos para llegar a ella.

—Acampen aquí, les dijo Moisés—. Nos quedaremos por un tiempo.

Dios llevó a los israelitas a esa montaña. Él los amaba y los había ayudado a escapar de Egipto, donde fueron esclavos. Dividió el Mar Rojo para que escaparan del ejército de Faraón. Les dio comida y agua mientras atravesaron el desierto. Ahora, se preparaba para mostrarle su amor al pueblo de una nueva manera.

Mientras acampaban al pie de la montaña, Moisés habló con Dios. Le dijo:

—Hazle recordar a mi pueblo cómo los saqué de Egipto, y luego diles: si ustedes me obedecen en todo, serán mi pueblo especial. Les enseñaré cómo hay que vivir. Todos los otros pueblos verán que ustedes me siguen y me aman. Serán mi especial tesoro.

Moisés regresó adonde estaba el pueblo y les comunicó lo que Dios le había dicho.

El pueblo respondió:

—Haremos todo lo que Jehová nos dijo.

Moisés volvió a la montaña y le dijo a Dios:

—El pueblo prometió obedecer.

Y Dios agregó:

—Diles que se preparen. Hoy y mañana se bañarán y lavarán sus ropas. Al tercer día, vendré y hablaré contigo. El pueblo me oirá, y entonces sabrán que pueden confiar en ti como su líder, porque yo te escogí. Pero asegúrate de que se mantengan alejados de la montaña, porque es santa. No pueden tocarla.

Moisés y el pueblo obedecieron a Dios y se prepararon. Al tercer día, hubo truenos y relámpagos en la montaña. Había una espesa nube, humo, fuego y ruidos fuertes. ¡Allí estaba Dios, y el pueblo tenía temor!

Todo el pueblo que estaba en el campamento se estremeció. Moisés sacó del campamento al pueblo para recibir a Dios y ellos se detuvieron al pie del monte.

Mientras la gente esperaba, Dios comenzó a hablar. Le dio a Moisés 10 normas muy importantes para que las cumplieran. Estas normas son los Diez Mandamientos, a través de las cuales Dios le mostraría a su pueblo cómo debían vivir.

Los primeros cuatro mandamientos le indicaban al pueblo la forma de honrar y respetar a Dios.

"No tendrás dioses ajenos delante de mí". El pueblo de Dios no debe amar ni adorar a nadie sino a él, único Dios verdadero.

"No te harás imagen". Dios le dijo a su pueblo que nunca se hicieran imágenes o esculturas.

"No tomarás el nombre de Jehová, tu Dios, en vano". El pueblo de Dios debía usar su nombre únicamente de una manera que demostrara amor y respeto hacia él.

"Acuérdate del día de reposo para santificarlo". Ese era el día especial del Señor, y el pueblo debía poner a Dios en primer lugar, destinando ese día para adorarlo y para descansar.

Los siguientes seis mandamientos enseñaban cómo tratar a las otras personas, o sea a nuestro prójimo.

"Honra a tu padre y a tu madre". Dios quería que su pueblo respetara y obedeciera a sus padres.

"No matarás".

"No cometerás adulterio". El pueblo de Dios debía cumplir sus promesas matrimoniales. Por eso, una mujer que estuviera casada no debía tener un romance con otro hombre. De la misma manera, ningún hombre casado debía tener una relación sentimental (es decir, de amor) con otra mujer que no fuera su esposa. Los esposos debían ser fieles el uno al otro. Eso es no cometer adulterio.

"No robarás".

"No dirás contra tu prójimo falso testimonio". El pueblo de Dios no debía decir mentiras.

"No codiciarás". Dios no quería que su pueblo deseara las cosas que les pertenecían a otras personas.

¡Pero la gente todavía tenía miedo! ¡Dios parecía ser tan fuerte y poderoso!

Moisés respondió al pueblo: "No temáis".

Él sabía que Dios le daba al pueblo esas normas porque lo amaba y quería que el pueblo, a su vez, lo amara a él. Los Diez Mandamientos ayudarían a los israelitas a vivir como el pueblo especial de Dios. Son 10 buenas maneras de amar y obedecer al Creador.

ACTIVIDADES

Elija alguna de las siguientes actividades para captar la atención de los principiantes en el tema de estudio.

Móvil de los Diez Mandamientos

Antes de la clase, lea y prepare su propio móvil para que pueda guiar a los niños a armar el de ellos. Esta es una manualidad que lleva varias piezas. En la clase, los niños armarán el móvil con su ayuda. Mientras ellos trabajan bajo su dirección, podrá repasar por qué Dios les dio a los israelitas los Diez Mandamientos. Pregunte a los niños: ¿Por qué creen ustedes que es importante obedecer las normas que Dios estableció en sus mandamientos?

Sugiera a los niños que lleven los móviles a su casa y los usen para recordar que para vivir correctamente hay que obedecer los mandamientos de Dios. Anímelos a aprender los Diez Mandamientos de memoria.

Tablas de piedra

Con anticipación, prepare una masa para modelar. En la clase reparta a cada niño un puñado de masa (vea la receta en las primeras páginas de su libro), una hoja de papel encerado y un palillo de dientes. Explíqueles que Dios escribió los Diez Mandamientos en dos trozos de piedra llamados "tablas". Indique a los niños que modelen con la masa dos

tablas y graben el número 10 en cada una de ellas. Puede llevar una figura para mostrar cómo eran las tablas. Use un marcador indeleble para escribir el nombre de cada niño en el papel encerado. Ponga a secar los trabajos sobre la hoja de papel encerado con el nombre de cada niño, y colóquelos en un lugar seguro. Diga a los niños que la próxima semana, una vez secos, se los podrán llevar a su casa. En lo que resta de tiempo, hágales preguntas sobre los Diez Mandamientos, como por ejemplo:

✘ ¿Qué esperaba Dios que hicieran los israelitas cuando les dio los Diez Mandamientos? (Aprenderlos y cumplirlos).

✘ ¿Por qué es tan importante que nosotros obedezcamos los mandamientos de Dios? (Porque nos ayudan a vivir como Dios quiere y a demostrar nuestro amor por él.)

✘ ¿De qué manera podríamos cumplir los mandamientos esta semana?

A medida que los niños vayan dando sus respuestas, usted puede ir relacionando cada respuesta con un mandamiento específico.

Palabras importantes

En esta lección usted podrá introducir las palabras importantes relacionadas con la Unidad V, que servirán de apoyo para cualquier actividad que quiera hacer con los niños durante las 6 lecciones. Antes de esta actividad, escriba en la pizarra las palabras importantes con su significado. Explique a los niños lo que estas palabras significan y déles ejemplos. Ellas son: obedecer, honrar y respetar.

Prepare antes de la clase cuadrados de cartulina de 8 cm. x 8 cm. y escriba en ellos: de un lado, las palabras "Obedecer", "Honrar" y "Respetar", y del otro lado, su significado. Coloque estas tarjetas en un sobre o dentro de una bolsa. Pida que los niños se sienten en círculo. Luego que se pasen la bolsa uno al otro alrededor del círculo. Usted debe estar de espaldas a ellos, golpeando sus manos. Cuando pare de palmear, inmediatamente gire y mire al niño que tiene la bolsa. Este debe sacar una tarjeta, leer la palabra y explicar lo que significa. Si no sabe lo que es, otro pequeño puede ayudarlo, o usted puede hacerlo con sugerencias, dando un mandamiento que tenga que ver con esa palabra. Se repite el juego para que, de ser posible, la mayoría de los niños participen y aprendan las palabras importantes con su significado.

Memorización

Escriba el texto en la pizarra: "Oirás, pues, la voz de Jehová, tu Dios, y cumplirás sus mandamientos y sus estatutos que yo te ordeno hoy" (Deuteronomio 27:10). Luego, practíquelo varias veces con sus alumnos para que lo aprendan de memoria. Cuando termine el tiempo de estudio, borre el versículo y escríbalo todo desordenado. Pida a algunos voluntarios que ya lo sepan, que pasen a la pizarra y escriban el texto en orden y correctamente. Anime a los niños a estudiar los Diez Mandamientos. Pueden estudiar y memorizar dos por cada clase que dure esta unidad. Usted puede escribirlos en tarjetas de papel o cartulina. Escriba dos mandamientos en cada tarjeta, para cada niño. Los puede entregar cada día de clase. De esa manera, ellos aprenderán y tendrán los Diez Mandamientos al final de la unidad.

Para terminar

Haga que los niños se pongan en actitud de oración. Después de que usted haya orado por ellos, puede sugerirles que canten una canción que hable de la obediencia a la ley de Dios.

Luego pregúnteles:

✗ ¿Qué significa obedecer a Dios? (Hacer lo que él quiere que hagamos)

✗ ¿De qué manera puedes obedecer a Dios esta semana en tu casa, en tu barrio o en la escuela?

Si lo desea, puede invitarlos a cantar nuevamente la canción, y luego diga algo como esto: "No tenemos que intentar obedecer los mandamientos de Dios por nuestra propia fuerza. Podemos orar pidiéndole a Dios que nos ayude a obedecerlos y él lo hará".

Ore para que Dios ayude a los niños a que decidan obedecerlo durante la próxima semana.

Por último, asegúrese de que los pequeños se lleven a su casa los trabajos que hicieron.

Lección 17

Dios debe estar en primer lugar

Base bíblica: Éxodo 20:1-6, 24:12-18, 32:1–33:6, 34:1-14

Objetivo de la lección: Enseñar a los principiantes a que identifiquen algunos aspectos de la vida que nos importan más que el amor a Dios, y a encontrar formas de ponerlo a él en primer lugar.

Texto para memorizar: *"Oirás, pues, la voz de Jehová, tu Dios, y cumplirás sus mandamientos y sus estatutos que yo te ordeno hoy"* (Deuteronomio 27:10).

¡PREPÁRESE PARA ENSEÑAR!

Hoy en día, los niños principiantes desarrollan cada vez más actividades y tienen más relaciones interpersonales fuera del ámbito del hogar y la familia. Además, les resulta más fácil distinguir lo que está bien de lo que está mal, así como diferenciar la realidad de la fantasía. A medida que desarrollan más estas capacidades, se hace más fuerte también la tentación de darle más importancia a otras cosas o personas que a Dios. Mientras son pequeños, sus alumnos necesitan saber esta importante verdad: que Dios debe tener el primer lugar en sus vidas y que, aunque a esta edad no puedan comprenderla completamente, sí pueden escucharla y comenzar, poco a poco, a asimilar su significado.

Esta lección podría plantear algunas preguntas difíciles para los niños. Por ejemplo: "¿Tengo que amar a Dios más que a mamá o a papá?" o "¿Está mal que quiera tener un videojuego?"

Quizá la mejor forma de responder a un pequeño de esta edad es con afirmaciones claras y seguras, como: "Cuando amamos a Dios más que a todo lo demás, tenemos más amor por las personas", o bien: "está bien que quieras tener un videojuego, siempre y cuando puedas estar contento aunque no lo tengas".

En esta lección usted podrá dar a sus alumnos ejemplos de lo que significa poner a Dios en primer lugar. La mejor ilustración que puede utilizar es su propia vida. Al ver cómo usted ama y sirve a Dios, ellos aprenderán lo que significa amar a Dios por encima de todo.

COMENTARIO BÍBLICO

En la sociedad actual, la palabra "prioridades" está de moda. La generación de hoy, acostumbrada a planificar las cosas día por día, sabe que la única forma de hacer todo lo que uno se propone es comprendiendo cuáles son las prioridades y ordenándolas según su importancia.

El problema surge cuando hay una lista interminable de cosas que compiten por el mismo nivel de preferencia. Claro que la familia, la iglesia y el trabajo siempre están por encima, en los primeros lugares. Pero ¿qué podemos decir de los pasatiempos, la actividad física, los quehaceres domésticos, las reparaciones que necesita el automóvil, la asistencia a espectáculos deportivos, las tareas escolares y los programas de la escuela? ¿Podemos ponerle algún límite a la cantidad de cosas que requieren nuestra atención cada día?

Tratamos de resolver el problema leyendo libros sobre administración del tiempo o asistiendo a talleres donde se nos enseña a establecer prioridades en la vida. Gastamos importantes cantidades de dinero solo para encontrar la herramienta adecuada que nos ayude a organizar nuestra ajetreada vida. Ponemos todo el cuidado en señalar fechas y eventos en nuestra agenda, en cualquier lugar visible, o en montones de notas pegadas con imanes en la puerta del refrigerador.

Sin embargo, olvidemos por un momento todas

esas notas y tretas que usamos para organizarnos, y veamos lo que nos dice Éxodo 20. Hace cientos de años, Dios creó un plan para ayudarnos a manejar nuestras prioridades. Dicho plan lo constituyen los Diez Mandamientos.

Los dos primeros mandamientos nos enseñan que para establecer correctamente las prioridades, hay que comenzar por darle a Dios el primer lugar en nuestra vida. Aunque pueda sonar simplista, esta es una verdad capaz de transformar existencias completas. Dios nos apartó para él, somos un pueblo escogido; somos de él y él es nuestro Dios. Este principio fundamental exige una vida enteramente comprometida con el Señor y con lo que él desea para nosotros. Si podemos entender esto, nos resultará más fácil poner las demás cosas en su lugar.

El segundo principio que podemos aplicar para lograr que Dios sea lo primero es impedir que cualquier otra cosa tenga la importancia de Dios. Pero ¿a qué cosas nos referimos? A cualquier cosa que adquiera el nivel de preponderancia que solo le corresponde a Dios, o incluso se ponga por encima de él. Puede ser un empleo, un puesto de alto nivel, una buena casa, un auto deportivo, o tal vez cierto prestigio o posición económica que hayamos alcanzado. Son muchos los aspectos de la vida que rivalizan con Dios para ocupar su lugar de importancia. Esto ocurre con gran facilidad cuando dividimos nuestra vida en áreas y le asignamos a Dios una más, al mismo nivel que las que le destinamos a otros intereses. Hemos recibido un mandato: poner a Dios en primer lugar y entregarnos por completo a él.

El segundo mandamiento tiene que ver con nuestra "imagen" de Dios. En los tiempos bíblicos se fabricaban ídolos, en los que se plasmaba el concepto que se tenía de los atributos de Dios. Por ejemplo, con la figura de un toro podía representarse su fuerza o su capacidad para procrear. Pero por más que lo intentemos, los seres humanos no podemos representarlo de manera adecuada por medio de una imagen visual o mental. Así como está mal adorar algo que no sea a Dios, también está mal crear una figura visible que lo represente. Debemos confiar en la revelación que Dios nos da a través de las Escrituras, su acción en la historia, la persona de Jesucristo y el Espíritu Santo.

"¡Primero Dios!" Es fácil decirlo, pero difícil vivirlo. Sin embargo, cuando voluntariamente procuramos darle a él el primer lugar, las demás prioridades quedan en el lugar correcto.

DESARROLLO DE LA LECCIÓN

Prepare con anticipación los materiales didácticos que utilizará para esta lección y procure tener listo su salón de clases antes de que sus alumnos lleguen.

Recuerde dar la bienvenida a los visitantes y tomar sus datos para contactarlos durante la semana.

¿Quién quiere ser el primero?

Antes de la clase, escriba en cartulina u otro papel lo siguiente, y coloque los letreros en tres esquinas del salón. Deberán decir:

✘ Me encantaría ser el primero.
✘ Me daría lo mismo ser o no ser el primero.
✘ No quisiera ser el primero.

En la clase, diga: Hoy hablaremos sobre lo que alguien puede sentir cuando es el primero en algo. Yo leeré unas oraciones. Después de cada oración, cada uno vaya a la esquina donde está escrito lo que siente al respecto. Lea con los niños los tres carteles. Luego léales algunas oraciones, como las siguientes:

¿Qué te parecería si fueras el primero en…..? (Cada vez que los niños escojan algo, pregúnteles por qué eligieron ir a esa determinada esquina con la que se identifican).

✘ Escoger una golosina de una bandeja.
✘ Leer la Biblia en voz alta.
✘ Elegir el programa de TV que se verá en casa.
✘ Bañarme antes de ir a la cama.
✘ Ir a la cama a la noche.
✘ Abrir un regalo de Navidad.

La importancia de esta actividad consiste en que los niños comprendan lo que significa ser el primero.

HISTORIA BÍBLICA

¿Dios o un becerro de oro?

—Haremos todas las cosas que Jehová ha dicho. Le obedeceremos.

Esta fue la promesa que hizo el pueblo a Dios después de que él les dio los Diez Mandamientos. Él le había dado esos mandamientos a su pueblo porque los amaba, y sabía que si ellos obedecían sus leyes, serían buenos y tendrían alegría, y lo honrarían a él con su comportamiento.

Dios le dijo a Moisés:

—Sube al monte y encuéntrame allí. Te daré las tablas de piedra con mi ley escrita en ellas.

Moisés les habló a los líderes del pueblo:

—En mi ausencia, mi hermano Aarón y su ayudante quedarán a cargo de todo. Si tienen algún problema, trátenlo con ellos.

Moisés subió a la cima de la montaña para encontrarse con Dios, y permaneció allí cuarenta días y cuarenta noches. El Creador le dio las tablas de piedra, en las que estaban escritos los Diez Mandamientos. Y también le brindó otras instrucciones importantes.

En el campamento, al principio todo parecía estar bien. Pero después de un tiempo, la gente comenzó a preocuparse. Cuando miraban hacia la montaña, lo único que veían era humo y fuego.

Finalmente, el pueblo se acercó a Aarón, y le dijo:

—Por favor, haznos dioses que nos acompañen y

nos guíen. Moisés nos sacó de Egipto, pero ahora no sabemos qué ha sido de él.

Aarón se cansó de tanto lloriqueo y tantas quejas. Su tarea era enseñar al pueblo a adorar al único Dios verdadero, y solamente a él. Pero ahora no tenía el valor suficiente para obedecer.

—Tráiganme sus zarcillos de oro —les dijo a los israelitas. Luego, derritió el oro y le dio la forma de un bello becerro. Entonces dijo—: Israel, aquí están tus dioses que te sacaron de Egipto.

A los israelitas les gustó el reluciente becerro de oro. Al mirarlo sentían como si Dios mismo estuviera allí junto a ellos, y no lejos, en la cima de una montaña.

Aarón también construyó un altar para el becerro de oro. Y luego les dijo:

—Mañana haremos una gran celebración y adoraremos a Dios.

Al día siguiente, el pueblo quemó ofrendas en honor al becerro de oro. Lo adoraron como si fuera Dios, y comenzaron a celebrar. Comieron, bebieron, danzaron y cantaron. Se olvidaron de obedecer al Señor y comenzaron a desobedecer.

Dios sabía lo que estaban haciendo. Y por cierto, ¡estaba muy enojado! Él los amaba mucho, pero estaban arruinando todos los planes de bien que él tenía para ellos.

Entonces Dios le habló a Moisés, y le dijo:

—Este pueblo es terco y me desobedece. Lo voy a destruir completamente.

—¡No, Dios mío, no hagas eso, por favor! —le suplicó Moisés—. Sacaste a esta gente de Egipto, y si ahora los destruyes los egipcios dirán que eres un dios perverso. Por favor, perdona al pueblo.

Dios le respondió:

—Está bien. No los destruiré completamente.

Moisés se apresuró a bajar de la montaña. Ya podía oír el bullicio y alboroto que había en el campamento. Se acercó, y entonces vio el becerro de oro al que la gente adoraba.

¡Pum! Moisés arrojó al suelo las tablas de piedra. ¡Crash! las tablas se rompieron en mil pedazos.

Después tomó el becerro y lo lanzó al fuego.

Entonces le preguntó a Aarón:

—¿Qué te hizo este pueblo para que hayas traído sobre él tan grande pecado?

Aarón trató de explicarle, pero sus excusas eran muy tontas, así que culpó al pueblo. Entonces Moisés se alejó de Aarón.

—¡Quien esté de parte de Jehová, ahora únase a mí! —gritó Moisés. Y algunos del pueblo se acercaron a él.

Al día siguiente dijo Moisés al pueblo:

—Vosotros habéis cometido un gran pecado, pero yo subiré ahora a donde está Jehová. Quizá lo aplacaré acerca de vuestra maldad.

La gente lamentaba lo que había hecho; todos lloraban y se quitaban sus galas para demostrar cuánto lo sentían.

Dios perdonó al pueblo, aunque igualmente tenía que castigarlos por su pecado. Entonces le dijo a Moisés que regresara a la montaña, y Dios mismo escribió los Diez Mandamientos en otras dos tablas. Y luego hizo algo maravilloso: se acercó a Moisés lo suficiente como para que él pudiera ver a Dios, aunque sea solo un poquito.

—Yo soy Jehová, le dijo a Moisés. Soy un Dios misericordioso y piadoso, tardo para la ira y grande en misericordia y verdad… que perdona la iniquidad.

Luego, Dios le hizo una promesa:

—Haré maravillas que no han sido hechas en toda la tierra, ni en nación alguna. Pero tú y el pueblo deberán obedecerme. No te inclinarás ante ningún otro dios. ¡Solo ante mí!

ACTIVIDADES

"Primero Dios" (con música)

Lleve a la clase una radio o equipo para escuchar música. Prepare unos trozos de cartulina o cartón, con un número escrito en la parte superior, comenzando con el 1. Haga uno para cada niño. Pídales que piensen una palabra clave y que la escriban en el espacio vacío del cartel. La palabra se referirá a cualquier situación en la que una persona pueda poner a Dios antes que a sus propios intereses, por ejemplo: escuela, hogar, lugar de entretenimiento, vecinos, iglesia, etc. Haga un breve ensayo pidiendo a los alumnos que den, por turnos, un ejemplo (no más de dos o tres) de decisiones que pueden tomar en tales situaciones para poner a Dios en primer lugar. Luego, haga que se coloquen en distintos lugares de la sala con su cartel en la mano.

Dígales: Voy a poner música. Caminen por la sala, y cuando la música se interrumpa, cada uno deténgase donde está y muestre el cartel por arriba de su cabeza. Yo me daré vuelta y diré un número. El que tenga ese número en su cartel, explicará a todos una manera de poner a Dios en primer lugar en la situación que dice su letrero.

Repita el juego varias veces, para que todos tengan la oportunidad de contestar.

¡Pon a Dios en primer lugar!

Guíe a los alumnos en la actividad manual del libro del Alumno (lección 17). Pida a los niños que recorten, coloreen y cubran con papel plastificado el colgante para la puerta, el señalador para la Biblia, y el mini póster. Mientras trabajan en la manualidad, aproveche el tiempo para hacer un repaso de la historia bíblica con preguntas como:

1. ¿Quiénes eran los personajes de la historia?
2. ¿Qué hizo el pueblo de Israel para desobedecer a Dios?
3. ¿Qué pedía Dios que hiciera el pueblo?

4. ¿Por qué Dios quiere ocupar el primer lugar en nuestras vidas?

Agregue más preguntas que usted mismo puede preparar.

Memorización

Textos rompecabezas

Prepare dos juegos de tarjetas: uno con el texto a memorizar y otro con los mandamientos 1 y 2. Haga que los niños formen dos equipos y reparta un juego de tarjetas a cada grupo. Ayudándose mutuamente, ellos armarán los textos bíblicos colocando cada tarjeta en su lugar correspondiente. El grupo que lo arme primero, gana. Luego pueden dar vuelta las tarjetas sobre la mesa, y repetir a coro el versículo de memoria, un grupo por vez. Luego haga intercambio de tarjetas para que todos los pequeños aprendan el texto y dos mandamientos. Dígales que practiquen para la próxima clase los mandamientos 3 y 4. Segui-

rán con la misma actividad de memorización y armado de los textos rompecabezas.

Para terminar

Diga a los niños que se lleven las manualidades a su casa para recordar toda la semana que deberán poner a Dios primero en cualquier situación de sus vidas. Puede agregar algo como: Cuando le damos el primer lugar a Dios, lo estamos honrando, y recibimos su bendición tanto para nosotros como para los que están a nuestro alrededor. Recuerden leer la Biblia esta semana. Pueden colocar el señalador en la página de la lectura de hoy, y volver a leer la historia del becerro de oro en sus casas.

Ore con los niños e invite a los que lo deseen a que lo hagan por un compañero pidiéndole a Dios que lo ayude a obedecer durante la semana, dándole a él el primer lugar en todas sus actividades y en todo lugar.

Lección 18

Honremos a nuestros padres

Base bíblica: Éxodo 20:12; 1 Samuel 17:12-20, 22:1-4

Objetivo de la lección: Ayudar a los niños principiantes a que, inspirados por el ejemplo de obediencia filial de David, estén dispuestos a honrar a sus padres, tratándolos como Dios ordenó.

Texto para memorizar: *Oirás, pues, la voz de Jehová, tu Dios, y cumplirás sus mandamientos y sus estatutos que yo te ordeno hoy* (Deuteronomio 27:10).

¡PREPÁRESE PARA ENSEÑAR!

La relación con sus padres es la primera oportunidad que un niño tiene para aprender a obedecer a la autoridad, y esta relación le ayuda a concebir su propia idea de Dios y la forma de relacionarse con él.

Los principiantes se mueven en distintos ámbitos fuera de su hogar y familia: la escuela, los centros de deportes, la iglesia y las actividades sociales. En todas estas situaciones entran en contacto con personas que, para bien o para mal, influyen en sus actitudes y comportamientos. Es habitual que los niños oigan de labios de otros compañeros comentarios que ridiculizan a sus padres y madres por igual. Es por ello que esta lección es de vital importancia. Ayudará a los niños a comprender que Dios espera

que ellos respeten y honren a sus padres. Además, esta también es la manera que desea que lo tratemos a él como nuestro Padre.

Esta lección servirá para que los niños descubran los aspectos que involucra la palabra *honrar* (a sus padres, en este caso), como por ejemplo: valorar, respetar, escuchar, interesarse y obedecer.

Usted, como maestro, puede mostrarles a los niños el significado de la honra y el respeto poniendo como ejemplo su propia vida. Cuénteles sobre la formación que recibió de sus padres, y explíqueles de qué manera usted los honra. Así sus alumnos aprenderán no solo de sus palabras sino también por medio de su modelo.

Tristemente, podemos decir que hay niños cuyos padres parecieran no merecer ser honrados. Esté atento, por lo tanto, a la posibilidad de que algunos de sus alumnos hayan sido víctimas de abuso por parte de sus progenitores, o que de alguna manera se sientan mal hacia sus padres. Ore por estos niños, y si sospecha que están sufriendo abuso, hable con su pastor.

COMENTARIO BÍBLICO

Lea Éxodo 20:12. Desde el quinto hasta el décimo mandamiento, todos tratan sobre nuestra relación con el prójimo. Cabe destacar que el primero de estos seis mandamientos, "honra a tu padre y a tu madre", se refiere a la primera relación que tenemos en la vida: la relación con nuestros padres.

La palabra hebrea para "honor" es *kabed*, y significa "ser pesado", "agregar peso", y esto conlleva la idea de tratar a nuestros padres con la debida seriedad. En este mandamiento, Dios tuvo en cuenta las necesidades de los niños de una comunidad israelita en ciernes, y también las de los padres.

Los pequeños necesitan instrucción y enseñanza,

pero no siempre perciben la sabiduría que proviene de las directivas y actos de sus padres. Al indicarles que honraran a sus padres, Dios les estaba diciendo cómo comportarse, independientemente de sus sentimientos. Si ellos los honraban, llegarían a ser una "nueva generación" responsable, capaz de vivir sabiamente y gobernar su tierra.

Además, los israelitas estaban formando una comunidad sobre la base de su fe en un Dios único. Para que esta entidad tuviera estabilidad y continuidad, los padres necesitarían transmitir las historias que describían la naturaleza de Dios, sus hechos, así como las tradiciones que derivaban de vivir como pueblo de Dios. Para que esto sucediera era necesario que los niños escucharan y obedecieran a sus padres.

Por último, este mandamiento protegía a los padres de los conflictos que podrían surgir con sus hijos obstinados y desobedientes, y también los guardaba de ser maltratados o abandonados cuando llegaran a una edad avanzada y no pudiesen trabajar más.

Lea 1 Samuel 17:12-20. Este pasaje nos presenta una de las historias más conocidas y queridas de la Biblia: la de David y Goliat. Pero también nos da la oportunidad de conocer de cerca una característica de David que muchas veces pasamos por alto: la forma en que él honraba a sus padres.

En aquellos días, los soldados tenían dos fuentes principales de ingresos: el botín conseguido con la derrota de sus enemigos o el aporte de sus propias familias. Dado que los ejércitos israelitas y filisteos habían estado inactivos durante 40 días, no había botín posible. Preocupado por sus hijos, Isaí envió a David a llevarles provisiones y volver rápidamente con novedades, como había hecho en otras ocasiones.

Observemos que David cumplió con el pedido paterno con rapidez, ya que salió *"de mañana"* (v. 20). Demostró asimismo responsabilidad para con los bienes de su padre, cuando dejó *"las ovejas al cuidado de un guarda"* (v 20). Y por último, cumplió el deseo de su padre, tal *"como Isaí le había mandado"* (v. 20).

Lea 1 Samuel 22:1-4. David, para este momento, estaba huyendo de Saúl y era exiliado en territorio enemigo. Sin embargo, la honradez que mostró de joven en su relación con sus padres lo acompañó hasta su vida adulta, cuando continuó demostrando respeto, atención y afecto por ellos.

Las cuevas cercanas a Adulam, escondite de David, posiblemente hayan estado cerca de Belén. Tal vez su familia se unió a él para darle apoyo o por temor al peligro que representaba Saúl. Pero aparentemente, David no creyó que estas cuevas fueran un escondite seguro para sus padres, y ellos tampoco estaban en condiciones, por ser ya mayores, de formar parte de un grupo de guerreros sin rumbo fijo, de manera que David fue en busca de un refugio seguro

para ellos en Moab, fuera del territorio de Saúl.

El respeto por nuestros padres es fundamental. Al respetarlos honramos a Dios, que los creó, y mostramos a un mundo incrédulo cómo vive el pueblo de Dios. Aprender a confiar, respetar y obedecer a nuestros padres es de importancia primordial en nuestra relación con Dios.

DESARROLLO DE LA LECCIÓN

Prepare con anticipación los materiales didácticos que utilizará para esta lección y procure tener listo su salón de clases antes que sus alumnos lleguen.

Recuerde dar la bienvenida a los visitantes y tomar sus datos para contactarlos durante la semana.

Elija alguna de las siguientes actividades para captar la atención de los principiantes sobre el tema de estudio.

La carrera de los mandamientos

Antes de la clase, confeccione 2 juegos de 10 tarjetas de cartulina o cartón, y escriba en cada una de ellas un mandamiento. Luego, mezcle las tarjetas de cada juego por separado y colóquelas boca abajo.

En la clase, que los alumnos se separen en dos grupos, y que cada equipo, con la mayor rapidez posible, arme el conjunto de los Diez Mandamientos en su orden correcto. El primer grupo que lo logre, los leerá al resto de la clase.

Honra a tus padres

Antes de la clase, pegue con cinta adhesiva, o cuelgue en la pared, una cartulina grande para hacer un mural. Escriba con letras grandes las frases que presentaremos a continuación. En la columna derecha, los niños tendrán la oportunidad de pegar la palabra apropiada que va con esa frase. Por ejemplo: **Escucha…** lo que tus padres te dicen.

- ✘ **Escucha…** lo que tus padres te dicen.
- ✘ **Aprende…** de tus padres.
- ✘ **Ayuda…** a tus padres con alegría.
- ✘ **Sé amable…** con tus padres.
- ✘ **Ora…** por tus padres.
- ✘ **Diles…** a tus padres que los amas.
- ✘ **Abraza…** a tus padres cada día.
- ✘ **Habla…** con tus padres cada día.
- ✘ **Sonríeles…** a tus padres todas las mañanas.
- ✘ **Lava…** los platos de mamá algunas veces a la semana,
- ✘ **Ayuda…** a papá a sacar la basura.

En tarjetas separadas, escriba las palabras que están resaltadas en negro (use letras grandes y que sean de molde como para que los niños las puedan colorear o rellenar con semillas o pintar, si lo desean). Recorte las palabras para que los pequeños puedan trabajar en ellas.

En la clase, dirija la atención de los alumnos hacia el quinto mandamiento, explicándoles que la lección de hoy se refiere al mandamiento "honra a tu padre y a tu madre".

Luego pregúnteles: ¿Qué les parece que significa "honrar" a nuestros padres?

Muéstreles el afiche de la pared, indicándoles que las oraciones nos enseñan algunas formas de hacerlo, pero que a todas les faltan palabras. Al terminar de colorear o decorar las palabras, los niños podrán, con su ayuda, buscar la oración que complete la palabra que tienen en sus manos. Pídales que busquen la oración escrita en la cartulina, y que peguen la palabra correcta. Usted puede pensar un término para cada niño de su clase. Para terminar, lean las oraciones completas.

HISTORIA BÍBLICA

—Me pregunto cómo les estará yendo a mis hijos en el ejército —pensó Isaí, el padre de David—. ¿Estarán seguros? ¿Tendrán algo para comer? ¿Cómo andarán las cosas en la guerra?

Los tres hijos mayores de Isaí, hermanos de David, eran soldados en el ejército del rey Saúl, que justo en ese momento estaba combatiendo al ejército filisteo. Los filisteos eran enemigos fuertes y malos, y las cosas no andaban bien para el ejército de Saúl. Los enemigos tenían entre sus soldados a un gigante llamado Goliat, a quien nadie se atrevía a desafiar; así que durante 40 días los dos ejércitos permanecieron sentados y quietos.

Recuerden que en esos días no había radio ni televisión para que la gente se enterara de lo que sucedía en la guerra. La única manera de saber si los soldados estaban bien era ir a donde estaba el ejército para verlos. Además, la milicia no siempre tenía suficiente comida para darles a los soldados, de manera que sus familias tenían que llevarles alimentos.

David, hijo menor de Isaí, estaba pastoreando el rebaño de su padre cerca de Belén. Isaí mandó que lo fueran a buscar.

Al llegar David, su padre le ordenó:

—Toma ahora para tus hermanos este grano tostado y estos diez panes; llévalo pronto al campamento. Estos diez quesos de leche los llevarás al jefe de los mil; fíjate si tus hermanos están bien y trae algo de ellos como prenda.

—Sí, padre —contestó David—. Iré temprano a la mañana.

Al día siguiente, David obedeció todo lo que su padre le había dicho que hiciera. Buscó a alguien que tomara su lugar para atender el rebaño mientras él estuviera ausente; luego tomó los alimentos y se encaminó al campamento del ejército de Saúl. Cuando David encontró a sus hermanos, les dio la comida y les preguntó cómo andaban las cosas. Más tarde, después de una batalla muy emocionante en la que David mató a Goliat, el gigante filisteo, volvió a su casa con buenas noticias para su padre.

Pasaron muchos años y David creció. Durante todo ese tiempo, obedeció a Dios y también a su padre. Dios estaba complacido con él, pero el rey Saúl estaba disgustado. Quería matar a David porque sabía que algún día tomaría su lugar y sería el rey de Israel. ¡Por eso tuvo que escapar para salvar su vida!

Finalmente, el hijo de Isaí encontró en unas cuevas un lugar muy bueno donde esconderse. Su padre, su madre y sus hermanos sabían dónde estaba, y fueron allí para estar con él.

David se alegró de ver a su familia, pero se preocupaba por sus padres.

—Mi padre y mi madre ya son viejos —pensó— no creo que sea una buena idea que se escondan conmigo en este lugar tan inseguro. El rey Saúl podría encontrarlos y hacerles daño. Pero tampoco pueden ir conmigo cuando tenga que salir de la cueva para pelear con el enemigo… ¿Qué haré para que estén a salvo?

Entonces, Dios ayudó a David a idear un plan. El muchacho fue a ver al rey de Moab, un país del que había venido Ruth, tatarabuela de David, hacía ya mucho tiempo. El rey de Moab no veía con buenos ojos a Saúl. Quizás él podría ayudarlo.

David se inclinó ante el rey de Moab, y le dijo:

—Por favor, ayúdame.

—¿Qué quieres que haga? —le preguntó el rey.

—Por favor, deja que mi madre y mi padre se queden en tu tierra hasta que Dios me muestre qué hará conmigo. Aquí estarán más seguros.

—Pueden quedarse —asintió el rey.

David entonces dejó a sus padres en Moab y regresó a su escondite. Algún día sería rey de Israel y podría traerlos de regreso a casa. Pero por ahora, mientras tuviera que correr, esconderse y pelear, le alegraba que ellos estuviesen a salvo.

ACTIVIDADES

Tú escribes la historia

Dios nos manda que honremos a nuestros padres. Para esta actividad, y antes de la clase, tenga preparadas fotos de los padres de sus alumnos. Puede pedirlas, una o dos semanas antes, a los padres de los niños.

En la clase, diga algo como: David honró y obedeció a sus padres. ¿De qué otras formas se les ocurre que un niño puede honrar a sus padres? Deje que ellos expresen sus ideas.

Dirija la atención de los niños a la actividad "Tú escribes la historia". Explíqueles cómo hacerla. Cuando terminen la historia, pida que aquellos que lo deseen la lean en voz alta. Intercambien ideas sobre la pregunta que figura al final.

Pida a los niños que coloreen y fabriquen sus propios portarretratos para colocar la foto de ellos con sus padres. Si los niños no tienen fotos pueden dibujarlos.

La merienda de David

Coloque en el centro de la mesa algunos alimentos secos (mini sándwiches de pan o galleta, pedacitos de bizcochuelo [pastel o torta], trozos de fruta, etc.), servilletas. Cada niño tomará un alimento y lo pondrá dentro de la servilleta, así tendrá preparada su "merienda para llevar". Luego acompañe a los niños a un lugar especial, ya sea algún espacio libre de la iglesia o fuera del templo, y reúnanse para disfrutar de la merienda. Mientras tanto pueden repasar la historia de David que leyeron anteriormente. Pídales que digan de qué forma creen que una persona (niño o adulto) puede honrar a sus padres. Ellos pueden dar ejemplos de su propia manera de honrarlos, o de otras formas posibles que les gustaría poner en práctica. Cierre la actividad con una oración de agradecimiento por la merienda que tomaron, pidiéndole a Dios que los ayude a honrar a sus padres. Estos momentos pueden ser muy apropiados para hacer un repaso y recordatorio de la lección sobre David. Prepare algunas preguntas apropiadas para hacerles a los niños.

Memorización

Material necesario: un cubo (dado) lo suficientemente grande, de cualquier material, en el que se pueda escribir una palabra en cada lado. Puede hacerlo de cartulina. Además, necesitará pegamento, tijeras, cinta adhesiva, marcadores.

Divida el contenido del texto para memorizar en cuatro frases y escoja, a su entender, una palabra clave para asignarle a cada una de ellas:

1. Oirás la voz de Jehová (palabra clave: "oirás" o "voz").
2. Jehová es tu Dios ("Jehová" o "Dios").
3. cumplirás sus mandamientos ("cumplirás" o "mandamientos").
4. yo te ordeno hoy ("ordeno").
5. en blanco
6. en blanco

En cuatro lados del cubo escriba las palabras clave, que servirán como pista para que los niños puedan deducir la frase completa del versículo. En los dos lados restantes no escriba nada. Haga que los pequeños formen un círculo alrededor de la mesa o en el suelo, y un voluntario haga rodar el cubo, a la manera de un dado. Según como caiga, el mismo niño leerá la palabra clave y con ella formará la frase. Cuando toque un lado del cubo en blanco, podrán acordar entre todos alguna acción: decir todo el versículo, o elegir una frase de memoria.

Para terminar

Reúna a los niños para orar. Diríjalos en una oración, y luego dígales: No siempre es fácil honrar y obedecer a nuestros padres, pero Dios siempre puede ayudarnos. Si a ustedes les cuesta hacerlo, díganselo a Dios y pídanle ayuda. Si han decidido honrar más a sus padres, pídanle al Señor que los ayude a cumplir su promesa. ¡Es hermoso honrar a nuestros padres! Dios dice que seremos bendecidos.

Cuida tus pensamientos

Base bíblica: Éxodo 20:13; 1 Samuel 24; Mateo 5:21-22, 43-45

Objetivo de la lección: Que los niños comiencen a comprender que los pensamientos que nacen de sentimientos de odio llevan a actuar de una forma muy equivocada. Que comprendan lo importante que es perdonar a quienes les hicieron o hacen daño.

Texto para memorizar: *Oirás, pues, la voz de Jehová, tu Dios, y cumplirás sus mandamientos y sus estatutos que yo te ordeno hoy* (Deuteronomio 27:10).

¡PREPÁRESE PARA ENSEÑAR!

¿Podría algún niño de 6 ó 7 años asesinar a alguien? Podemos dar gracias, ya que son pocos —si es que los hay— los que han cometido semejante crimen. Sin embargo, nadie ignora los actos violentos que cometen algunos pequeños. Por lo tanto, aunque el tema que aborda esta lección no sea algo común para los niños de esta edad, aún así es importante.

En una época en la que el mundo dice que no hay nada absolutamente bueno ni malo, los niños de entre 6 y 8 años necesitan una dirección clara en cuanto a lo que deben hacer con las emociones fuertes tales como la ira o el odio. La violencia constante a la que los niños de la escuela primaria están expuestos a través de los medios de difusión, puede hacer que su conciencia se vuelva insensible. Esta lección ayudará a sus alumnos a entender que Dios nos manda respetar la vida de nuestros semejantes, y que este mandato no solo prohíbe que matemos a un ser humano, sino que también nos ordena que evitemos sentimientos de odio o venganza; y que además procuremos activamente el bien de nuestros enemigos.

Aunque esto no es algo fácil de enseñar a los niños, a medida que nuestro mundo se hace cada vez más violento, esta instrucción cobra mayor importancia. La historia bíblica y las actividades que incluye la lección les darán a sus alumnos sugerencias prácticas para cumplir los mandamientos, tanto del Antiguo como del Nuevo Testamento. Ore para que los niños escojan el camino de amor que Dios nos indica que debemos tomar hacia quienes nos hicieron algún mal.

COMENTARIO BÍBLICO

Lea Éxodo 20:13. "¡Quisiera matar a ese hombre… a esa mujer… a ese niño!" Con mucha frecuencia oímos una frase como esta que, si bien se dice en broma, procede de un sentimiento de frustración, pero no implica una verdadera intención de hacerlo. Quizá debamos reconsiderar esta expresión de odio, aparentemente "ligera", teniendo en cuenta que Dios no toma a la ligera el homicidio. Cuando él comenzó a abordar las relaciones interpersonales en los Diez Mandamientos, la advertencia de no matar a un semejante vino inmediatamente después del mandato de obedecer a los padres.

En este pasaje, "matar" significa homicidio, es decir, la destrucción deliberada y vengativa de una vida humana. Dios prohíbe matar porque él es el creador de la vida y la considera preciosa.

Lea Mateo 5:21-22 y 43-44. Si bien es bueno rehusarse a cometer un acto de violencia contra otras personas, eso no es suficiente. Jesús arrojó nueva luz sobre el sexto mandamiento porque mirando más allá del acto exterior, pudo ver las emociones que impulsan a cometerlo.

No hay ningún pasaje del Antiguo Testamento en el que Dios nos mande "odia a tu enemigo", sino todo lo contrario (Éxodo 23:4-5 y Proverbios 25:21-22). Pero con el correr de los años, la "teología popular" que había entre los judíos condujo a esta interpretación errónea de la ley. Por el contrario, Jesús dijo que el enojo contra un semejante es tan pecaminoso y destructivo como el homicidio. La palabra que traducimos como *enojo* no se refiere a un estallido de ira que aparece y desaparece con la misma facilidad, sino que designa un sentimiento devorador que se va acumulando con el correr del tiempo. En lugar de albergar ese sentimiento, el pueblo de Dios debe resistir el odio y la violencia que otras personas le puedan provocar, con una reacción que nace del amor y está compuesta de tres elementos: oración, actos de bondad, y palabras gentiles (véase Lucas 6:28).

Lea 1 Samuel 24. En este bello relato David no solo cumplió el mandato del Antiguo Testamento, sino que también se anticipó a las enseñanzas de Jesús. David se encontraba en grave peligro. Las cuevas en las que se escondía podían convertirse en trampas sin posibilidad de escape. Por una de esas extrañas vueltas de la vida, el propio Saúl cayó en la trampa, al entrar precisamente en la cueva donde se ocultaba David. A pesar del consejo de sus hombres, a David no le pasó por la mente la posibilidad de matar a Saúl; incluso lamentó haberle cortado la orilla del manto, conducta que se consideraba como un acto de rebeldía e irrespeto hacia un líder. A pesar del comportamiento de Saúl, David respetó su jerarquía como rey escogido por Dios. Además, el joven confiaba interiormente en Jehová y sabía que él lo había escogido para ser el sucesor de Saúl, pero no quiso manipular las circunstancias para acelerar el desarrollo de los acontecimientos que Dios tenía previsto. En lugar de ello, David "se desquitó" de Saúl de la manera descrita en Mateo y Lucas.

- ✗ Usó palabras bondadosas: *"mi señor"* y *"padre mío"* (v. 8 y 11)
- ✗ Actuó con benevolencia, al negarse a matar a Saúl en ese momento o en cualquier otra ocasión futura, y prometió misericordia a la familia de Saúl. En aquellos tiempos, los reyes que asumían el gobierno tenían por costumbre mandar a matar a toda la familia y allegados del rey anterior, con el fin de eliminar potenciales rivales.
- ✗ Todo lo que le dice David a Saúl tiene la apariencia de una oración. Por otro lado, cuando Saúl murió, (2 Samuel 1) David expresó su pesar por él con una lamentación sincera.

Al decidir pensar y comportarse correctamente, David evitó convertirse en lo que era Saúl -un hombre atormentado y vengativo- para ser, en cambio, alguien de quien Dios pudo decir: *"varón conforme a mi corazón"* (Hechos 13:22). ¡Qué hermoso reflejo de las palabras de Jesús en Mateo 5:48! *"Sed, pues, vosotros perfectos, como vuestro Padre que está en los cielos es perfecto"*.

El perdón comienza con una decisión. Cuando una persona te hace algún mal, ¿decides perdonarla? ¿Decides amarla con el amor de Dios en lugar de odiarla?

DESARROLLO DE LA LECCIÓN

Reciba con afecto a sus alumnos y procure que el salón de clases esté limpio y arreglado para cuando lleguen. Antes de entrar al tema de hoy, repasen brevemente las lecciones pasadas de esta unidad y pida a sus alumnos que den algunos ejemplos de lo fieles que han sido a Dios durante esta última semana.

¿En qué estás pensando?

Haga que los niños se sienten formando un círculo. Mientras usted camina alrededor de ellos, toque suavemente el hombro de cada uno. En un momento, deténgase y pregúntele a alguno: ¿En qué estás pensando? El niño contestará la pregunta y tomará el lugar del maestro: caminará fuera del círculo, tocará suavemente el hombro de otro compañero y le hará la misma pregunta. Continúe el juego hasta que cada niño haya respondido y caminado.

Terminado el juego, dígales: Fue divertido saber qué estaba pensando cada uno ¿no es cierto? Pero ahora tengo una pregunta que hacerles.

Escriba la pregunta en el pizarrón: "¿Lo que pensamos es tan importante como lo que hacemos?" (Los niños podrán dar su opinión y explicarla).

HISTORIA BÍBLICA

David decide amar

El rey Saúl se colocó la armadura y preparó su espada. Acababa de llegar después de perseguir a los filisteos, pero no pensaba descansar. ¡Ahora no podía! Terminaba de recibir un mensaje importante.

"David está en el desierto", decía el mensaje.

Y Saúl pensó: "Esta es mi oportunidad. Por fin lo podré matar".

Saúl fue el primer rey de Israel. Dios lo había escogido para que fuera rey, y al principio era bueno, pero después comenzó a desobedecer a Dios y a hacer todo a su manera. Por esa causa se tuvo que elegir a otro rey, uno que sí lo obedeciera.

Dios decidió que el próximo rey de Israel fuera David, porque amaba y obedecía sus mandamientos, y el pueblo también amaba a David. Eso hizo enojar mucho al rey Saúl, y por eso comenzó a tener malos pensamientos acerca del joven.

Una y otra vez, Saúl pensaba: "Odio a David. Está tratando de quitarme el trono".

Eso no era verdad, pero mientras más pensaba en David con odio, más se convencía de que era su enemigo, hasta que pensó: "Lo voy a matar".

Entonces empezó a buscar la forma de asesinar a David. Las cosas se pusieron tan mal que el hijo de Isaí tuvo que huir para esconderse en unas cuevas en el desierto. A él se unieron otros hombres que le tenían confianza, porque sabían que él obedecía a Dios. Pero su vida estaba en grave peligro.

Saúl leyó el mensaje otra vez. Ahora sabía dónde estaba David, de manera que llamó a su ejército de tres mil soldados y se fue con ellos a buscarlo.

David estaba escondido en una cueva, y escuchó un ruido. ¡Había otra persona en la cueva! Él y sus hombres miraron… ¡Ahí estaba el rey Saúl!

Entonces, los amigos de David le dijeron:

—Esta es tu oportunidad de matar a Saúl. Él es malo, desobedece a Dios, y además está tratando de matarte. ¡Merece morir! Creemos que Dios lo trajo hasta aquí para que tú lo mates.

(Lea las próximas oraciones lentamente y con dramatismo.)

David se acercó sigilosamente a Saúl, y sacó el cuchillo de su funda con mucho cuidado. En silencio, estiró su brazo hacia el rey… y le cortó una orilla del manto. Luego, lentamente y con cuidado, se volvió en puntas de pie a donde estaban sus hombres. Saúl no oyó ni sintió nada.

Pero David enseguida se sintió mal: lo que había hecho era una gran falta de respeto hacia un rey. Entonces dijo:

—No debí hacerlo. Tampoco debo matar a Saúl. Eso estaría muy mal. Dios lo escogió para que fuera el rey de Israel. No le haré daño.

Después de algunos minutos, Saúl dejó la cueva. Estaba listo para seguir buscando a David. David esperó hasta que Saúl estuviera un poco lejos, y entonces también salió de la cueva.

—¡Saúl! —le gritó David.

El rey miró hacia atrás, sorprendido. ¡No podía creer que David estuviera tan cerca!

David se postró ante él, y le dijo:

—¿Por qué escuchas a los que te dicen que quiero hacerte mal?

Entonces le mostró el pedazo de tela, y gritó:

—¡Mira! Te podría haber quitado la vida. Mis hombres me rogaban que lo hiciera, pero no lo hice. Yo nunca intentaré hacerte daño. Eres el rey escogido por Dios. ¿Por qué sigues procurando matarme?

Saúl vio la tela. Era de su manto. ¡No lo podía creer! Entonces pensó: "David pudo haberme quitado la vida, y yo lo quería asesinar".

El rey Saúl lamentó su enojo y sus malos pensamientos hacia David, y su intención de matarlo.

Finalmente le dijo:

—Eres mejor hombre que yo. Algún día serás rey, y cuando lo seas, prométeme que no matarás a mi familia. Déjalos vivir.

—Lo prometo —le respondió David.

Entonces, Saúl se fue a su casa, y David volvió a su escondite en las cuevas. No podía confiar en Saúl, quien podría cambiar de opinión y tratar de matarlo nuevamente. Pero él confiaba en que Dios lo ayudaría, y cuando a él le pareciera oportuno le permitiría ser rey. Pero hasta que ese día llegara, David cumpliría el mandamiento de Dios, y *no* asesinaría a Saúl.

ACTIVIDADES

Elija alguna de las siguientes actividades para captar la atención de los principiantes sobre el tema de estudio.

Rueda para pensar y actuar

Ayude a los niños a armar la rueda de repaso de las historias bíblicas según las instrucciones explicadas en el libro del Alumno (lección 19). Haga que los pequeños giren la rueda hacia Saúl. Hábleles sobre lo que este hizo y compárelo con lo que pensó David y lo que hizo después. Pregúnteles: ¿Cuáles fueron los pensamientos y acciones que agradaron a Dios, los de Saúl o los de David? (Los de David.).

Haga que los niños den vuelta la rueda y la armen de nuevo, esta vez mostrando el lado correspondiente a Jesús y a los niños de hoy. Pida que algún voluntario lea lo que dice Jesús, y pregúnteles: ¿Por qué Jesús nos dice que amemos a nuestros enemigos y oremos por ellos? (Porque su consejo nos ayuda a actuar con amor y rectitud).

Haga que los principiantes identifiquen, en cada figura, las acciones correctas. Luego pregúnteles:

¿Creen que es fácil obedecer las enseñanzas de Jesús? ¿Qué podemos hacer si nos cuesta amar a nuestros enemigos y orar por ellos? (Pedirle a Dios que nos ayude a obedecer).

Concluya diciendo: Si uno sigue enojado y con malos pensamientos, puede llegar a pecar. Por eso, Dios quiere que tengamos pensamientos buenos y de perdón, y él nos ayudará. Si pensamos de la forma correcta, también haremos lo correcto.

Tomar distancia

Forme un círculo con los alumnos. Repase el mandamiento de la lección de hoy, la forma en que David lo cumplió y lo que Jesús dijo que hiciéramos con nuestros enemigos. Explíqueles que algunas veces, cuando estamos en problemas, un amigo o maestro nos pueden dar un consejo como: "piénsalo dos veces", o "consúltalo con la almohada", y lo que quiere decirnos es que, antes de actuar, tomemos distancia o nos alejemos del problema y nos detengamos a pensar lo que vamos a hacer.

Dígales: Cuando Saúl estaba tratando de matar a David, él "tomó distancia", "se alejó"; confió en Dios, y luego hizo lo correcto. Dios quiere que hagamos lo mismo cuando alguien nos trate mal. Ahora les leeré varias situaciones, y escogeré a uno de ustedes. A quien yo señale, dará un paso hacia atrás (que significa tomar distancia) y dirá: "Obedeceré a Dios y haré lo correcto", y después nos dirá lo que haría en esa situación.

Puede leerles estas situaciones u otras que usted considere adecuadas:

- ✘ Tu mejor amigo se burló de ti porque te gusta dormir con tu peluche.
- ✘ El compañero de clase que se sienta a tu lado hizo rayones en tu cuaderno.
- ✘ Un bravucón de quinto grado te detuvo en la puerta de la escuela y te quitó todas las monedas que llevabas para el recreo.

Al finalizar, explíqueles que Jesús dice que debemos amar a nuestros enemigos y orar por los que nos maltratan, y que Dios quiere que su pueblo elija el amor en lugar de la maldad.

Para terminar, dígales: Esta semana recuerden que a Dios le importa tanto lo que pensamos como lo que hacemos.

Memorización

Divida el versículo completo (Deuteronomio 27:10) en varias frases de una palabra o más, por ejemplo: "oirás", "la voz", "hoy". Prepare un juego de tarjetas de cartulina de igual tamaño y en cada una de ellas escriba las palabras que componen el versículo. Coloque las tarjetas boca abajo sobre la mesa y pida a un voluntario que las mezcle bien. Por turnos, cada niño sacará una tarjeta y, con la palabra o frase que esté escrita en ella, deberá formar una frase corta más completa, sin decir todo el versículo (ejemplo: la tarjeta dice: "oirás", y el niño completa: "oirás la voz de Jehová"). Luego, colocará la tarjeta boca arriba sobre la mesa. A medida que a cada niño le toque tomar una de ellas y completar la frase, irá colocándola en su lugar correspondiente hasta armar el versículo completo sobre la mesa. El juego terminará cuando el texto queda completo y se puede leer a coro. (Nota: si el número de niños excede el de tarjetas, se pueden hacer 2 juegos o más, según la necesidad).

Para terminar

Pida a los niños que hagan silencio, y dígales: ¿Quién me puede decir cómo quiere Jesús que tratemos a nuestros enemigos? (Con amor, perdón y oración).

Dibuje en el pizarrón una cara con expresión enojada y otra sonriente, y asígneles los números 1 y 2 respectivamente. Luego, diga a los niños que la oración de hoy se hará en dos pasos, explicándoles: Primero, miren la cara enojada y piensen en alguien que les hizo algo desagradable. Ahora oren en silencio por esa persona. Cuando terminen, miren la cara sonriente y piensen en lo contentos que estarán cuando vuelvan a ver a esa persona después de perdonarla y demostrarle amor. Ya no habrá más enojo, ¡y continuará la amistad!

Finalmente, pida que algún voluntario ore para que Dios los ayude a amar y perdonar a los que los trataron mal.

Lección 20

Robar y mentir traen consecuencias

Base bíblica: Éxodo 20:15-16; 2 Reyes 5:13-27
Objetivo de la lección: Ayudar a los principiantes a que comprendan que robar y mentir es malo, que es pecado, pero que Dios puede perdonarlos si se arrepienten.
Texto para memorizar: *Oirás, pues, la voz de Jehová, tu Dios, y cumplirás sus mandamientos y sus estatutos que yo te ordeno hoy* (Deuteronomio 27:10).

¡PREPÁRESE PARA ENSEÑAR!

La lección de esta semana explica el mandamiento de Dios de no robar y no mentir.

Esta lección les proporcionará a sus alumnos una nueva manera de pensar sobre el robo. Robar es mucho más que quitar un objeto que a usted no le pertenece. Robar lastima a los dos, al ladrón y a la víctima del robo.

Los principiantes desean, en gran manera, la aceptación y aprobación de quienes ejercen autoridad sobre ellos. Es posible que ellos mientan para no tener problemas o para no desagradar a sus padres y maestros. Necesitan escuchar de las personas que los guían que robar y mentir no solo decepciona, sino que la desobediencia a estas reglas causa la separación de Dios. Necesitan saber que Jesús no acepta excusas por ningún pecado, aun por pecados que podemos considerar pequeños o insignificantes. Esta es una buena oportunidad para presentar a los niños la verdad de que Dios nos ayudará a obedecer sus reglas y nos dará su fortaleza para no pecar.

COMENTARIO BÍBLICO

Es increíble cómo las personas a nuestro alrededor tratan de quebrar o romper las reglas. Todos conocemos muy bien esas actitudes. Se reflejan en comportamientos como por ejemplo estacionar en el lugar asignado para personas imposibilitadas físicamente con la justificación de que solo estará en el negocio unos pocos minutos. Muchas veces justificamos nuestro comportamiento y condenamos esa misma conducta en los otros.

Estas actitudes no son algo nuevo. En 2 Reyes, capítulo 5, la historia nos dice que el profeta Eliseo curó al comandante militar Naamán de su lepra, una enfermedad que aterrorizaba en los tiempos bíblicos, como hoy lo es el SIDA para nosotros.

Después de que Eliseo rehusó aceptar el pago de Naamán, su siervo, Giezi, fue detrás del líder militar y le dijo que efectivamente Eliseo aceptaría el regalo de todas maneras. Para cubrir su falta de honestidad, Giezi mintió cuando fue confrontado por Eliseo sobre el incidente. El resultado del pecado fue que Giezi quedó leproso al igual que toda su familia.

Es una bendición que nuestras rebeliones no nos traigan los mismos sufrimientos que tuvo Giezi. Aunque si así fuera, veríamos menos engaños, menos robos y menos mentiras en nuestro mundo. Debemos recordar que cuando violamos las leyes de Dios, sufriremos serias consecuencias como resultado de ello. Quebrantar los mandamientos de no robar y no mentir puede terminar en acciones legales y aun con la misma cárcel, e incluso, acarrear vergüenza y desgracia sobre aquellos a quienes amamos.

Nuestras acciones —buenas o malas— proyectan grandes sombras.

Aunque no conspiremos para robar un banco o cometamos perjurio frente a un jurado, la tentación de romper estos mandamientos es muy real en nuestra sociedad. Algunas veces sentimos la tentación de decir una pequeña mentira para no meternos en problemas, o guardar un dinero extra cuando nos dan mayor cantidad en un vuelto. Cuando no deseamos pasar un fin de semana con algún familiar o conocido, pareciera que decir una "mentira piadosa" es algo sin mayor importancia.

Pero como seguidores de Jesús, nunca podremos excusar nuestras acciones asumiendo que hay pequeñas excepciones. Dios nos llama a vivir en un nivel más alto. El mundo puede pasar por alto los Diez Mandamientos y escoger estilos de vida que no agradan a Dios; pero, como cristianos, hemos sido llamados a vivir de forma diferente. Cuando él dio los Diez Mandamientos a su pueblo, estaba diciendo: "el resto del mundo puede vivir de acuerdo a sus propias reglas, pero, ustedes, mi pueblo escogido, deben vivir de esta manera". Cuando decimos que vivimos en comunión con Dios, nuestras elecciones están cimentadas en su Palabra, incluyendo los Diez Mandamientos.

Mientras se prepara para enseñar a sus niños esta semana, tenga en mente que usted hará un impacto positivo o negativo. Si fallamos en nuestra meta de obedecer a Dios, las consecuencias no serán tan severas como ser castigados con lepra como le sucedió a Giezi. Pero Jesús dejó claro en Lucas 7:12, que él no toma a la ligera si hacemos que otros pequen. Como él dice en el v.3: "¡Mirad por vosotros!"

Tenga en mente que otros lo están mirando y que especialmente los niños necesitan ver una obediencia consistente a la palabra de Dios en aquellos que los guían y les enseñan.

DESARROLLO DE LA LECCIÓN

Antes de entrar al tema de hoy, repasen brevemente las cuatro lecciones pasadas. Haga preguntas sencillas y directas sobre los personajes estudiados y los acontecimientos más importantes.

El títere y el ladrón

Antes de la clase, procure llevar un títere para utilizar en esta actividad. (Usted mismo puede confeccionarlo con una media o calcetín). Póngase el calcetín en la mano y marque donde irán los ojos, pueden ser de botones, hágale una sonrisa (labios pegados con tela de otro color). Con lana puede hacer las cejas y el cabello. Agréguele una nariz en forma de triángulo. También puede hacerlo con una bolsa (saco de papel) de tamaño mediano. Póngale un nombre.

Redacte un diálogo como el siguiente:

Diga: Este es mi amigo/a (Jaime o Isabel). Tiene que darnos una noticia triste sobre algo que le aconteció en esta semana. Jaime perdió su dinero.

Maestro: —Hola Jaime. ¿Puedes contarnos lo que te sucedió esta semana?

Jaime: —¡Me sucedió algo terrible! ¡No lo puedo creer! Mamá me dio dinero por mis trabajos en casa. Guardé una cantidad para mis ofrendas y puse el resto en mi billetera. Quería comprar un juguete especial, para el cual estaba ahorrando. ¡Ahorré dinero por dos meses!

Maestro: —¡Eso no parece tan terrible! ¿Pero que pasó?

Jaime: —Llevé la billetera a la escuela porque al salir de clases iría a comprar un juguete. Durante el recreo la dejé en mi escritorio. Cuando llegué al negocio y la abrí, me faltaba el dinero. ¿Pueden creerlo? El dinero que había ahorrado y ahorrado... había desaparecido. Ya no podía comprar mi juguete. No tenía nada de dinero. ¡Casi me pongo a llorar allí en el negocio!

Maestro: —¡Eso sí que es terrible Jaime! Alguien

robó el dinero de tu billetera. Y tú trabajaste por dos meses para ahorrarlo. Eso sí que duele mucho.

Jaime: —Eso me dolió mucho y lo peor es que ya no sé si puedo confiar en alguien. No creo que pueda creer más en mis compañeros de clase. ¿Y si es alguno de mis amigos el que sacó mi dinero? ¡Pudo ser cualquiera!

Maestro: —Eso es verdad. Pero hay una cosa que tú puedes hacer. Puedes orar para que Dios te ayude a perdonar a esa persona y para que puedas confiar en tus amigos una vez más. Dios te ayudará.

Jaime: —¿Puedes orar conmigo?

Maestro: —¡Sí, Jaime, por supuesto!

Diga: Robar y mentir lastima a Dios y a otros. ¿Cómo lastimó el robo a Jaime/Isabel? (Perdió su dinero y también su confianza en los amigos. No pudo comprar su juguete, por el que había ahorrado tanto tiempo.).

Dirija la atención de los niños al afiche de los Diez Mandamientos. Pida que un niño lea el mandamiento 7. Pregunte: ¿Creen que la regla de Dios es buena? ¿Por qué?

Demos nuestras ofrendas

Necesitará una canasta o un recipiente de plástico para recoger la ofrenda.

Pida a todo el grupo que se siente en círculo. Muestre a los niños el recipiente con algunas monedas en el fondo. Pregunte: ¿Para qué ponemos ofrendas en la iglesia? (Para ayudar a la iglesia a contar a otros del Evangelio de Jesús). Ahora pasaremos el plato o canasta alrededor y pondremos nuestras ofrendas.

Cuando el plato pase frente a usted, sea bien obvio y quédese con algunas monedas en vez de poner dinero (puede ponerse de acuerdo con un niño para que pase el plato una segunda vez y usted vuelva a sacar más dinero). Escuchará que algunos niños comenzarán a comentar.

Diga: ¿Por qué está mal si alguien saca dinero del recipiente de la ofrenda? (Eso es robar. El dinero pertenece a Dios y a la iglesia). Coloque el dinero de regreso en el plato.

Diga: En la lección de hoy hablaremos acerca de lo que Dios dijo en su Palabra sobre robar y mentir.

HISTORIA BÍBLICA

Naamán era un hombre importante que trabajaba para el rey. Vivía lejos de Israel, y tenía una sierva que trabajaba para él. Ella era israelita y conocía al verdadero Dios. Naamán se enfermó mucho. Contrajo una enfermedad horrible que le afectaba la piel y le producía llagas por todo el cuerpo. Se llamaba lepra. Naamán tenía heridas que impresionaban. Había hecho tratamientos pero ninguno lo ayudó. ¡Cada vez estaba peor!

Un día, la sierva le habló a la esposa de Naamán y le dijo:

—El profeta de Dios, Eliseo, puede ayudar a su esposo. Él se encuentra en Israel. ¡Debería ir a verlo!

Naamán fue a Israel. Visitó a Eliseo. El profeta sabía lo que el general debía hacer para que Dios lo sanara.

Naamán estaba feliz. Hizo lo que el profeta le indicó y su lepra desapareció. ¡Su piel era como nueva, todas las llagas habían desaparecido!

—Gracias, gracias —le dijo a Eliseo—. Ahora sé que no hay Dios en todo el mundo como el Dios de Israel. Por favor acepta estos regalos en agradecimiento.

—No —respondió Eliseo—. Dios te sanó, no lo hice yo. ¡Vive Jehová, en cuya presencia estoy, que no lo aceptaré!

—Ve en paz —despidió Eliseo a Naamán.

Giezi, el siervo de Eliseo había estado escuchando. "¡No puedo creer que Eliseo no recibiera nada de este sirio Naamán! ¡Tenía hermosos vestidos y regalos de plata, debió aceptar algo!", pensó.

El siervo continuó pensando. Finalmente decidió lo que haría: "Correré detrás de Naamán y le pediré un regalo para mí".

Giezi comenzó a correr. A la distancia, Naamán vio que se acercaba y se volvió para encontrar al siervo de Eliseo.

Naamán preguntó:

—¿Está todo bien?

—Sí, todo está muy bien —dijo Giezi—. Pero Eliseo tiene un mensaje para ti. Hay dos jóvenes que necesitan tu ayuda y él quiere que me des los regalos de plata y las túnicas.

—¡Muy bien! —dijo Naamán—. Te daré los regalos para Eliseo.

Giezi se alejó de Naamán con los regalos. Fingió que nada había pasado.

—¿Dónde estabas, Giezi? —le preguntó Eliseo.

—¿A qué te refieres? —le respondió—. Yo no fui a ninguna parte.

Eliseo movió su cabeza con tristeza y dijo:

—¡Sé lo que hiciste, Giezi! Mentiste y robaste. Además pecaste contra Dios. Rompiste sus mandamientos.

Giezi agachó su cabeza, con vergüenza. Eliseo lo había descubierto.

—¡Ahora serás castigado por tu pecado! —sentenció Eliseo—. Tú y tus hijos tendrán lepra, de la misma forma que Naamán tenía antes de ser sanado.

Y así aconteció. Giezi tuvo que aprender de manera muy lamentable lo que significa romper los mandamientos de Dios.

ACTIVIDADES

"¿Qué escuchaste?" Repaso

Tome un momento para repasar la historia. Todos los niños se sentarán en círculo. Comenzando usted, cada uno le dirá a su compañero de la izquierda: "¿Qué escuchaste?" (en relación con la historia bíblica).

Usted dirá: Escuché que había un hombre importante, que era militar.

Luego pregunte: ¿Qué escuchaste al respecto, Elisa?

Elisa dirá: Su nombre era Naamán.

Luego, Elisa preguntará: ¿Qué escuchaste, Mario?

Mario dirá: Naamán tenía una sierva.

Y de esa manera, continuarán contando la historia bíblica.

Si falta alguna parte, usted preguntará: ¿Faltó algo?

Permita que quien sepa lo que faltó lo incluya en el relato. Vuelva al lugar donde quedó la historia y pregunte: ¿Qué escuchaste?

Y continúen el relato.

Termine con preguntas que pueden ser generales o repeticiones de la historia.

Memorización

¿Qué hizo Giezi?

Necesitará: marcadores, gancho para papel de 2 patas, tijeras, gancho clip para papel.

Ayude a los niños a realizar la actividad del libro del Alumno, lección 20. Pídales que coloreen las figuras y que contesten las preguntas. Déles tiempo para que completen el juego.

Pida a los niños que peguen el camino de los Diez Mandamientos en una cartulina o cartón algo grueso. Si hay suficiente tiempo, permita que jueguen. Diga a los niños que pueden jugar en casa y contarle a su familia por qué es importante obedecer los mandamientos de Dios.

Antes de terminar la clase, pídales que digan tres veces o más el versículo a memorizar. *"No hurtarás. No dirás contra tu prójimo falso testimonio"* (Éxodo 20:15-16).

Para terminar

Ore por los niños para que sean obedientes a los Diez Mandamientos del Señor.

Pueden cantar, al ritmo que les guste, el siguiente coro. Repítanlo varias veces, cada vez más rápido.
"Te prometo Señor,
No mentir y no robar
Te prometo Señor,
Obedecer tus mandamientos".

Diga: Todos somos responsables de no mentir y no robar, seamos niños o adultos. Dios tiene poder para perdonarnos y guardarnos sin caer.

Lección 21

La codicia es peligrosa

Base bíblica: Éxodo 20:13-17; 1 Reyes 21:1-29
Objetivo de la lección: Ayudar a los niños a comprender qué es la codicia y a estar contentos con lo que tienen.
Texto para memorizar: *Oirás, pues, la voz de Jehová, tu Dios, y cumplirás sus mandamientos y sus estatutos que yo te ordeno hoy* (Deuteronomio 27:10).

¡PREPÁRESE PARA ENSEÑAR!

Los principiantes tienen una actitud que está influida por una sociedad de consumo, y dicen: "más, más, quiero más". Las propagandas y los anuncios bombardean a los niños con imágenes creativas, rápidas, llenas de colores y muy atractivas. Todo para hacer que desee los últimos productos del mercado. Los anunciantes quieren que los niños busquen el nuevo juguete, juego electrónico, ropa de moda o la última computadora. Todos —niños, adolescentes y jóvenes— son consumidos por el deseo desenfrenado por tener más, de mayor tamaño y mejor calidad.

Esta lección es la respuesta de Dios al deseo de tener más, más y más.

Él nos manda a estar contentos con lo que tenemos. También nos advierte que codiciar lo que no podemos tener nos puede llevar a acciones pecaminosas.

Durante esta lección, ayude a los niños a enfocarse en Dios y en todo lo que él les da. Dígales que lo miren a él, que recuerden sus mandamientos y le den gracias por todo lo bueno que les brinda. Es posible que esto no satisfaga sus deseos de tener lo más lindo y moderno, pero los llevará a pensar o a tener la idea de que Dios tiene mejores cosas en mente para ellos, que lo que el mundo les puede ofrecer.

COMENTARIO BÍBLICO

"No codiciarás" (v. 17). Fue con este último mandamiento que los israelitas se aterrorizaron una vez más ante la presencia del todopoderoso Dios. De hecho, ellos le suplicaron a Moisés: *"habla tú con nosotros, y nosotros oiremos, pero no hable Dios con nosotros, para que no muramos"* (v. 19). Los israelitas se sentían sin valor alguno para estar ante la presencia de su Creador.

Moisés se había convertido en el mediador entre Dios y el pueblo. Dios le hablaba a Moisés y él le daba el mensaje al pueblo. Este papel de mediador fue realizado por muchos hombres a lo largo de la historia de Israel. Moisés, Josué, los jueces, los profetas, los reyes como Saúl y David, todos fueron importantes para Dios. El último y perfecto mediador fue Jesucristo, su Hijo.

El pacto entre Dios y su pueblo se estableció con la entrega de la ley. Los Diez Mandamientos son las reglas de Dios para vivir en una relación correcta con él y con el prójimo.

Las promesas fueron hechas y los términos del contrato, establecidos. Él sería el único Dios de Israel; sería su guía, protector y líder, si vivían en obediencia y lealtad a él.

Las reglas estaban, pero ¿la gente las podía obedecer?

Desafortunadamente, no. A través de la historia de Israel vimos muchos ejemplos de desobediencia. Existieron tiempos en los que todos le dieron su espalda a Dios, y otros en que un solo individuo pecó y llevó a toda una nación completa a hacerlo.

En cada caso, vemos la evidencia de la justicia y la gracia de Dios.

Lea 1 Reyes 21:1-19. La historia de Acab es un ejemplo de cómo la codicia lleva a pecar.

Acab era el Rey del norte, de un Israel dividido. Como Rey, era responsable de ser el mediador entre Dios y su pueblo. Pero Acab no tomó esta responsabilidad con seriedad. Usó su papel de monarca para obtener lo que deseaba y no para hacer lo mejor por la gente.

Cierto día, Acab vio una hermosa viña y la quiso para él. No solamente admiró la viña, sino que estaba dispuesto a hacer cualquier cosa por obtenerla.

Acab permitió que el dueño, Nabot, fuera asesinado, con tal de obtener la viña. Y así quebró dos mandamientos: el de "no codiciar" y el de "no matar".

Dios envió a su profeta, Elías, con un mensaje para Acab. ¿Cuántas veces, cuando rehusamos escuchar a Dios, él envía a otros para traernos de regreso y hacernos entender lo que desea de nosotros? Acab aprendió que hasta él, que era el Rey, debía obedecer a Dios. Y ahora se haría responsable por su pecado.

En nuestra sociedad se nos dice que no existe lo definitivo ni lo absoluto, que lo bueno o lo malo es solo cuestión de opinión. En nuestra arrogancia, creemos que Dios no ve nuestros pecados o que los pasa por alto. Pero no es así. El Dios que dio los Diez Mandamientos como reglas para la vida es el mismo Dios creador y soberano del universo. No podemos romper sus reglas y hacer lo que queremos. Debemos decidir vivir en obediencia a él y podemos lograrlo si reestablecemos nuestra relación con Dios, por medio de Jesucristo.

¿Cómo terminó la historia de Acab en el pasaje de hoy? Acab se humilló ante Dios. En 1 Reyes 21:29 vemos otra vez que la gracia de Dios se extiende a aquellos que se humillan en obediencia. Dios perdonó a Acab y no lo castigó inmediatamente.

DESARROLLO DE LA LECCIÓN

Reciba con afecto a sus alumnos y procure que el salón de clases esté limpio y arreglado para cuando lleguen. Pregúnteles si obedecieron al Señor en esta semana y si pudieron cumplir con los mandamientos aprendidos hasta hoy.

Palabras importantes

Antes de la clase, escriba la palabra "CODICIA" para agregar al resto de palabras importantes del mural.

En 7 tarjetas de cartulina de 15 cm. x 15 cm. escriba la palabra "codicia", cada letra por separado. Esconda las letras en diversos lugares del salón. Pida a los alumnos que busquen las tarjetas, que las traigan a la mesa y que armen la palabra importante.

Diga: Esta es nuestra palabra importante de hoy: CODICIAR, significa querer algo con mucho deseo y que no nos pertenece. Dios dice que eso está mal. Debemos estar contentos con lo que tenemos. Todo lo que tenemos es un regalo de Dios para nosotros.

Estatutos: "¿Has deseado?"

Pida a los alumnos que formen un círculo. Si el aula es pequeña, puede hacerlo en el patio.

Solicíteles que caminen despacio al compás de la música, de una campanilla, o de las palmas, sin deshacer el círculo, hasta que el sonido se detenga. En ese momento dejen de caminar, usted camine alrededor del círculo y toque el hombre de algún alumno. Pregúntele: ¿Has deseado algo con todo tu corazón? ¿Qué es?

Continúe con el juego hasta que todos hayan contado lo que desean. Si usted lo desea, también puede contar lo que ha deseado o desea.

Explique que está bien desear algo que nos gusta. Lo malo está en desear tanto algo, que nos lleve a romper las leyes de Dios, o sea los Diez Mandamientos. Eso es codicia.

HISTORIA BÍBLICA

El rey Acab codició la viña de Nabot.

—¡Qué hermoso viñedo! —dijo Acab—. ¡Miren todas esas uvas, qué racimos preciosos! ¡Se ven deliciosos! ¡Esas tierras son perfectas para mi jardín de legumbres!

Mientras más miraba las viñas, más deseaba que fueran suyas. "Esa viña tiene que ser mía. Yo soy el rey, debo tener las mejores tierras", se dijo a sí mismo.

Luego se encaminó para ir a ver a Nabot, el dueño.

—Hola Nabot —dijo Acab—. Necesito hablar contigo.

—¿Qué sucede? —le preguntó Nabot.

—Me gusta tu viña, y la quiero, así que tienes que dármela. Puedes tener otra, si quieres, yo te permito que escojas la que desees.

—No gracias —dijo Nabot—. Esa viña fue de mi

familia por mucho tiempo y la seguiré guardando para ella.

Esto hizo que el rey se enojara mucho y su semblante se enrojeciera por la ira que sentía.

—¿Quién se cree que es ese Nabot? —rezongaba el rey—. ¡Soy el rey, y quiero esa viña!

El rey regresó al palacio y se encerró en su cuarto. Se fue a la cama, no se levantó, no comió ni bebió y seguía enojado.

Cada vez pensaba más sobre la hermosa viña. "Es perfecta", pensó. "Debe ser mía. La quiero para mí. Yo soy el rey". Se quejó tanto que la reina Jezabel se cansó de escucharlo. Un día decidió hablarle.

—¿Por qué no comes? —le preguntó—. ¿Cuál es tu problema? ¿Por qué rezongas y rezongas?

—Estoy enojado y triste —lloriqueó el rey—. Quiero la viña de Nabot y él no quiere dármela. Le ofrecí pagarle y me dijo que no lo aceptaba. ¿Cómo puede ser tan egoísta?

Jezabel frunció el seño al oír al rey.

—No actúes como un bebé. ¿Acaso no eres el rey de Israel? Levántate, come, alégrate; yo te daré la viña de Nabot —le dijo la reina.

Y maquinó un plan terrible. Se hizo pasar por el rey Acab. Escribió cartas y las selló con el anillo real. Todos creyeron que Acab las había escrito.

Al rey no le preocupaba lo que su esposa estaba haciendo. Lo único que le importaba era obtener a toda costa la viña de ese hombre.

"Preparen una comida especial e inviten a Nabot", escribió la reina. "Denle un asiento especial, luego digan que el invitado dijo palabras ofensivas hacia Dios y mátenlo".

Los líderes hicieron lo que la reina había escrito. Invitaron a Nabot a una comida especial.

—Siéntate aquí —le dijeron a Nabot—. Tenemos este asiento especial para ti.

Nabot se sentó. Luego, dos hombres perversos señalaron a Nabot y gritaron—: ¡Habló mal de Dios!

Todos acordaron que Nabot debía morir. Lo mataron y enviaron un mensaje a la Reina Jezabel. "Apedrearon a Nabot y murió".

Jezabel estaba feliz. Se apresuró a contarle al rey que Nabot había muerto. El rey salió feliz hacia los viñedos.

Acab se restregaba las manos como un niño feliz con su juguete preferido. "¡Estas viñas son mías ahora!" Recogió un poco de tierra y la dejó deslizarse suavemente entre sus dedos, sintiendo el sabor de la victoria.

Mientras Acab celebraba, Dios le habló a Elías, su profeta.

—Acab mató a Nabot y está adueñándose de su propiedad. Ve a donde él está —le dijo Dios a Elías.

Elías encontró al rey feliz en sus nuevos viñedos.

—Dios está muy enojado contigo —le dijo Elías—. ¡Has pecado, rompiste sus mandamientos! ¡Desobedeciste a Dios! ¡Dios te quitará todo y morirás!

De repente el rey Acab se dio cuenta de su maldad y se entristeció en gran manera.

—¿Cómo pude hacer esto tan terrible? —lloró.

Acab sabía que había pecado. Sabía que había hecho lo malo. Lloró y lloró. Se arrepintió y se vistió con ropas hoscas, y le pidió a Dios que lo perdonara.

Dios sabía que Acab estaba arrepentido. Así que lo perdonó, pero le dijo que sus hijos no serían reyes. Acab aprendió que no podía romper las leyes de Dios sin pagar las consecuencias. Comprendió lo importante que es obedecer a Dios.

ACTIVIDADES

Ramo de contentamiento

Entregue a sus alumnos la actividad del libro del Alumno, lección 21. Siga las instrucciones para hacer el ramo.

Necesitará: tijeras, palitos o cables de color verde, vasos descartables grandes, arena para llenar el vaso, cinta adhesiva y pegamento, para cada niño.

Diga: Este es un ramo de alegría. Las flores hermosas son regalo de Dios. Cuando vean una flor en los jardines o plazas, deténganse a dar gracias a Dios por todas las cosas hermosas que él nos da.

Pida que lean cada oración que aparece en las flores:

✘ Siéntete feliz y contento con lo que tienes.
✘ No codicies. Dile no a la codicia.
✘ Si tienes ropa y comida, alégrate.
✘ Dale gracias a Dios.

Lleven este ramo de alegría y contentamiento a sus hogares. Colóquenlo en un lugar donde todos lo puedan ver. Cada día den gracias a Dios por lo que tienen. Eso los hará recordar que deben estar contentos y felices y agradecer al Señor por no codiciar lo que otros tienen.

Memorización

"No codiciarás" (Éxodo 20:17). Pida a los niños que repitan varias veces este texto.

Como esta es la última lección del mes, realice una actividad especial para repasar los Diez Mandamientos. Siente a los niños en círculo. Que se pasen una pelota pequeña y liviana. Coloque música suave. Cuando la música termine, el niño que tiene la pelota en la mano debe decir el versículo de la Unidad V. Coloque nuevamente la música. El próximo niño que tenga la pelota en la mano cuando la música se detenga debe decir el mandamiento 1, y así sucesivamente. Si hay niños que no recuerdan los mandamientos, otros pueden ayudarlos, o usted puede hacerlo a través de palabras claves.

Para terminar

Permita que los niños tomen una merienda liviana, de frutas, galletas y dulces como "premio" por su asistencia y participación para aprender los Diez Mandamientos.

Con los ojos cerrados dirija una oración. Todos los niños participarán de ella. Se pueden parar y formar un círculo. Todos dirán frases cortas como: "Te doy gracias Señor por mi mamá". "Te doy gracias Señor por mi papá". (Sigan dando gracias por todas las cosas que Dios nos da: la salud, la familia, los hermanos, el trabajo, la escuela, los juguetes, los amigos, los maestros, los pastores, los árboles, las flores, los animales.).

Termine orando por los niños para que el Señor los ayude a estar contentos y agradecidos, en vez de codiciar cosas que otros tienen o que desean y no pueden tener. Agradézcale al Señor porque los niños aprendieron los Diez Mandamientos y pídale que los ayude a recordar las leyes que Dios nos dejó para cumplir y ser felices.

Anímelos a que durante la semana le den gracias al Señor en vez de quejarse.

Canten un coro apropiado sobre la felicidad, el contentamiento o la gratitud.

✎ *Mis notas:*

Año 3

Introducción – Unidad VI
DIOS ES ÚNICO Y PODEROSO

Bases bíblicas: Números 13:1–14:42; Números 27:12-23; Josué 1; Josué 3–4; Josué 6; 14:6-15.

Texto de la unidad: *Jehová, tu Dios, estará contigo dondequiera que vayas* (Josué 1:9b).

Propósitos de la unidad

Esta unidad ayudará a los principiantes a:

- ✗ Perder el temor y confiar en Dios.
- ✗ Tener el valor para enfrentar situaciones difíciles.
- ✗ Darse cuenta de que cuando ellos obedecen Dios los ayuda.

Lecciones de la unidad

Lección 22: Sigue adelante sin temor
Lección 23: Sigue adelante con valor
Lección 24: Sigue adelante en obediencia
Lección 25: Sigue adelante con su poder
Lección 26: Sigue adelante con sus promesas

Por qué los principiantes necesitan la enseñanza de esta unidad

El miedo, la falta de valentía para enfrentar algunas cosas y la desobediencia son comunes en los principiantes.

Es por eso que, de acuerdo al enfoque y la dinámica que usted le imponga a su clase, podrá permitir que ellos se sientan libres de sus pequeñas cargas, las cuales pueden resultarles muy nocivas.

Que puedan llegar a entender que, aunque invisible a los ojos humanos, Dios está con ellos en todo lugar. Ello los ayudará a vencer a un "fantasma" que los asusta mucho: sentirse solos, lejos de su hogar o indefensos.

Además, irán aprendiendo —no de un día para el otro, pero sí con el tiempo— que, al estar cerca, Dios se pone muy feliz cuando obedecen y se ocupa de darles valor para situaciones que generalmente les producen inseguridad.

Es importante que los principiantes vayan asumiendo que Dios es un amigo que está siempre de parte de ellos.

Sigue adelante sin temor

Base bíblica: Números 13:1–14:42
Objetivo de la lección: Que los niños aprendan lo que significa confiar en Dios y obedecerlo, y que puedan creer que él les dará el valor para realizar cualquier cosa que les pida que hagan.
Texto para memorizar: *Jehová, tu Dios, estará contigo dondequiera que vayas* (Josué 1:9b).

¡PREPÁRESE PARA ENSEÑAR!

Los principiantes tienen muchos miedos. A menudo temen a los animales, a la oscuridad, a la gente desconocida y a las nuevas experiencias. Según su personalidad, los niños expresan sus temores de diversas maneras: gritando, llorando, aferrándose al adulto o actuando con desgano. Uno de mis pequeños amigos nunca me dice exactamente: "Tengo miedo cuando estoy lejos de casa". Pero constantemente me pregunta: "¿Estamos lejos de la heladería? ¿Qué vamos a hacer ahora? ¿A qué distancia queda mi casa?"

Esta lección le mostrará al niño que, algunas veces, aun los adultos sentimos miedo. Pero confiar en Dios marca la diferencia entre ser valientes o temerosos. Las personas que confían en Dios creen en su bondad y su amor por ellos. Creen que él es más grande que todo y que todos. Esperan confiadamente en que los ayudará a hacer cualquier cosa que les pida que realicen.

Esta clase de confianza no se edifica de un día para el otro. Pero las lecciones de esta unidad son importantes ladrillos para la construcción de verdades en los niños. No es que Dios solo nos dice que confiemos en él, sino que a través de las Escrituras nos muestra cómo es, cómo guarda sus promesas, y cómo ayudó anteriormente a las personas a hacerlo.

Esté seguro de compartir con sus estudiantes cómo Dios llegó a su vida. Su testimonio, junto con el documento que constituyen las Escrituras, es otro ladrillo para cimentar la fe de los niños.

COMENTARIO BÍBLICO

La historia de la rebeldía de los israelitas en Cades-barnea ilustra la verdad que se menciona en Hebreos 11:6: *"sin fe es imposible agradar a Dios"*. Dios condujo fielmente a su pueblo lejos de la esclavitud, estableció un pacto con ellos, y proveyó en forma milagrosa sustento para sus necesidades. Y había llegado el tiempo de entrar a la tierra prometida: Canaán. Pero a causa de su incredulidad y rebelión, los israelitas perdieron su derecho a la herencia, en uno de los peores desastres que relata la historia bíblica.

Este incidente ocurrió unos 14 ó 15 meses luego de que los israelitas dejaron Egipto. Moisés envió 12 líderes en una misión espía para descubrir qué oportunidades y desafíos presentaba Canaán. A los espías les llevó 40 días recorrer ida y vuelta la distancia que existía entre el desierto y Canaán, la cual era de unos 402 Km. Cuando regresaron, reconocieron que era una buena tierra, lo cual quedó evidenciado por las frutas que trajeron.

Sin embargo, podemos descubrir la primera pista de este problema en el v. 13:27, cuando los espías dicen: *"Nosotros llegamos a la tierra a la cual NOS ENVIASTE…"* (Con énfasis agregado). Antes de esto, constantemente se hacía referencia a Canaán como un preciado regalo de Dios (ver v. 13:2). La frase de los espías en el v. 27 revela sus sentimientos negativos hacia esa tierra.

El problema de los informantes consistía en que se centraron en lo negativo. Muchos de los cananeos eran conocidos por su excepcional tamaño y fuerza. Y Hebrón era una ciudad muy bien fortificada. Sin embargo, Dios, en repetidas ocasiones, prometió a su pueblo que les daría la tierra de Canaán.

Josué y Caleb hicieron su parte por centrar la atención del pueblo en las promesas de Dios (13:30 y 14:6-9). No obstante, los incrédulos espías solo se volvieron más rebeldes y dieron un "mal" informe. Esa palabra significa que sus comentarios no solo fueron negativos, sino también exagerados y falsos. El terrible discurso produjo repentino temor. Los israelitas exigieron volver a Egipto y amenazaron de muerte a Moisés, Caleb y Josué.

La triste ironía de esta historia es que aquello que los israelitas predijeron que les sucedería a sus hijos si iban a Canaán, fue lo que en realidad les sucedió a ellos por no creer en el poder de Dios.

Finalmente, Dios perdonó a su pueblo y mantuvo su pacto con ellos. Sin embargo, los dejó que se enfrentaran a las consecuencias de sus acciones. Esas consecuencias afectaron tanto a inocentes como a culpables. Josué y Caleb, siendo hombres justos, tuvieron que sufrir las privaciones de vivir en el desierto por otros 40 años en vez de soportarlo solo unas pocas semanas. Pero, finalmente, solo pudieron entrar los hijos de los israelitas murmuradores.

Dios espera que su pueblo confíe en él. Así como lo hizo con los israelitas, nos ofrece suficientes evidencias de su amor, fortaleza y capacidad para desarrollar nuestra fe. No obstante, al final, la elección siempre es nuestra. Podemos decidir confiar en Dios, teniendo en cuenta nuestras anteriores experiencias con él, o dudar y rebelarnos. Confiar es difícil. Pero, como la historia nos lo muestra ampliamente, no confiar es aún peor.

DESARROLLO DE LA LECCIÓN

Prepare con anticipación los materiales didácticos que utilizará para esta lección y procure tener listo su salón de clases antes de que sus alumnos lleguen.

Recuerde dar la bienvenida a los visitantes y tomar sus datos para llamarlos durante la semana.

¿A qué le tienes miedo?

Antes de la clase, coloque un mantel o una cobertura plástica sobre la mesa.

En clase, reparta a cada niño masa para modelar o plastilina (vea las recetas al principio de este libro). Pídales que hagan una figura que represente un objeto o situación a la que ellos le tienen miedo. Deje que le muestren lo que hicieron y que cada uno cuente el porqué.

Pregunte: ¿Qué hacen los niños cuando están asustados?

Diga: Todas las personas sentimos miedo algunas veces. A veces, sentir temor es bueno. Nos ayuda a protegernos del peligro. Pero otras veces, impide a las personas hacer aquello que Dios quiere que hagan. En nuestra historia de hoy, las personas tenían miedo. Veamos lo que hicieron.

HISTORIA BÍBLICA

No temas

Esta es una historia sencilla de ilustrar. Busque figuras de personajes bíblicos en el libro del Alumno, haga fotocopias, de Moisés, Aarón, una multitud, coloréelas y péguelas en un fondo de racimos de uvas. Mientras cuenta la historia, adhiera las figuras con metal, franela o cinta adhesiva. También los niños pueden hacer un mural grande con viñedos, uvas, y árboles frutales. Luego pueden fijar las figuras de los espías.

—Moisés —le dijo Dios un día—, envía algunos hombres a Canaán a explorar la tierra que les daré.

Moisés llamó a 12 líderes del pueblo:

—Vayan a Canaán —les dijo Moisés—. Exploren la tierra y descubran si es buena o mala. Fíjense cómo son las ciudades y si la tierra es buena para el cultivo. Traigan algunas de las frutas que crecen en Canaán.

Los 12 hombres fueron a Canaán inmediatamente. Durante 40 días exploraron toda la tierra. Allí vieron lugares secos y desérticos, campos de granos maduros, y ríos caudalosos. Gran cantidad de ricas frutas crecían allí. Los informantes tomaron higos y granadas, y cortaron un enorme racimo de uvas. Era tan grande que lo tuvieron que cargar entre dos hombres. Cuarenta días después volvieron para informarle a Moisés.

Al llegar, les mostraron a Moisés, a Aarón y a todo el pueblo, las frutas que habían traído. Luego, 10 de los espías comenzaron a decir:

—Canaán es una buena tierra. ¡Miren sus hermosas frutas! Sin embargo, los habitantes de Canaán muy grandes y fuertes. Viven en ciudades con gruesas y fuertes murallas.

—No deberíamos preocuparnos por eso —dijo Caleb, otro de los espías—. Yo creo que podríamos ir ahora y tomar la tierra. ¡Lo podemos hacer!

—¡No! —gritaron los otros—. No podemos atacar a esa gente, porque no son grandes ¡son gigantes! ¡Nos van a convertir en langostas!

Los israelitas comenzaban a disgustarse:

—Oh, ¿por qué vinimos aquí? —se lamentaron—. Dios dejará que nos maten a todos. Los enemigos tomarán cautivos a nuestras esposas e hijos. Deberíamos volver a Egipto. Elijamos un nuevo líder que nos lleve de regreso.

Moisés y Aarón cayeron de rodillas con sus rostros en el suelo. El pueblo estaba deshonrando a Dios al decir tantas cosas malas sobre él. ¿Qué haría Dios? Josué y Caleb rasgaron sus ropas para mostrar lo disgustados que estaban.

—¡No hablen de esa forma! —gritaron Josué y Caleb—. La tierra es buena y debemos confiar en Dios. No atemoricen al pueblo. Dios está con nosotros. ¡Podemos tomar la tierra!

Pero el pueblo no los quería escuchar. Estaban tan asustados y enojados que hasta querían matar a Moisés, Josué y Caleb.

De repente, ¡Dios se les apareció como una brillante nube de luz! Él también estaba enojado.

—¿Hasta cuándo este pueblo seguirá sin confiar en mí? —le preguntó Dios a Moisés—. Los voy a destruir y comenzaré una nueva nación con tu familia.

—¡No, Dios, por favor, no hagas eso! —le rogó Moisés—. Tú nos trajiste de Egipto y todos en Canaán lo saben. Tú eres bondadoso y perdonador. ¡Perdona por favor a este pueblo aunque hayan hecho tan grande mal!

—Los perdonaré, pero no dejaré que ninguno de ellos entre en Canaán. Ellos vieron todos los milagros que yo hice en medio de ellos, pero no confiaron en mí ni me obedecieron.

Diles este mensaje al pueblo:

Vivirán en el desierto por otros 40 años. Esto representa un año por cada día que los espías exploraron la tierra. Todo el que tiene de 20 años para arriba morirá, excepto Josué y Caleb, quienes confiaron en mí. Sus hijos un día vivirán en Canaán, pero ustedes no.

Cuando Moisés le contó al pueblo lo que Dios le había dicho, ellos se entristecieron mucho.

—Hemos pecado —decían—. Por eso, ahora iremos a la tierra que Dios nos prometió.

—¡No lo hagan! —les dijo Moisés—. Ya es demasiado tarde para que vayan a Canaán.

Los 10 espías que no confiaron en Dios murieron al poco tiempo. Solo Josué y Caleb vivieron. Y tuvieron que esperar 40 largos años. Pero ellos sabían que Dios guardaría su promesa y los llevaría un día a la tierra de Canaán.

Diga a los niños: Josué y Caleb creyeron en la

promesa de que Dios les daría un nuevo hogar. Ellos confiaron en Dios y querían obedecerlo. Dios quiere que nosotros confiemos en él y lo obedezcamos. No debemos tener miedo de hacer aquello que Dios quiere que hagamos.

ACTIVIDADES

Un laberinto de pies

Entregue a los niños la hoja de actividad del libro del Alumno, lección 22. Mientras hacen el laberinto, pueden repetir el texto bíblico a memorizar.

Haga preguntas de repaso sobre el viaje de los espías, la actitud de los israelitas, el castigo de Dios, etc.

Sopa de letras

Pida a los niños que trabajen en la sopa de letras y que completen las oraciones con las palabras: "confiar", "obedecer", "Dios", "yo" y "valor".

Las dos actividades le darán la oportunidad de hacer un repaso de la lección con preguntas apropiadas, preparadas por usted, con anticipación.

"Obedece y confía"

Escriba un juego con las palabras "Obedece" y "Confía" para cada niño. Las letras de las dos palabras deben ser lo suficientemente anchas, para ser rellenadas, pintadas y/o adornadas. Escríbalas en cartulinas de 15 cm. x 30 cm. Lleve colores, pinturas, pinceles, marcadores, crayones, semillas, frijoles, maíz, arroz, goma de pegar, calcomanías pequeñas de frutas, etc. Pida a los niños que adornen las palabras como a ellos les guste. Mientras trabajan, aproveche para hacerles preguntas sobre la lección y para explicar el significado de esas palabras.

Memorización

Ordena el texto

Después de repetir varias veces el texto para memorizar, escríbalo en la pizarra, en forma desordenada. Luego, pida a los niños que pasen a la pizarra y escriban el texto en orden. Dé la oportunidad de que todos los niños participen escribiendo el texto. Los que no lo saben, pueden repetirlo con la ayuda de los niños que ya lo aprendieron.

Para terminar

En clase, canten 2 ó 3 coros que hablen sobre el tener miedo y la confianza en Dios.

Diga: Confiar y obedecer a Dios no siempre es fácil. Pero Dios nos ayudará, así como ayudó a Josué y Caleb.

Dígales que mencionen motivos de agradecimiento a Dios y pedidos de oración. Oren por esas peticiones. Pídale al Señor que ayude a los pequeños a aprender a confiar en él y a obedecerlo como lo hicieron Josué y Caleb.

Lección 23

Sigue adelante con valor

Base bíblica: Números 27:12-23; Josué 1.
Objetivo de la lección: Que los niños sepan que, así como Dios le dio a Josué el valor para ser el líder de su pueblo, también nos dará a nosotros el valor para realizar todo lo que él nos pida que hagamos.
Texto para memorizar: *Jehová, tu Dios, estará contigo dondequiera que vayas* (Josué 1:9b).

¡PREPÁRESE PARA ENSEÑAR!

Esta lección tiene dos posibles aplicaciones para los principiantes.

En primer lugar, la historia bíblica nos muestra cómo Dios fortaleció a Josué para convertirlo en el nuevo líder de los israelitas. Él mandó a Josué que fuese fuerte y valiente. Entonces lo dotó con esas cualidades, con la promesa de que estaría con él y lo haría exitoso.

Dios no le pedirá a los niños que se conviertan en líderes de las naciones. Pero a veces él quiere que los pequeños hagan algunas cosas que requieren valentía. Por ejemplo, en esta época se requiere de mucho valor para enfrentar a un amigo y decirle que está haciendo una elección equivocada. Esta lección le podrá asegurar al niño que Dios está de su lado, ayudándolo a hacer lo correcto.

En segundo lugar, ayudará al principiante a respetar y obedecer a sus líderes. Desafortunadamente, la figura de autoridad que tienen los niños hoy en día es la de hombres que se burlan y desobedecen. A diario, los programas de televisión muestran a los padres como personas poco sabias o aún peor. Posiblemente, los hermanos mayores hablen irrespetuosamente de sus maestros o de las personas que ejercen autoridad. Esta lección les mostrará a los niños cómo los hijos de Dios debemos tratar a los líderes: con respeto y obediencia.

Pídale a Dios que ayude a los niños a aprender y recordar las historias bíblicas que usted les enseña. Dios nos dio estas historias para que aprendamos cómo es él y para que nos ayuden a construir nuestra fe.

COMENTARIO BÍBLICO

Lea Números 27:12-23. La expresión "pasar la antorcha" evoca recuerdos de las competencias olímpicas, en las cuales una antorcha encendida se pasa de un corredor a otro. También se refiere al traspaso del liderazgo de un líder anciano a la siguiente generación.

El liderazgo de 40 años de Moisés a los israelitas pronto terminaría. A causa de las palabras y actitudes de rebeldía del pueblo en el desierto (Números 20:1-13), Dios le negó la entrada a Canaán. Sin embargo, Moisés vio la tierra desde el monte Nebo antes de morir.

Josué fue el hombre que Dios escogió como nuevo líder. Realmente había demostrado su valentía y fe en él. Había servido como asistente de Moisés durante los 40 años en los que habían vagado por el desierto.

En una ceremonia especial, el traspaso del liderazgo de Moisés a Josué se hizo público. En los tiempos bíblicos, imponer las manos indicaba que una persona se convertía en sustituto o representante de la otra. A esta práctica asimismo la seguía la transferencia de la bendición a la otra persona o de pecados a un animal sacrificado.

Josué sería, en muchos aspectos, un líder como Moisés. No obstante, existían también importantes diferencias. Moisés había hablado cara a cara con Dios. El trato de Josué con Dios fue a través del sacerdote Eleazar, quien había buscado la dirección de Jehová a través del Urim y el Tumim. Esas fueron piedras especiales, como una forma de echar suerte para determinar cuál era el punto de vista de Dios.

Lea Josué 1. Tal como comienza este capítulo, Moisés había muerto y Josué asumió el liderazgo total. El capítulo señala diversos puntos sobre su liderazgo:

1. El liderazgo de Josué era una posición de responsabilidad. Moisés había sacado al pueblo de Egipto; Josué era el encargado de introducirlos en Canaán.

2. Josué no los lideraría solo. Dios nuevamente había prometido que le daría la tierra al pueblo. Si bien ellos tendrían que luchar para ganarla, solo lo podrían hacer sabiendo que la victoria estaba asegurada. Dios también prometió que estaría con Josué como había estado con Moisés en cada situación (v. 5-9). La orden dada en el versículo 9 enfatiza ese punto. En el hebreo dice: *"Porque contigo está el Señor, tu Dios"*.

3. Josué necesitaría una gran fe y mucha valentía, ambas características ineludibles tanto para un líder militar como espiritual. En tres ocasiones Dios le ordenó a Josué: *"Esfuérzate y sé (muy) valiente"* (v. 6,7 y 9). Dos veces este mandamiento estaba referido a hacerse cargo de la tierra de Canaán. Pero en el versículo 7, Dios le dijo: *"Esfuérzate y sé muy valiente, cuidando de obrar conforme a toda la ley que mi siervo Moisés te mandó"*.

J. Gordon Harris dice: "Cuando los líderes buscan fielmente hacer la voluntad de Dios, descubren que Dios les preparó el camino al éxito".

Mientras enseña a los principiantes, usted también puede contar con Dios, sabiendo que cumplirá la promesa de Josué 1:9.

DESARROLLO DE LA LECCIÓN

Prepare con anticipación los materiales didácticos que utilizará para esta lección y procure tener listo su salón de clases antes de que sus alumnos lleguen.

Recuerde dar la bienvenida a los visitantes y tomar sus datos para contactarlos durante la semana.

Sigue al líder

Lleve a los niños al patio o a un gran salón abierto donde tengan espacio para moverse. Elija a uno de los niños para que haga de líder. Diga a los niños que hagan todo lo que el líder hace. Explíquele que puede caminar, correr, saltar, saltar en un pie, etc. El líder también puede hacer ademanes con las manos o cualquier otro movimiento con el cuerpo para que la clase lo siga. Luego de algunos minutos, cambien y que otro niño realice esa función. Continúe el juego hasta que a la mayoría les haya tocado hacer de líder.

Haga que los niños se sienten en círculo y debatan sobre el juego.

Diga: A veces es difícil hacer que las personas nos sigan. La historia bíblica de hoy nos cuenta cómo Dios llamó a un líder a hacer una tarea difícil. Descubramos qué fue lo que le mandó hacer y qué le prometió Dios.

Repaso de la historia bíblica de la clase pasada

Llame a algunos voluntarios y desafíelos a contar la historia de la clase pasada. Si el niño que habla olvida u omite algún detalle, otro puede levantar la mano, o pasar al frente y pararse al lado del niño que está hablando y decir: "Recuerdo que: ..." y contar la parte que aquel omitió o se olvidó. Una vez que terminaron de recordar toda la historia (usted puede interrumpir haciendo preguntas apropiadas de la clase pasada, para que recuerden), diga: La semana pasada aprendimos que Josué y Caleb fueron los únicos dos espías que obedecieron a Dios y entraron en Canaán. Esta semana escucharemos más acerca de Josué. Me pregunto qué habrá pasado con él después.

HISTORIA BÍBLICA

Valentía de Dios

Moisés había envejecido mucho. Él sabía que se acercaba el tiempo de su muerte, y estaba preocupado por el pueblo de Israel. Habían estado vagando por el desierto durante 40 años. Pronto tendrían que entrar a la nueva tierra que Dios les había prometido mucho tiempo atrás. Entonces Moisés le dijo a Dios:

—Estas personas son como ovejas. Ellos necesitan que alguien los guíe o continuarán vagando.

El Señor le respondió:

—Josué es el hombre indicado para esa tarea. Él confía en mí, y me obedece. Él será un líder sabio. Haz que Josué vaya contigo y con el sacerdote, y párense frente al pueblo. Pon tus manos sobre él y muéstrale al pueblo que estás poniendo a Josué a cargo de ellos.

—Haré lo que tú me dices —aseguró Moisés.

Juntó a todo el pueblo. Y con el sacerdote Eleazar, se pararon frente a toda la gente. Moisés puso sus manos sobre Josué y lo colocó al mando del pueblo.

Al poco tiempo Moisés murió. No mucho después, Dios le habló a Josué.

—Josué —le dijo Dios—, tú debes guiar al pueblo a través del Río Jordán para introducirlos a la nueva tierra que se llama Canaán. Guardaré la promesa que le hice a Moisés de que a este pueblo le daría la tierra prometida. Yo estaré contigo. Mira que te mando que te esfuerces y seas valiente; no temas ni desmayes, porque Jehová, tu Dios, estará contigo dondequiera que vayas.

Josué le dio la orden al pueblo de que se prepararan para atravesar el Jordán e ir hacia la nueva tierra. ¿Obedecería el pueblo? Durante muchos años Moisés había sido su líder.

Sin embargo, todo el pueblo estuvo de acuerdo en obedecer a Josué tal como habían obedecido a Moisés. Confiaban y creían que Dios estaba con Josué así como lo había estado con Moisés. Ansiosamente el pueblo esperó las próximas órdenes de Josué. En breve entrarían a su nueva tierra.

Luego de la historia, jueguen al ta-te-ti (tres en línea o do-di-to). Dibuje en el pizarrón una cuadrícula de ta-te-ti (3 cuadrados horizontales x 3 verticales). Divida a la clase en dos equipos. Prepare preguntas en relación a la historia relatada. Hágale al primer grupo una pregunta. Si la responde correctamente, diga a uno de los miembros que ponga una X en el cuadrado que el equipo elija. Entonces haga una pregunta al segundo equipo. Deje que el equipo dibuje un O si respondió correctamente. Si el equipo responde incorrectamente, pierde su turno y le toca jugar al otro. Continúen jugando hasta que alguno de los equipos forme una línea de 3 cruces o círculos en sentido vertical, horizontal o diagonal, o cuando los 9 cuadrados se llenen, en cuyo caso el que haya llenado más cuadrados será el ganador.

ACTIVIDADES

Realice estas actividades para ayudar a los estudiantes a conectar estas verdades bíblicas con sus vidas.

Seguir a los líderes

Diga: Dios escogió a Josué para que fuera el líder de su pueblo. El pueblo prometió que lo obedecería y seguiría.

Pregunte: ¿Cuáles son los líderes a los que debemos obedecer nosotros hoy? (Padres, maestros, pastores, abuelos, personas del gobierno). ¿Cómo debe-mos hacer para respetarlos? (Obedeciéndolos, siendo amables, orando por ellos).

Dé a cada niño un plato de cartón. Dígales que dibujen la cara de alguno de los líderes a los cuales ellos deben seguir u obedecer. Déjelos que decoren el plato dibujando el rostro con marcadores o fibras, y que peguen hilos o lana para hacer el cabello. Dígale a cada uno que pegue una varillita de madera (palito de helado, bombilla plástica o sorbete) en la parte inferior del rostro dibujado, para sostenerlo. Cuando terminan, pídales que por turnos levante su carita y le cuente al resto a quién dibujó.

Pregunte a cada niño: ¿Qué cosas puedes hacer para respetar a este líder? ¿Cómo lo puedes seguir? Deje que los niños compartan sus ideas.

Diga: Obedecemos a Dios respetando y obedeciendo a los líderes que él colocó. Ser líder no es fácil. Pero podemos ayudarlos orando por ellos.

Marchando juntos

Antes de la clase, prepare o consiga que le presten instrumentos de percusión que los niños puedan usar.

Ya en clase, repártalos. Ponga un tema musical con bastante ritmo. Dígales a los pequeños que marchen alrededor de la sala acompañando el tema musical con sus instrumentos de percusión, con las palmas o silbando. Mientras marchan, detenga la música en varias oportunidades. Al detenerla diga:

Maestro: —¿Quién nos da valor?
Alumnos: —¡Dios!
Maestro: —¿En quién debemos confiar?
Alumnos: —¡En Dios!
Maestro: —¿A quién debemos obedecer?
Alumnos: —¡A Dios!

Continúen jugando, marchando, y proclamando según el tiempo lo permita. Cada vez que termine de hacer una de estas proclamas, canten nuevamente la canción.

Luego diga: Hoy aprendimos que Josué siguió adelante con valor. Cuando Dios le pidió que fuese el líder, Josué confió en él y lo obedeció. El Señor le dio a Josué el valor que él necesitaba para ser un buen líder. Así también, nos dará a nosotros el valor para enfrentar las situaciones difíciles que nos toquen vivir.

Memorización

Huellas divertidas

Antes de la clase, haga un molde de una huella pequeña y fotocopie 8 para cada niño. Imprima el versículo de Josué 1:9 en una hoja y déle una copia a cada uno.

En clase, dé a cada pequeño 8 huellas y una hoja con el versículo. Dígales que recorten el versículo quedando separadas las 8 palabras en 8 papelitos, y que luego peguen cada una de ellas en una de las huellas. Permítales que practiquen poner las huellas en orden, de modo que el versículo quede correctamente armado. Luego dígales que mezclen todas las huellas y las apilen todas juntas frente a ellos. Cuando usted dé la señal dígales que comiencen a ordenarlas lo más rápido posible hasta armar el versículo en forma correcta. El primer niño que lo consiga hacer será quien guíe al grupo a decir el versículo. Háganlo varias veces.

Dé a cada niño un sobre o bolsita plástica para guardar sus huellas. Que cada uno escriba su nombre en el sobre o bolsita. Guárdelas para usarlas la semana siguiente.

Dígales: Este versículo nos dice que Dios estará con nosotros dondequiera que vayamos. Es una promesa especial para las personas que están tratando de hacer lo que Dios les pide que hagan. En nuestra historia bíblica de hoy, Josué recibió de Dios una tarea especial. Y vimos cómo la pudo hacer y cómo el Señor lo animó a que tuviera el valor para realizarla.

Para terminar

Diga: Piensen algunas situaciones en las que ustedes necesitan tener el valor para hacer las cosas que Dios quiere que hagan. Deje que los niños respondan y lo cuenten a todos.

Diga: ¿Qué podemos hacer cuando necesitamos valentía para hacer algo?

Muchas veces los niños pueden no tener demasiadas ideas. Entregue a los niños la hoja de actividad del libro del Alumno y pídales que sigan las instrucciones.

Déles crayones o marcadores rojos y verdes. Déjelos que completen la página y descubran la palabra "Orar".

Diga: ¿Cuándo podemos orar? (En cualquier momento que necesitemos la ayuda de Dios). Recuerden que podemos hablar con Dios en cualquier momento, en cualquier lugar y sobre cualquier cosa.

Cuénteles alguna experiencia en la cual usted le pidió a Dios que le diera el valor para hacer algo que él quería que usted realizara. Cuénteles cómo Dios lo ayudó.

Pida a los niños que completen la hoja de actividad del libro Alumno: "¿Quién es él?"

Termine la clase orando por algunas peticiones (por valor para enfrentar situaciones difíciles) y otras necesidades o motivos de agradecimiento que los niños tengan. Pídale a Dios que ayude a los niños a que recuerden orar cada vez que necesiten valor.

Cuando los niños se vayan, asegúrese de que lleven sus tareas manuales.

Sigue adelante en obediencia

Base bíblica: Josué 3–4.
Objetivo de la lección: Que los niños sepan que Dios los honrará cuando ellos sigan sus instrucciones, y que los hará valientes cuando se atrevan a obedecerlo.
Texto para memorizar: *Jehová, tu Dios, estará contigo dondequiera que vayas* (Josué 1:9b).

¡PREPÁRESE PARA ENSEÑAR!

Los personajes de la Biblia, aun aquellos que estuvieron involucrados en historias de milagros, pueden parecer aburridos para los niños si se los compara con los personajes de los dibujos animados. Algunos de los principiantes, especialmente los más pequeños, tienen dificultades para diferenciar la fantasía de la realidad. Uno de nuestros objetivos como maestros es ayudar al niño a darse cuenta que las historias de la Biblia son reales. Cuando sus estudiantes nombren a un superhéroe de la televisión, recuérdeles, vez tras vez, que ese personaje no es real, pero que los personajes de la Biblia sí lo fueron.

La historia bíblica de hoy nos cuenta cómo Dios usó su poder para ayudar a aquellos que confiaron en él y lo obedecieron. Los niños viven en un mundo incierto, y muchas veces terrorífico. Necesitan saber que el Dios del universo cuida de ellos y tiene poder para ayudarlos.

En su enseñanza, enfatice que Dios conoce y quiere lo mejor para nosotros. Creer esto establecerá el fundamento para la confianza y la obediencia.

Las lecciones de este mes están centradas en la confianza en Dios. Josué y Caleb confiaron en él cuando otros no lo hicieron. Josué confió en que Dios lo ayudaría a ser el nuevo líder. Josué y los israelitas confiaron en que Dios los ayudaría a cruzar el río Jordán —aun con sus orillas inundadas— y los introduciría en Canaán. Los ejemplos de estos héroes del Antiguo Testamento podrán ayudar a los niños de primero y segundo grado a saber que ellos también pueden confiar y obedecer a Dios.

COMENTARIO BÍBLICO

Los 40 años de vagar por el desierto terminaron. Dios guió a Israel a las orillas del río Jordán. Los planes para su pueblo eran los mismos de antes: irían a Canaán y poseerían la tierra que él le había prometido a Abraham mucho tiempo atrás. Obedecer el mandato divino no sería tan fácil como lo había sido 4 décadas atrás. Y aún podía ser más difícil ahora, al estar desbordadas las márgenes del río Jordán.

Bajo el liderazgo de Moisés, Dios le había puesto

a Israel una nube y una columna de fuego para que los guiaran. Ahora, el arca del pacto era la señal visible de su presencia. Los sacerdotes iban delante del pueblo, cargando el arca, como símbolo de la presencia de Dios, quien iba delante de ellos mostrándoles el camino.

Luego de haber llegado al Jordán y establecido allí campamento, Josué esperó tres días hasta recibir más instrucciones del Señor. Finalmente, le dijo al pueblo que se preparara porque Dios había dicho que era tiempo de ponerse en marcha. La santificación prepararía al pueblo para ser testigos de la poderosa acción del Creador. Les mostraría su dependencia de él. Solo cuando nosotros vamos a Dios y dependemos de él, el Señor puede hacer grandes maravillas a través de nosotros.

Luego de la santificación, el pueblo estaba listo para cruzar el Jordán. Apenas los sacerdotes que cargaban el arca pisaron las aguas, el río se secó. Los sacerdotes estaban en medio del lecho cuando el pueblo cruzó por tierra seca. Luego de que todos hubieron pasado, Josué llamó a una persona de cada una de las 12 tribus. Les dijo que tomaran una piedra del fondo del río donde los sacerdotes estaban parados. Con esas 12 piedras construyeron un altar. Eso fue para que el pueblo recordara el gran poder de Dios y cómo él usó esa potestad para ayudarlos cuando siguieron sus indicaciones.

DESARROLLO DE LA LECCIÓN

Prepare con anticipación los materiales didácticos que utilizará para esta lección y procure tener listo su salón de clases antes de que sus alumnos lleguen.

Recuerde dar la bienvenida a los visitantes. Tome sus datos y no olvide visitarlos o llamarlos durante la semana.

Realice estas actividades para ayudar a los niños a centrar su atención y prepararlos para aprender la verdad bíblica de hoy.

Seguir las indicaciones

Antes de la clase, forre una caja de cartón —con forma de cubo— con papel de color (puede ser de forrar, afiche, papel crepé, etc.). Escriba las siguientes indicaciones, una en cada una de las 6 caras del cubo:

✘ Abre la Biblia en el libro de Josué.
✘ Escribe tu nombre en el pizarrón con letra mayúscula.
✘ Camina para atrás hasta la puerta, y luego regresa a tu asiento.
✘ Canta tu coro favorito.
✘ Dale la mano (saludo formal entre adultos) a tres personas, sin sonreírles.
✘ Da tres saltos con tus ojos cerrados.

En clase, dígales: Hoy vamos a ver si saben seguir indicaciones.

Haga que los niños arrojen, por turnos, el cubo hacia arriba dejándolo caer al suelo. Cuando lo haga el primero, ayúdelo a leer la indicación que aparece en la cara que quedó hacia arriba. Deje que cada niño lo arroje y realice lo que allí esté escrito. Luego hágales las siguientes preguntas:

✘ ¿Eran difíciles de seguir las indicaciones?
✘ ¿Por qué las personas dan indicaciones? (Porque necesitan que algo sea hecho de una determinada manera o para que aprendamos algo).
✘ ¿Es importante seguir las indicaciones?
✘ ¿Qué puede pasar si tú no sigues las indicaciones que te dan?

Dígales: Las indicaciones del juego que acabamos de realizar eran solo para divertirnos, pero seguirlas es muy importante. En nuestra historia bíblica descubriremos qué importante es seguir las indicaciones que Dios nos da.

Cruzar el río

Antes de la clase, escriba las siguientes palabras en diferentes tarjetas: "nadar", "flotar", "cruzar por el puente", "bote a remo", "motocicleta de agua", "canoa", "barco" y "velero". Ponga las tarjetas en una caja pequeña.

En clase diga: Hoy vamos a jugar un juego que nos muestra todas las formas posibles de cruzar un río.

Haga que los niños, por turno, elijan una tarjeta. Pregunte a cada uno: ¿Cómo cruzarás el río?

El niño debe leer lo que dice su tarjeta y hacer los ademanes, sin decir ni una palabra. Que los demás traten de adivinar de qué forma ese niño realizará el cruce. (Opción: si la cantidad de niños de su clase es mayor al número de tarjetas que hizo, sugiérales que se agrupen.).

Pregunte: ¿Qué crees que tendrá que ver cruzar el río con la lección de hoy? Escucha la historia bíblica y lo descubrirás.

HISTORIA BÍBLICA

Pida a los niños que corten la página de esta lección del libro del Alumno. Guíelos a recortar y armar las figuras. Usted necesitará para cada niño: trozos de cartulina para pegar las figuras y lápices de colores o crayones (color amarillo o dorado para colorear el arca). Una vez que terminaron de armar y colorear las figuras, podrán seguir la historia bíblica que usted narrará.

Diga: Hoy quisiera que ustedes me ayuden a contar la historia bíblica. Yo les aviso cuándo tienen que buscar la figura y moverla. Nuestra historia de hoy se encuentra en el libro de la Biblia llamado Josué. Este libro nos cuenta sobre Josué. La semana pasada vimos que Moisés presentó a Josué ante el pueblo como su nuevo líder. ¿Recuerdan por qué Dios eligió a Josué para liderar al pueblo? (Porque Josué confió y obedeció a Dios. Porque Moisés ya era anciano).

El osado cruce del río

(Indique a los niños que busquen la figura de Josué hablándole al pueblo.)

Josué habló con los israelitas, y les dijo:

—Es tiempo de ir a nuestra nueva tierra.

Los sacerdotes cargarán el arca del pacto.

Síganlos. Y así sabrán a dónde hay que ir.

Esperen y verán —le dijo Josué a la gente—. Mañana, el Señor va a hacer algo asombroso en medio nuestro.

Muy pronto, todo el pueblo podría ver el poder de Dios en acción.

El arca del pacto era una especie de caja de oro con dos ángeles con sus alas extendidas en la tapa. Era el símbolo de la presencia de Dios. Los sacerdotes cargaron el arca, y así las personas sabrían que Dios estaba con ellos.

(Dígales que busquen la figura de los sacerdotes llevando el arca.)

Dios le habló a Josué:

—Dile a los sacerdotes que se paren en medio del río.

Dile a la gente que no toque el arca; deben mantenerse a cierta distancia.

Los sacerdotes y el pueblo obedecieron a Dios y a Josué.

A esa altura del año, las márgenes del río Jordán estaban desbordadas. El agua era profunda. Los sacerdotes se deben haber preguntado: "¿Por qué Dios nos pide que hagamos algo que puede ser tan peligroso?" Pero ellos decidieron confiar en Dios y obedecerlo. ¿Qué creen ustedes que sucedió? (Permita que los niños respondan.)

(Dígales que busquen la figura del río.)

Los sacerdotes pusieron sus pies en el agua.

¡El río dejó de correr! ¡El río se detuvo!

¡El suelo del río estaba seco! ¡Qué maravilloso!

El pueblo miró con asombro y pudo ver cómo las aguas dejaron de correr en el momento en que los sacerdotes obedecieron a Dios y entraron a las aguas. Estas personas habían oído la historia de cómo Dios había abierto un camino seco en medio del Mar Rojo, pero ellos no lo habían visto con sus propios ojos. ¡Ahora estaban viendo el poder de Dios en acción!

El pueblo de Israel cruzó el río por tierra seca.

Pero los sacerdotes permanecieron en medio del Jordán.

Ellos esperaron hasta que Dios les dijera: "Vayan al otro lado".

Después de haber cruzado el río, Josué siguió obedeciendo cada instrucción que Dios le dio.

Dios le dijo a Josué:

—Elige a 12 hombres. Diles que tomen 12 piedras del río. Pídeles que las carguen hasta el lugar donde nos quedaremos esta noche.

—Así lo haremos —respondieron.

Estos hombres cargaron las pesadas piedras sobre sus hombros y las llevaron desde el medio del río, donde los sacerdotes se habían parado, hasta su nueva patria: Canaán. Había una piedra por cada una de las 12 tribus de familias israelitas.

(Pida que los niños tomen la figura de los sacerdotes con el arca.)

Dios le dijo a Josué:

—Diles a los sacerdotes que salgan del río.

Los sacerdotes obedecieron.

Finalmente, el último sacerdote salió del agua.

El agua comenzó a correr nuevamente.

Cuando el pueblo vio lo que Dios había hecho, honraron a Josué como su líder.

—Dios está con Josué, tal como estuvo con Moisés —dijeron todos.

(Dígales que busquen la figura de Josué con el pueblo.)

Josué condujo al pueblo.

Ellos fueron al lugar donde pasarían la noche.

Josué usó las 12 piedras para construir un altar.

(Dígales que busquen la figura de las 12 piedras.)

Josué dijo:

—Algún día nuestros hijos nos harán preguntas.

—Ellos nos preguntarán: ¿Por qué están estas piedras aquí?

—Cuéntenles que Dios nos ayudó a cruzar el río en tierra seca. Díganles que pueden confiar y obedecer a Dios.

Aquel día los israelitas aprendieron que el poder de Dios es más grande y poderoso que cualquier persona o cosa que pudiera existir. Dios puede hacer todas las cosas. Él usa su poder para cuidar al mundo y a las personas.

Podemos confiar en él, aun cuando no entendamos sus planes.

Haga un repaso de la historia y pregunte:

✘ ¿Cómo hizo Dios para mostrarle su poder al pueblo de Israel, en la historia bíblica de hoy? (Los ayudó a cruzar el río Jordán en seco.)

✘ ¿Qué indicaciones le dio Dios al pueblo? (Que no tocaran el arca; que trajeran 12 piedras del medio del río.)

✘ ¿Por qué era importante para los israelitas seguir las indicaciones de Dios? (Para poder llegar salvos al otro lado del río y a la tierra prometida.)

Dígales: Confiar significa obedecer a Dios aun cuando no entendamos sus planes. Josué y los israelitas confiaron y obedecieron, y nosotros podemos hacer lo mismo.

ACTIVIDADES

Realice estas actividades para ayudar a los estudiantes a conectar la verdad bíblica con sus vidas.

El poder de Dios

Busque un coro apropiado, que los niños conozcan, sobre el poder de Dios.

Piedras para recordar

Antes de la clase, junte una piedra pequeña para cada niño. Deberán ser lo suficientemente grandes y lisas como para pegar en ellas una de estas palabras: "Confía", "obedece" o "poder de Dios". Escriba esas palabras en varias hojas de papel.

En clase, pregunte: ¿Por qué Dios hizo que el pueblo construyera un altar de 12 piedras? (Para recordarles a ellos y a sus hijos cómo Dios los ayudó.)

Déle a cada niño una roca. Pregúnteles: ¿Qué palabra te ayudaría a recordar mejor esta historia y el poder de Dios?

Guíe a los niños a que elijan una de ellas, y que la peguen en su piedra. Dígales: Nuestras piedras nos ayudarán a recordar esta historia. Podemos confiar y obedecer a Dios, aun cuando no entendamos sus planes e indicaciones.

Memorización

Rompecabezas de huellas

Si no lo hizo para la lección 22 de esta unidad, prepare dos juegos de tarjetas de cartulina en forma de huellas, de unos 15 cm. de largo. En cada huella escriba una de las palabras del texto a memorizar. Divida al grupo en dos, y entregue un juego a cada uno. Pida que coloquen las huellas con el texto boca abajo, sobre la mesa y que las mezclen. Luego indíqueles que armen el rompecabezas/texto en forma

correcta. El grupo que termine primero será el ganador. Luego pida a los niños del grupo ganador que reciten de memoria el texto bíblico.

Otra modalidad para memorizar jugando: pegue o coloque las huellas en orden (formando el versículo correctamente) en la pared o en la pizarra.

Diga a los niños que lean juntos el versículo. Luego deje que uno de ellos saque una de las huellas. Indíqueles a todos que repitan el versículo, completando la palabra ausente. Continúe de esta manera pidiendo a un niño por vez que quite otra de las huellas, hasta que las hayan quitado todas y puedan decir el versículo de memoria.

Quienes hayan aprendido de memoria Josué 1:9, podrán pegar en el frasco de caramelos/dulces el versículo a memorizar en forma de caramelo. Al finalizar, los pequeños pueden llevar a su casa la historia del cruce del río Jordán. Dígales que cuenten la historia sobre el gran poder de Dios al ayudar a su pueblo a cruzar por el río en seco.

Para terminar

Disponga de un momento de oración, en el cual cada uno pueda agradecer a Dios por haberlo ayudado. Termine pidiéndole al Señor que ayude a cada niño a obedecer y confiar en él. Agradézcanle a Dios porque su ayuda aún continúa hoy.

Lección 25

Sigue adelante con su poder

Base bíblica: Josué 6.
Objetivo de la lección: Que los niños sepan que las murallas de Jericó cayeron porque Dios cumplió lo que había prometido; y que, de la misma manera, hoy podemos confiar plenamente en Dios y obedecerlo porque él sabe lo que es mejor para nosotros.
Texto para memorizar: *Jehová, tu Dios, estará contigo dondequiera que vayas* (Josué 1:9b).

¡PREPÁRESE PARA ENSEÑAR!

Aprender a confiar en Dios está estrechamente ligado a confiar en los demás. Muchas veces los adultos les piden a los niños que hagan cosas que ellos no entienden. Si ellos preguntan el por qué, la persona con autoridad debería ayudarlos a entender.

Este procedimiento funciona la mayoría de las veces. Sin embargo, hay momentos en que los niños deben confiar en las decisiones de sus mayores y obedecerlos, aunque no las comprendan. Cuando se desarrolla una relación de confianza con los pequeños, es fácil para ellos hacer lo que se les pide, aunque no lo entiendan.

Cuando Dios nos muestra lo que quiere que hagamos, no siempre nos revela el por qué. La obediencia en dichos momentos puede resultar más difícil, pero aun así debemos cumplir. Ayude a los niños a entender que deben obedecer a Dios sin temor, porque pueden confiar en que él sabe y hará lo que es mejor para ellos.

La historia bíblica de hoy es una excelente ilustración de esta verdad. Las instrucciones que Dios le dio a Josué pueden parecer extrañas. Pero, debido a su confianza y obediencia, ¡las murallas de Jericó cayeron!

COMENTARIO BÍBLICO

Lea Josué 6. Cuando los 12 espías regresaron de Canaán, estaban de acuerdo en por lo menos una cosa: las ciudades tenían grandes murallas que las hacían seguras. Excavaciones arqueológicas han demostrado que, de hecho, algunas de las ciudades construidas en ese lugar tenían doble muro. Es posible que una de ellas fuera el lugar donde transcurre la historia de hoy.

En Josué 6:1 dice: *"Jericó estaba cerrada, bien cerrada"*. Los habitantes temían a los israelitas. Nadie podía entrar a la ciudad, ni dejarla. Los ciudadanos de Jericó sentían que estaban a salvo de los invasores, pero no sabían que tan hermética defensa no podría detener al Dios de los israelitas.

La destrucción de Jericó era importante tanto por razones religiosas como militares. Era el epicentro de la adoración al dios de la luna. (Probablemente "Jericó" significara: "la ciudad de la luna"). Una de las constantes preocupaciones de Dios era que su pueblo adoptara las religiones de los cananeos.

Las instrucciones que Dios le había dado a Josué para conquistar Jericó deben haber resultado extrañas a los avezados guerreros, pero habían comenzado con la promesa: *"Yo he entregado en tus manos a Jericó"* (Josué 6:2). Hombres armados iban delante de los siete sacerdotes que llevaban las bocinas (trompetas) de cuerno de carnero. Los sacerdotes que cargaban el arca del pacto seguían a los que tocaban las trompetas. La retaguardia estaba en fila, próxima a ellos, y luego el pueblo seguía detrás.

El cuerno de carnero emitía un fuerte y penetrante sonido que llamaba la atención de la gente. Por lo cual el sonido de siete de estos cuernos seguramente alertó al pueblo de Jericó de que algo estaba por suceder.

El primer día, el pueblo marchó alrededor de la ciudad sin emitir sonido alguno con sus voces. Solo los sacerdotes tocaban los cuernos. Este procedimiento se repitió del segundo al sexto día. Al séptimo día, el pueblo marchó alrededor de la ciudad siete veces. Siguiendo las indicaciones que Dios les había dado, en la séptima vuelta los sacerdotes tocaron las trompetas, el pueblo gritó, y... *"el muro se derrumbó; el pueblo asaltó luego la ciudad, cada uno derecho hacia delante, y la tomaron"* (Josué 6:20).

Extraña forma de derribar una ciudad amurallada, ¿verdad? pero funcionó, porque Josué y el pueblo confiaron en Dios. Si bien ellos no entendían cómo iba a actuar, obedecieron sus instrucciones. Y a causa de su obediencia, él cumplió lo que prometió.

DESARROLLO DE LA LECCIÓN

Reciba con afecto a sus alumnos y procure que el salón de clases esté limpio y arreglado para cuando lleguen. Antes de entrar en el tema de hoy, repasen brevemente las tres lecciones anteriores y pida a sus alumnos que cuenten algunos ejemplos de lo fieles que han sido a Dios.

Corneta infantil

Ofrezca a cada niño un tubo de cartón (puede ser del papel higiénico o del rollo de papel para secarse las manos). Dígales que lo decoren con marcadores o crayones y que escriban sus nombres en él. Luego entréguele a cada uno un cuadrado de 10 cm. x 10 cm. de papel encerado o manteca. Ayúdelos a envolver con ese papel uno de los extremos del tubo, de

modo que quede tapado, sujetándolo con una banda elástica o cinta adhesiva. Con un punzón, o tijera de punta, haga cuatro o cinco agujeritos pequeños en el papel encerado. Luego dígales que soplen por el extremo abierto del tubo para que salga el sonido.

Deje que los niños marchen alrededor de la sala tocando sus cornetas mientras cantan una canción. Luego guarde los tubos para usarlos más tarde.

Dígales: Nuestras cornetas hacen un ruido parecido al de un instrumento musical. Hay un instrumento musical que tuvo un lugar importante en nuestra historia bíblica de hoy. ¿Qué instrumento creen que será? Deje que los niños adivinen.

Luego dígales: Descubramos qué fue lo que sucedió.

Palabras importantes

Repasen las nuevas palabras importantes para esta unidad: "admiración", "poder de Dios" y "sabiduría". Escriba cada una de esas palabras en la pizarra pero con las letras mezcladas. Al lado de las palabras dibuje una línea recta. Por ejemplo: "drope ed iods" _____. Pida algunos voluntarios que se animen a descifrar las palabras (poder de Dios) y las escriban correctamente sobre la línea.

Pida que otro identifique la segunda palabra revuelta (con las letras mezcladas). Haga que los niños escriban "admiración" en el espacio que allí tienen. Pregúnteles:

✗ ¿Qué significa la palabra "admiración"?
✗ ¿Qué sucedió en la historia bíblica de la semana pasada que llevó al pueblo a sentir admiración por lo que aconteció al ver el poder de Dios? (Dios detuvo el río y el pueblo pudo cruzar por tierra seca).

Pida a los niños que ahora ordenen y descifren la tercera palabra: "sabiduría".

Pregunte: ¿Qué significa sabiduría? (Usar lo que sabemos para hacer lo que es correcto). Dios sabe todas las cosas. Dios hace siempre lo correcto. Brinde ejemplos con cada una de las palabras importantes.

HISTORIA BÍBLICA

Sonido fuerte del cuerno y murallas rotas

Lea Josué 6. ¡Qué emocionantes eran para los israelitas aquellos días! Ya estaban en su nueva patria: Canaán. Habían esperado tanto tiempo, pero Dios cumplió su promesa de introducirlos en esa tierra. Él había llevado a Josué y a los israelitas a salvo a través del río Jordán. Y ahora estaban listos para tomar las ciudades.

No muy lejos de allí estaba la gran ciudad de Jericó. Tenía altas y fuertes murallas con grandes puertas. Pero dentro de la ciudad, la gente estaba atemorizada. Habían oído muchas historias sobre los israelitas y su Dios.

—Escuché que muchos años atrás su Dios destruyó al ejército del Faraón y los liberó de Egipto —dijo un hombre en Jericó.

—Yo oí que su Dios estuvo con ellos y los mantuvo a salvo —agregó una mujer.

—¡Y yo que su Dios peleó por ellos! —terció otro hombre.

El pueblo de Jericó estaba tan atemorizado que mantuvieron las puertas de la ciudad herméticamente cerradas y actuaban con cautela. Nadie podía entrar ni salir de ella.

Dios habló con Josué y le dio un plan para tomar la ciudad.

—Haz lo que te digo y la ciudad será de ustedes. —Josué escuchó con cuidado cada una de las indicaciones de Dios—. En primer lugar, marchen alrededor de Jericó una vez por día durante seis días. Siete sacerdotes llevarán siete bocinas de cuerno de carnero delante del arca. —Seguramente, Josué estaría sorprendido cuando escuchó lo que Dios le dijo que hicieran. Esa no era la manera habitual de pelear una batalla. Pero Josué creyó y confió en Dios. Y Dios le dio más instrucciones—. El séptimo día darán siete vueltas a la ciudad, y los sacerdotes tocarán las bocinas.

Y continuó:

Cuando los sacerdotes toquen por largo tiempo las bocinas, ¡el pueblo de Israel gritará muy fuerte! Las murallas de Jericó se vendrán abajo, y vuestro ejército podrá ir derecho hacia delante y destruir la ciudad.

—Haremos lo que tú nos has dicho, Señor —afirmó Josué.

Entonces reunió al pueblo y les transmitió el plan de Dios.

—Qué haremos —inquirieron los sacerdotes:

—Lleven el arca del pacto. Deberán marchar alrededor de la ciudad cargando el arca.

—Aguardamos órdenes —indicaron otros siete sacerdotes.

—Marchen delante del arca y toquen sus trompetas.

—Dinos en qué podemos servir —replicaron los soldados.

—Algunos de ustedes marcharán delante de los sacerdotes. Otros marcharán detrás del arca.

—Nosotros también podemos colaborar —manifestó el pueblo.

—Mientras hagan todo esto, no den gritos de guerra ni digan nada. Esperen hasta que yo les avise. Cuando les dé la orden, ¡griten!

Todos los israelitas confiaron en Dios. Estaban listos para obedecer.

—¡Vamos! —se dijeron unos a otros.

El primer día los israelitas marcharon alrededor de la ciudad una vez y luego volvieron al campamento.

Los siguientes días continuaron marchando.

Al séptimo día se levantaron bien temprano. Y caminaron alrededor de la ciudad nuevamente. Pero ese día no se detuvieron después de dar la primera

vuelta. Marcharon dos veces, luego tres. Cada vez se escuchaba más y más fuerte sus pasos. ¡Luego marcharon cuatro, cinco y seis veces! Sus pies sonaban como truenos que sacudían el suelo.

Finalmente, los israelitas marcharon alrededor de Jericó por séptima y última vez. Los sacerdotes tocaron sus trompetas fuerte y prolongado.

De repente, Josué dijo:

—¡Gritad, porque Jehová os ha entregado la ciudad!

¡En ese instante todo el pueblo gritó!

¡Pum… pum, crash, pruuuum! Las murallas comenzaron a temblar. ¡Crash, smash, craaaac! ¡La tierra estaba temblando! Y luego… crash, craaac, ¡buuuum! ¡Las murallas de Jericó se derrumbaron y cayeron al suelo!

Los soldados israelitas asaltaron la ciudad. En un instante habían derrotado completamente a sus enemigos.

¡Esa noche hubo gran regocijo en el campamento!

Dios puede hacer cosas imposibles cuando confiamos en él y lo obedecemos. El pueblo había confiado y obedecido a Dios. Por eso, él usó su poder para hacer lo imposible. ¡Las murallas y la ciudad de Jericó habían desaparecido!

Luego de la historia, realicen un juego de repaso, usando preguntas previamente preparadas por usted. Por ejemplo: ¿Cuántas vueltas dieron los israelitas, alrededor de la ciudad de Jericó el primer día? (Una sola). ¿Los soldados llevaron el arca? (No, los sacerdotes). Durante el camino, ¿el arca iba detrás del pueblo? (No, iba delante del pueblo y a cierta distancia), etc.

Después del juego, entrégueles a los niños las cornetas que hicieron anteriormente. Si lo desea, puede hacer que construyan "murallas" apilando cajas pequeñas que puedan ser "derribadas". Luego, haga que representen la historia marchando siete veces alrededor del cuarto o de las cajas apiladas mientras tocan sus cornetas. Déles la orden de: "¡Griten!" y hágalos que digan gritando: "¡Alabado sea el Señor!". Guíelos a aclamar y aplaudir porque las murallas cayeron. Cuando termine la historia, diga a los niños que pueden llevar las cornetas a su casa.

Recuérdeles a los niños que Dios puede hacer cosas imposibles cuando confiamos en él y lo obedecemos.

ACTIVIDADES

¡Brrrrrrrrrrum…! ¡Murallas derribadas!

Apenas terminen la historia bíblica, entregue a los niños la hoja de actividad del libro del Alumno, lección 25. Pídales que recorten las figuras, armen la muralla y coloreen las escenas, los soldados y el pueblo. Utilice este momento para hacer preguntas de repaso sobre la historia que acaba de relatar.

Ladrillos de fe

Déle a cada niño un trozo de masa de barro (puede usar la receta del comienzo de este libro). Dígales: En nuestra historia bíblica de hoy el poder de Dios destruyó la gran ciudad con inmensas murallas. Esas murallas debían estar hechas con ladrillos muy fuertes. Hoy vamos a construir un ladrillo que nos ayude a recordar esta historia.

Deje que los niños modelen la arcilla dándole la forma de un ladrillo rectangular (no muy delgado). Dígales que graben la letra "J" en el ladrillo con un lápiz o un objeto punzante.

Dígales: La "J" en el ladrillo les hará recordar a "Josué" y "Jericó". Dios hizo algo que era imposible para Josué y los israelitas. Y también puede hacer cosas imposibles cuando confiamos en él y lo obedecemos. Cuando alguna vez te enfrentes a una situación muy difícil recuerda cómo Dios ayudó a Josué y a su pueblo. Confía en que Dios te ayuda, y obedécelo porque él sabe lo que es mejor para ti.

Haga que los niños coloquen sus ladrillos sobre un trozo de papel de aluminio o papel de cera para que se sequen. Luego dígales que adhieran un trozo de cinta adhesiva, pegada al papel encerado, con el nombre de cada uno. Los niños se llevarán los ladrillos a sus casas la próxima semana, cuando ya estén secos.

Memorización

"¡Di el versículo!"

Antes de la clase, coloque en una bolsa o caja, las huellas con el texto a memorizar que contienen el versículo del mes.

En clase, deje que los niños elijan un compañero. Dígales: ¡Vamos a jugar a un juego de memoria!

Cada niño tratará de decir el versículo con la menor cantidad de palabras posibles (huellas que contienen las palabras del versículo). Nuestro versículo tiene 8 palabras. Decidan cuántas palabras necesitan ver para poder "recitar el versículo".

Elija a una pareja de niños para comenzar el juego. Haga que permanezcan de pié o sentados uno frente al otro. Uno de los niños dirá: Yo puedo decir el versículo viendo (5) palabras. El otro niño lo desafiará diciendo: Yo puedo decirlo viendo solo (3) palabras. Si el primer niño piensa que puede decir el versículo con una cantidad menor de palabras presentes, continuará el desafío reduciendo el número. Si ve que no lo puede lograr, deberá decirle a su contrincante: ¡Di el versículo! El niño desafiado deberá sacar de la caja el número de huellas que dijo y tratar de recitarlo ayudándose solo con esas palabras.

Si el niño cita correctamente el texto, déle un pequeño premio, como por ejemplo un lápiz. Luego haga que pase una segunda pareja de niños. Si no lo hicieron el domingo anterior, los niños que sean capaces de decir el versículo de memoria pueden agregar el dulce/caramelo al frasco de caramelos.

Dígales: Este versículo nos dice que Dios está con nosotros dondequiera que estemos. Dios quiere que confiemos en él y lo obedezcamos. Como vimos en nuestra historia bíblica de hoy, el pueblo de Israel confió en Dios para realizar un hecho totalmente inusual. ¡Y qué hermoso es ver cómo el Señor los ayudó a vencer al enemigo!

Para terminar

Que los niños mencionen sus pedidos de oración y motivos de agradecimiento. Dígales: Podemos confiar y obedecer a Dios porque él sabe lo que es mejor para nosotros. Agradezcámosle por su sabiduría y poder.

Ore por las peticiones y agradecimientos de los niños. Agradézcale al Señor por ayudarlos a confiar en él y obedecerlo.

Sigue adelante con sus promesas

Base bíblica: Josué 14:6-15
Objetivo de la lección: Que los niños entiendan que Dios cumple sus promesas y que muchas veces usa a su pueblo para ello. Que pueda crecer su confianza en Dios al mismo tiempo en sus promesas.
Texto para memorizar: *Jehová, tu Dios, estará contigo dondequiera que vayas* (Josué 1:9b).

¡PREPÁRESE PARA ENSEÑAR!

Esperar es difícil para los niños de 6 a 8 años, en parte, porque para ellos el tiempo transcurre muy lentamente. Puedo recordar aquellos días en los que me parecía como si hubieran pasado tres años entre el 1 de diciembre y el día de Navidad. Llegar a segundo grado me parecía un sueño imposible de alcanzar.

No solamente transcurre lentamente el tiempo para los niños, sino que para la mayoría de los pequeños de esa edad el tiempo tiene poco o ningún valor. Una semana o dos atrás, les mostré a los alumnos de mi clase una Biblia que me habían regalado cuando era niña. Les pregunté:

—¿Cuántos años piensan que tiene esta Biblia?
La primera respuesta rápida que me dieron fue:
—¡Cien!
En la historia de hoy, utilice esta característica de

los niños para hacer hincapié en su lección: Caleb tuvo que esperar un largo tiempo para recibir lo que Dios le prometió. La mayoría de los padres de los niños de su clase aún no llegan a los 45 años. Hoy verán que Caleb tuvo que esperar, esperar, y esperar; pero Dios cumplió con su promesa, como siempre lo hace.

No siempre tendremos que esperar un tiempo tan prolongado para recibir aquello que Dios nos prometió. Algunas veces el tiempo de espera será más breve; en otras ocasiones tendremos que esperar más. Pero los niños de su clase comenzarán a confiar en que Dios siempre cumple las promesas de aquellos que con valentía confían en él y lo obedecen.

COMENTARIO BÍBLICO

Lea Josué 14:6-15. ¿Le gustaría tener un nombre cuyo significado fuera "perro"? Probablemente no. De cualquier manera, ese es el significado del nombre de nuestro héroe de la historia bíblica de hoy. Pero sin importar si los padres lo sabían o no, habían elegido un nombre muy apropiado para su hijo, Caleb.

Muchos perros son conocidos por su devoción y lealtad hacia sus amos, y esas cualidades caracterizaban la relación de Caleb con Dios. La historia de hoy nos recuerda que su fidelidad fue recompensada por Uno que es conocido en toda la Biblia como el *"Dios fiel"* (Deuteronomio 7:9).

Los israelitas se encontraban repartiéndose la tierra de Canaán al oeste del Jordán. Dos tribus y media habían tomado las parcelas del este del Jordán. Ahora las restantes nueve y media estaban recibiendo lo que les correspondía.

Durante ese proceso, Caleb se adelantó para recordarle a Josué la promesa que Dios le había hecho a través de Moisés (v. 9). Cuarenta y cinco años atrás, durante la misión espía a Canaán, Caleb fielmente había dado un informe favorable acerca de la tierra. Pero, si bien él (y Josué) instaron al pueblo a que obedecieran a Dios y entraran, este se había negado. Todos los adultos mayores de 20 años perecieron en el desierto. Pero a través de Moisés, Dios había prometido: *"Excepto Caleb hijo de Jefone; él la verá, y yo le daré a él y a sus hijos la tierra que pisó, porque ha seguido fielmente a Jehová"* (Deuteronomio 1:36).

Encontramos dos ironías en este pasaje.

La primera, que Caleb no era israelita, sino "cenezeo" —nieto de Cenaz— quien a su vez era nieto de Esaú (Génesis 36:10-11). Pero su lealtad a Dios había excedido la de los naturales israelitas.

La segunda tiene que ver con el pedido que le hizo Caleb a Josué. Le pidió aquello que representaba el gran desafío que tenía tan asustados a los israelitas 45 años atrás. Esencialmente, Caleb estaba declarando: "Dame aquellas ciudades amuralladas llenas de gigantes (los anaceos), ¡porque con la ayuda de Dios los expulsaré!" (v. 12).

Josué reconoció la rectitud del reclamo de Caleb y le concedió su pedido. Algunos eruditos creen que la bendición de Josué le dio a Caleb la fuerza espiritual que necesitaba para llevar a cabo la tarea de someter a Hebrón.

Este pasaje nos lleva a las siguientes reflexiones:

1. Lo que nosotros "somos" no es tan importante como aquello en lo que "nos convertiremos" por la gracia de Dios. Caleb, el "perro" (un término que los israelitas aplicaban irónicamente a los no-israelitas), había sido una vez excluido de las promesas de Dios. Y se convirtió en el primer ejemplo de lo que un "perro" israelita podía ser: fiel, leal y valiente.

2. La propia elección —y no el lugar donde se nace ni el entorno— determina si alguien pertenece o no al pueblo de Dios. Él nos elige a través de su gracia anticipada.

3. Podemos contar con que Dios será fiel, pero debemos saber esperar el tiempo adecuado. Caleb esperó 45 años para obtener la tierra que Dios le prometió. Para algunas situaciones, la recompensa a nuestra fidelidad tal vez no venga ni siquiera en nuestra vida. Sin embargo, vendrá. ¡Nuestro Dios lo ha prometido!

DESARROLLO DE LA LECCIÓN

Reciba con afecto a sus alumnos y procure que el salón de clases esté limpio y arreglado para cuando lleguen. Antes de entrar al tema de hoy, repasen brevemente las cuatro lecciones anteriores.

Cubo de letras con palabras importantes

Antes de la clase, forre con un papel de color una caja de cartón vacía en forma de cubo. En cada uno de los lados de la caja escriba la primera letra de cada una de las seis palabras importantes de esta unidad: "Asombro", "Valor", "Poder de Dios", "Obediencia", "Confianza" y "Sabiduría".

En clase, repasen las palabras importantes de la unidad. Haga que los niños digan y definan qué significan esas palabras.

Muestre el cubo de letras y haga que uno de ellos se lo arroje a usted. Fíjese qué letra aparece en la cara que quedó hacia arriba y nombre la palabra importante que comienza con dicha letra. Luego brinde una pequeña definición de esa palabra. O use ese término en una oración sobre algo que ocurrió en esta unidad. Por ejemplo: "Asombro". "Los israelitas sintieron asombro cuando vieron cómo Dios separó las aguas del río Jordán". "Sabiduría". "Josué y Caleb actuaron con sabiduría cuando dieron un buen informe sobre Canaán".

Permita que los niños tomen turnos para arrojarse el dado unos a otros. Ayúdelos, si lo necesitan, con definiciones u oraciones. Asegúrese de que cada pequeño haya jugado.

Dígales: Josué y los israelitas actuaron con *sabiduría* al confiar en Dios y obedecerlo. Dios les dio *valor* para hacer lo que les había pedido que hicieran. Dios utilizó su *poder* y *sabiduría* para ayudar a su pueblo. El pueblo sintió *asombro* cuando vio lo que Dios había hecho. Nuestra historia nos muestra cómo Caleb confió en Dios una vez más.

Promesas cumplidas

Antes de la clase, prepare una variedad de ingredientes "nada apetitosos": una taza de arena, un montoncito de piedras, una jarra de insectos, un vaso de agua grasosa, y así sucesivamente. Por otro lado, prepare una deliciosa merienda: queso cortado en cubos, galletitas saladas, rodajas de salchichas, cubos de frutas, papas fritas, y lo que pueda incluir. Alguna bebida, vasos y servilletas.

En clase, diga: Hoy preparé una sabrosa merienda para ustedes. Les prometo que les va a gustar muchísimo. Coloque uno por uno los ingredientes "no apetitosos" que preparó.

A medida que los vaya poniendo, pregunte: ¿Te gusta? ¿Por qué no te gusta? Pero yo les prometí que les daría una rica merienda.

Permita que los niños expresen su desagrado.

Ahora coloque los verdaderos ingredientes. Pregúnteles: ¿Les gusta más esta merienda?

Comparta la comida sabrosa y permita que los niños coman. Mientras lo hacen, pregúnteles lo siguiente:

- ✗ ¿Cómo se sintieron cuando les ofrecí arena, piedras, insectos y agua sucia, como merienda?
- ✗ ¿Por qué se desilusionaron o disgustaron? (Porque usted les había prometido una sabrosa merienda, pero les ofreció algo feo.).
- ✗ ¿Es importante cumplir lo que prometemos?
- ✗ ¿Cómo te sientes cuando alguien cumple lo que te prometió?
- ✗ ¿Cómo te sientes cuando alguien no cumple lo que te prometió?

Comente: Alguien le hizo una importante promesa a Caleb, el hombre de nuestra historia bíblica de hoy. Veamos si esa persona cumplió con su promesa.

HISTORIA BÍBLICA

Seguir adelante

Lea Josué 14:6-15. Luego de que los israelitas tomaron la ciudad de Jericó, fueron en dirección a la tierra que Dios les había prometido. Josué condujo al pueblo en muchas batallas contra los cananeos. Dios los ayudó a vencer a sus enemigos y a tomar la tierra para sí.

Finalmente, luego de muchas cruzadas, los israelitas conquistaron la mayor parte de Canaán. Ahora era tiempo de dividir la tierra entre las tribus del pueblo de Israel. Dios le había dicho a Moisés cómo hacerlo. Ahora Josué tenía ese trabajo.

Un día, Caleb vino a Josué y le dijo:

—Josué, ¿recuerdas cuando, muchos años atrás, tú y yo fuimos parte de los 12 espías que Moisés envió para explorar la nueva tierra?

—Lo recuerdo muy bien —le respondió Josué.

—Bien —continuó Caleb—, yo tenía 40 años en ese momento. Cuando volví de ese viaje le dije a la gente que nosotros obedeceríamos a Dios y entraríamos en la tierra.

—Sí —dijo Josué—, y yo estaba de acuerdo en todo lo que tú dijiste. Le mencionaste a Moisés que la tierra era buena, y que Dios nos ayudaría a vencer a la gente que allí vivía. Nos suplicaste que confiáramos en Dios y que lo obedeciéramos.

—Así es —afirmó Caleb—. ¿Pero recuerdas lo que sucedió después? Los demás espías dieron tan mal informe que el pueblo quedó atemorizado de seguir a Dios.

—Lo recuerdo muy bien —aseguró Josué—. ¡Esa fue la razón por la cual perdimos 40 largos años en el desierto! —Caleb continuó—: Pero yo obedecí a Dios de todo corazón. Por eso, Dios le habló a Moisés y me hizo una promesa. Me prometió que yo no moriría en el desierto. Dijo que cuando la nueva tierra fuera nuestra, yo recibiría parte de la tierra por donde caminé, como mi propiedad.

—Es cierto —asintió Josué pensativamente.

—El Señor ha guardado la promesa que me había hecho 45 años atrás cuando vagábamos por el desierto. —Caleb declaró—: Ahora tengo 85 años. Pero me siento más fuerte que nunca. Y estoy listo para luchar por la tierra que Dios prometió que me daría. Si me das este monte que Dios me prometió, yo iré y venceré a la gente que allí vive. ¡Y Dios me ayudará!

Josué respondió:

—Estoy feliz de darte la ciudad de Hebrón, la cual forma parte de la tierra prometida por Dios. Tú has sido fiel en obedecerlo. Y ahora te doy la bendición de Dios.

Caleb no perdió el tiempo. Fue a Hebrón y venció a los enemigos que moraban en ese lugar. De allí en adelante, Hebrón perteneció a Caleb y su familia. Dios cumplió la promesa que le había hecho porque él había confiado y obedecido fielmente al Señor.

Luego de la historia, enfatice cuánto tiempo Caleb había esperado que Dios cumpliera su promesa.

Dígales: Pasaron 45 años desde que Dios le hizo la promesa a Caleb de que le daría la tierra hasta ese momento. ¿Cuántos años tienes? Escriba las respuestas de los niños en el pizarrón.

Pregúnteles: ¿Cuántos años tendrás dentro de 45 años? Muestre a los niños cómo usar sus dedos para sumar 6 ó 7 (su edad) al número 45. Coloque esas cifras en el pizarrón.

Pregúnteles: ¿Les parece mucho esa cantidad de años? (Probablemente a los niños les resulte difícil imaginar tal cantidad). Realice algunas comparaciones como: Sus abuelos deben tener unos (51, 52, 53) años.

Dígales: Caleb tuvo que esperar un largo tiempo para recibir aquello que Dios le había prometido que le daría. Pero Dios cumplió. Dios siempre cumple sus promesas a aquellos que con valentía confían en él y lo obedecen.

ACTIVIDADES

Realice estas actividades para ayudar a los estudiantes a conectar la verdad bíblica con sus vidas.

La promesa cumplida

Entregue a sus alumnos la hoja de actividad del libro del Alumno, lección 26, para que la lean junto con el maestro. Es una actividad apropiada para repasar la historia bíblica. Puede agregar preguntas relacionadas con ella.

Gira, gira

Entregue a los niños la segunda hoja de actividad del libro del Alumno. Ayúdelos a armar la rueda para jugar al "Gira, gira". Pida a los niños que sigan las instrucciones para el armado de la rueda. Necesitará tijeras, cartulina, pegamento, ganchos clip para papel y ganchos de dos patitas. Luego, permita que ellos giren el clip para que la rueda comience a dar vueltas, y puedan leer la palabra que salga cuando esta se detenga. Indíqueles que busquen el término o el lugar donde está la palabra en la frase. Permítales que escriban la palabra en el lugar correcto o que la coloreen. La frase completa es: "Dios cumple las promesas de aquellos que confían en él y lo obedecen". Haga que los niños lean la oración.

Dígales: Caleb confió en Dios y lo obedeció. Por eso Dios cumplió la promesa que le había hecho. Algunas veces el Señor elige a otras personas que trabajen para él, para ayudarlo a cumplir sus promesas. Pregúnteles: ¿Quién ayudó a que Dios cumpliera la promesa que le había hecho a Caleb? (Josué).

Imán con promesa

Antes de la clase, junte imanes con publicidades que haya en su refrigerador, o pida imanes a sus amigos o en los negocios cercanos. Si no tiene suficientes, como para darle uno a cada niño, use cinta adhesiva para sujetar los papeles.

En clase, entregue a cada niño un imán, una hoja de papel en blanco, colores, pinturas, marcadores, calcomanías, etc. Luego dígales que escriban en la hoja, la siguiente oración: "Dios cumple sus promesas". Dígales que pueden decorar la hoja, recortar los bordes, y luego pegarla del lado impreso del imán, de modo que puedan adherirla al refrigerador de su casa.

Dígales: Hoy aprendimos que Dios cumplió la promesa que le hizo a Caleb. Dios siempre cumple sus promesas. A veces tenemos que esperar un tiempo, pero podemos confiar en que Dios hará lo que prometió. Guarden esta hoja para que puedan recordar que el Señor siempre cumple sus promesas.

Memorización

Carrera del texto bíblico

Para esta última clase de la unidad, los niños deben saber el texto bíblico. Hoy pueden practicar una ruidosa competencia.

Divida a los niños en dos grupos. Es mejor si juegan en un patio, para poder gritar sin interrumpir otras clases. Usted estará a cierta distancia de ellos. Los dos primeros de cada grupo correrán hacia donde usted está. Al llegar, girarán y mirarán hacia su grupo, luego gritarán bien fuerte la primera palabra del texto. El que no la sabe, debe regresar al final de su fila. Luego correrán los siguientes dos niños y dirán la próxima palabra del texto bíblico. El equipo que termine primero y sin equivocarse, gritará el texto completo con la cita bíblica, y será el ganador. Usted deberá saber quién es el último niño de cada grupo.

Si lo desea, y hay tiempo, pida a cada uno que recite el texto completo. Los que no pegaron sus dulces al frasco de caramelos, lo pueden hacer en esta oportunidad.

Para terminar

Si aún hay tiempo, haga un repaso de todas las lecciones de la unidad con preguntas sencillas que usted mismo prepare con anticipación. Recuérdeles a los líderes que guiaron a Israel hacia la tierra prometida. Cómo confiaron en Dios y cómo él nunca los abandonó.

Para terminar, este es un buen momento para orar por los niños. Pídale al Señor que todos sean valientes como Caleb, quien fue un hombre que supo luchar contra los enemigos, pero también supo esperar en que Dios cumpliría sus promesas.

Invite a sus niños a la próxima serie de lecciones para que aprendan, jueguen, y vean las emocionantes lecciones sobre Jesús.

Año 3

Introducción – Unidad VII
IMITEMOS A JESÚS

Bases bíblicas: Lucas 9:51-56; 12:13-21; Marcos 12:38-44; Juan 4:1-42.

Texto de la unidad: *"El que tiene mis mandamientos y los guarda, ese es el que me ama"* (Juan 14:21a).

Propósitos de la unidad

Esta unidad ayudará a los principiantes a:

- ✗ Aprender, a través de la vida de Jesús, a imitar sus valores.
- ✗ Escoger siempre el camino de la paz y el de la no violencia.
- ✗ Saber que el hombre vale por lo que es, no por lo que tiene.
- ✗ Saber que aunque son niños necesitan al Salvador

Lecciones de la unidad

Lección 27: Busca la paz
Lección 28: Busca el amor
Lección 29: Busca a Dios
Lección 30: Busca la vida

Por qué los principiantes necesitan la enseñanza de esta unidad

En una época donde faltan modelos dignos de imitar, esta unidad cobra una importancia fundamental.

Nada más efectivo para un niño que se siente atraído por ejemplos nocivos de la televisión, que mostrarle el modelo por excelencia: Jesús.

En esta unidad de cuatro lecciones, usted tendrá la oportunidad de enseñarle valores tan importantes como son la paz, el amor, el lugar que debe ocupar Dios en sus vidas y la importancia de tener al Señor en sus corazones.

Los principiantes están en una edad en la cual son fuertemente marcados por los valores de sus compañeros de escuela. Conocemos perfectamente bien las actitudes y formas de vida de los niños de hoy que vienen de hogares no cristianos. De allí la importancia que adquiere esta enseñanza que invita a imitar a Jesús, y no a héroes o personajes de la televisión.

Busca la paz

Base bíblica: Lucas 9:51-56
Objetivo de la lección: Ayudar a los principiantes a entender que deben vivir en paz con los demás, aun con aquellos que piensan que son sus enemigos.
Texto para memorizar: *"El que tiene mis mandamientos y los guarda, ese es el que me ama"* (Juan 14:21a).

¡PREPÁRESE PARA ENSEÑAR!

Como adultos, tendemos a recordar nuestra niñez con nostalgia, olvidando las experiencias dolorosas y recordando los buenos tiempos.

Es por medio de esa lente que imaginamos nuestra niñez como un tiempo feliz, sin preguntas, sin preocupaciones, ni violencia.

Y es cierto que la mayor parte de ella fue un tiempo sin preocupaciones, aunque la violencia existe y el temor invade la vida de muchos niños. Los principiantes, a quienes usted enseña, son conscientes de la violencia que los rodea. La ven en la televisión, la escuchan en la radio, aparece en la computadora, y se enteran por las conversaciones de los adultos.

Cuando la tragedia azota, no solamente los adultos se preguntan: "¿Por qué?" o "¿Cómo?"

Con esta lección los niños comenzarán a entender que la violencia no formó parte del plan de Dios para sus hijos. Ellos aprenderán de las enseñanzas de Jesús, que Dios tiene otras metas para su pueblo. Él espera que sus seguidores escojan la paz. Jesús escogió alejarse de los samaritanos. Esto es para que los niños, siguiendo su ejemplo, se alejen y aparten de los que buscan pelear en el patio del recreo, o de aquel que hace bromas pesadas, o del adulto que los ridiculiza. La paz es la mejor alternativa a la violencia; y es ahora, cuando los niños son pequeños, que tenemos la oportunidad de enseñarles a responder con paz a las situaciones violentas.

COMENTARIO BÍBLICO

Las amenazas de fuego del cielo recuerdan a los lectores de la Biblia el encuentro entre el rey Ocozías y el profeta Elías en 2 Reyes, capítulo 1. Las dos historias tienen similitudes y diferencias importantes.

Las dos narrativas involucran heraldos. Jesús envió a sus mensajeros a una ciudad samaritana para hacer reservaciones por una noche. El rey Ocozías envió a investigar si el dios falso Baal-zebub sanaría sus heridas. Dios no estaba nada contento con la acción del rey y entregó al profeta un mensaje para él.

El rechazo juega un papel importante en las dos historias. Dios sintió el rechazo de Ocozías cuando consultó a un falso dios, e instruyó a Elías para que les dijera a los mensajeros del rey que él era el rey en Israel y que Ocozías no sobreviviría a sus heridas. Los mensajeros de Jesús no pudieron encontrar dónde hospedarse en la villa porque los samaritanos odiaban y rechazaban a los judíos.

El fuego de la discordia estaba por estallar. Tres veces el rey Ocozías envió sus capitanes con 50 soldados para tratar de traer a Elías desde donde estaba y así matarlo. Dos de los encuentros terminaron con Elías pidiendo fuego del cielo, el cual quemó a los soldados, probando que el profeta en verdad era el hombre de Dios.

Los discípulos al escuchar que no eran bienvenidos a la ciudad, recordaron la experiencia de Elías. Y preguntaron: *"Señor, ¿quieres que mandemos que descienda fuego del cielo... y los consuma?"* (Lucas 9:54).

Aquí es el punto donde las dos historias no coinciden. Jesús regañó a sus discípulos. Casi puedo oírlo decir: "¡Definitivamente no!", y prosiguieron su camino pasando a otra ciudad donde sí fueron recibidos.

Esta historia nos plantea una importante pregunta: ¿Cómo manejamos el rechazo, cuando viene especialmente como reacción a nuestras creencias cristianas? ¿Le pedimos a Dios venganza hacia aquellos que lo hacen? (Hay muchos salmos, que podemos recordar, donde el salmista hace exactamente eso). ¿O escogemos la fórmula de Jesús? La fórmula de Jesús fue no resistir a quienes nos rechazan (Mateo 5:39), no tomar venganza, orar por los enemigos (5:44), perdonarlos de la manera que deseamos ser perdonados (6:14-15). Claro, la manera de Jesús es la única manera que esperamos que los cristianos reaccionen. ¡Así debemos vivir! De esa forma deseamos que nuestros alumnos vivan.

En esta época donde la violencia y la venganza son proclamadas, ¿cómo podemos enfocar la forma no violenta de Jesús en nuestras enseñanzas?

DESARROLLO DE LA LECCIÓN

Prepare con anticipación los materiales didácticos que utilizará para esta lección y procure tener listo su salón de clases antes que sus alumnos lleguen.

Recuerde dar la bienvenida a los visitantes y tomar sus datos para contactarlos durante la semana.

Esta actividad es para captar la atención de los principiantes y prepararlos para aprender la verdad de esta lección.

Palabras importantes

"Seguidores de Jesús" y "Vida eterna"

Necesitará: cartulina, tijeras y marcadores. Antes de la clase, dibuje corazones y huellas de pies en cartulina para repartir a cada niño (uno para cada uno). Los corazones y las huellas pueden ser dibujados en cuadrados de 12 cm. x 12 cm. Los niños los recortarán en clase.

"Seguidores de Jesús": Son las personas que

creen que Jesús es el Hijo de Dios. El seguidor de Jesús lo ama y obedece.

"Vida eterna": Es vivir para siempre. Los que aceptan a Jesús como su Salvador, cuando mueren en la tierra, siguen viviendo en el cielo con él.

Escriba las palabras y su significado en la pizarra. Luego dígales a los niños que lo hagan en un lado de los corazones una palabra importante, y del otro lado la definición y su nombre. También que escriban de un lado de la huella la otra palabra importante y su significado, y su nombre detrás.

Los niños aprenderán estas palabras y sus significados y se lo podrán decir a su oído como si fuera un secreto. El que lo diga correctamente tendrá un premio al finalizar las 4 lecciones de la unidad VII (Puede ser un lápiz, un libro con porciones bíblicas, una hoja con figuras o calcomanías, una fruta, etc.)

Al terminar la clase, los niños deben dejar los corazones y huellas en una caja o bolsa para hacer lo mismo en el próximo encuentro.

Mural de un incendio

Esta es otra lección fácil de ilustrar. Debe contar con pegamento, colores, marcadores, pinturas, recortes de revistas de edificios altos, casas y una ciudad; y los niños dibujarán árboles, plantas y personas. En medio de los edificios y de la ciudad, pueden pintar llamas de fuego, para ilustrar una ciudad en llamas que represente como se vería Samaria si hubiera caído fuego del cielo como pedían los discípulos. Al pie del mural, escriba el texto a memorizar: *"El que tiene mis mandamientos y los guarda, ese es el que me ama"* (Juan 14:21a).

Con un mural así, podrá ilustrar muy bien la lección y hacerla vívida para sus alumnos.

HISTORIA BÍBLICA

¿Amigables o no amigables?

Jesús pasó mucho tiempo enseñando sobre el amor de Dios. Les dijo cómo deseaba que vivieran. También los instruyó sobre cómo debían tratar a los demás. Jesús ayudaba a las personas, por eso las sanaba.

El Señor enseñaba en Galilea, pero cierto día tuvo que ir a Jerusalén para decirles a las personas que Dios los amaba. Jesús sabía que en Samaria sucederían cosas interesantes. Una era que su muerte en la cruz se aproximaba. Él sabía que se acercaba el tiempo de su partida al cielo. Y les dijo a sus seguidores:

—Es tiempo de que vaya a Jerusalén.

Todos comenzaron a preparar lo que necesitarían para el viaje. Uno de los discípulos le preguntó a Jesús por qué camino irían.

—La forma más rápida es cruzar por Samaria —le contestó Jesús—. Nos llevará tres días si vamos por allí.

—Pero, Jesús —dijo otro discípulo— los samaritanos odian a los judíos. Si vamos por Samaria tendremos problemas.

—Iremos por allí —dijo el Señor—. Los samaritanos y los judíos fueron creados por Dios. Él ama a todos por igual. Cuando estemos cerca de la ciudad, alguno puede adelantarse para hablar con las personas. Podrán decirle que nosotros no lastimaremos a nadie, que somos gente de paz.

A medida que caminaban hacia Jerusalén, Jesús les enseñaba. Quería que sus discípulos comprendieran que Dios deseaba que mostraran amor unos por los otros, aun por aquellos que son malvados o simplemente indiferentes.

Caminaron hasta el atardecer. Ya era tiempo que se detuvieran a comer y a descansar.

—Allí hay un pueblo —señaló Jesús con su dedo—. Por favor vayan y pregunten si podemos pasar la noche allí y si hay alimento.

Algunos de los discípulos fueron hasta el pueblo. Un hombre les gritó:

—Ustedes no son de acá, son judíos. ¡Odiamos a los judíos!

—Mire, nosotros vamos hacia Jerusalén —dijo uno de los seguidores de Jesús—. Él está con nosotros más allá de la entrada del pueblo. Necesitamos un lugar donde quedarnos esta noche. ¿Podemos quedarnos aquí?

—¡Ya sabemos hacia dónde van! —gritó otro samaritano— y eso es lo que nos enoja. Ustedes creen que nosotros no somos buenos para ir a Jerusalén. ¡Donde adoramos a Dios no es lo suficientemente bueno para los judíos!

Los judíos pensaban que los samaritanos estaban equivocados porque ofrecían sacrificios a Dios en una montaña de Samaria. Pensaban que el único lugar correcto para ofrecer sacrificio era el templo de Jerusalén.

Los discípulos dejaron a los enojados hombres y salieron del pueblo. Regresaron y le contaron a Jesús lo acontecido.

—¡No podemos quedarnos! —dijeron—. ¡No quieren saber nada con los judíos!

Jacobo y Juan escucharon lo que sucedió.

—¿Quiénes se creen que son esos samaritanos arrogantes? —gritaron. A Jacobo y a Juan se los conocía como los hijos del trueno porque se enojaban con facilidad.

—¿Acaso esos tontos samaritanos no saben quién eres? —le preguntaron a Jesús.

—¡Tú eres más poderoso que el profeta Elías! ¡Ya sé lo que haremos, hagamos que caiga fuego del cielo! ¡Que se queme todo el pueblo, eso les dará un buen escarmiento!

Jesús suspiró y movió su cabeza. Estos dos discípulos sí que tenían mucho que aprender sobre el amor de Dios.

—Ustedes no pueden quemar a las personas y sus hogares simplemente porque ellos sean malos —les aclaró Jesús—. ¡Eso está mal, necesito gente que entienda sobre el amor de Dios! ¡Acciones malvadas no ayudarán a las personas a comprender el amor de Dios por ellos!

—Pero, ¿qué debemos hacer? —preguntaron Jacobo y Juan.

—Iremos a otro lugar, a otra ciudad —les contestó el Maestro.

Ese día, Jesús les enseñó una importante lección a los hijos del trueno. Aprendieron que Dios desea que su pueblo viva en paz con su prójimo, que muestren su amor, aun cuando los demás no sean amables.

Podemos aprender de Jesús. Podemos escoger la paz y decidir alejarnos cuando otros desean pelear o discutir con nosotros.

ACTIVIDADES

¿Amigable o no amigable? Sin palabras

Necesitará para cada niño: el modelo de unas manos en oración, una llama de fuego, palitos o paletas de helado de unos 15 cm., tijeras, lápices de colores, pegamento o cinta adhesiva.

Pídales que recorten las llamas de fuego y las manos que usted habrá dibujado o fotocopiado con antelación. Luego que las coloreen.

Cuando usted haga las preguntas, los niños solo levantarán las manos en oración o la llama dependiendo de la situación que usted comente, nadie debe decir ni una palabra. Dígales:

1. Jesús escuchó a su Padre, Dios. ¿Amigable o no amigable?
2. Jesús obedeció a Dios y se encaminó a Jerusalén. ¿Amigable o no amigable?
3. Jesús y sus seguidores hablaron del amor de Dios. ¿Amigable o no amigable?
4. Jesús envió a algunos de sus seguidores a Samaria. ¿Amigable o no amigable?

5. Los samaritanos odiaban a los judíos. ¿Amigable o no amigable?
6. Los samaritanos no querían hospedar a Jesús y a sus amigos. ¿Amigable o no amigable?
7. Jesús y sus amigos fueron hasta otra ciudad. ¿Amigable o no amigable?
8. Los discípulos deseaban que cayera fuego del cielo sobre Samaria. ¿Amigable o no amigable?
9. Jesús desea que todas las personas se amen y no peleen entre ellas. ¿Amigable o no amigable?

Memorización

¡Dulces y caramelos bíblicos!

Compre un dulce para cada niño, sobre el cual pueda pegar o colgar el texto bíblico para memorizar.

"El que tiene mis mandamientos y los guarda, ese es el que me ama" (Juan 14:21a).

Que los niños lleven el dulce a su casa y practiquen el texto. Pueden decírselo a su mamá, su papá o a un hermano. Cuando lo hayan dicho todo de memoria pueden comer la golosina. Diga: "En la próxima clase me dirán el texto en secreto. Al finalizar la Unidad VII podrán decirlo, y recortar el dulce con el texto para pegarlo en el frasco de caramelos".

Para terminar

Pida a los niños que recorten, coloreen y completen la lección 27 del libro del Alumno. Luego ore por ellos para que sean portadores de paz entre sus amigos, en la familia y en cualquier lugar donde haya situaciones difíciles.

Pida al Señor por ellos, que los guarde del mal. Anímelos a regresar a la próxima clase.

Lección 28

Busca el amor

Base bíblica: Marcos 12:38-44
Objetivo de la lección: Que los principiantes, como seguidores de Jesús, puedan dar de lo que tienen por amor a Dios y no para que otras personas los vean.
Texto para memorizar: *"El que tiene mis mandamientos y los guarda, ese es el que me ama"* (Juan 14:21a).

¡PREPÁRESE PARA ENSEÑAR!

Los principiantes viven en un mundo que les enseña a ser los mejores en todo. Mientras crecen aprenden que el éxito se mide por lo que otros piensan de ellos y por la cantidad de dinero y posesiones que logren en la vida.

Esta lección le dará la oportunidad de demostrarles que existe una forma diferente y mejor: la manera como Dios quiere que sea. Ellos necesitan saber que la opinión de Dios es la que realmente vale. Y que ellos le agradan cuando muestran amor por él y por sus semejantes.

Deben conocer que a Dios no le interesa cuánto dinero tengan o cuántas cosas hayan ganado. Dios se preocupa por cómo están sus corazones y relaciones, con él y con sus semejantes.

Ayude a sus alumnos a descubrir formas para demostrar su amor por Dios. Luego pueden hacer una promesa de amar y honrar al Señor por sobre todas las cosas.

COMENTARIO BÍBLICO

¿Cómo se siente cuando está cerca de una persona que se cree muy importante? ¿Sabe a qué me refiero? A esa clase de personas con ropa elegante que dicen: "¡mírame!"

¿Y qué de esa otra que le hace notar el costoso reloj que lleva puesto? ¿O el que maneja un automóvil último modelo y que vive en una mansión?

Yo sé cómo usted se siente: ¡muy incómodo! Personalmente me siento hasta avergonzada cuando estoy cerca de personas que ostentan su fortuna.

Lo descrito anteriormente me recuerda a un hombre exitoso en su negocio, el cual quería lucir su fortuna ante sus compañeros. Por lo tanto fue y se compró un automóvil cero kilómetro, el cual pagó… en efectivo.

A la mañana siguiente manejó su automóvil al trabajo. Estacionó frente a su oficina. En el momento en que abrió la puerta, un camión lo chocó de costado, arrancando la puerta del auto y amputando el brazo del dueño.

La policía llegó inmediatamente y el hombre herido comenzó a gritar:

—¡Busquen al chofer del camión! ¡Arruinó mi automóvil cero kilómetro, me hizo pasar vergüenza frente a mis compañeros! ¡Esto es terrible!

El oficial de policía le contestó:

—¡Señor, trataremos de encontrar al otro conductor! ¡Pero, primero necesitamos asistirlo a usted! ¿No se da cuenta que con el impacto usted perdió su brazo?

El hombre rico miró su ensangrentado cuerpo y exclamó:

—¡Oh no! ¿Dónde está mi costoso reloj?

¡Ese era un hombre con las prioridades cambiadas!

Por el contrario, hay muchas personas que ayudan y dan de su dinero y su tiempo para que otros sean felices. Hay gente que invierte en escuelas, iglesias, hospitales, o investigaciones científicas para que otras personas mejoren su salud o se sanen de enfermedades incurables. Ellos son ejemplos modernos, como lo fue la viuda a quien Jesús nombró. Ella dio todo lo que tenía; no dio un porcentaje, ni lo que le sobraba, lo dio todo. La viuda dio todas sus monedas y quedó en completa dependencia del cuidado divino. Dio porque amaba a su Dios. Ella no era del tipo de persona que esperaba ser vista y admirada por lo que tenía.

Pablo escribió: *"Pero esto digo: el que siembra escasamente, también segará escasamente; y el que siembra generosamente, generosamente también segará. Cada uno dé como propuso en su corazón: no con tristeza ni por obligación, porque Dios ama al dador alegre"* (2 Corintios 9:6-7).

Dar con el corazón es el resultado del amor que sentimos por Dios y por el prójimo.

DESARROLLO DE LA LECCIÓN

Prepare con anticipación los materiales didácticos que utilizará para esta lección y procure tener listo su salón de clases antes que sus alumnos lleguen.

Recuerde dar la bienvenida a los visitantes y tomar sus datos para contactarlos durante la semana

Recojamos la ofrenda

Pregunte a los niños si saben por qué y para qué son las ofrendas que se recogen en la iglesia. Permita que ellos den sus opiniones. Aclare las ideas equivocadas, como que las ofrendas son todas para el pastor. Explíqueles que algunas ofrendas son para las misiones, para que se predique la Palabra de Dios en otros países, para que se paguen los servicios del templo, para el salario pastoral, etc. Luego diga a los niños que recogerán la ofrenda. Un niño puede hacerlo y otro elevar una oración de gratitud.

Luego pregúnteles cómo se sintieron al poner la ofrenda. Pregunte si alguno deseaba que sus compañeros vieran lo que ponía. Si fue así, ¿por qué deseaba que lo vieran? Esta será una buena lección práctica para hacer la introducción a la lección de hoy.

Rompecabezas regalo de amor

Pida a los niños que corten los círculos del libro del Alumno, lección 28. Luego que los peguen en cartulina o cartón no muy grueso. Dígales que corten las figuras y las coloreen. En la otra cara de la rueda, indíqueles que dibujen una manera en la que pueden mostrar su amor por Dios. Provea una bolsa o sobres para que lleven las partes a casa.

HISTORIA BÍBLICA

Un gran regalo de amor

—Ellos creen que visten muy bien con sus ropas costosas —dijo Jesús—. Creen que es muy bueno hacer que todos los demás pongan su mirada en ellos. Les gusta llamar la atención cuando se sientan al frente durante los momentos de adoración. También esperan y buscan los mejores lugares en las fiestas. Tratan de mostrar que aman a Dios y que lo obedecen, pero la verdad es otra. Solo muestran amor por sí mismos. Sus oraciones en voz alta son solamente para hacerse oír por los demás, pero no para que Dios los escuche.

—Eso sí que tiene sentido para mí —dijo una mujer—. Si oro a Dios y lastimo a otros, eso no es mostrarles que los amo.

Luego Jesús se sentó. Allí cerca podía ver el arca para las ofrendas. Miró a su alrededor, y vio que la gente pasaba y colocaba sus dádivas.

Un hombre rico, que parecía muy importante, se acercó a dejar su ofrenda. Se aseguró de que la gente lo mirara. Arrojó una gran cantidad de monedas y miró a su alrededor con mucho orgullo. Quería que las personas vieran lo importante que era.

Jesús seguía observando a otros ricos que hacían lo mismo con gran ostentación.

Se sentían muy orgullosos. Sin duda, ninguno de ellos pensaba en Dios.

Luego, Jesús vio una viuda muy pobre que se acercó silenciosamente. La mujer no miró a nadie. Caminaba con su cabeza inclinada hacia el suelo. Se veía harapienta, con ropas emparchadas y rotas. Su esposo había muerto. ¡Todo lo que tenía eran solamente dos monedas! Jesús sonrió cuando la vio acercarse y dar a Dios todo lo que tenía.

—Miren —dijo Jesús a la gente que estaba con él—. Miren a esa silenciosa mujer.

—Si no tiene casi nada para darle a Dios —dijeron los apóstoles.

Pero Jesús les respondió:

—Quiero que recuerden esta importante verdad: esa pobre mujer dio a Dios mucho más que todos esos ricos. Ella echó en el arca más que todos. Porque todos echaron de lo que les sobraba, pero esta, de su pobreza puso todo lo que tenía, todo su sustento.

Dios no quiere que demos para que otras personas piensen que somos buenos. Él quiere que demos todo lo que podamos porque lo amamos, no porque nos hace sentir que somos importantes.

Al final los seguidores de Jesús comprendieron lo que les estaba enseñando. Ahora entendían que a Dios le interesa que lo amemos y que amemos a nuestro prójimo, y no que seamos vistos. Esta fue una importante lección en el templo.

Hoy podemos aprender algo muy especial. Debemos dar lo mejor que tenemos porque amamos a Dios, no porque queremos que otros nos vean y piensen que somos buenos e importantes.

Esta es una buena oportunidad para pasar la ofrenda. Puede decir: "Jesús enseñó cosas muy importantes. En la Biblia, la historia de hoy, nos enseña que lo importante no es lo mucho que damos para Dios; lo importante para él es por qué lo damos. Él quiere que demos lo mejor porque lo amamos.

ACTIVIDADES

Tarea práctica: "Regalos de amor"

Una o dos semanas antes de clase: Pida a sus alumnos que con sus propios ahorros compren ¼ de kilo, ½ kilo ó 1 kilo de cualquier alimento no perecedero para colocarlo en 1 ó 2 bolsas o cajas. Prepare las cajas (no deben ser muy grandes). Puede forrarlas con un papel llamativo de regalo y ponerle un rótulo grande que diga: "Nuestro regalo de amor".

Pregunte al pastor o a los padres de los niños si hay una familia necesitada a quien su clase pueda regalar las cajas.

Acláreles que quienes no pueden traer su regalo, no deben sentirse mal. Los que pueden traer más de 1 kilo, no tienen que sentirse orgullosos (o importantes). Haga énfasis en que traeremos esos regalos porque amamos a Dios y a la gente.

Los niños pueden confeccionar dos tarjetas de tamaño grande de 30 cm. x 25 cm. Cada una que digan: "Nuestro regalo de amor para usted, ¡Dios lo/la/los bendiga! De: la clase de principiantes". Pídales que decoren las tarjetas con calcomanías y colores.

Todos —incluso el maestro— pueden firmar las tarjetas. Los regalos pueden ser enviados, o el maestro y 2 ó 3 alumnos pueden llevarlos personalmente a la/s familia/s necesitadas.

¡Monedas perdidas y encontradas!

Esconda 2 monedas de poco valor en el salón. Pida a los niños que las busquen. Los dos primeros que las encuentren pueden guardar las monedas y llevarlas a su casa para regalárselas a dos amigos. Luego dígales que relaten a sus amigos la historia bíblica de hoy.

Memorización

Copie o dibuje las caras de diversas monedas de su país. Hágalas en cartulina o cartón de unos 10 cm. de diámetro. Píntelas de color dorado, plateado o color cobre. En la parte de atrás de la cara de la moneda escriba una palabra del texto para memorizar en cada una de ellas. Escóndalas por todo el salón. Antes de comenzar la búsqueda de las mismas, escriba el texto en la pizarra y practíquenlo varias veces. Pida a los alumnos que busquen las 15 monedas, incluyendo la cita bíblica: *El que tiene mis mandamientos y los guarda, ese es el que me ama* (Juan 14:21). Cuando los niños encuentren las monedas, deben correr y colocarlas sobre la mesa, en el lugar correcto para formar el texto bíblico. Los que no encontraron monedas, pueden ayudar a acomodar el texto sobre la mesa. Guarde las monedas para la memorización y repaso en la próxima clase.

Para terminar

Pregunte a los niños cómo se sintieron al dar sus regalos de amor y usar de su propio dinero para comprar los productos alimenticios.

Coloque al grupo en círculo. Pídales que comiencen orando por su compañero de la izquierda. Cada uno ora por el próximo niño. A llegar al maestro, él orará por el pequeño de su izquierda y por toda la clase, para que sean niños amorosos y cumplidores de la Palabra de Dios, deseosos de amar al Señor y a su prójimo sin ser vistos por los demás. Dé gracias a Dios por el amor que los niños demostraron al dar de sus ahorros y comprar alimentos para personas con necesidad.

Busca a Dios

Base bíblica: Lucas 12:13-21
Objetivo de la lección: Que los principiantes sepan que es malo ser avaros y egoístas, y que Dios puede ayudarlos a amarlo a él más que a las cosas terrenales.
Texto para memorizar: *"El que tiene mis mandamientos y los guarda ese es el que me ama"* (Juan 14:21a).

¡PREPÁRESE PARA ENSEÑAR!

La televisión y otras fuentes de publicidad están diseñadas para que deseemos ganar más y gastar más. Su meta es hacernos creer que los productos que vemos, oímos y leemos son necesarios para que seamos felices.

La publicidad no está dirigida solo a los adultos. ¿Ha visto los programas para niños en la televisión? ¿Escuchó en la radio ese tipo de publicidades? No queda la menor duda de que están hechas para atraerlos, porque los publicistas saben que muchos niños tienen dinero para gastar, o que pueden pedir a sus padres.

Jesús nos enseña una forma diferente de mirar lo que deseamos. Jesús nos enseña que las posesiones y riquezas no llevan a la felicidad. Que la verdadera felicidad se encuentra a través de una profunda relación con Dios. Los niños hoy necesitan escuchar que el Señor tiene mucho más para ellos que posesiones materiales y riquezas. Él tiene en mente la vida eterna y ellos tienen que tomar una decisión. Los niños pueden escoger primeramente a Dios, sin importar lo que otros hagan o digan.

COMENTARIO BÍBLICO

Es difícil pretender que los niños que crecen en la alta sociedad comprendan el significado de la parábola del rico y el pobre. Por el contrario, será más fácil que los pequeños que están en contacto con una gran variedad de necesidades comprendan la historia de hoy. De todas formas, el punto que Jesús enfatiza en estos versículos es crucial para vivir de la forma que agrada a Dios. Nuestra sociedad se vuelve loca por consumir. En este caso en particular, Jesús llama la atención sobre el rico necio que saborea y depende de su fortuna. Este es un buen momento para guiar a sus alumnos a tener actitudes cristianas hacia otras personas y hacia las posesiones. Aquí presentamos cinco perspectivas que lo podrán ayudar a presentar esta lección.

Juguetes y cosas. No hay nada malo en tener las herramientas correctas para desarrollar un trabajo. Tampoco está mal divertirnos, lo que nos permite distraernos de nuestras tareas. Pero si comenzamos a valorarnos como personas según la cantidad de juguetes o cosas materiales que poseemos, pagaremos un precio muy alto; los juguetes y cosas ocuparán nuestro tiempo y atención. Si son lo más importante, eso nos llevará a ser negligentes con nuestra vida espiritual, y los problemas comenzarán a resentir tanto nuestra vida interior como nuestra relación con los demás.

¡Yo y siempre yo! El rico insensato de la historia de Jesús cometió el error de pensar que sus riquezas eran todo lo que necesitaba para que le fuera bien en la vida. Creía que él por sí mismo había producido todas las cosechas, olvidando por completo que sus posesiones eran un regalo de Dios para él. El hombre se convirtió en el centro de su propio mundo. Lo mismo puede pasarnos a nosotros, si constantemente sentimos la necesidad de ser "primero yo y siempre yo".

¡Más, quiero más! Hay algo extraño en este aspecto de acumular más y más. Por alguna razón, "más" nunca llega a ser suficiente. La mayoría de la gente que se enreda en el materialismo nunca está satisfecha. Creen que "una cosa más" los hará felices, no se dan cuenta que tener "más y más" es un círculo vicioso que nunca termina.

¡Diversión y más diversión! La equivocación de algunos, es creer que el propósito de la vida es el placer. El dolor y los problemas son vistos como interrupciones para alcanzar la felicidad. Las cosas muchas veces se complican más -y llevan a la persona cada vez más lejos de Dios- cuando el placer va unido a las posesiones. El pensamiento es: "cuantos más juguetes tenga, más me divertiré". Pero la alegría no dura mucho.

¿Dónde está Dios? Concentrado en sí mismo y en sus riquezas, el rico insensato se convirtió en un perfecto ateo. Eliminó a Dios de su vida. Ese mismo peligro existe para nosotros hoy y siempre. Si nuestro propósito es ganar posesiones y tener placer, estaremos tratando de satisfacer nuestros deseos egoístas. La pregunta básica de la que depende nuestro destino es: ¿viviremos solo para nosotros mismos, o escogeremos a Dios y sus caminos?

Esta semana, mientras usted inspira a sus alumnos, ore para que ellos vean y entiendan la verdad que Dios quiere enseñarles.

DESARROLLO DE LA LECCIÓN

Reciba con afecto a sus alumnos y procure que el salón de clases esté limpio y arreglado para cuando lleguen. Antes de entrar al tema de hoy, repasen brevemente las dos lecciones anteriores. Pregunte a los niños cómo les fue durante la semana y si tienen peticiones de oración.

Escoja una actividad que ayude a los niños a comprender la lección.

¡Busquemos en la Biblia!

Se espera que cada clase tenga una cantidad de Biblias para los niños o, mejor aún, que cada niño traiga su propia Biblia.

Pídales que se sienten en círculo. Usted se quedará de pie, fuera del círculo, para comenzar el juego/actividad. Todos los niños tendrán sus Biblias cerradas. Comience a caminar alrededor de ellos. En un momento deténgase y diga la cita bíblica de la unidad: Juan 14:21 (que nadie abra la Biblia hasta que usted diga: ¡ya!). Cuando usted diga: ¡ya!, el primer niño que encuentre la cita bíblica se pondrá de pie y la leerá en voz alta. Luego usted continúe caminando. Todos los niños tendrán sus Biblias cerradas. Ahora usted diga la cita de la historia de hoy: Lucas 12:13-21. Luego diga: ¡ya!

El primer niño que la encuentre leerá la historia bíblica o el versículo más importante, como por ejemplo Lucas 12:15. Repita el juego mientras haya tiempo o interés.

Esta actividad ayudará a los niños en el uso de la Biblia. Si hay niños nuevos o que no saben utilizarla, practique por unos minutos antes de la actividad.

Palabras importantes
"Seguidores de Jesús" y "Vida eterna"

Usted ya tiene los corazones y las huellas para esta actividad, hechas en la lección 27.

"Seguidores de Jesús": Es la persona que cree que Jesús es el Hijo de Dios. El seguidor de Jesús lo ama y obedece.

"Vida eterna": Es la vida que Dios nos da cuando recibimos a Jesús como Salvador. La recibimos en esta vida y la tendremos por la eternidad, con el Señor en el cielo.

Escriba las palabras y su significado en la pizarra y pida a los niños que no tienen los corazones y las huellas que copien lo que usted escribió.

Los niños aprenderán estas palabras y sus significados y se lo podrán decir en su oído como si fuera un secreto. El que lo diga correctamente tendrá un premio al finalizar las 4 lecciones de la unidad VII (puede ser un lápiz, un libro pequeño con porciones bíblicas, una planchuela con figuras o calcomanías).

Al finalizar, los niños deben dejar los corazones y huellas en una caja o bolsa para hacer lo mismo en la próxima clase.

HISTORIA BÍBLICA

El hombre que quería más y más

Muchas personas se reunían al lado de Jesús.

—Escuchen lo que dice —sugirió alguien.

—Parece que conoce a Dios —comentó otro.

—Él es un gran maestro —aclaró una mujer que estaba entre la multitud escuchando lo que Jesús enseñaba.

Pero había un hombre entre todos ellos que no tenía un rostro feliz: "Tal vez puedo hacer que Jesús

hable con mi hermano para que comparta conmigo la herencia", pensó. Él era el hermano más joven. La ley decía que su hermano mayor recibiría la herencia. El joven tenía algo de dinero pero no le bastaba. ¡Él quería más! "¡No es justo!", se decía a sí mismo.

—Maestro —llamó el joven a Jesús.

"Este hombre se ve infeliz", pensó Jesús.

Dile a mi hermano mayor que me dé el dinero de la herencia, continuó. No es justo que a él le corresponda más que a mí. Soy yo quien debería tener más.

—Joven —replicó Jesús— yo no soy un juez o partidor. No me corresponde a mí hacer que tu hermano te dé el dinero.

El joven lo miró y frunció el ceño. Esta situación no estaba funcionando como él esperaba. Su hermano no lo escucharía. Pero sí le daría más dinero si Jesús intercedía por él.

Jesús miró al joven. Sabía que no estaba feliz con su respuesta. Luego miró a la multitud. "Este es un excelente tiempo para enseñarles una parábola", habrá pensado Jesús.

—Dejen que les cuente una historia —continuó el Maestro.

Jesús sabía que el joven necesitaba oír esa historia.

Esta es la historia especial de un hombre rico.

(La gente comenzó a mover la cabeza. Esta parecía ser una buena historia.)

El hombre rico era granjero. Había cultivado una gran cantidad de granos en sus campos. Hubo un año en que la producción de grano fue abundante y de muy buena calidad. La cosecha fue tan grande que el hombre no tenía dónde ponerla.

¿Qué haré ahora? —se preguntó el granjero—. No tengo depósitos donde colocar la cosecha. (Haga una pausa en la historia para hacer las siguientes preguntas:)

✗ ¿Quién hizo que el grano/semilla creciera?

✗ ¿Qué debió decirle a Dios el granjero por haber cosechado un grano tan grande y sano? (Gracias Señor.)

✗ ¿Qué creen que debió hacer el granjero con todo el grano que cosechó? (Ayudar a los más necesitados que no tenían alimento.)

✗ ¿Qué creen que hizo el granjero con el grano que no pudo guardar? (Las respuestas serán diferentes.)

Diga: Veamos qué nos dice la Biblia sobre el granjero.

En el pueblo del granjero había muchas personas que no tenían alimentos. Pero al granjero no le importó. Él comenzó a hacer otros planes:

—Esto es lo que haré —dijo—. Destruiré mis graneros, construiré unos más grandes y guardaré toda la cosecha.

El granjero estaba muy feliz con su idea —prosiguió Jesús—. El muy necio tiró sus graneros, construyó otros más grandes y se sentó y pensó: '¡Qué linda vida tengo! ¡Soy tan fuerte y sano! Mi vida será muy fácil por muchos años. ¡Tendré gran cantidad de alimentos! ¡La verdad que hice un buen trabajo! Todo por mi capacidad. ¡Yo soy lo más importante!'

Dios escuchó al hombre.

Jesús continuó con su historia.

Eres un necio —le dijo Dios—. Te olvidaste de mí. Te olvidaste de amarme. Olvidaste que todo lo que tienes viene de mí. Esta misma noche morirás, y ¿piensas que tus graneros y cosechas vendrán en tu ayuda?

La multitud movía la cabeza. Jesús entonces dijo:

Esa noche el necio murió. No pudo llevar consigo sus granos. No podía usar sus cosechas. Antes de morir, el granjero aprendió una gran lección. Aprendió que debió poner a Dios en primer lugar, que debió confiar en él para que lo cuidara, que debió dar gracias al Señor por todas las cosas buenas que le daba. Y que debió usar lo que tenía para ayudar a otros en necesidad.

Jesús quería que la gente a su alrededor aprendiera y recordara que debía amar a Dios más que a cualquier cosa en este mundo. Todos nosotros podemos aprender. Podemos decidir poner al Creador en primer lugar. Podemos decidir amar a Dios más que el dinero, o las cosas materiales, o aún a las personas.

ACTIVIDADES

Mural: "Puedo vivir como Jesús"

Prepare en dos cartulinas unidas o en papel afiche, un cartel grande para que los niños trabajen y quede por varias semanas pegado en una de las paredes del aula.

En el centro escriba en letras anchas y para rellenar: "Puedo vivir como Jesús". Pida a los niños que traigan algunos granos/semillas de casa: maíz, arroz, frijoles, etc. En la clase, ellos pegarán dentro de las letras los diferentes granos que trajeron. Quedará muy bonito si son granos de diferentes colores.

Además, pídales (o lleve usted), figuras o fotos de personas realizando una buena acción o compartiendo/sirviendo de alguna forma. Pueden ser dibujados/ pintados por ellos mismos. Alrededor de las palabras rellenas con semillas, podrán pegar y luego comentar sobre las figuras/fotos que trajeron. Guíelos con preguntas sobre el tema de la lección.

"Dios en primer lugar". Condecoración

Entregue a los alumnos la hoja de actividad del libro del Alumno, lección 29. Pida que se dibujen a sí mismos en uno de los lados o que coloquen su nombre. Mientras dibujan, pregúnteles a modo de repaso: ¿Cómo pueden decidir poner a Dios en primer lugar? (Hablando con él, aprendiendo de él y de su Palabra, siguiendo a Jesús en obediencia, mostrando su amor por medio de dichos y hechos.) Pida a los niños que unan de punto a punto la figura de atrás de la hoja. Pregúnteles: ¿Quién no puso a Dios en primer lugar? ¿Qué cosa importante aprendieron hoy?

Ayúdelos a armar la condecoración siguiendo las instrucciones que están en la misma página. Pídales que se lo lleven a su casa y le cuenten a alguien la historia de hoy.

Diga: Ustedes pueden decidir vivir como Jesús enseña, poniendo a Dios en primer lugar. ¿Qué es lo más importante? ¿Dios o el dinero? ¿Un video o Dios? (Dios) ¿Quién es más importante, sus padres o Dios? (Dios.) Dios es más importante que cualquier persona o cosa. Él nos da buenas cosas. Nos da a nuestros padres para que nos amen y nosotros los amemos. Pero él es el único Dios. Debemos amarlo más que cualquier otra cosa.

Memorización

Use las monedas de la clase anterior para enfatizar el versículo bíblico. Esconda las monedas por todo el salón. Antes de comenzar la búsqueda, escriba el texto en la pizarra y practíquenlo varias veces. Luego pida a los alumnos que busquen las 15 monedas, incluyendo la cita bíblica. 1. El, 2. Que, 3. Tiene, 4. Mis, 5. Mandamientos, 6. Y, 7. Los, 8. Guarda, 9. Ese, 10. Es, 11. El, 12. Que, 13. Me, 14. Ama. 15. (Juan 14:21). Cuando los niños encuentren las monedas, deben correr a colocarlas sobre la mesa en el lugar correcto para formar el texto bíblico. Los niños que no encontraron nada, pueden ayudar a armar el versículo sobre la mesa.

Para terminar

Pida que cada niño ore repitiendo estas palabras: "Jesús, quiero que me ayudes a que tú ocupes el primer lugar en mi vida. No quiero que........... (la televisión, los deportes, mis amigos, etc.) sean lo más importante en mi vida".

Ore por sus alumnos para que sepan poner a Dios en el primer lugar siempre.

Busca la vida

Base bíblica: Juan 4:1-42
Objetivo de la lección: Que los principiantes entiendan que la salvación es para todos los que creen en Jesús y lo reciben como su Salvador.
Texto para memorizar: *"El que tiene mis mandamientos y los guarda, ese es el que me ama"* (Juan 14:21a).

¡PREPÁRESE PARA ENSEÑAR!

Recientemente alguien me preguntó: ¿No crees que la gente adora mejor con aquellos con quienes se siente cómodo?

Esto me hizo pensar y observar a las personas que están alrededor de mí, en la iglesia a la que asisto. Noté un gran parecido entre todos ellos, pero también noté varias diferencias.

Después de pensar en esa pregunta, me di cuenta que no estaba de acuerdo. Yo no creo que Dios nos haya llamado a formar grupos selectos y alejarnos de aquellas personas que son diferentes a nosotros.

De hecho, creo que esta historia bíblica nos enseña a hacer lo contrario. Jesús nos enseña que miremos más allá de aquellos con quienes nos sentimos cómodos. Jesús quiere que ofrezcamos el regalo de la salvación a todos los que necesitan conocerlo. Los principiantes generalmente son extrovertidos en lo que tiene que ver con hablar de Jesús y de su fe. Ellos lo aman y quieren que otros lo sepan.

Anime a sus alumnos a pensar más allá de su familia y amigos de la iglesia. Ayúdelos a pensar en gente que conocen y que necesita al Señor.

Luego comience a orar con sus alumnos por esas personas. Como maestro puede profundizar la relación de ellos con Dios, de dos formas. Primero, brinde a los principiantes la oportunidad de conocer a Jesús como su Salvador personal. Segundo, ayúdelos, ofreciéndoles las herramientas que necesitan para contarles a otros sobre el regalo de Dios: la vida eterna.

COMENTARIO BÍBLICO

Esta pregunta es para usted: ¿Quién puede ser cristiano? En un principio, esta puede parecer una simple pregunta con una simple respuesta. Usted dirá: Todos, por supuesto.

Entonces deje que le pregunte algo más: ¿A qué persona le resultará más difícil ser cristiana? Cualquiera que tenga impedimentos o barreras —ya sean reales o imaginarias— tendrá dificultades para aceptar al Señor.

En su conversación en el pozo, Jesús derribó dos barreras que su sociedad había levantado. En primer lugar, disolvió las diferencias entre los que eran "elegidos" y los que eran "rechazados". Los judíos, "la raza escogida", rechazaban a los samaritanos. Las Escrituras lo dicen: *"los judíos no se trataban con los samaritanos"* (Juan 4:9). Jesús no prestó atención a esta creencia. Él no solo había tratado con los samaritanos, sino que los usó como ejemplo digno de imitar por los judíos. En segundo término, Jesús rompió el tabú y comenzó a hablar con una mujer. No era aceptable que Jesús hablara con una mujer samaritana honrada (aunque los judíos dudaban de que existiera alguien así), pero aún era peor con la mujer con la que se puso a conversar. Ella era aún despreciada por su sociedad debido a sus problemas maritales.

A los ojos de la cultura judía, esta mujer era totalmente inaceptable. Pero aún así, Jesús la vio como alguien que valía la pena que escuchara las buenas nuevas que tenía para ella. Él discutió cada objeción que la mujer le hizo, y pacientemente derribó cada una de las barreras que ella tenía sobre el Mesías. Finalmente ella creyó y muchos más creyeron en el Señor, basados en su testimonio de Jesús.

Esta es una historia con final feliz, aunque, en un principio, las murallas tuvieron que ser derribadas. Esto entonces nos lleva a otra pregunta: ¿quién no está en condiciones de recibir la salvación hoy?

Antes que usted conteste "nadie" y deseche la idea, piense en los muros que la gente debe enfrentar en estos días.

Para algunos, su raza es una barrera, ya sea para hablar o para escuchar del Evangelio. El color de la piel y las diferencias culturales pueden ser estorbos para el evangelismo.

En las culturas pluralistas de hoy, casi todo ser humano tiene diferentes opiniones. En muchas ocasiones la diversidad de ideas es una barricada para el evangelismo.

Algunos opinan y actúan como si los que pertenecen a un partido político diferente al de ellos, no son verdaderos cristianos. Las mentes cerradas son verdaderas barreras.

Las personas de diferentes religiones tienen problemas para comprenderse unas a otras. Si no sabemos lo que los musulmanes, hindúes o judíos creen, ¿cómo podremos predicarles el Evangelio de Jesús?

¿Y qué de las circunstancias de la vida? ¿Tendemos a desesperarnos porque algunos son demasiados pobres, o demasiado adictos, o problemáticos, para ser cristianos? Si es así, debemos derribar esas murallas.

Juan 3:16 no reconoce las barreras que los humanos levantamos. No hay ninguna exclusión en "todo aquel". Cada uno, sin importar las circunstancias, es digno de escuchar el Evangelio, y tener la oportunidad de creer.

DESARROLLO DE LA LECCIÓN

Reciba con afecto a sus alumnos y procure que el salón de clases esté limpio y arreglado para cuando lleguen. Antes de entrar al tema de hoy, repasen brevemente las tres lecciones anteriores y pida a sus alumnos que hablen sobre cómo han sido fieles a Dios durante este mes que está por concluir.

Agua fresca

Si es posible, antes de la clase tenga alguna actividad para que los niños corran o salten, de esa manera tendrán sed.

En la clase necesitará: jarras con agua fría y vasos. Coloque la jarra con agua bien fría sobre la mesa. Esconda los vasos.

Pregunte a los niños si desean un trago de agua. Señale la jarra. Invite a los que tienen sed a tomar. Los niños descubrirán que no hay vasos. Pregunte: ¿Qué necesitan para beber?

Traiga los vasos y sirva el agua a los niños. Pregunte: ¿Cuándo es bueno tener agua cerca? (Cuando tienes mucha sed o hace calor). ¿Cómo se siente uno cuando tiene mucha sed y no tiene agua para beber? La historia de hoy nos cuenta cuando Jesús se sentó junto a un pozo de agua. No tenía ningún recipiente para sacar el agua. Veamos qué sucedió y quién le dio agua.

Palabras importantes

"Seguidores de Jesús", "Vida eterna" y "Agua Viva"
Necesitará más huellas y corazones, hechos en cartulina, para cada niño (vea las instrucciones en la lección 27). Escriba las palabras "seguidores de Jesús" y "vida eterna" junto con sus significados, para que los niños los copien. Haga suficiente corazones y huellas para aquellos que extraviaron las suyas y para los niños nuevos. Hoy llevarán las tarjetas a su casa. Reparta los corazones y huellas. Dé tiempo para que los nuevos o los que perdieron sus tarjetas copien lo que dice la pizarra.

"Seguidores de Jesús": Son las personas que creen que Jesús es el Hijo de Dios. El seguidor de Jesús lo ama y obedece.

"Vida eterna": Es vivir siempre. Los que aceptan a Jesús como su Salvador, cuando mueren en la tierra, siguen viviendo en el cielo con él.

"Agua viva": es el agua que da vida eterna. El agua que tomamos calma nuestra sed, pero es pasajera. El agua de Dios es espiritual y eterna.

Veamos qué dice la historia de hoy sobre Jesús y la mujer junto al pozo de agua.

Diga a los niños que escriban a un costado de los corazones o huellas una de las palabras importantes con la definición detrás y le coloquen su nombre.

Los niños aprenderán estas palabras y sus significados y se lo podrán decir a su oído como si fuera un secreto. El que lo diga correctamente tendrá un premio al finalizar la clase. Hoy es el final de la unidad

VII. Puede celebrar con los niños el final de esta unidad. Repase las historias bíblicas de las lecciones 27 hasta la de hoy, haciendo preguntas que usted mismo haya preparado con anticipación. (Puede hacer pequeños regalitos como un lápiz, un libro con porciones bíblicas, figuras o calcomanías, etc.). Haga regalos a todos los niños por igual. Anímelos a seguir recordando los versículos aprendidos y a seguir contando las historias bíblicas de la unidad.

HISTORIA BÍBLICA

Jesús enseñaba en Judea. Muchas personas llegaron para escuchar lo que él decía. Gran cantidad creyó y fue bautizada.

A los fariseos no les gustaba que la gente escuchara a Jesús.

—¡Esto es terrible! —decían—. Los seguidores de Jesús están bautizando más que Juan el Bautista.

Jesús escuchó lo que decían los fariseos y decidió ir a Galilea.

Junto con sus discípulos fueron por el camino más corto a Galilea y pasaron por Samaria.

—¿Estás seguro que este es el mejor camino? —preguntó uno de los discípulos.

—En verdad no les agradamos a los samaritanos —agregó otro.

—Esta es la forma correcta de ir —aclaró Jesús.

Jesús y sus discípulos caminaron mucho tiempo. El sol brillaba fuerte, estaba caluroso, y el camino era polvoriento. Hasta que al fin llegaron a un pueblo de Samaria. Había un pozo en las afueras. Jesús estaba cansado.

—Vayan al pueblo y traigan algo de comer —les dijo Jesús y se sentó junto al pozo a esperarlos.

—Sí, maestro —respondieron y se fueron sus discípulos.

Una mujer samaritana se acercó al pozo. Llevaba su cántaro para recoger agua. Cuando pasó a su lado Jesús la miró. Él sabía todo sobre ella. Pero sobre todo sabía que Dios la amaba. Jesús sabía que ella necesitaba un cambio de vida.

—¿Me darías un poco de agua? —le pidió Jesús.

La mujer lo miró muy sorprendida. "Este es un judío", pensó ella, "los judíos no hablan con los samaritanos, y especialmente con mujeres como yo".

—¿Cómo me pides de beber? —le preguntó a Jesús.

Jesús le sonrió:

—¡Si conocieras quién te está hablando! yo te daría un gran regalo de Dios. Te daría "agua viva".

—¿¡Cómo!? —exclamó la mujer—. Este es un pozo hondo y no tienes recipiente para sacarla. ¿Cómo sacarás esa agua? ¿Acaso eres mayor que Jacobo? Él fue quien hizo este pozo.

Ella no sabía lo que Jesús estaba diciendo. Jesús hablaba de la vida eterna, y no del agua real. Jesús le respondió:

—Cualquiera que beba de esta agua volverá tener

sed, pero el que beba del agua que yo le daré no tendrá sed jamás.

—Yo quiero de esa agua —exclamó la mujer. Y colocó el cántaro a un costado. Quería saber más de Dios y más sobre la vida eterna.

—Trae a tu esposo y regresa.

—Yo no tengo esposo —respondió.

—Eso es verdad —afirmó Jesús—. Él sabía que ella había vivido una vida de pecado. Ella necesitaba el amor y perdón de Dios. Él le dijo varias cosas sobre ella. La mujer lo escuchó y le hizo preguntas.

—Señor, me parece que tú eres profeta, nuestros padres adoraron en esta montaña, pero ustedes los judíos dicen que debemos adorar en Jerusalén. ¿Por qué?

Jesús le dijo a la mujer que un día adoraremos a Dios todos juntos. Ella seguía sin entender.

—Algún día entenderé —explicó ella—. El Hijo de Dios vendrá pronto y explicará todo.

—Yo soy el Hijo de Dios —le dijo Jesús—. Yo soy el salvador del mundo.

Los discípulos regresaron al pozo. Traían comida para Jesús. Vieron a la mujer, mientras ella caminaba de regreso al pueblo.

—¡Vengan, vean a un hombre que me dijo todo lo que hice! Dice que es el Hijo de Dios —proclamaba.

Los discípulos le propusieron a Jesús que comiera lo que le habían traído del pueblo.

Pero Jesús aclaró que tenía una mejor comida, que era hacer la voluntad de su Padre, Dios. Su tarea era predicar a todos que Dios los amaba.

—Ustedes deben hacer lo mismo —les enfatizó a sus discípulos.

En eso Jesús y sus seguidores vieron que la samaritana se acercaba con un gran número de personas.

Uno de los hombres le dijo a Jesús que les hablara del Hijo de Dios.

—Por favor, ven a nuestro pueblo y háblanos de Dios —reclamaron los samaritanos.

Jesús llegó al pueblo con sus discípulos. Se quedó allí por dos días. Muchos conocieron a Jesús, y muchos recibieron la "vida eterna".

Finalmente, los samaritanos le dijeron a la mujer:

—Ya no creemos solamente por lo que nos has dicho, pues nosotros mismos hemos oído y sabemos que verdaderamente este es el Salvador del mundo, el Cristo.

ACTIVIDADES

Libro: "El A-B-C de la salvación"

Entregue a los alumnos la actividad del libro del Alumno, lección 30.

Indíqueles y enséñeles cómo seguir las instrucciones de esta actividad. Pídales que marquen el libro con las letras A-B-C. Lea cada sección con ellos.

Antes de la clase, haga copias del significado de los colores para usarlo en los momentos previos al llamado al altar, y para que luego se lo lleven a casa. Si desea puede hacer un libro para cada niño, con las páginas de los colores indicados a continuación. De un lado coloque solo las hojas con los colores; en la parte de atrás el significado de cada uno de ellos.

Azul o negro: Significa PECADO. Todos hemos pecado. Todos necesitamos el perdón de Dios por nuestros pecados.

Blanco: PERDÓN. Cuando le decimos a Dios que nos sentimos mal por haber pecado, y que estamos muy tristes por eso. Podemos decidir no desobedecer y no pecar. El Señor nos perdona. Podemos decidir amar y obedecer a Dios.

Rojo: SALVACIÓN. Jesús murió en la cruz por todas las personas. Salvación significa que conocemos a Dios por medio de su Hijo Jesucristo. Es decidir seguir y obedecer a Dios, sabiendo que él nos perdona.

Verde: VIDA ETERNA. Cuando somos perdonados y salvos, sabemos que tenemos vida eterna. Esa es la vida que Dios nos da. Significa que podemos vivir para él ahora, y luego en la vida eterna con el Señor en el cielo y para siempre.

Memorización

Escriba en tiras de papel el texto a memorizar. Luego adhiéralas a dulces o caramelos. Si es posible, coloque las golosinas en un frasco grande de plástico transparente. Los niños ya deben saber bien el texto. Guíelos a que lo digan de memoria. Todos pueden recibir como regalo un caramelo o dulce con el texto.

Para terminar

Anime a los niños a que reciban la "vida eterna" o el agua viva" y a que pongan a Jesús en primer lugar en sus vidas.

Ore para que ellos acepten el desafío de vivir como Jesús quiere. Hable con el pastor de la congregación o con el pastor de niños, y con los padres de los pequeños que aceptaron a Jesús como su Salvador. Planee tener una celebración para dar gracias a Dios por los niños que pasaron de muerte a vida.

¡Gócese por la bendición de haber sido un instrumento para llevar a los niños de su clase a los pies del Señor!

Año 3

Introducción – Unidad VIII

LA IGLESIA ALREDEDOR DEL MUNDO

Bases bíblicas: Hechos 8:1-8, 26-24; Hechos 10; 11:19-26; 13:1-12; 14:21-28

Texto de la unidad: *Entonces Jesús les dijo otra vez: ¡Paz a vosotros! Como me envió el Padre, así también yo os envío* (Juan 20:21).

Propósitos de la unidad

Esta unidad ayudará a los principiantes a:

- ✘ Saber que Dios fundó la Iglesia con el propósito de llevar buenas noticias.
- ✘ Conocer que la gran tarea de la iglesia es proclamar el Evangelio.
- ✘ Saber que ningún obstáculo pudo frenar su crecimiento en el mundo.

Lecciones de la unidad

Lección 31: Buenas noticias para un etíope

Lección 32: Buenas noticias para un romano

Lección 33: Buenas noticias para la gente de Antioquía

Lección 34: Buenas noticias para todos

Por qué los principiantes necesitan la enseñanza de esta unidad

Los pasajes bíblicos de esta unidad permiten demostrar que, desde un principio, la Iglesia de Jesucristo fue perseguida, descalificada y atacada con mucho odio. Pero pese a todo esto, no solo permaneció, sino que se extendió por todo el mundo.

En todos los tiempos, Dios levantó hombres valientes y apasionados por el evangelio que, aún a costa de sus propias vidas, proclamaban a Cristo y anunciaban las Buenas Nuevas.

Y lo más importante es que, a medida que estos hombres cumplían el mandato de Dios, la mano del Señor estaba con ellos. Es decir, su poder se manifestaba respaldando sus palabras con maravillas, prodigios y milagros. Y verdaderas multitudes se convertían en seguidores de Cristo.

Los principiantes aprenderán que el mundo es muy corrupto y que el pecado parece dominarlo todo, pero que la Iglesia de Jesucristo sigue siendo una reserva de moral y buenas costumbres que, al estar respaldada por Dios, tiene poder para luchar contra el pecado y cambiar las vidas perdidas en vidas nuevas y limpias.

Buenas noticias para un etíope

Base bíblica: Hechos 8:1-8, 26-40
Objetivo de la lección: Enseñar a los principiantes qué es ser misionero y cómo comenzó a extenderse el evangelio.
Texto para memorizar: *Entonces Jesús les dijo otra vez: ¡Paz a vosotros! Como me envió el Padre, así también yo os envío* (Juan 20:21).

¡PREPÁRESE PARA ENSEÑAR!

Entender y aceptar a las personas de otras culturas es muy bien considerado en la sociedad de hoy.

Se anima a los niños a ser considerados con las personas que son diferentes a ellos. ¡Qué hermosa oportunidad para enseñar a nuestros pequeños que este es un principio cristiano que se puso en práctica en la iglesia primitiva! Dios fue quien estableció la idea de que todas las personas tenemos el mismo valor. Fue su idea que los cristianos alcanzaran a todos con el mensaje de su amor.

Esta lección es una excelente oportunidad para comenzar a crear en el corazón de los niños el amor por los perdidos de todo el mundo. Felipe nos enseña esa clase de obediencia: alcanzar a los demás para guiarlos a Dios.

No importa quiénes sean ni dónde se encuentren. Así como le sucedió a Felipe, todos los niños que aman a Jesús pueden testificar de él.

Ayude a los alumnos a comprender que cuando oran por los que no son salvos, Dios los escucha y se alegra. Anímelos a pedir por los que no son salvos en sus propios hogares, por sus amigos, y por personas de otros países que no conocen al Señor. Únase con ellos en oración por esas personas; y que ellos eleven una plegaria por los que usted tiene en su lista de oración.

COMENTARIO BÍBLICO

Felipe se transformó en alguien importante cuando la iglesia comenzó a esparcirse a otras ciudades. Su trabajo en Samaria fue notable debido al gran conflicto que había entre samaritanos y judíos. A los samaritanos se los trataba como a gentiles, aunque eran parte "de las ovejas perdidas de Israel". Ellos creían en un libertador que los traería de regreso.

Felipe mostró valentía y tenacidad para ir a Samaria, y él fue uno de los primeros misioneros de la naciente iglesia que llevaría el mensaje de amor y esperanza a todo el mundo. De hecho, se puede decir que Samaria y Etiopía eran las dos áreas geográficas a las que Jesús envió a sus discípulos a predicar (Hechos 1:8).

Felipe estaba disfrutando de un ministerio exitoso en Samaria, cuando fue instruido a que lo dejara y comenzara su trayecto por las congestionadas calles que llevaban fuera de la ciudad. Es como si hoy alguien nos pidiera que fuéramos por una carretera repleta de automóviles.

Sin hacer preguntas, Felipe fue. Es posible que no entendiera el porqué, ni estuviera de acuerdo con el ángel, pero estaba dispuesto a cumplir su llamado.

El testimonio de Felipe con el etíope fue un trabajo personal excelente. Los cristianos de hoy podemos aprender mucho de él.

Al leer Hechos 8, note lo siguiente:
- ✗ Felipe fue obediente y atravesó las barreras culturales para ser un buen testigo.
- ✗ Fue Dios quien preparó el corazón del etíope para recibir lo que Felipe le diría.
- ✗ Felipe comenzó a hablar desde donde el etíope lo podía captar según su experiencia. Contestó las preguntas que el hombre tenía.
- ✗ La Escritura fue la base del testimonio de Felipe —no eran sus propias opiniones o conocimiento— sino lo que decía la palabra de Dios.
- ✗ Felipe hizo énfasis en Jesucristo.
- ✗ Le dio la oportunidad de responder al mensaje y testificar.

Testificar atravesando barreras es más que un mensaje transcultural. Como maestros lo hacemos cada domingo: un adulto se traslada al mundo de los niños para presentar el mensaje del amor de Dios. Recordemos que debemos enseñar comenzando desde donde se encuentran nuestros pequeños. Escuchemos sus preguntas. Comprendamos su conocimiento limitado y percepciones. Pero más que todo, apreciemos lo mejor de ellos: sus corazones llenos de confianza.

Aun los más pequeños pueden ser instrumentos en las manos de Dios para mostrar su amor a este mundo. Muchas veces los niños son más efectivos que los adultos por su habilidad de amar sin condición, lo cual es el reflejo de Dios mismo en ellos.

DESARROLLO DE LA LECCIÓN

Prepare con anticipación los materiales didácticos que utilizará para esta lección y procure tener listo su salón de clases antes que sus alumnos lleguen.

Recuerde dar la bienvenida a los visitantes y tomar sus datos para contactarlos durante la semana.

¡Buenas noticias!

Si puede llevar a la clase un teléfono celular será muy interesante para comenzar la lección de hoy. Si es posible, con anticipación, pida que alguien lo llame en un momento determinado.

Al colgar diga: Era un amigo que tenía buenas noticias para darme. ¿Quieren escucharlas?

Pregunte si alguno recibió una buena noticia en los últimos días. ¿Cómo se sintió? (feliz, se puso a saltar de alegría, etc.).

Palabras importantes

Antes de la clase, escriba en un costado de un trozo de cartulina de 15 cm. x 15 cm. la palabra importante de esta lección: "Buenas noticias - Evangelio". En la parte de atrás escriba el significado: El Evangelio es la "Buena noticia" de que Jesús murió en la cruz y resucitó para que seamos salvos. La segunda palabra importante es: "Misionero - misionera". Y en la parte de atrás escriba: "Un misionero o misionera es la persona a la que Dios llamó para contar las buenas noticias de Jesús a personas de otras culturas. La iglesia envía a los misioneros". Cuelgue en el aula una cartulina para colocar las palabras importantes de esta lección: "Buenas noticias", "Misionero - misionera". En las próximas lecciones podrá agregar otros términos.

HISTORIA BÍBLICA

Felipe habla de las buenas noticias

Fue un tiempo difícil para la iglesia de Jerusalén. Los seguidores de Jesús eran llevados a la cárcel. Muchos tuvieron que huir porque sus vidas corrían peligro. Felipe era uno de esos cristianos, y se fue a Samaria. Tenía miedo de quedarse en Jerusalén, pero no tenía temor de hablarles a las personas de Jesús.

—¡Escuchen lo que diré! —predicaba Felipe—. ¡Tengo buenas noticias para contarles!

La gente se reunió para escuchar. Y él les contó la maravillosa historia de cómo Jesús murió por los pecados de todo el mundo. Vieron los milagros que Dios ayudaba a Felipe que hiciera. Muchos decidieron seguir a Jesús. Había gran alegría en la ciudad.

Cierto día, Dios envió un ángel mensajero a Felipe.

—Ve hacia el sur por el camino desértico —le dijo—, es el camino que desciende de Jerusalén a Gaza.

Felipe obedeció a Dios. Mucha gente recorría ese camino.

Al rato Felipe escuchó el clip, clop, clip, clop de los caballos que se acercaban. Luego se escuchó el ruido de las ruedas, y entonces logró divisar un carro muy adornado y lujoso. Los caballos se veían muy bien cuidados. De inmediato, Felipe se dio cuenta de que se trataba de alguien importante.

El hombre estaba muy bien vestido y venía leyendo en voz alta al profeta Isaías.

En ese momento Dios le indicó a Felipe:

—Acércate y júntate a ese carro.

Felipe comenzó a correr al costado del carro y preguntó en voz alta:

—¿Entiendes lo que lees?

El hombre, que era el encargado de todas las riquezas de la reina de Etiopía, dijo:

—¡No! ¿Cómo podré entender si alguien no me enseña?

El etíope le sonrió a Felipe y lo invitó a subir al carro y le preguntó:

—¿De quién habla el profeta?

Felipe le habló al etíope de las buenas nuevas sobre Jesús.

—Aquí está hablando sobre el Salvador enviado por Dios —dijo Felipe—. ¡Jesús es ese Salvador; yo lo conozco y tú lo puedes conocer también!

Los dos hombres hablaron y hablaron. Los ojos del etíope comenzaron a brillar de emoción, al escuchar que Jesús lo amaba.

—¡Mira! —dijo el etíope—. Allí hay agua, quisiera ser bautizado.

Esta era la forma de mostrar a todos que Jesús había cambiado una vida.

El hombre salió del agua. Mientras caminaba hacia su carro, Dios tomó a Felipe de repente y lo llevó a otro lugar. El hombre miró sorprendido hacia todas partes.

¿Dónde se había ido Felipe? El hombre no lo sabía. ¡Pero sí supo que su corazón estaba lleno de gozo! ¡Subió de un salto a su carro! Todo el camino de regreso cantó alabanzas de gratitud.

"¡Gracias Señor por enviar a Felipe! ¡Gracias Jesús porque eres mi Salvador!"

¿Y que pasó con Felipe? Siguió viajando de ciudad en ciudad, yendo a todo lugar donde Dios lo enviara. En cada lugar Felipe anunció las buenas nuevas de Jesucristo.

ACTIVIDADES

El bautismo del etíope

Entregue a los niños la hoja de actividad del libro del Alumno, lección 31, y guíelos a recortar y pegar las figuras del etíope y Felipe. Para esta actividad, usted debe entregar a cada uno un plato de papel grande, lápices de colores, y pegamento. Diga a los niños que escriban sus nombres en el trabajo realizado. Esta actividad los ayudará a pensar en personas a quienes les podrán contar las buenas noticias de Jesús.

Mural de las "buenas noticias"

Consiga papel afiche grande o dos pliegos de cartulina, para hacer con sus alumnos un mural, y que quede en la pared del salón durante el resto de la unidad.

En medio del mural dibuje o pegue un mapa del mundo. Al pie del cartel, escriba el texto de la unidad: *"Jesús dijo: ¡Paz a vosotros! Como me envió el Padre, así también yo os envío"* (Juan 20:21). Luego haga líneas en todas las direcciones, como si fueran rayos de sol, para que los niños peguen figuras o dibujen personas de diferentes razas: negros, indios, blancos, chinos, indígenas, personas de baja estatura, altas, niños pequeños, adolescentes, adultos, ancianos, hombres bien vestidas, pobremente vestidas, etc.

Prepare en cintas de papel las siguientes preguntas, que también podrán pegar en el mural. Mientras los niños recortan las figuras de revistas y periódicos y las van pegando, realice preguntas como:

1. ¿Es posible que haya personas que no necesitan las buenas nuevas?
2. ¿Jesús es Salvador solamente de las personas buenas?
3. ¿El evangelio es solamente para la gente de raza blanca? ¿O solamente para la gente de raza negra?
4. ¿Necesitan del evangelio las personas muy ancianas?
5. ¿Los pecadores necesitan de Jesús y su perdón?

En cada pregunta permita que los niños expresen sus opiniones. Enfatice la verdad de que todos necesitamos al Salvador: Jesucristo. No importa la edad, el color de la piel, ni si somos educados o no. Permita que los niños hablen de las fotos que ellos recortaron y pegaron.

Este mural la ayudará a hacer un repaso de la lección al terminar la unidad.

Memorización

Prepare el texto para memorizar en forma de rompecabezas. Corte las siluetas (necesitará 17 tarjetas) de diferentes medios de transporte, pensando en los medios de transporte que los misioneros de antes usaron y en los que utilizan hoy: caballos, la silueta de una persona caminando, carretas, botes, aviones, automóviles, barcos, bicicletas, motocicletas, etc. Dibuje las siluetas en tarjetas de 15 cm. x 15 cm. Prepare dos o tres juegos. Escriba en cada silueta una de las palabras del texto a memorizar. Lleve las siluetas a la clase y pida a los niños que las coloreen y recorten. Tenga cuidado de no escribir la palabra en la parte que será recortada. Una vez que los niños terminen de colorear y recortar, repitan todos juntos, varias veces el versículo.

Luego, divida a la clase en dos o tres grupos y sepárelos. Mezcle las tarjetas y colóquelas mirando hacia abajo sobre la mesa, en el piso, o en un banco. Pida a los equipos que al contar usted hasta 3, ellos comiencen a armar el texto rompecabezas de forma correcta.

Como premio, el equipo ganador será el primero en salir del salón.

Para terminar

Esta es una buena lección para que los niños sientan la necesidad de orar y de contar las buenas nuevas a otra persona que no conoce a Jesús. Anímelos a contarles del Señor a sus compañeros de la escuela y a sus familiares en casa sino no son cristianos.

Lección 32

Buenas noticias para un romano

Base bíblica: Hechos 10
Objetivo de la lección: Ayudar a los principiantes a que comprendan que Dios no tiene personas favoritas. Él ama a todos por igual, en cada rincón del mundo, y desea que conozcan el evangelio de Jesucristo.
Texto para memorizar: *Entonces Jesús les dijo otra vez: ¡Paz a vosotros! Como me envió el Padre, así también yo os envío* (Juan 20:21).

¡PREPÁRESE PARA ENSEÑAR!

Los niños no siempre están expuestos a personas de diferentes culturas, pero cuando van a la escuela, eso comienza a cambiar. En algunas áreas es más notable que en otras. Para cuando los pequeños llegan a primero y segundo grado, ya comienzan a notar las diferencias de raza, la manera en que las personas se visten, y las diferencias en la conducta de los que son de hogares cristianos de los que no lo son. También captan las diferencias de idiomas, actitudes y tradiciones. Además de todo eso, a esta edad comienzan a recibir instrucción sobre la tolerancia a lo secular y a la igualdad, como parte de la cultura moderna.

Los niños cristianos necesitan darse cuenta de que Dios desea que todos conozcan las buenas nuevas de Jesucristo. Ellos necesitan escuchar que Dios ama a todas las personas sin importar dónde vivan, quiénes sean sus padres, a qué raza o nacionalidad pertenecen, o si vienen de hogares cristianos o no. El Señor ama a todas las personas y no tiene preferidos. Él quiere que todos lo reciban como su Salvador. Una vez que los niños asimilen esta verdad, aprenderán sobre la importancia de alcanzar a otros para hablarles de Jesucristo.

COMENTARIO BÍBLICO

Este pasaje nos habla de un momento decisivo para la iglesia. Sobre él descansaba el futuro del cristianismo. Las acciones de Cornelio y Pedro contribuyeron al hecho de que nosotros, los gentiles, los que no somos descendientes de judíos, pudiéramos apropiarnos del nombre de Cristo.

Dios llegó a la vida de Pedro con una revelación que fue el comienzo de los cambios para la iglesia. Usó a un devoto hombre gentil para ayudar a Pedro a tomar una decisión inmediata. Los hombres de Cornelio estaban a la puerta, el discípulo tuvo que reconocer lo que Dios le había dicho en la visión y tuvo que actuar rápidamente.

Para los judíos, la animosidad contra los gentiles iba mucho más allá que los prejuicios. Tenía que ver con antiguas leyes que estipulaban que el pueblo escogido por Dios debía cuidarse de no ser absorbido por otras culturas vecinas. La interpretación de esas leyes variaba de acuerdo a la persona que las enseñaba. Pedro estaba peleando con ambas: las prohibiciones judías y la nueva iglesia cristiana.

Pero en eso, Dios captó su atención y lo guió hacia una nueva dirección. Le debemos mucho a Pedro por su disposición a escuchar y obedecer la voz del Señor. ¡Qué difícil sería para nosotros hoy si Dios cambiara el rumbo de la iglesia! ¿Qué pasaría si cambiara las tradiciones de nuestra fe que ya están establecidas? ¿Y si desea movernos en otra dirección? Algunos, sin duda, fracasaríamos. Otros formaríamos comités para tratar estos asuntos. Y otros responderíamos rápidamente, como Pedro tuvo que hacer.

Pedro debió cambiar su amor y compromiso por tantas tradiciones y parámetros que la ley judía estipulaba. Es un excelente ejemplo de aceptación y obediencia al Señor.

Sus profundas raíces judías podrían haber arruinado el plan de salvación de Jesucristo. Pero él estuvo dispuesto a cambiar y a aceptar la gran verdad del amor de Dios hacia un mundo pecador. Tuvo que comprender que el sacrificio de Cristo era para toda la humanidad a través de los siglos y no solamente para un puñado de personas.

El plan de Dios iba mucho más allá del tiempo y el espacio. Su plan afectaba la vida de todo ser humano.

Hoy es nuestra la responsabilidad enseñar a los niños la dimensión del amor de Dios por ellos y por todos los demás.

Hoy los pequeños deben comprender que Dios ama a todos por igual y que Cristo murió por cada uno en particular.

DESARROLLO DE LA LECCIÓN

Prepare con anticipación los materiales didácticos que utilizará para esta lección y procure tener listo su salón de clases antes que sus alumnos lleguen.

Recuerde dar la bienvenida a los visitantes y tomar sus datos para contactarlos durante la semana.

Alfabeto de países

Si es posible, antes de la clase prepare un mapa del mundo; si tiene un globo terráqueo también lo ayudará. Coloque el globo terráqueo sobre una mesa o cuelgue el mapa en una pared. Escriba en tarjetas de cartulina o cartón nombres de países siguiendo las letras del abecedario y coloque detrás cintas adhesivas para que las peguen en la pizarra.

A: Albania, B: Barbados, C: Cuba, D: Dinamarca, E: Eslovenia, F: Francia, G: Guatemala, H: Hungría, I: India, J: Jamaica, K: Kenya, L: Liberia, M: Marruecos. N: Nigeria, O: Omán, P: Portugal, Q: Qatar, R: Rusia, S: Suecia, T: Tailandia, U: Uruguay, V: Venezuela, W: (No hay país que se escriba con W), X: (No hay país que se escriba con X), Y: Yemen, Z: Zaire.

Pida que tres niños pasen a la vez, recojan una tarjeta y luego la peguen en la pizarra al lado de las letras del abecedario que usted ya tendrá escritas con anticipación.

Cuando el niño pase al frente, antes de adherir el nombre del país junto a la letra, solicítele que haga una oración, por ejemplo: "Señor, bendice a todas las personas que hay en Albania. Bendice a quienes predican las Buenas Nuevas y a los misioneros que tú envías. Te ruego por todo los países cuyo nombre comiencen con la letra A". Y así, cada uno orará en forma similar por el país del que pegue el nombre en la pizarra o mural.

Dramatización

Esta es una lección fácil de preparar como dramatización.

Consiga vestimentas apropiadas (disfraces, toallas y sábanas) para los niños que representarán a Pedro y la gente que estaba en lo de Cornelio. Para el disfraz de Cornelio pueda confeccionar un chaleco con papel o cartulina marrón, y con papel aluminio puede forrar una madera que hará de espada. Si desean y hay tiempo, los niños pueden aprender partes del diálogo entre Pedro y Cornelio. Un tercer participante puede hacer un relato corto, previamente preparado por usted, que hable de la visión que tuvo Pedro y lo que debía o no comer.

Tal vez los niños solamente quieran hacer la mímica o ademanes representando la historia. Si los niños hacen los ademanes, usted puede relatarla.

HISTORIA BÍBLICA

Pedro da las buenas nuevas

Cornelio era un hombre bueno e importante en la comunidad. Era centurión (un comandante) del ejército romano. Él creía en el único Dios verdadero. Ayudaba a otros y era un hombre de oración. Cornelio no era judío, sino gentil.

Una tarde mientras Cornelio oraba, tuvo una visión. Cornelio abrió y cerró sus ojos: ¡Era un ángel!

—Cornelio —le dijo el ángel.

—¿Sí, Señor? —respondió temblando de miedo.

—Eres del agrado de Dios —le anunció el ángel—. Dios quiere que conozcas más de él.

—Sí —asintió Cornelio con su cabeza, emocionado.

En realidad Cornelio quería conocer más de Dios.

—Envía a uno de tus hombres a la ciudad de Jope —le ordenó el ángel—. Allí encontrarán a Pedro, él te dirá lo que deseas saber.

El ángel desapareció. Cornelio envió a Jope a dos siervos y a un soldado. Al día siguiente, como al mediodía, ya estaban en las afueras de la ciudad.

En ese mismo momento, Pedro estaba en el techo de la casa de un amigo. Su estómago sonaba. "Tengo hambre", pensó Pedro. Pero el almuerzo no estaba listo todavía. Mientras Pedro esperaba, comenzó a orar.

De repente, Pedro tuvo una visión. Vio el cielo abierto y que descendía algo semejante a un gran lienzo, que atado de las cuatro puntas era bajado a la tierra, en él había de todos los cuadrúpedos terrestres, reptiles y aves del cielo. Luego escuchó una voz del cielo que le decía:

—Levántate, Pedro, mata y come.

¡Pedro estaba horrorizado! Muchos, muchos años antes, Dios le había dicho a su pueblo que no comiera animales como esos porque eran inmundos.

—¡No, Señor, no puedo! —contestó Pedro—. Jamás he comido cosas que no sean puras y limpias.

La voz le habló otra vez:

—No digas que las cosas son impuras si Dios ya las hizo limpias.

Pedro tuvo la visión dos veces más y escuchó que Dios le repetía lo mismo.

En ese mismo momento, los hombres que Cornelio había enviado llegaron y golpearon la puerta de la casa.

—¿Está Pedro? —preguntaron.

Pedro estaba admirado de la visión. "¿Qué quiere decir esa visión?", se preguntaba.

El Espíritu Santo le habló y le dijo:

—Hay tres hombres que te buscan, ve con ellos.

Pedro bajó del techo.

—Soy Pedro —les dijo a los hombres.

—Cornelio, el comandante romano necesita verte ya —comentaron los recién llegados.

Pedro comenzó a entender la visión. Toda su vida se había mantenido lejos de los gentiles, de la misma forma que había evitado comer ciertos animales. Ahora Dios le estaba diciendo que el mensaje de salvación era para todas las personas, aún para los gentiles.

—Iré con ustedes —dijo Pedro—, pero primero, pasen la noche aquí.

Este fue un gran paso para Pedro. Los judíos no invitaban a los gentiles a sus casas.

Al día siguiente, fue con sus tres "nuevos amigos" y varios de los creyentes de Jope fueron con ellos.

Al llegar a la casa de Cornelio, vieron a muchas otras personas reunidas. Cornelio le contó a Pedro sobre la visión.

—Estamos listos para escuchar todo lo que el Señor te encomendó que nos transmitieras —aseguró Cornelio.

Pedro miró a su alrededor y sonrió. "¡Esta es la razón por la que tuve la visión!", pensó. Y pronunció:

—En verdad comprendo que Dios no hace acepción de personas, sino que en toda nación se agrada del que le teme y hace justicia.

Y Pedro le habló a Cornelio de Jesús y de su amor.

—Jesús es Señor de todo —le explicó Pedro—. Él murió y lo colgaron en la cruz, pero al tercer día resucitó de los muertos y ahora vive.

Al escuchar todo eso, Cornelio y los que estaban con él creyeron en Jesús. Y de repente, el Espíritu Santo vino sobre ellos.

"¡Esto es maravilloso!" pensaron los judíos que creían. "El Espíritu Santo ha venido sobre los gentiles". ¡Pedro estaba emocionado!

—Estas personas se pueden bautizar —afirmó— porque recibieron el Espíritu Santo al igual que nosotros.

Pedro bautizó a los nuevos creyentes y se quedó con Cornelio por algunos días.

Todos estaban llenos de gozo. Ahora Cornelio y los suyos creían en Jesucristo como su Salvador. Pedro y los cristianos judíos aprendieron algo nuevo: que Dios ama a todas las personas. Las buenas nuevas de salvación son para todos en cada rincón del mundo.

¿Comiste eso?

Durante la semana, recorte de periódicos y revistas figuras de diferentes animales, o pídale a cada niño que traiga un animalito de juguete que tenga en su casa. En la clase, pida a los pequeños que cuenten qué animal es, qué hace, qué sonido emite y si alguna vez ellos comieron de ese animal. Sin duda, algunos niños expresarán desagrado de comer ciertas clases de animales. Investigue un poco para saber qué animales se comen en ciertos países. Por ejemplo, en México hay lugares donde se come cierto tipo de serpiente. Otro ejemplo puede ser que los judíos no comían cerdo, ya que era considerado inmundo, pero nosotros sí lo comemos.

Explíqueles que Pedro se sentía de la misma forma hacia los gentiles (los que no eran judíos). Pero Dios le enseñó una nueva manera de relacionarse con la gente. Dios ama a todos por igual. Es por eso que Dios quiere que cada uno de nosotros compartamos las "Buenas Nuevas" con otras personas.

ACTIVIDADES

Rompecabezas: Buenas Nuevas para un romano

Entregue a los niños la hoja de actividad del libro del Alumno, lección 32. Guíelos a que recorten y armen el rompecabezas según las instrucciones. Para cada niño, necesitará rectángulos de cartulina o de cartón de 21 cm. x 28 cm. para pegar los rompecabezas. Mientras ellos trabajan, puede hacerles preguntas sobre la historia bíblica aprendida en esta lección.

Palabras importantes

"Cristiano": Es la persona que recibió a Jesús como su salvador personal. Los cristianos aman y obedecen al Señor.

"No salvo": Es la persona que no tiene a Jesús en su corazón.

"Salvación/salvas": Es lo que Dios nos dio para que tuviéramos una buena relación con él. El Señor perdona los pecados de las personas que se sienten mal por haber desobedecido a Dios. A las personas que son perdonadas de sus pecados se las llama "salvas".

Escriba todas estas palabras importantes en cartulinas de 15 cm. x 15 cm. y escóndalas en el salón. El niño que encuentre una primero, pasará y la colocará en el afiche de "palabras importantes".

Recordemos a los misioneros

Diga: Pedro fue un buen misionero. Fue a la casa de Cornelio y predicó las "Buenas Nuevas" de salvación.

Pregunte: ¿Se convirtieron Cornelio, su familia y todos los que estaban en su casa? (Sí).

Lleve a la clase el nombre de los misioneros que haya en su país (si puede, ya que hay países donde no pueden decir el nombre de los misioneros debido a la persecución). Escriba los nombres en tarjetas de cartulina de 10 cm. x 10 cm. Puede escribir los nombres completos y los nombres de sus hijos (si los tiene). Si desea, puede agregar la dirección. Haga un mural o afiche con todas las tarjetas (tal vez puede conseguir sus fotos en la oficina regional o de área).

Cada día de clase, los niños pueden orar por los misioneros.

Ínstelos a que realicen tarjetas decoradas, las coloquen en sobres y las envíen a la familia misionera. Si hay varios misioneros en su país, pueden enviar tarjetas a una o dos familias por mes.

Los niños pueden escribir notas contándoles a los misioneros que están orando por ellos.

También enviarles un pequeño regalo (como un señalador de libros, un calendario, etc.)

Permita que los niños usen su creatividad para estos proyectos.

Recuerde a los pequeños que los misioneros dejaron a sus familias para obedecer el llamado del Señor, y que ellos extrañan a sus seres queridos y países de origen. Los misioneros son obedientes al Señor. Escuchan su llamado y la iglesia los envía.

Memorización

Si desea, puede usar la misma actividad de la lección 31 para estudiar el texto bíblico. Pero también cambiar para que sea acorde con la lección estudiada hoy, puede escribir el texto en tarjetas, con la silueta de diversos animales. Luego utilice la misma modalidad de aprendizaje del texto bíblico.

Para terminar

Este es un buen momento para animar a los niños a ser como Pedro. Misioneros obedientes, listos para llevar el mensaje de las "Buenas Nuevas" de salvación a sus familiares y amigos que no conocen al Señor.

Termine con una oración. Los pequeños pueden orar por los misioneros y usted por los niños de su clase.

Lección 33

Buenas noticias para la gente de Antioquía

Base bíblica: Hechos 11:19-26
Objetivo de la lección: Enseñar a los principiantes que en Antioquía se llamó por primera vez "cristianos" a los seguidores de Jesús.
Texto para memorizar: *Entonces Jesús les dijo otra vez: ¡Paz a vosotros! Como me envió el Padre, así también yo os envío* (Juan 20:21).

¡PREPÁRESE PARA ENSEÑAR!

Los principiantes saben muy bien lo que significa ser o no ser parte de un grupo. Ellos quieren vestirse como los demás, ser los primeros en comprar el juego electrónico de moda, o tener el juguete más anunciado.

Se esfuerzan para ser aceptados, desean tener muchos amigos y ser los más populares en la iglesia, como también en la escuela. En los primeros años de escuela primaria, para ellos la opinión de sus amigos es muy importante.

Muchas veces sienten que no son importantes porque nunca hicieron algo "grandioso". Sus notas no son tan buenas, o no son tan populares como otros niños. Esta lección sobre los misioneros cristianos anónimos, que comenzaron la iglesia en Antioquía, los animará. Comenzarán a comprender que no todos los que hacen cosas importantes son conocidos. Comenzarán a entender que el vivir para Dios y el compartir la fe es una de las cosas más importantes que harán en su vida. Ore para que los principiantes de su clase confíen en Dios cuando les hablen de Jesús a las personas.

COMENTARIO BÍBLICO

Este es un recuento de eventos históricos grandiosos. Por primera vez, desde la resurrección de Jesús, sus seguidores "intencionalmente" predicaron el Evangelio a los gentiles que no tenían vínculos con los judíos.

Los samaritanos a los que Felipe les predicó eran medio judíos, y no eran populares. Cornelio era un hombre temeroso de Dios, que buscaba la verdad. Pero en Antioquía, nadie había preguntado por el mensaje del Evangelio. A pesar de todo, los cristianos perseguidos decidieron ir a una ciudad de mala reputación e inmoral a predicar las buenas nuevas a los que no eran judíos. No sabemos quiénes eran esos creyentes. No hay ningún archivo con sus nombres. Solamente sabemos de dónde eran y el informe de su éxito rotundo. Ellos eran cristianos comunes, cuya fidelidad abrió las puertas a todo el mundo para que el cristianismo se extendiera. Fue tan remarcable el esfuerzo que hacían, que los líderes de la iglesia de Jerusalén, al escuchar lo que acontecía, enviaron a Bernabé a investigar.

Bernabé era conocido como una persona que animaba y consolaba a las personas. Era un hombre bueno, lleno del Espíritu y de fe.

Cuando llegó a Antioquía y vio la maravillosa respuesta de los creyentes, supo que necesitaba ayuda. Necesitaba a alguien que entendiera a esa gente y su manera de ser, y que estuviera empapado en la enseñanza de Dios. Necesitaba a alguien que tomara el liderazgo de la comunidad emergente de Antioquía. Ese hombre era Saulo de Tarso, quien más tarde fue conocido como el apóstol Pablo.

Por un año, Bernabé y Pablo enseñaron a los creyentes de Antioquía y les predicaron a los que no eran cristianos. La iglesia seguía creciendo a pasos agigantados. Y un detalle importante fue que en esos días por primera vez se llamó "cristianos" a los seguidores de Jesús. El término significaba "Cristo-uno", el cual en un principio se usaba en forma de burla. A pesar de todo, fue un tributo a Cristo, ya que los creyentes, muy elocuentemente, reflejaban que vivían para el único Cristo y Señor.

En nuestro mundo de hoy, hacemos una ecuación entre grandeza, popularidad y riquezas. Hacemos una lista de nuestros logros y los etiquetamos; como si al enumerarlos nos hiciera mejor. Desafortunadamente, hoy la iglesia muchas veces cae en esas trampas del mundo. Nosotros también tenemos nuestros líderes, conferencistas y escritores populares, a quienes la gente quiere oír. No damos homenaje al siervo de Dios, no tan conocido, quien, año tras año, cumple con fidelidad sus responsabilidades dentro de la congregación. Todos conocemos a esos siervos del Señor, quienes enseñan a nuestros hijos, limpian nuestros templos, y dirigen los grupos musicales, escriben el boletín dominical, o cocinan para las diversas actividades. Debemos reconocer que sus labores silenciosas tienen impacto en muchas vidas. Dios escogió a esas personas para llevar la fe cristiana a los rincones más lejanos del mundo.

Él usó a un hombre de corazón tierno, alguien que animaba a otros. Bernabé no tenía miedo de solicitar ayuda para establecer la iglesia en Antioquía, no tenía miedo ni siquiera de que, eventualmente, esa persona lo pudiera opacar. Este pasaje nos enseña claramente cómo era el corazón y los planes de Dios. Al Señor no lo impresionan los "populares", ni los que buscan posiciones para ser vistos. Por el contrario, él busca a aquellos que se comprometen y que fielmente realizan su tarea.

DESARROLLO DE LA LECCIÓN

Reciba con afecto a sus alumnos y procure que el salón de clases esté limpio y arreglado para cuando lleguen. Antes de entrar al tema de hoy, repasen brevemente las dos lecciones anteriores.

El juego de los nombres

Diga: ¿Saben por qué les pusieron ese nombre? (algunos niños son nombrados porque un familiar especial lleva ese nombre). Cada nombre tiene su significado. ¿Saben cuál es el significado de sus nombres? Dígale el significado de su nombre. Permita que aquellos que lo saben lo digan. Si los niños no lo saben, escoja nombres bíblicos y enséñeles lo que significan. Por ejemplo: Dina, justicia; Pedro, roca.

Después de hablar un rato sobre el significado de los nombres, inmediatamente pase al tema siguiente, palabras importantes.

Palabras importantes

Diga: En nuestra historia bíblica de hoy, la palabra importante es "cristiano". Sobre eso estudiaremos.

Muestre la palabra: "cristiano". ¿Quién sabe lo que significa "cristiano"? (Es la persona que pertenece a Cristo, el Salvador. Es la persona -niño o adulto- que ama y obedece a Dios). Permita que un voluntario coloque la palabra en el mural de las palabras importantes.

Pregunte: ¿Quién me puede decir el nombre de las dos personas que dieron las "Buenas Nuevas" en las dos primeras historias? (Felipe y Pedro). Coloque dos tarjetas con los nombres de Felipe y Pedro. Presente la tarjeta con el nombre de Bernabé para que la clase la lea. Pida que un niño adhiera el nombre de Bernabé junto a los otros.

Presente la palabra "Pablo". Puede escribir: Saulo = Pablo, para que los niños se vayan familiarizando con los dos nombres. Brinde una corta explicación sobre el nombre Saulo antes de conocer al Señor, y Pablo cuando conoció a Jesús.

¿Qué les enseñaron Pablo y Bernabé a los cristianos de Antioquía? (Cómo amar y obedecer a Dios, cómo enseñó Jesús).

Pablo y Bernabé siguieron con el trabajo de predicar la Palabra de Dios, o sea las Buenas Nuevas.

Ellos fueron verdaderos misioneros. El trabajo misionero incluye diversas actividades. Algunos misioneros son predicadores. Otros trabajan en hospitales, como médicos y enfermeras. Unos en computadoras. Hay quienes enseñan a la gente cómo vivir para Dios. Esta semana recordaremos orar por los misioneros que enseñan.

Muchos damos las Buenas Nuevas a personas que ya conocemos. ¿Pero qué hacen los misioneros? (Les hablan de Jesús a personas que no lo conocen, en otros países y en otras culturas). ¿Quién sabe lo que quiere decir "cultura"? Es la forma en la que las personas viven sus vidas. Cultura incluye los alimentos que comen, la forma en que se visten, el tipo de casas que prefieren, sus ideas con respecto a Dios, y otras costumbres y tradiciones.

Explíqueles: La lección de hoy es sobre personas que llevaron las Buenas Nuevas de Jesús a otras culturas. Veamos qué pasó.

HISTORIA BÍBLICA

Bernabé y Pablo dan las buenas nuevas (dramatización de Hechos 11:19-26)

(Con anticipación, vista con la ropa típica a los niños que participarán de la dramatización. Si no quieren vestirse con ropas diferentes, déjelos que usen su propia ropa. Ellos podrán hacer los ademanes, mientras el narrador cuenta la historia. Muéstreles lo que deben hacer).

ESCENA 1

Narrador: Esteban fue apedreado hasta que murió. Después de eso, muchos creyentes fueron llevados a la cárcel. Otros huyeron de Jerusalén para estar seguros.

Pero donde quiera que fueran enseñaban de Jesús. Algunos se dirigieron a la ciudad de Antioquía. Esta no era una ciudad judía. La mayoría de la gente era gentil, ya que eran de origen griego. Pero cuando escucharon las Buenas Nuevas, los griegos creyeron y recibieron a Jesús. Muy pronto, los cristianos de Jerusalén escucharon la novedad.

Bernabé y los cristianos: (Bernabé lee un mensaje en un rollo. Luego habla con los cristianos de Jerusalén).

—¡Escuchen esto! Hay una nueva iglesia en Antioquía, la cual crece y crece. Dicen que hay muchos gentiles que siguen a Jesús. ¿Será verdad?

Narrador: La iglesia de Jerusalén envió a Bernabé a Antioquía para ver lo que acontecía (Bernabé sale del recinto).

ESCENA 2

(Atena, Demetrio, y los cristianos de Antioquía entran, seguidos por Bernabé).

Atena: —¡Bienvenido a la ciudad, Bernabé!

Bernabé: —¡Es muy agradable estar con ustedes aquí en Antioquía!

Demetrio: —Es un honor para nosotros que vengas a visitarnos.

Cristianos: —¡Eres muy bienvenido, Bernabé!

Por favor enséñanos más de Dios. Deseamos saber cómo amar y obedecer a Dios.

Bernabé: (Hablándoles a los ansiosos cristianos). —Adoren solo a Dios. Pónganlo siempre en primer lugar. En todo lo que digan y hagan, obedezcan lo que Jesús enseña.

Narrador: Más y más gente en Antioquía seguía a Jesús.

Bernabé: (Se adelanta unos pasos) —¡Estos cristianos tienen tanto interés en vivir para Jesús! Necesito enseñarles más, pero necesito ayuda. (Bernabé camina hacia fuera. Atena, Demetrio y los demás cristianos se sientan).

Narrador: Bernabé viajó a Tarso. Fue a hablar con un maestro judío llamado Saulo. Antes, Saulo odiaba a los cristianos, pero ahora era creyente. El otro nombre de Saulo era Pablo.

ESCENA 3

Bernabé: (Le habla a Pablo) —¡Buen día, amigo!

Pablo: —¡Buen día, Bernabé! ¿Por qué estás aquí en Tarso?

Bernabé: —Necesito tu ayuda.

Pablo: —¿En qué puedo ayudarte?

Bernabé: —Hay muchos cristianos en Antioquía. Muchos de ellos son gentiles. No conocían de nuestro Dios hasta que recibieron a Jesús como su Salvador. Necesitan maestros que los ayuden a saber más sobre el amor de Dios y cómo deben obedecerlo. ¿Puedes venir y ayudarme a enseñarles?

Pablo: —¡Qué buena idea! ¡Cómo no! ¡Vayamos enseguida!

Narrador: Pablo y Bernabé salen del salón. Pablo y Bernabé viajan hacia Antioquía.

ESCENA 4

Pablo y Bernabé se unen a los cristianos de Antioquía. Todos se ponen de pie.

Cristianos: —¡Bienvenido, Bernabé!

Bernabé: —Les presento a mi amigo Pablo. Él es un maestro que conoce muy bien la palabra de Dios.

Demetrio: (Toca a Pablo en el hombro) —Estamos contentos de que hayas venido a enseñarnos, Pablo.

Atena: —¡Sí, tenemos tanto que aprender!

(Pablo, Bernabé y los cristianos se sientan. Demetrio y Atena se quedan de pie).

Demetrio: (Le habla a la audiencia) —Por un año, Bernabé y Pablo estuvieron en Antioquía. Le predicaron a la gente que no conocía a Jesús. También les enseñaron a los que no creían, como Atena y yo.

Atena: Escuchamos y aprendimos cómo amar y obedecer a Dios. Al poco tiempo la gente de Antioquía comenzó a llamarnos cristianos. Esta palabra significa "uno que pertenece a Cristo".

Demetrio: —La gente se burla de nosotros. Pero estamos orgullosos de llevar este nombre tan especial. Esta es la primera vez que a los seguidores de Jesús nos llaman "cristianos".

Cristianos: (Juntos) —Un cristiano es la persona

que recibe a Cristo como Señor y Salvador. Los cristianos amamos y obedecemos a Dios. La gente en Antioquía puede ver que somos como Jesús. Es por eso que nos llaman "cristianos".

ACTIVIDADES

¿Cómo es un buen cristiano? (dígalo con mímica)

Pida a cada niño que haga una mímica (sin palabras) y demuestre formas de cómo ser un buen cristiano. Cuando un niño realice la mímica el resto debe adivinar. Usted puede ser el primero en comenzar:

Buen cristiano (posible mímica).

✘ Atento (saluda a otras personas y les da la mano con una sonrisa).

✘ Servicial (ayuda a otra persona a cruzar la calle o salón).

✘ Dadivoso - generoso (da a otro algo de él: dinero, ropa, comida).

✘ Perdonador- (da una bofetada y el otro no se la devuelve).

✘ Obediente (alguien le manda a hacer algo y lo hace).

✘ Llevar la segunda milla (ayuda a otro a cruzar la calle o lleva las bolsas de compra o barre el salón).

Memorización

Puede usar cualquiera de las siluetas con el texto bíblico para memorizar, ya sea las siluetas de medios de transporte o la de animales. Antes de la clase, esconda las tarjetas por todo el salón. Cuando llegue el momento, diga a los niños que las busquen. Recuerde que deben tener 17 tarjetas. Cuando los pequeños las vayan encontrando, pídales que las coloquen sobre la mesa en orden. Al finalizar, todos dirán a coro el texto bíblico.

Si hay palabras que los principiantes no entienden, explíqueles lo que quieren decir.

Para terminar

Déles tiempo para que realicen la actividad del libro del Alumno, lección 33. Guíelos a completar las palabras que faltan (búsquelas en la sopa de letras) y las oraciones. Luego pueden pintar las figuras.

Anime a los niños a seguir contando de las Buenas Nuevas, así como lo hicieron Pablo y Bernabé.

Ore por cada uno para que puedan contar sin temor, ni vergüenza, el mensaje de salvación.

Pida a un niño que ore por los misioneros que están en los países donde sufren persecución. Es decir que si descubren a los misioneros, los llevan a la cárcel o los castigan.

Lección 34

Buenas noticias para todos

Base bíblica: Hechos 13:1-12, 14:21-28

Objetivo de la lección: Que los principiantes comprendan que la iglesia es parte del plan de Dios para llevar las Buenas Nuevas a todo el mundo.

Texto para memorizar: *Entonces Jesús les dijo otra vez: ¡Paz a vosotros! Como me envió el Padre, así también yo os envío* (Juan 20:21).

¡PREPÁRESE PARA ENSEÑAR!

Los niños necesitan sentir que son parte vital de la comunidad a la que llamamos iglesia local. Ellos saben quiénes son los líderes locales y se relacionan con los líderes de niños, de la misma forma en que lo hacemos los adultos.

Lo mismo sucede con los misioneros a quienes la denominación sostiene. Los niños llegan a conocerlos por nombre, comparten sus fotos, y también sus direcciones, ya sean electrónicas o de correo postal.

Esta lección en particular es una excelente manera de ayudar a los niños a comprender que los misioneros son llamados por Dios para ir a predicar las Buenas Nuevas de Jesucristo. Es la gente de la congregación quien hace posible que ellos lleven adelante la tarea que Dios los llamó a realizar.

Esta lección ayudará a los niños a comprender, que el dinero que colocan en la ofrenda misionera ayuda a los misioneros a cumplir con el llamado de Dios. Los alumnos aprenderán que cuando oran por los misioneros forman parte del plan de Dios para ellos y sus familias.

COMENTARIO BÍBLICO

Hay un maravilloso secreto revelado en estos versículos. Gente de diferentes trasfondos puede unirse en una causa común para ganar hombres y mujeres para Cristo. Unidos por la fe en Jesucristo, vienen a ser uno y forman la Iglesia: el verdadero cuerpo de Cristo.

En estos pasajes de Hechos comenzamos a ver la forma en que la misión de la iglesia cristiana debe ser.

Primero, la iglesia debe reconocer el llamado de Dios a ciertas personas para ir y predicar el Evangelio y enseñar a otros los principios de la fe. Estos hombres y mujeres deben apartarse para la obra de

Dios y el resto de la comunidad, darle su bendición y autenticar su llamado.

No solamente recibirán apoyo financiero de parte de la congregación, sino que se los debe recordar en oración privada y colectiva. En respuesta, los misioneros que son enviados, deben informar a las congregaciones sobre su trabajo. Deben comunicar sus éxitos y fracasos. Deben buscar el apoyo emocional y espiritual que necesitan.

Ese era el caso de Pablo y Bernabé, quienes fueron enviados por la iglesia de Antioquía. Estos dos hombres viajaron por el mundo conocido de entonces, ganando a los perdidos, discipulando a los creyentes, y animándolos en su nueva fe. Uno de los ministerios más significativos y de largo alcance que tuvieron fue el de establecer líderes locales entre los miembros de cada iglesia.

Los dos hombres eventualmente regresaban a Antioquía e informaban cómo Dios había bendecido su tarea. Eran muy conscientes de que ellos (los enviados), y quienes los enviaban (los cristianos de Antioquía), jugaban un importante papel.

La tarea de los misioneros que enviamos hoy es predicar las Buenas Nuevas a quienes no son salvos. También deben fortalecer a los creyentes y exhortarlos a permanecer fieles frente a la adversidad. La asignación misionera incluye la capacitación de los nuevos convertidos para evangelizar a sus conciudadanos. Con tantas religiones en todo el mundo, muchos misioneros encuentran difícil predicar a Jesucristo como la única forma de salvación.

Los misioneros se enfrentan con una gran oposición en muchos países. Es importante recordar a los creyentes de cada país, lo vital que es testificar de la gracia salvadora de Jesucristo y urgirlos a tener un compromiso fiel con el Señor. Una de las formas de lograr esto, es a través de la organización de líderes para cada congregación local.

Debemos capacitar a los líderes nacionales para que tomen el liderazgo de la iglesia en sus países.

La oración es una parte esencial para el éxito de cualquier empresa misionera.

Cuando el peligro y la oposición se presentan, los misioneros dependen de la oración de la gente que los conoce, aunque no sea personalmente.

DESARROLLO DE LA LECCIÓN

Reciba con afecto a sus alumnos y procure que el salón de clases esté limpio y arreglado para cuando lleguen. Antes de entrar al tema de hoy, repasen brevemente las tres lecciones anteriores. Hable con los niños sobre los desafíos de ser fieles a Dios.

Mi viaje favorito

Necesitará una pelota pequeña y suave. Pida a los niños que se sienten en círculo. Dígales: Cuando les arroje la pelota, al que le caiga deberá contar sobre un viaje que haya realizado y que fue muy especial para él. Cuando terminen de contar sobre su viaje, podrán devolverme la pelota suavemente.

Agregue: Viajar a diferentes lugares es lo que hacen los misioneros generalmente. Ellos viajan a otros países para contar la Buenas Nuevas de Jesús. Trabajan en otras culturas diferentes a la que conocen. Los alimentos que comen son distintos. Algunas veces, la gente de esos países habla otro idioma y los misioneros deben aprenderlo. Es posible que las casas sean diferentes a las que tenían en sus propios países.

Pregúnteles: ¿Creen que los misioneros están felices y entusiasmados de vivir en otro país y tener una cultura diferente? Yo tengo una amiga que es misionera. Ella podía llevar muchas de sus pertenencias al campo misionero. Estaba feliz al hacer planes para su nuevo hogar. En la historia de hoy hablaremos de dos hombres que fueron maestros y misioneros.

Mural de las "Buenas Nuevas"

Reúna a los alumnos al lado del afiche preparado para la unidad.

Hagan un repaso de cada lección de la misma. Realice preguntas relacionadas a las figuras del mural y a las que están escritas en las tiras y pegadas allí.

Repaso de las palabras importantes

En esta lección hay 5 palabras importantes: "Cristiano", "Evangelio/Buenas Nuevas", "misioneros", "no creyentes", "salvo o salvación".

Asigne a cada palabra un número. Escriba cartones con los números del 1 al 5.

Mézclelos colocando los números hacia abajo, sobre la mesa. Pida a un niño que levante un cartón. Según el número, debe decir el término o dar el significado de la palabra numerada.

Si el niño acierta, puede darle un premio pequeño o puede salir primero del aula.

HISTORIA BÍBLICA

Para relatar y recrear la historia bíblica de hoy puede conseguir una sábana o manta vieja y tirarla en el piso como si fuera un bote. Los niños deben sentarse sobre ella (bote), y usted les indicará que irá en el timón. Cuando usted se incline hacia la derecha, todos deben inclinarse hacia el mismo lado. En otro momento todos deberán inclinarse hacia la izquierda. Por momentos muévase simulando que hay muchas olas. Cuando usted realice cada mímica, los niños deben imitar los mismos movimientos. Diga: Los hombres de nuestra historia viajaron en barco. Ustedes deben hacer los movimientos que yo haga.

¿Recuerdan la iglesia en Antioquía que hablamos en la lección pasada? Los misioneros son personas que les dicen a las personas lo que Dios quiere que hagan.

Bernabé y Pablo todavía estaban enseñando en Antioquía. Mientras la gente adoraba (levante la mano señalando hacia el cielo), el Espíritu Santo les habló:

115

—Aparten a Bernabé y a Pablo para que me sirvan. Los he escogido para hacer una tarea especial.

La gente de Antioquía quería hacer la voluntad de Dios. Ellos oraban y ayunaban (inclínese hacia la derecha). Los cristianos colocaron sus manos sobre Pablo y Bernabé y los bendijeron:

—Por favor, Señor, que tu presencia esté con estos hombres.

Oraron y los enviaron.

(Inclínese hacia la izquierda.)

—Esto es emocionante —le dijo Bernabé a Pablo.

—Imagínate la gente que se está preparando para escuchar el mensaje de Jesús gracias a este viaje —replicó Pablo.

Primero los misioneros fueron hacia el sur, a Seleucia. Luego subieron a un bote (muévase como si hubiera olas suaves) y navegaron hacia la isla de Chipre. Predicaron la palabra de Dios a todos. Viajaron por toda la isla.

Pablo y Bernabé conocieron a Barjesús (tápese la cara como asustada). Era un mago malvado y mentiroso. Trabajaba para el gobernador de la isla y trataba de que él no aceptara el cristianismo.

—Quiero oír lo que estos hombres enseñan —demandó el gobernador—. ¡Cállense, quiero escuchar!

Pablo miró a los ojos a Barjesús, el hombre maligno, y le dijo:

—¡Tú eres enemigo de todo lo que es recto! Tú engañas a las personas. Usas toda clase de trucos. ¿No cesarás de trastornar los caminos rectos del Señor? Ahora, pues, la mano del Señor está contra ti, y quedarás ciego y no verás el sol por algún tiempo. (Cubra sus ojos y haga como que el barco se mueve con furia hacia todos lados.)

¡Y así sucedió! El malvado mago quedó ciego. Trató de buscar cómo caminar, pero no pudo (trate de tocar cosas como si estuviera ciego, cierre sus ojos. Los niños deben repetir cada mímica).

El gobernador miraba todo lo que acontecía. ¡Estaba maravillado! (actúe con mucha sorpresa).

—¡Esto es increíble! —mencionó—. Yo también quiero conocer a este hombre Jesús.

El gobernador aceptó a Jesús y ahora era un nuevo cristiano.

Pablo y Bernabé continuaron su viaje (muévase como si navegara sobre olas suaves). Regresaron a muchas ciudades donde habían estado antes.

Ayudaron a los creyentes a afirmarse y a aprender más de Dios.

—Sigan al único Dios verdadero —les anunciaba—. Hagan su voluntad.

Pablo y Bernabé escogieron líderes (sigan moviendo el barco suavemente) en cada ciudad que visitaron, para ayudar a los nuevos creyentes.

—Amado Señor —oraron (cierre y cubra sus ojos con las manos)—, por favor ayuda a los nuevos líderes y a todos los creyentes. Por favor cuídalos. Ayúdalos a amarte y a seguirte.

Luego navegaron (mueva el barco como si hubiera pocas olas, pero por momentos como si comenzaran a soplar vientos más fuertes) hacia Antioquía.

Luego reunieron (abra sus brazos y júntelos como si llamara a la gente a reunirse) a toda la iglesia, a todos los miembros. ¡Debían escuchar lo que Dios había hecho!

Allí les informaron a los creyentes reunidos todo lo que el Señor había realizado.

—Este trabajo maravilloso se realizó por causa de ustedes —explicó Pablo—. Ustedes nos enviaron. Dios obró por medio nuestro. Ahora mucha gente se convirtió en seguidora del Señor. Hicimos lo que el Señor nos llamó a hacer. Dimos las Buenas Nuevas de Jesucristo a muchas personas, en diferentes pueblos y ciudades.

Haga preguntas sobre la historia bíblica:

1. ¿Quiénes fueron en ese viaje? (Pablo y Bernabé)
2. ¿Quién envió a Pablo y Bernabé a su viaje misionero? (La iglesia de Antioquía)
3. ¿Cuál era el nombre del mago que quedó ciego? (Barjesús)
4. ¿Qué hicieron en ese viaje Pablo y Bernabé? (Visitaron muchas ciudades y hablaron de Jesús)

Recuérdeles que la iglesia envía misioneros. Ellos van, enseñan y luego regresan a sus países. Nosotros debemos ayudarlos y apoyarlos. También debemos orar para que Dios guíe la obra misionera y para que cuide a los que están en todas partes del mundo.

ACTIVIDADES

¿A quién llama Dios?

Comience esta actividad dividiendo la clase en 2 equipos para jugar al "juego de las Buenas Nuevas". Hable con los alumnos preguntándoles de qué forma y a quiénes les dieron las Buenas Nuevas durante estas semanas. Anímelos a seguir hablando de Jesús. Dígales: Hablar a las personas de Jesús es una meta que debemos tener para toda la vida. Nunca debemos dejar de hablarles a las personas de Jesús.

Entregue el trabajo de la lección 34 a los alumnos. Pida que coloreen las figuras y que encuentren las dos palabras escondidas. Explíqueles: La tarea misionera es un esfuerzo en grupo. Alguien debe quedarse para enviar. Y alguien debe obedecer e ir.

Pregunte: ¿Quién fue el que envió en la historia de hoy? (La iglesia de Antioquía). ¿Quiénes obedecieron y fueron? (Pablo y Bernabé).

Dé vuelta la página; que los niños sigan las instrucciones para encontrar las palabras y llenar los espacios en blanco. Así podrán descubrir el misterio al pie de la página.

Memorización

Divida a la clase en dos grupos. De cada grupo pasará una pareja por vez, y armarán el texto de forma correcta. Las tarjetas con el texto a memorizar estarán sobre la mesa y las palabras hacia abajo. Pida a los alumnos que pasen y formen el texto. Al terminar, los dos niños podrán decir el texto a coro. Si hay niños que no lo recuerdan, otros pueden ayudarlos.

Para terminar

Oren por la iglesia que envía misioneros. También oren por los misioneros, especialmente por aquellos que están en lugares peligrosos. Como maestro, ruegue para que el Señor llame a sus niños a las misiones.

Pueden cantar un coro apropiado.

Al finalizar, si desea, puede llevar frutas y galletas para celebrar el fin de la unidad.

✏ **Mis notas:**

Año 3

Introducción – Unidad IX

LA MISERICORDIA DE DIOS

Bases bíblicas: Génesis 4:1-16; Génesis 6; Génesis 7:1–8:19; Génesis 8:20–9:19.

Texto de la unidad: *De Jehová, nuestro Dios, es el tener misericordia y el perdonar* (Daniel 9:9a).

Propósitos de la unidad

Esta unidad ayudará a los principiantes a:

✘ Comprender el inmenso amor de Dios por el hombre.
✘ Saber que Dios valora más la misericordia que los sacrificios.
✘ Valorar el ejemplo de Dios: un modelo de compasión y amor.

Lecciones de la unidad

Lección 35: La triste historia de Caín y Abel
Lección 36: Un hombre bueno en un mundo malo
Lección 37: Dios salva a Noé
Lección 38: Dios hace una promesa

Por qué los principiantes necesitan la enseñanza de esta unidad

El libro de Génesis es fundamental en toda su extensión. Pero tiene pasajes claves que pueden ayudar a los principiantes a comprender que la misericordia es uno de los rasgos más sobresalientes de Dios.

La trágica historia de Caín y Abel y la salvación de Noé muestran con gran claridad su amor y justicia.

Hoy los niños aprenden más fácilmente la cultura del "ojo por ojo y diente por diente"; pero Dios quiere que ellos crucen a la vereda de enfrente y se conviertan en perdonadores.

Que les quede claro a los alumnos que estas historias no son fantásticas sino reales. Y que Dios sigue siendo así en la actualidad.

Además, a través de estas lecciones puede enseñarles que Dios es misericordioso, y que dice: *"misericordia quiero y no sacrificio"*. Esto significa que antes que los rituales, las promesas y las peregrinaciones de fe, Dios quiere que amemos a nuestro prójimo.

La triste historia de Caín y Abel

Base bíblica: Génesis 4:1-16

Objetivo de la lección: Ayudar a los principiantes a comprender que Caín ignoró lo que Dios decía y dejó que los malos pensamientos lo llevaran a realizar malas acciones.

Texto para memorizar: *De Jehová, nuestro Dios, es el tener misericordia y el perdonar* (Daniel 9:9a).

¡PREPÁRESE PARA ENSEÑAR!

Esta parece ser una historia extraña para contarles a los niños de primero y segundo grado, aun en estos tiempos violentos cuando incluso jovencitos cometen asesinatos.

Sin embargo, esta lección trata realmente sobre la decisión de obedecer o desobedecer a Dios. Y los niños de primero y segundo grado se enfrentan a esos asuntos.

El contexto de esta historia se relaciona con sus vidas.

No es que el patio de la escuela o las calles del barrio sean lugares terribles, pero sí existe allí rivalidad entre hermanos y amigos. Los niños se ponen celosos con facilidad si creen que otro es favorecido más que ellos, ya sea porque le brindan más atención, o gozan de mayor aprobación. Esos sentimientos producen fuertes reacciones, como nombres despectivos, agresión física, u otros actos maliciosos.

El énfasis que usted deberá dar a esta clase es el siguiente: "es muy fácil que los malos pensamientos nos lleven a cometer malas acciones". Cuando permitimos que los malos pensamientos se radiquen en nuestra mente, podemos terminar haciendo algo terrible.

De la misma forma, también es verdad que Dios nos puede ayudar y proteger para no pecar".

Anime a los niños para que hablen con Dios honestamente. Y dígales que si lo obedecen, él los ayudará.

COMENTARIO BÍBLICO

La frase: *"El pecado está a la puerta"* (Génesis 4:7) nos plantea dos preguntas:

¿Tienes que abrirle la puerta al pecado?

¿Qué sucede si le abrimos la puerta?

La historia de Caín y Abel es la historia de un asesinato, la cual fue una ofensa muy seria. Pero observándola desde un nivel mayor, esta narrativa tiene que ver con la gracia.

La elección consiste en decidir hacer lo bueno o lo malo. Si hacemos lo correcto, Dios aceptará nuestros esfuerzos, aunque no sean perfectos (vea v. 7). Pero si persistimos en hacer nuestra propia voluntad, corremos el riesgo de ser "dominados" por el pecado, esto es caer cada vez más profundamente en la rebelión y en los malos hechos.

Esa fue la maldición que Caín escogió. Ignoró el consejo de Dios y cayó en pecado a causa de sus celos y enojo, los que lo llevaron a matar a su hermano Abel. Aun así, Dios no abandonó a Caín, sino que colocó una marca protectora en él, para mostrar que su gracia siempre está disponible mientras vivamos aquí. Esto nos debe dar cierta tranquilidad al pensar en aquellos que se extraviaron del camino del Señor. Ellos no se descarriaron a lugares donde su gracia no los pueda alcanzar.

Esta historia, en cierta manera, es sobre la relación entre dos hermanos. En ella vemos más del carácter del "malo" que del "bueno". Aquí vemos aspectos de nuestras propias vidas que conocemos muy bien. Las relaciones entre hermanos (o hermanas) pueden ser rotas si hay competencia entre ellos, o si alguno se llena de celos y enojo. ¿Cómo actuamos en nuestras relaciones familiares, como Caín o como Abel? Es algo que nosotros decidimos.

La historia de Caín también tiene que ver con la adoración. Quizá el sacrificio de Abel fue aceptable porque trajo las porciones gordas de los primeros animales recién nacidos (v. 4). Caín trajo algunos de los frutos de la tierra (v. 3). O tal vez había un problema de actitud.

Hebreos 11:4 menciona la ofrenda de Abel en relación a "su fe". Tal vez el sacrificio de Abel fue un reflejo de una relación amorosa con Dios, mientras que la ofrenda de Caín fue solamente para cumplir cierta formalidad.

No lo podemos afirmar con certeza. Pero nos lleva a reflexionar acerca de las elecciones que hacemos con respecto a nuestra adoración.

A la luz de esta narrativa, podemos contestar la pregunta del principio: nunca somos ni seremos forzados para abrirle la puerta al pecado.

Si lo hacemos, las consecuencias son funestas, pero Dios no nos abandona. Mientras vivamos en esta tierra, el perdón siempre estará disponible.

El fin de la historia

Repito, esta narrativa es sobre la gracia. Aquí hay algo en lo cual podemos meditar.

Desde el día de ese primer asesinato, *"nosotros nos hemos acercado al monte de Sión, a la ciudad del Dios vivo… a Jesús, mediador del nuevo pacto, y a la sangre rociada que habla mejor que la de Abel"* (Hebreos 12:22, 24).

Esto nos debe ayudar a escoger correctamente, para que el pecado quede "afuera de la puerta".

DESARROLLO DE LA LECCIÓN

Prepare con anticipación los materiales didácticos que utilizará para esta lección y procure tener listo su salón de clases antes que sus alumnos lleguen.

Recuerde dar la bienvenida a los visitantes y tomar sus datos para contactarlos durante la semana.

"Peligro o siga"

Antes de la clase prepare dos carteles (como las señales de tránsito de su país), de tamaño grande. Pueden ser de 50 cm. x 50 cm., de cartulina o cartón. Una señal deberá decir: "ALTO - PELIGRO" (puede ser hecha de color rojo y blanco), y la otra: "SIGA" (puede ser de color verde).

En la clase, pida que dos voluntarios, o los que se porten mejor, sostengan las señales. Diga: Leeré varias oraciones. En algunas, los niños tienen buenos pensamientos, en otras tienen malos pensamientos. Si la oración es sobre buenos pensamientos, levantarán la señal que dice: "Siga". Pero si es sobre malos pensamientos, levantarán la señal de "Alto - Peligro".

Practiquen por unos minutos. Todos los niños deben gritar muy fuerte cuando se levantan las señales de: "Siga" o "Alto - Peligro".

- ✘ Ana tiene una bicicleta vieja. Emilia tiene una nueva. Ana piensa: "¿Por qué Emilia tiene una bicicleta nueva? ¡La odio!" (Alto - Peligro).
- ✘ Pedro tiene muchos juguetes y Juan casi no tiene juguetes. Pedro comparte sus juguetes con Juan (Siga).
- ✘ Carla desea hacer algo especial y bonito para sus padres (Siga).
- ✘ Julio compró un enorme globo rojo. Andrés lo mira desde lejos y piensa cómo puede acercarse y pinchárselo (Alto - Peligro).
- ✘ María salió a pasear con sus amigas Julia y Cecilia, pero se olvidó de invitar a Débora. Débora lo supo y prometió que ya no sería amiga de María (Alto - Peligro).
- ✘ La señora Rosa le regaló a su esposo un hermoso automóvil. El vecino Adolfo está muy molesto y dice cosas poco amables de ellos (Alto - Peligro).
- ✘ Julián tiene una nueva pelota de fútbol. Su hermano Pablo se puso celoso y prometió rompérsela (Alto - Peligro).

Diga: ¿Por qué es peligroso pensar como algunas de esas personas? (Acepte las respuestas). Enfatice que los malos pensamientos nos pueden llevar a malas acciones, como en el caso de Caín y Abel.

Palabras importantes: "Pecar" y "Obedecer"

Prepare una cartulina o cartón para colgar en la pared. Divida el cartel con una línea vertical. De un lado escriba "obedecer", y del otro "pecar".

Escriba el significado de obedecer: hacer lo que Dios quiere que hagamos. Su voluntad está en la Biblia, que es su Palabra.

Del otro lado escriba "pecado": es desobedecer a Dios y sus mandamientos.

Debajo de cada palabra y su significado pida que los niños traigan recortes para ilustrar el afiche. Pueden traer recortes de periódicos o revistas que muestren escenas de obediencia y de pecado. Cada uno debe pegar los recortes que trajo con cinta adhesiva en el afiche. Observe que las figuras sean apropiadas. Practiquen leyendo varias veces las palabras y su significado.

HISTORIA BÍBLICA

La vida para Adán y Eva fue muy diferente después de que desobedecieron a Dios. Ya no vivían en el hermoso jardín del Edén. Su trabajo era duro. Ahora sufrían de dolores y se enfermaban. Pero Dios los amaba mucho.

Al poco tiempo, Adán y Eva tuvieron hijos. Al primero, Eva lo llamó Caín. "Dios me ayudó a tener a este niño". Al segundo lo llamó Abel. Adán y Eva les enseñaron a los muchachos sobre Dios.

Los dos crecieron sanos y fuertes. Al llegar a la edad apropiada, Caín decidió ser granjero, y Abel decidió criar ganado.

Un día Abel ofreció una oveja como ofrenda a Dios. Con cuidado escogió la mejor que tenía para la ofenda. Caín también ofreció una ofrenda. Dio algunas hortalizas y frutas que había cultivado.

Dios se agradó con la ofrenda de Abel, pero no con la de Caín. ¿Por qué Dios no se agradó con la ofrenda de Caín? La Biblia no lo explica. Pero sabemos que el Señor es bueno y todo lo que hace es bueno. Algo no estaba bien en la ofrenda de Caín, o en la forma en que se la entregó a Dios. Caín se enojó mucho con Dios. Pero él lo seguía amando.

—¿Por qué estás tan enojado? —le preguntó Dios—. Si haces lo correcto, estaré contento contigo. Pero si no haces lo correcto, estarás pecando. Entonces sé cuidadoso. Tú escoges, hacer el bien o hacer el mal.

Caín escuchó lo que Dios le había dicho. Y siguió pensando en lo enojado que estaba. Estaba enojado con Dios y con Abel. Después de un tiempo, Caín ya no amaba más a su hermano.

Un día, Caín le dijo a Abel:

—Vamos juntos al campo.

—Está bien —asintió Abel.

Los dos hombres se encaminaron hacia el campo. Mientras estaban allí, Caín mató a su hermano Abel y lo enterró. Más tarde Dios le habló a Caín:

—¿Donde está tu hermano Abel? —le preguntó el Señor.

—¡Yo no sé! —dijo Caín—. ¿Acaso mi trabajo es cuidar de Abel?

—Yo sé lo que hiciste —dijo Dios—. Estuviste

muy mal. De ahora en adelante nada será fácil para ti. Andarás errante de un lugar a otro.

—Ay Señor, ¡grande es mi culpa para ser soportada! —lloró Caín—. Ahora la gente tratará de matarme.

Aunque Caín había hecho algo muy malo, Dios continuaba amándolo y le hizo una promesa.

—Me aseguraré de que nadie te mate.

Con tristeza, Caín dejó su hogar y su familia. Dios guardó la promesa que le había hecho. Pero sin duda, muchas veces Caín se habrá preguntado por qué no obedeció a Dios y su advertencia de no hacer lo malo.

ACTIVIDADES

Pequeños títeres

Antes de la clase, prepare: tijeras, pegamento o cinta adhesiva, varillas de madera o palitos de helado, colores, crayones. Entregue a los niños la hoja de actividades de la lección 35 del libro del Alumno. Pídales que coloreen los pequeños títeres. Ayúdelos a recortar las figuras de los títeres y pegarlas en varillas de madera plana de unos 20 cm. de largo por 1 cm. de ancho, o palitos de helado. Cuando hayan terminado, pueden actuar y hacer que los títeres hablen sobre la historia de Caín y Abel.

A modo de repaso, cuando la historia haya terminado, pregunte a los niños: ¿Caín debió hacer lo malo y matar a su hermano? (No). ¿Quién trató de que Caín no hiciera lo malo? (Dios). ¿Cuál fue su mayor equivocación, antes de matar a Abel? (Tenía malos pensamientos de Dios y de su hermano Abel).

Historia bíblica ilustrada

Esto ayudará a los niños a recordar la historia de Caín y Abel.

Use lo que se indica a continuación o escoja artículos de su agrado.

1. Dos muñecos bebés envueltos en mantas para representar a Caín y Abel.
2. Una oveja de peluche que represente la ofrenda de Abel. (Puede dibujar una oveja en una cartulina y pegarle algodón. Use frijoles o botones para los ojos). También puede hacer un títere con una media o calcetín blanco. Péguele ojos de botones negros. Recorte un triángulo de una tela negra para la nariz y adhiéralo, con una tela roja puede hacer los labios, las orejas pueden ser de tela rosada. Pegue bolitas de algodón para la cola y puede fijar en el cuerpo buena cantidad de bolas de algodón.
3. Coloque algunos trozos de fruta y verduras en un plato, para representar la ofrenda de Caín.
4. Dibuje una cara feliz para representar que Dios se puso contento por la ofrenda de Abel.

5. Dibuje otra cara pero triste. "Así se sentía Dios por la ofrenda de Caín".
6. Dibuje con un círculo oscuro (no negro), o corte un círculo de papel afiche o cartulina de color marrón (café), que represente los pensamientos de enojo de Caín hacia Dios y Abel.
7. Una tarjeta que diga: "No le hagan daño a Caín".

Diga: Cada niño tendrá uno de estos objetos. Cuando les indique, ustedes levantarán el objeto que tienen en la mano.

Una vez que hayan terminado, coloque los objetos en una canasta o caja, para usarlos en otra ocasión.

Memorización

Banderines con el texto bíblico

Necesitará: papel afiche o papel de colores brillantes, marcadores, cinta adhesiva, tijeras y palitos.

En los banderines en forma de triángulo, escriba el texto bíblico.

En clase, entregue banderines a cada niño para que los coloreen. Diga que no deben colorear sobre el texto a memorizar. Una vez coloreados los banderines, deben pegarlos con cinta adhesiva en los palitos o varillas de unos 12 cm. de largo por 1 cm. de ancho. Pida a los niños que escriban su nombre en cada banderín.

Pregúnteles: ¿Qué quiere decir que "de Dios es el tener misericordia y el perdonar"? (Dios no nos castiga como debería hacerlo por los pecados que cometemos. Siempre está listo a perdonarnos si se lo pedimos. Cuando nos perdona no recuerda nunca más nuestros pecados. Nos trata como si nunca hubiéramos pecado).

Repitan varias veces el texto a memorizar. Luego pueden salir al patio y marchar, repitiéndolo en voz alta.

Finalmente, recoja los banderines. Estos quedarán en poder de la clase hasta la última lección de la unidad.

Para terminar

Ore dando gracias por:
- ✘ Cada niño de su clase.
- ✘ Sus padres y hermanos.
- ✘ Sus vidas espirituales y su relación con Dios.
- ✘ Sus estudios.
- ✘ Porque son buenos niños.
- ✘ Porque vienen a la iglesia o llegan a los lugares de reunión.

Ore pidiendo que:
- ✘ Los niños sean obedientes al Señor
- ✘ Sean buenos hermanos y amigos
- ✘ Sean buenos hijos y alumnos
- ✘ Que tengan buenos pensamientos hacia Dios y sus semejantes.

Un hombre bueno en un mundo malo

Base bíblica: Génesis 6
Objetivo de la lección: Ayudar a los principiantes a saber que Noé decidió obedecer a Dios, aun cuando nadie más lo hizo.
Texto para memorizar: *De Jehová, nuestro Dios, es el tener misericordia y el perdonar* (Daniel 9:9a).

¡PREPÁRESE PARA ENSEÑAR!

Cuando era niña, la presión del grupo no me afectaba tanto, hasta que llegué a 8º grado.

A medida que los años pasaron, la presión de los niños descendió y se instaló en los años previos a la adolescencia; más tarde pasó a los años intermedios, durante la escuela primaria. En la actualidad, los niños de seis y siete años, e incluso más pequeños, se ven influidos en gran manera por sus compañeros.

Una de las razones es que pasan cada vez más tiempo con otros pequeños de su edad. Con la llegada de las guarderías y jardines maternales, los niños comienzan a verse influidos por sus compañeros, prácticamente desde que nacen. Siendo que pasan entre 4 a 12 horas por día con ellos, los pequeños se preocupan más por lo que sus compañeros piensan y aprueban. La lección de hoy encuentra a los principiantes con esta realidad, en sus situaciones tan únicas y particulares. Nunca es fácil ser diferente al resto del grupo, especialmente en estos días. Y con la corrupción de los valores morales básicos de la sociedad, los niños tienen que lidiar con elecciones que no escuchábamos que debían tomar años atrás. Mientras prepara las tres lecciones siguientes sobre Noé, sumérjase en los pasajes escriturales y en la historia.

Pídale a Dios que lo ayude a presentar a Noé de tal manera que sus alumnos lo admiren y quieran actuar como él. Noé se plantó solo frente a un mundo de pecado y violencia. Ore para que sus alumnos aprendan a confiar en el Señor lo suficiente como para hacer lo mismo cuando sea necesario, en la clase, en el patio de juegos, en sus barrios o en cualquier lugar donde deban anunciar que son hijos de Dios.

COMENTARIO BÍBLICO

En cualquier historia donde cayó juicio sobre la gente en rebelión, es fácil ver a Dios como un juez duro. En esta narración sobre el diluvio, es sencillo que veamos a Dios como quien barrió a los malvados y salvó a unos pocos justos.

Si lo miramos de esa forma, pasaremos por alto lo que las Escrituras describen: *"Y se arrepintió el Señor de haber hecho al hombre en la tierra, y le dolió en su corazón"* (6:6).

Solamente un Dios que ama puede sentir tanto dolor por lo malo del hombre.

El dolor de Dios no era por haber creado al hombre, sino que sufría porque la gente a la que amaba, rehusaba restaurar su relación con él.

Por lo tanto, la angustia del Creador era a causa de la maldad del hombre. Esta humanidad se había extraviado. Esa situación fue seguida por un período de limpieza y perdón, lo que constituyó un acto de amor, no de venganza.

Esta historia tiene un paralelo con la conversión del ser humano. Cuando el corazón de la persona se llena de dolor por sus equivocaciones y pecados y busca a Dios para que lo ayude, él responde con perdón y transformación. En su misericordia, limpia al mundo caótico creado por el corazón errante.

En la historia bíblica, vemos que no todo fue destruido por el diluvio universal. La rama del olivo es la primera prueba de que la vegetación había sobrevivido. Cuando Noé y su familia salieron del arca, tenían los bosques y campos disponibles para reconstruir sus vidas.

Al limpiar el corazón humano, Dios no destruyó el marco de la vieja creación. Las personas siguen siendo humanas después de su conversión, pero con la nueva oportunidad de reconstruir sobre el fundamento ya provisto.

La historia del diluvio enfatiza que cada individuo es responsable, a pesar de lo que hagan los demás. Noé era el único *"hombre justo, era perfecto entre los hombres de su tiempo"* (v.9). Esto no implicaba que Noé nunca hubiera pecado. Al igual que todos nosotros, fue recipiente de una naturaleza caída, la cual era el resultado del pecado de Adán y Eva; aunque Noé amó y obedeció a Dios con todo su corazón.

Noé podía haber sido como todos los demás, pero no fue así. Tuvo la valentía de ser diferente al resto del grupo, una cualidad que Dios premió. Este es un punto difícil de aceptar por los adultos, cuánto más entonces por los niños. El poder de la multitud o lo que conocemos como "el fenómeno de masa" es difícil de resistir.

Cuando todos en el grupo hacen algo, es difícil hacer algo diferente, especialmente cuando "hacer ese algo" es lo correcto.

Noé es un ejemplo para nosotros y los niños de que seguir a Dios es siempre lo correcto, sin importar si otros lo hacen o no.

Aquí hay algo para pensar, no solamente para esta lección, sino cada vez que estemos en contacto con los alumnos: ¿Cómo podemos, siendo maestros de niños, influir en nuestros estudiantes para que confíen en Dios de tal manera que estén dispuestos a obedecerlo aun cuando sus amigos les digan que hagan lo contrario?

DESARROLLO DE LA LECCIÓN

Prepare con anticipación los materiales didácticos que utilizará para esta lección y procure tener listo su salón de clases antes que sus alumnos lleguen.

Recuerde dar la bienvenida a los visitantes y tomar sus datos para contactarlos durante la semana.

¿Puedo entrar al arca?

Necesitará: cartulina o cartón, tijeras y marcadores. Antes de la clase, escriba en tarjetas de 10 cm. x 10 cm. el nombre de animales que sean fáciles de reconocer entre los niños, por ejemplo: oso, gato, perro, pájaro, elefante, león, cerdo, etc. Haga 2 juegos de cada uno, de modo que 2 niños tengan al oso, 2 al gato, 2 al león, y así sucesivamente.

Durante la clase, entregue a cada niño una de las tarjetas con el nombre de un animal. Diga a los niños que no deben mostrarle, ni decirle a nadie qué animal representarán.

Explique: El objetivo de este juego es encontrar a la otra persona del salón que tenga el mismo animal que tienen ustedes en sus tarjetas. Deben hacer el sonido que hace ese animal, o caminar o actuar como él, pero no deben decir el nombre. Cuando encuentren su pareja, vengan y díganme: ¿Podemos entrar al arca? Si verdaderamente encontraron su pareja, me entregarán sus tarjetas y yo les diré: Sí, pueden entrar al arca. Y sino, les diré: No, no pueden entrar al arca. Jueguen hasta que todos los niños encuentren a su pareja.

Al terminar pregunte: ¿A qué historia bíblica les recuerda este juego? (El arca de Noé).

Noé vivió en un tiempo cuando nadie en la tierra amaba, ni obedecía a Dios.

Difícil, más difícil, muy difícil

Necesitará: cartulina o cartón fino, marcador grueso y cinta adhesiva.

Antes del comienzo de la clase, escriba en cuadrados grandes para que todos los niños los vean: "Difícil", "Más difícil", "Muy difícil". Colóquelos en tres paredes diferentes del salón.

En clase diga: Leeré unas breves historias sobre diferentes momentos en los que los niños tienen que tomar decisiones. Luego votarán y escogerán lo que es difícil, más difícil o muy difícil.

Voten, parándose frente al cartel que piensan que les corresponde a cada uno en particular. Lea las historias. Déles un tiempo para que los niños voten o caminen hacia el cartel que elijan. Después de cada decisión, pregunte a algunos voluntarios por qué respondieron de esa manera.

1. La maestra sale del salón. Ella les dijo que deben guardar silencio y hacer la tarea de matemática. Casi todos los niños hablan y se ríen. ¿Cómo te resulta en ese momento guardar silencio y obedecer?
2. Mamá dijo que limpies tu cuarto antes de ir a jugar. Ella tiene que salir y hacer un mandado rápido. Tú miras el cuarto... está todo tirado. ¿Cómo te resulta obedecer a tu mamá?
3. Los niños fueron a una fiesta de cumpleaños. Uno de los muchachos llevó una revista con chistes y dibujos malos. Sus padres no los dejan mirar ese tipo de revistas. Todos los niños de la fiesta la miran. ¿Cómo te resulta decirles: "no, yo no miraré la revista", y ponerte a hacer otra cosa?
4. Tú estás con tu mejor amigo en una tienda o kiosco cercano a tu casa. Los dos quieren caramelos y chocolates, pero no tienen dinero para comprarlos. Tu amigo te dice: "solo toma algunos y escóndelos rápidamente". ¿Qué tan difícil es para ti negarte a robar?
5. Uno de lo niños de tu clase golpeó a un pequeño en el patio de juegos. El director de la escuela les está hablando a los alumnos y les pregunta quién lo hizo. Nadie responde. ¿Cómo te resulta decir la verdad?

Diga: Decidir hacer lo correcto es difícil. Especialmente cuando tú eres el único que quiere hacerlo. La historia de hoy habla sobre un hombre que decidió obedecer a Dios cuando nadie más lo quiso hacer.

HISTORIA BÍBLICA

¡Discusiones! ¡Peleas! ¡Odios! ¡Muerte!

En cada rincón de la tierra donde Dios miraba, la gente hacía lo que le parecía mejor. Su egoísmo era más fuerte que el amor y bondad de Dios. El corazón de Dios sentía gran dolor y sufrimiento. Todos hacían lo malo. Nadie lo obedecía ni hacía lo correcto. Nadie, excepto un solo hombre. Se llamaba Noé. Noé amaba a Dios y siempre trataba de obedecerlo. Dios no estaba contento y no podía permitir que el mundo siguiera de la misma forma. Cada vez era peor. Con tristeza, decidió: "¡Debo destruir este mundo y todo lo que en él hay!"

Dios le habló a Noé y le dijo:

Noé, el mundo está lleno de violencia y maldad. Destruiré todo lo que en él hay con un gran diluvio (*inundación muy grande*). Pero te prometo que te salvaré a ti y a tu familia. Esto es lo que tienes que hacer.

Haz un arca, un barco muy grande. Y la cubrirás por dentro y por fuera con brea. La harás de tres pisos y colocarás una puerta al costado y una ventana en la parte superior. Cuando hayas terminado con el barco, tomarás dos animales de cada especie y los meterás en el arca para que vivan (v. 19-20).También coloca en ella suficiente comida para ti, para tu familia y para todos los animales.

¡Qué sorprendido debe haber quedado Noé con todas esas instrucciones! Jamás había llovido en la tierra. ¡Noé no tenía ni idea de lo que era una inundación, mucho menos un diluvio! ¡Y el arca que Dios le pedía que hiciera era enorme! ¡Él no tenía idea de lo que era un barco, ni para qué servía!

Sería mucho más grande que un campo de fútbol, y más alta que una casa de dos pisos. ¡Llevaría mucho tiempo construirla!

Sin duda, Noé debía tener muchas preguntas para hacerle a Dios, pero no lo hizo. Simplemente se limitó a confiar en él. Creyó en lo que le dijo y obedeció. Rápidamente comenzó a construir el arca. La Biblia no lo dice, pero posiblemente los tres hijos de Noé -Sem, Cam y Jafet- lo ayudaron. Noé construyó el arca tal cual Dios le había indicado.

Durante muchos años, construyó y construyó. Toda la gente que pasaba, miraba lo que Noé hacía. ¿Qué pensarían? La Biblia no lo dice. Pero mientras miraban, Noé trabajaba, y les anunciaba el mensaje de Dios. El Señor les estaba dando nuevamente la oportunidad de salvarse. Él salvaría a quien se arrepintiera de sus malos caminos y pidiese ser perdonado. Pero nadie lo hizo.

Finalmente, el arca estaba terminada. Noé obedeció a Dios en todo. Por fin llegó el tiempo en el que él, su familia y todos los animales debían entrar a la gigante embarcación. ¿Qué pasaría luego? No lo sabía. Solamente sabía que Dios los protegería a él y a toda su familia, como lo había prometido.

ACTIVIDADES

Mural: Noé y el arca

Esta es una lección apropiada para realizar un gran mural, que los niños disfrutarán hacer. Necesitará: papel o cartulina, colores, crayones, papel de color marrón (café) para el arca, papel celeste o verde claro para el agua, cinta adhesiva, pegamento, etc. En esta y las dos clases siguiente en las que hablarán de Noé, pueden ir agregando más ilustraciones al mural. Hoy pueden pintar las siluetas de Noé, los miembros de la familia, personas mirando a Noé cómo construye el arca, árboles, casas, el arca, etc. Haga un diseño con trazos grandes del arca, y otras figuras. Permita que los niños las coloreen. La próxima clase pueden agregar los animales y así sucesivamente. Utilice esta actividad para hacer el repaso de la historia bíblica. Mientras los niños trabajan coloreando, usted puede hacer preguntas apropiadas.

Vienen los animales

Este juego servirá para repasar la historia bíblica. Pida que los niños se formen en una línea horizontal al final del salón. Luego asigne a cada uno un animal diferente, quien tendrá que hacer el sonido de ese animal. Puede haber animales repetidos. Permita que cada uno practique lo que debe hacer.

Diga: Haré preguntas sobre la historia bíblica de hoy. Todos deben responder. Si contestan correctamente, avanzarán un paso al frente y harán el sonido del animal que les corresponde. Si contestan incorrectamente, tendrán que quedarse donde están y en silencio. Veamos si todos pueden llegar al arca.

Juegue hasta que todos hayan llegado al arca o hasta que se le hayan terminado las preguntas.

1. ¿Quién hizo la tierra? (Dios)
2. ¿Por qué Dios estaba triste? (Porque la gente era violenta y hacía lo malo.)
3. ¿Quién obedeció a Dios? (Noé.)
4. ¿Qué le pidió Dios a Noé que hiciera? (Un arca.)
5. ¿Sabía Noé cómo hacer el arca? (No, pero Dios le dio las instrucciones.)
6. ¿Cuántos animales de cada especie debían entrar al arca? (Dos.)
7. ¿Qué más puso Noé en el arca? (Comida.)
8. ¿Noé escuchó y obedeció a Dios? (Si.)
9. ¿Cuántas personas dejaron de pecar y entraron en el arca? (Ninguna.)
10. ¿A quién le mostró misericordia el Señor? (A todos, pero solamente Noé entró en el arca junto con su familia.)

Atención maestro: El propósito de esta actividad es ayudar a los niños a recordar la lección y no tomarles un examen. Si contestan mal, usted puede darles la respuesta correcta y hacer que ellos la repitan, y así ellos entonces podrán hacer el sonido del animal que les tocó, y avanzar un paso, hasta llegar al arca, la cual puede ser un lugar cercado con sillas o bancos.

Decide obedecer

Pida a los niños que recorten los rompecabezas de la lección 36 del libro del Alumno. Entréguele a cada uno una bolsa de plástico para guardar las piezas. Las figuras son apropiadas para poder hablar sobre qué deben hacer para obedecer.

Memorización
Carrera del texto bíblico

Antes de la clase, prepare 2 banderines en forma de triángulo. Píntelos con colores llamativos (si quiere puede hacerlos de tamaño grande). Colóqueles una varilla de madera de unos 40 cm. de longitud.

En clase, repitan el texto bíblico de Daniel 9:9. Luego de hacerlo en varias ocasiones, divida al grupo en 2 equipos. (Es mejor realizar esta actividad en un patio abierto). Cuando usted diga "ya", el primer niño de cada equipo, con el banderín en la mano, deberá correr hasta la otra punta (coloque una indicación, como una silla) y decir en voz bien alta el texto de Daniel 9:9 y la cita bíblica. Luego correrá de regreso hasta su equipo, entregará el banderín al próximo niño y así sucesivamente. Preste atención a la repetición del texto. Ayude a los que tengan problemas.

Juegue hasta que uno de los equipos -el ganador- haya terminado. Concluyan repitiendo todos juntos el texto bíblico. Guarde los banderines para la próxima clase.

Para terminar

Ore por sus alumnos para que sean obedientes a Dios. Canten un coro apropiado sobre la obediencia. Ore por aquellos pequeños a los que les cuesta obedecer a sus padres o maestros. Anímelos a orar los unos por otros durante la semana.

Dios salva a Noé

Base bíblica: Génesis 7:1–8:19
Objetivo de la lección: Ayudar a los principiantes a que comprendan que aquellos que aman y obedecen a Dios experimentan su amor y cuidados de manera especial.
Texto para memorizar: *De Jehová, nuestro Dios, es el tener misericordia y el perdonar* (Daniel 9:9a).

¡PREPÁRESE PARA ENSEÑAR!

Nunca olvidaré una lámina del diluvio que vi cuando era pequeña, en un libro de historia bíblica para niños. En la parte de adelante de ese cuadro en blanco y negro, representando las aguas y la feroz lluvia, había figuras de bebés sobre las rocas que pronto serían sumergidos por el agua. Yo amaba a los bebés y me preguntaba una y otra vez por qué Dios no los había salvado, por lo menos a ellos.

Es bueno que las publicaciones de hoy ya no hagan materiales para niños como esos. Aun así, los alumnos más sensibles de su clase se sentirán preocupados por la muerte de todas esas personas y criaturas que quedaron fuera del arca.

Ore mucho por esta lección, porque enseña una verdad difícil. Dios ama a todas las personas con un amor que no tiene fin. Y aquellos que responden a él con confianza y obediencia, experimentarán su amor y cuidados de maneras que otros no pueden hacerlo. Ellos se rehusaron a obedecer y por eso les llegó el juicio.

En esta lección "enfatice el arca de salvación" que Dios provee para Noé. Recuerde a sus alumnos que Noé, como todo ser humano, había pecado. Pero que a diferencia del resto de la gente que odiaba e ignoraba a Dios, él lo amaba y deseaba obedecerlo. Y como así lo hizo, Dios lo protegió. El Señor hará lo mismo por los niños de la clase.

COMENTARIO BÍBLICO

Hay buenas noticias entre la lección del domingo pasado y la de hoy: ¡Noé sobrevivió! Entre el mandamiento de Dios de *"entra en el arca"* (7:1) y *"sal del arca"* (8:15) vemos múltiples evidencias del amor de Dios, de su misericordia y cuidados.

Hay muchos puntos de esta historia en los que el resultado podría haber sido diferente. ¿Qué habría sucedido si Dios no le hubiera dado a Noé los planos para hacer el arca desde un principio? ¿O qué si Noé hubiera tomado otros proyectos de construcción en ese momento? ¿Y si los animales hubieran rehusado subir al arca? ¿Y si el arca hubiera tenido filtraciones y se hubiera hundido?

¡Gracias a Dios, Noé sobrevivió! Después de que él, su esposa, sus hijos, sus nueras y los animales entraron en el arca, Dios cerró la puerta detrás de ellos (7:16). ¡Qué pensamiento tranquilizador debe haber sido este para Noé y su familia, para los largos y oscuros días que vendrían! El diluvio había barrido a todas las criaturas, excepto a los peces, los animales y personas que estaban en el arca.

Dios proveyó el arca como un medio para sobrevivir. Resguardados en su interior, Noé, su familia y los animales escaparon de la terrible destrucción que azotó a sus amigos y vecinos. Después del diluvio, el arca los llevó gentilmente a tierra, posándose en el monte Ararat, y los colocó frente a una nueva vida. Esa nueva vida la brindaba Dios a quienes lo habían obedecido.

El capítulo 8 comienza con las palabras: *"Entonces se acordó Dios de Noé"*. Cuando la Biblia usa el término "se acordó" en relación a Dios, explica su preocupación por alguien, la cual es expresada en acciones de amor.

El juicio de Dios sobre la gente había terminado. Ahora comenzaba un período de redención.

Dios comenzó otra vez con una familia y una creación santa. Extendió su gracia a través de su creación por medio de sobrevivientes justos. De la línea de Noé, surgieron Abraham, Isaac, Jacob, Moisés y Jesús.

Más tarde, la palabra "arca" continuó apareciendo en la religión judía. El arca del pacto era el lugar donde los símbolos de la presencia de Dios se guardaban. Mientras esta estuviera con los israelitas, ellos estarían a salvo.

En nuestra cultura, hablamos de que la gente entra al "arca de salvación" cuando aceptan a Cristo como su Salvador. Cuando entramos en esa "arca de salvación", Dios nos libra de la muerte y destrucción que acompaña a su juicio por el pecado.

En estos días de inestabilidad y pecado, queremos ver más que nunca que nuestros hijos sobrevivan al mal que los rodea.

Dios proveyó el "arca de salvación" por medio de Jesucristo. Debemos enseñarles a los niños que Dios los ama y, por sobre todo, guiarlos a que entren en el arca de salvación, la cual es Jesucristo, el Salvador.

¿De qué manera podemos proveerles un arca de salvación a nuestros hijos?

- ✘ Por medio de la Escuela Dominical, horas felices, Escuela Bíblica de Vacaciones, etc.
- ✘ Por medio de la iglesia.
- ✘ Por medio de amistades cristianas y la influencia de la comunidad de fe.
- ✘ Por medio de buenos consejos.
- ✘ Por nuestro testimonio cristiano.
- ✘ Por medio de variadas actividades y pasatiempos cristianos.

DESARROLLO DE LA LECCIÓN

Reciba con afecto a sus alumnos y procure que el salón de clases esté limpio y arreglado para cuando lleguen. Antes de entrar al tema de hoy, repasen brevemente las dos lecciones anteriores y pida a sus alumnos que cuenten cómo Dios los guardó y ayudó durante la semana.

Palabras importantes: "Obedecer" y "Pecado"

Esconda en el salón las tarjetas con las palabras importantes. Pida a los niños que busquen las dos palabras importantes de la unidad: "obedecer" y "pecado".

Cuando encuentren las tarjetas, lea el significado de obedecer y de pecado. Haga preguntas al respecto. Ayude a los niños con pistas sobre las lecciones anteriores.

1. ¿Quiénes fueron los protagonistas en la primera lección de esta unidad? (Caín y Abel.)
2. ¿Qué hizo Caín? (mató a Abel.) ¿Pecó u obedeció? (Pecó.)
3. ¿Qué le ofreció Abel a Dios? (Una oveja.) ¿Pecó u obedeció? (Obedeció.)
4. ¿Quién fue el hombre que construyó el arca? (Noé.)
5. ¿Qué debía hacer Noé? (Construir un arca.)
6. ¿Tenía instrucciones de cómo hacer el arca? (Si, Dios le había dado las instrucciones.)
7. ¿Cuantos animales de cada uno debía llevar al arca? (Dos.)
8. ¿Quién entró con Noé en el arca? (Toda su familia.)
9. ¿Qué más puso Noé en el arca? (Alimentos para todos.)
10. ¿Obedeció Noé? (Si, obedeció.)

Cuenta a los animales

Antes de la clase, corte 2 juegos de tarjetas en cartulina o cartón de 8 cm. x 8 cm. Escriba en cada juego las letras del alfabeto. Coloque todas las tarjetas en una bolsa o canasta.

Durante la clase, pida a los niños que se sienten formando un círculo para jugar al "Arca, Arca".

En tono de rap puede decir: "Arca, Arca ¿cuántos animales tienes?" y repiten lo mismo varias veces, mientras la bolsa con letras pasa de niño en niño. Cuando usted deja de cantar, el niño que tiene la bolsa sacará una letra y dirá la mayor cantidad de animales cuyo nombre comience con esa letra. Ejemplos con la letra c: culebra, cacatúa, coatí, cerdo, cocodrilo. Mientras tanto, y en silencio, usted cuente hasta 10. Escriba en la pizarra el nombre de cada animal, sin repetir. Luego siga cantando: "Arca, arca...". Continúe si hay tiempo hasta que cada niño tenga la oportunidad de participar. Cuenten en la pizarra cuántos animales nombraron.

Diga: Muy bien, recordaron a muchos animales. Piensen en cuántos animales habrá puesto Noé en el arca, dos de cada uno. No hubo más de unos que de otros. Siendo que el arca era tan grande, algunos piensan que había más o menos 45.000 animales. Pero no lo sabemos con certeza. ¡Son muchos animales! La historia de hoy nos habla de cómo Dios rescató a Noé, a su familia y a muchos animales.

HISTORIA BÍBLICA

Mural: Noé y el arca

Pida a los niños que sigan trabajando en el mural y que vayan pegando figuras mientras usted cuenta la historia. (Puede traer ya preparadas olas, agua de color celeste, las siluetas de varios animales, etc. para que los niños coloreen, recorten y peguen en el mural, en el momento apropiado.) Haga algunas preguntas de la clase pasada y déles tiempo para que peguen las parejas de animales).

—¡Ya está lista! —dijo Noé.

—¡Terminamos! —exclamaron los miembros de su familia.

Juntos, Noé, su esposa, hijos y nueras miraron al enorme barco, parado en tierra seca frente a ellos. El barco era mucho más grande que un campo de fútbol. A Noé y su familia les había llevado más de 100 años construirlo. ¡Al fin estaba terminado!

Una vez más, Dios le habló a Noé.

—En siete días enviaré lluvia a la tierra. Lloverá por 40 días y 40 noches. Tú, tu esposa, tus 3 hijos y sus esposas entrarán al arca. Lleva dos animales de cada uno y métlos en el arca. Y lleva siete pares de animales limpios (puede detenerse en la historia y explicar lo que eran los animales limpios. Eran animales que Dios consideraba aptos para ser sacrificados para él. Siendo que serían usados para ser entregados en ofrenda a Dios, tenían que tener mayor cantidad de animales limpios).

Siga con la historia.

Noé hizo todo lo que Dios le había mandado. Durante toda una semana, los animales llegaron y Noé los iba haciendo entrar. ¡Qué tiempo atareado debió ser! ¿Pueden imaginar a Noé, su esposa, sus hijos y sus esposas tratando de acomodar tantos animales? Los enormes elefantes debían estar en lugares donde no aplastaran a los animales pequeños, y los pajaritos necesitaban espacio para volar. ¿Pueden imaginar el ruido que habría? ¿Y dónde habrían colocado a los zorrinos?

Al final de los siete días, Noé y su familia entraron en el arca. Dios cerró la puerta con total seguridad. Él quería que todos estuvieran seguros y a salvo, porque ese mismo día la lluvia comenzaría a caer.

¡Jamás había llovido en la tierra! Y ahora no paraba de hacerlo. Por 40 días y 40 noches la lluvia no cesó. El agua comenzó a subir y subir (dé tiempo para que los niños comiencen a cubrir el mural con las olas de agua celeste, quite las figuras de Noé y su familia, y del arca. Coloque las partes de agua sobre el resto de las personas, animales y plantas), cada vez estaba más alta. Comenzó a cubrir las plantas, ya cubría los árboles, cubría las casas (haga el relato dramático), y comenzó a cubrir las montañas. ¡Todos habían muerto! Los únicos que estaban vivos eran Noé, su esposa, sus hijos y sus nueras, más los animales y las criatura del mar que podían vivir en el agua.

Al pasar los 40 días y 40 noches la lluvia se detuvo (coloque el arca flotando sobre el agua). Ahora Dios estaba haciendo que la tierra estuviera lista una vez más para Noé, su familia y los animales. Dios sopló viento para que la tierra se secara.

Por varios meses el agua fue bajando. Noé quiso saber cómo iban las cosas. Al principio envió un cuervo (coloque la figura de un cuervo). El pájaro voló y regresó, porque no había lugares secos donde pudiera hacer su nido.

Más tarde, Noé envió una paloma (coloque la figura de una paloma), este es un pájaro al que le gusta caminar por el suelo. Pero regresó pronto porque todavía no había tierra seca. A la mañana siguiente, Noé envió una vez más a la paloma. Esta regresó otra vez, pero traía en su pico una ramita de olivo (coloque la rama de olivo en el pico de la paloma). ¡Qué gran noticia para Noé y su familia! El agua ya estaba por debajo de la copa de los árboles (pida a algunos niños que quiten parte del agua que cubre los árboles).

Una semana más tarde, Noé envió a la paloma una vez más. Pero esta vez la paloma no regresó. Noé pensó: "La tierra debe estar seca para que la paloma pueda caminar". ¿Noé habrá abierto la puerta del arca? Sin duda él deseaba muchísimo hacer eso. Habían estado en el barco por casi un año. Pero Noé no abrió la puerta del arca, sino que esperó a que Dios le diera instrucciones.

¡Al fin llegó el hermoso día! Un año y 10 días después de que Dios había cerrado la puerta detrás de Noé, su familia y los animales, Dios habló con Noé otra vez.

"¡Sal del arca! Trae a tu esposa, a tus hijos y a sus esposas, y a todos los animales contigo. Habiten en esta tierra y tengan hijos. Quiero ver a los pájaros volando una vez más y a los animales multiplicarse".

Con alegría, Noé, su familia y todos los animales obedecieron a Dios. Mientras salían del arca podían caminar sobre el césped fresco y verde. Podían sentir el calor del sol, escuchar el trinar de los pájaros y oler las flores frescas. Dios los había protegido amorosamente del diluvio. Ahora podían comenzar una nueva vida en la tierra. El corazón de Noé estaba lleno de agradecimiento, amor y alabanzas a Dios.

Diga: Dios ama a todos las personas del mundo. Cómo hubiera deseado el Señor, que la gente hubiera dicho: "¡perdónanos por lo malos que somos y las cosas que hacemos, por favor perdónanos!" Si lo hubieran hecho, Dios habría salvado a cada uno y les hubiera dado la oportunidad de entrar en el arca, o

tal vez no hubiera tenido que enviar el diluvio. Pero Noé era el único que creyó, amó y obedeció a Dios.

Decide obedecer (maqueta en caja de zapatos)

Entregue a cada uno de los niños una caja de zapatos, y guíelos a que sigan las instrucciones del libro del Alumno, lección 37. Esta es una actividad para hacer un repaso de la historia de hoy. Siendo que Noé obedeció en todo a Dios, pregunte a los niños: ¿Cómo pueden ustedes obedecer a Dios en su casa, mientras juegan o en la escuela?

"Yo obedezco a Dios" (cinta para la cabeza)

Antes de la clase, corte tiras de 60 cm. de largo x 6 cm. de ancho en cartulina o un papel algo grueso de color claro. Una tira para cada niño.

En la clase, escriba en la pizarra: "Yo obedezco a Dios". Reparta las tiras, lápices de colores y figuras pequeñas o calcomanías, para que los niños escriban en ellas: "Yo obedezco a Dios". Luego pueden pegarles las figuras y decorar sus cintas. Al terminar, ellos pueden medir sus cabezas y unir los dos extremos de la cinta con cinta adhesiva. Sin duda necesitarán su ayuda.

Mientras los niños adornan sus cintas, pregúnteles:

1. ¿Noé obedeció a Dios? (Sí.)
2. ¿Qué hizo para obedecer? (Escuchó a Dios, construyó el arca, predicó a la gente, juntó a los animales.)
3. ¿Qué deben hacer ustedes si otros desobedecen a Dios? (Seguir obedeciendo.)
4. ¿Qué debemos hacer si nos equivocamos y desobedecemos a Dios? (Arrepentirnos, y pedirle a Dios que nos ayude a no hacer lo malo.)

Diga: Recuerden, cada persona (niño) decide obedecer o desobedecer a Dios. Nadie puede decidir por ustedes.

Mientras los niños terminan de decorar sus cintas, usted puede ayudarlos a medirlas en sus cabezas y a colocarles la cinta adhesiva o unir los extremos con una abrochadora. Pueden salir del aula con las cintas en sus cabezas. Anímelos a que les cuenten a sus familiares y amigos la historia bíblica sobre cómo Noé obedeció a Dios.

Memorización
Carrera del texto bíblico

Luego de varias repeticiones de Daniel 9:9, divida al grupo en 2 equipos y pídales que formen 2 filas. (Es mejor realizar esta actividad en un patio abierto). Cuando usted diga "ya", el primer niño de cada equipo, con el banderín en la mano, deberá correr hasta la otra punta (coloque una indicación, como una silla), decir en voz bien alta el texto de Daniel 9:9 y la cita bíblica, correr de regreso hasta su equipo, entregar el banderín al próximo niño y así sucesivamente.

Preste atención a la repetición del texto. Ayude a los que tengan problemas.

Juegue hasta que uno de los equipos —el ganador— haya terminado. Concluyan repitiendo todos juntos el texto bíblico. Guarde los banderines para la próxima clase.

Para terminar

Pregunte a los niños: ¿Hay momentos en los que les cuesta obedecer?

(Déles tiempo para que respondan.)

Si es así, vamos a orar para que Dios los ayude a recordar esta lección. Ustedes deciden obedecer o no; el Señor es un Dios todopoderoso.

Oremos: Dios santo, ayuda a cada niño a ser obediente a tu Palabra y hacer todo lo que a ti te agrada. Anímelos a orar los unos por otros durante la semana.

Dios hace una promesa

Base bíblica: Génesis 8:20–9:19
Objetivo de la lección: Ayudar a los principiantes a tener la certeza que cuando Dios hace una promesa, podemos estar seguros que la cumplirá.
Texto para memorizar: *De Jehová, nuestro Dios, es el tener misericordia y el perdonar* (Daniel 9:9a).

¡PREPÁRESE PARA ENSEÑAR!

Fui uno de esos niños afortunados porque sabía que si mis padres me prometían algo lo cumplirían, a menos que no pudieran debido a circunstancias extremas. Ser veraces fue un énfasis en nuestro hogar, y eso lo ponían en práctica tanto mamá, papá, como nosotros, los hijos. Siento tristeza por aquellos niños que constantemente escuchan: "Te lo prometo", para luego descubrir que son palabras sin sentido. Constituye una base muy débil para los que desean confiar en Dios.

"Promesa" es el tema de esta lección.

Mientras enseña esta última lección de Noé, tenga en cuenta que habrá niños en su grupo que saben por experiencia propia lo que son las promesas no cumplidas. Aun cuando un padre bien intencionado rompe sus promesas, sus hijos no lo pueden comprender.

A lo largo de esta lección, recuérdeles a los niños que Dios es diferente a cualquier otra persona que hace promesas. Él es Dios, y no hay nada que lo limite o le impida cumplir lo que prometió. Él guardó la promesa que le hizo a Noé por miles de años. Y también ha guardado las promesas hechas a los seres humanos. No importa lo que los niños hayan experimentado con las promesas que les hicieron, ellos pueden confiar en que Dios los ama tanto que siempre cumplirá sus promesas, tanto las que les hizo a ellos como a las demás personas.

COMENTARIO BÍBLICO

En la conclusión de la historia del diluvio, vemos que Dios le hizo una promesa y selló un convenio a Noé. Un convenio es un compromiso entre Dios y las personas. Dios inició el acuerdo y definió tanto los términos del mismo como las bendiciones. En un convenio, los seres humanos concuerdan con los términos y prometen obedecer. El convenio algunas veces se compara con un contrato; aunque hay algunas diferencias. Un convenio se basa en relaciones interpersonales y es necesario compromiso y lealtad entre las partes.

Las promesas de Dios hechas a Noé nos afectan a todos por igual. Él prometió que nunca más maldeciría la tierra por causa de la maldad del ser humano (8:21).

Aunque las plantas sobrevivieron al diluvio, no hay duda de que habrán sufrido durante ese tiempo. Pero lo más importante es que Dios prometió nunca más destruir *"los seres vivientes"* (v.21). Él declaró sus intenciones con poética belleza:

"Mientras la tierra permanezca
no cesarán la sementera y la siega,
el frío y el calor,
el verano y el invierno,
el día y la noche" (v.22).

Dios prometió que nunca más enviaría otro diluvio de tan destructiva magnitud sobre la tierra. Por ese motivo colocó en el cielo algo para que lo recordáramos. El arco iris sería un recordatorio para Noé, y para cada ser humano que viviera después de él, de lo que Dios había prometido. También le recordaría de ello a Dios mismo. *"Cuando haga venir nubes sobre la tierra, se dejará ver mi arco en las nubes"*, dijo el Señor, *"Y entonces me acordaré de mi pacto con vosotros y todo ser viviente de toda especie"* (9:14-15).

Durante los años transcurridos entre Noé y nosotros, Dios guardó su promesa. Nunca más un diluvio destruyó a los seres vivientes. Eso no quiere decir que Dios ignora la maldad que los hombres siguen cometiendo. Él prometió no diluvio, sino fuego para la próxima vez. *"Pero los cielos y la tierra que existen ahora están reservados por la misma palabra, guardados para el fuego en el día del juicio y de la perdición de los hombres impíos"* (2 Pedro 3:7).

La historia lo testifica, y la segunda venida finalmente probará lo que los cristianos sabemos y creemos: que Dios cumple sus promesas.

Aquí hay algunas otras promesas de Dios en las que podemos meditar y creer:

✘ *"No te desampararé ni te dejaré"* (Hebreos 13:5).

✘ *"Pero fiel es el Señor, que os afirmará y guardará del mal"* (2 Tesalonicenses 3:3).

✘ *"De tal manera amó Dios al mundo, que ha dado a su Hijo unigénito, para que todo aquel que en él cree no se pierda, sino que tenga vida eterna"* (Juan 3:16).

✘ *"Por medio de estas cosas nos ha dado preciosas y grandísimas promesas, para que por ellas lleguéis a ser participantes de la naturaleza divina, habiendo huido de la corrupción que hay en el mundo a causa de las pasiones"* (2 Pedro 1:4).

DESARROLLO DE LA LECCIÓN

Reciba con afecto a sus alumnos y procure que el salón de clases esté limpio y arreglado para cuando lleguen los niños. Déles un abrazo de bienvenida, hágalos sentir que usted los ama. Dígales que recuerda sus nombres cuando ora por ellos.

Palabras importantes: "Obedecer" y "Pecado"

Antes de la clase, esconda en el salón las 2 tarjetas con las palabras importantes: "obedecer" y "pecado".

Una vez más repase el significado de cada una (puede escribirlo en la pizarra o leerlo si lo tiene escrito en algún afiche en la pared).

Cuando los niños hayan encontrado las tarjetas, pida que todos se sienten o se formen parados, en círculo.

Pase una pelota o bolsita llena de semillas, de niño en niño. Usted estará fuera del círculo, dando la espalda. Cuando usted comience a palmear, la pelota comenzará a circular de mano en mano. Cuando usted deje de palmear, se dará vuelta inmediatamente y el niño que tenga la pelota en la mano contestará una pregunta de repaso de las 2 últimas lecciones que hablan de Noé. Por ejemplo: ¿Quiénes entraron en el arca? O ¿Qué significa obedecer? o ¿Noé pecó u obedeció? Si el niño contesta bien, saldrá del círculo y se parará o sentará a su lado para ayudarle a usted a palmear. Puede seguir con el juego de repaso mientras haya tiempo.

¿Quién cumple lo que promete? (23 letras y dos signos de pregunta)

Antes de la clase, haga 23 líneas punteadas en la pizarra. Si desea puede poner una letra en medio de cada palabra.

Por ejemplo:

¿_ _ I _ _ _ _ M _ _ _ L _ _ U _ P _ _ _ E _ _?
(¿Quién cumple lo que promete?) Coloque los signos de pregunta.

En clase, divida al grupo en 2 o más equipos. Comience con el primer niño del primer equipo. El mismo tendrá que decir una letra del alfabeto. El niño que acierta ganará 10 puntos, si hay más de una letra, ganará 50 puntos. Luego pasará al segundo y así sucesivamente. Continúe hasta que un alumno diga una letra que no está en el mensaje. Pase al próximo equipo y continúe niño por niño hasta descubrir el texto. Luego debatan sobre esa pregunta. Los niños hablarán de sus padres, maestros, o Dios.

Pregunte: ¿Cómo se sienten cuando alguien cumple las promesas que les hizo? Y luego: ¿Cómo se sienten cuando alguien no cumple las promesas que les hizo?

La historia de hoy es sobre alguien que cumplió su promesa. Esa persona fue Dios. Escuchen cuál era la promesa.

HISTORIA BÍBLICA

Un año y diez días es mucho tiempo.

Durante ese tiempo tenemos (nombre los feriados que hay en su país). Cumplimos un año más, somos más grandes, vamos a la escuela, terminamos el año escolar, llega la Navidad, luego el Año Nuevo, salimos de vacaciones. Todo eso y mucho más acontece en un año y diez días.

Noé y su familia estuvieron en el arca durante todo ese tiempo. Ellos esperaron y esperaron a que llegara el día en que pudieran salir del arca y comenzar su nueva vida en la tierra. ¡Al fin ese maravilloso día llegó! ¡Un año y diez días desde que Dios cerró el arca y Noé, su familia y muchos animales entraron en ella! Al llegar ese día especial, Dios habló con Noé y le dijo:

"Sal del arca. Trae a tu esposa, tus tres hijos: Sem, Cam y Jafet con sus esposas y todos los animales. Salgan del arca y comiencen a vivir en la tierra".

Si dejó el mural sin el agua el domingo pasado, pida a los niños que ahora coloquen nuevamente las figuras de Noé, su familia, los animales, etc.

Con mucho gusto, Noé, su familia y todos los animales obedecieron a Dios.

Imaginemos que estuvieron todo ese tiempo con Noé, ¿qué sería lo que más los impulsaría a querer volver a estar en tierra seca? (Permita que los niños respondan).

Noé sabía que Dios había cumplido su promesa de protegerlo del terrible diluvio. Por eso su corazón estaba lleno de agradecimiento y de alabanzas a Dios.

Lo primero que hizo Noé fue construir un altar para adorar a Dios. Buscó rocas y las colocó en una gran pila (Los niños pueden dibujar y colorear grandes rocas, para colocarlas a modo de altar. Otros pueden dibujar leña con fuego y colorearlas. Algunos pueden dibujar y colorear algunas ovejas para la ofrenda). Luego mató alguno de los animales limpios y aves que Dios había determinado que serían para ofrecerle sacrificio. Noé ofreció una ofrenda para mostrarle a Dios su amor y agradecimiento.

Dios estaba feliz con Noé y dijo en su corazón:
"Mientras la tierra permanezca
no cesarán la sementera y la siega,
el frío y el calor,
el verano y el invierno,
el día y la noche".
Entonces dijo Dios a Noé:

Quiero que tú y tus hijos y sus esposas tengan hijos. Quiero que las aves y todo animal tengan cría. Deben llenar la tierra nuevamente. Desde ahora, Noé, podrás comer carne de animales y aves. También podrás comer de las plantas. Nunca matarás a otra persona. Castigaré a cualquiera que mate a otra persona.

Entonces Dios le prometió a Noé y a su familia que la posterior promesa era para ellos, y para la descendencia que vendrá detrás de ellos. Esto era también para los animales y las aves que estaban en el arca.

Mientras usted sigue relatando la historia bíblica, déles oportunidad para que los niños coloquen el arco iris de diversos colores en el mural, sobre el arca y sobre el altar de piedra. Pueden ser tiras de papel, cortadas en semicírculo que ellos mismos hayan coloreado. Pueden agregarle brillantina si lo desean.

Mientras Dios hablaba, de repente, algo hermoso apareció en el cielo Era un semicírculo con preciosos colores.

Mientras Noé y su familia miraban el arco de colores, Dios les dijo: No volveré a maldecir la tierra con diluvio, ni volveré a destruir todo ser viviente, como he hecho. He puesto el arco en el cielo… algunas veces cuando haga venir nubes sobre la tierra, se dejará ver mi arco y entonces me acordaré de mi pacto con vosotros… y no habrá más diluvio de aguas para destruir todo ser vivo. Guardaré esta promesa para siempre.

Noé creyó en la promesa de Dios. Él había cumplido todas las promesas que le había hecho. Había protegido a Noé y a su familia. Había cuidado que el arca flotara y que no se inundara. Cuidó que la gente y los animales no tuvieran miedo. ¿Se imaginan si comenzaba una estampida de animales dentro del arca? Dios había tenido en cuenta cada detalle. Cuidó de las plantas, permitió que se levantara viento para que la tierra se secara. Dios los había protegido, hasta que un día les dijo que salieran del arca. Sin duda, Noé podía seguir confiando en que Dios cumpliría todas sus promesas.

ACTIVIDADES

Repaso "arco iris"

Antes de la clase, escriba en tiras de papel o cartulina de diferentes colores varias preguntas. Use colores claros representando el arco iris.

Coloque las tiras con las preguntas en un sobre o caja para que los niños puedan ver los colores.

Luego llame a algunos voluntarios para que saquen cada uno una tira y lean la pregunta que les tocó al resto de la clase.

1. ¿Cómo se llamaba al barco de Noé? (Arca.)
2. ¿Qué edificó Noé al salir del arca? (Un altar.)
3. ¿Por qué Noé edificó un altar? (Para adorar a Dios y agradecerle por ser fiel a sus promesas.)
4. ¿Cómo se sintió Dios con la ofrenda de Noé? (Feliz.)
5. ¿Qué les dijo Dios a Noé, sus hijos y nueras? (Que debían tener hijos para llenar la tierra.)
6. ¿Qué podía comer la gente? (Carne y vegetales.)
7. ¿Cuál fue la promesa de Dios? (Que no habría más diluvio.)
8. ¿Qué señal les dio Dios para recordar su promesa? (El arco iris de diversos colores.)
9. ¿Cuál era el nombre de la esposa de Noé? (No lo dijo la maestra.)
10. ¿Quién recuerda el nombre de los hijos de Noé? (Sem, Cam, Jafet.)

Móvil: Arco iris con promesa

Guíe a los niños en la confección del móvil del libro del Alumno, lección 38. Esta manualidad los ayudará a recordar la promesa de Dios para toda la humanidad.

Dígales que cuenten en sus casas la hermosa historia de la obediencia de Noé, recalcando que Dios siempre cumple sus promesas cuando la gente lo ama y obedece.

Memorización

Carrera del texto bíblico

Luego de varias repeticiones de Daniel 9:9, divida al grupo en 2 equipos y pídales que formen dos filas. (Es mejor realizar esta actividad en un lugar abierto para que los niños aprendan jugando). Cuando usted diga "ya", el primer niño de cada equipo, con el banderín en la mano, deberá correr hasta la otra punta (coloque una indicación como una silla), dirá en voz bien alta el texto de Daniel 9:9 y la cita bíblica, correrá de regreso hasta su equipo, entregará el banderín al próximo niño y así sucesivamente. Mire quién es el primer niño de cada equipo para saber cuándo termina el juego. Preste atención a la repetición del texto. Ayude a los que tengan problemas.

Juegue hasta que uno de los equipos —el ganador— haya terminado. Concluyan todos juntos repitiendo el texto bíblico. Guarde los banderines para otra oportunidad que enseñe esta serie de lecciones.

Para terminar

Tenga preparada una actividad de agradecimiento a Dios por sus promesas, puede ser un momento de reunión con los padres de los niños. Prepare a los pequeños para que cuenten toda la historia de la vida de Noé. Que los niños les cuenten a sus padres lo que aprendieron en esta unidad.

Todos juntos pueden dar gracias a Dios porque siempre cumple sus promesas, y luego pueden tener una merienda previamente planeada para que compartan juntos hijos y padres. Puede incluir: trocitos de jamón, queso, salchichas, galletas y frutas. Agua o leche.

Mis notas:

Año 3

Introducción – Unidad X

SIERVOS FIELES DE DIOS

Bases bíblicas: Rut 1-2; Rut 3-4; 1 Samuel 1:1–2:11, 18-21; 1 Samuel 2:12-17, 22-26; 3

Texto de la unidad: Solamente temed a Jehová y servidle de verdad con todo vuestro corazón, pues habéis visto cuán grandes cosas ha hecho por vosotros (1 Samuel 12:24).

Propósitos de la unidad

Esta unidad ayudará a los principiantes a:

✗ Desarrollar un espíritu de servicio a Dios.
✗ Aprender que Dios desea que sean siervos fieles a él.
✗ Asimilar que Dios usa siervos fieles para cumplir sus planes en la tierra.
✗ Descubrir en la Biblia hermosos ejemplos de siervos y siervas fieles.

Lecciones de la unidad

Lección 39: Rut, una sierva fiel
Lección 40: Booz, un siervo fiel
Lección 41: Ana, una sierva fiel
Lección 42: Samuel, un siervo fiel

Por qué los principiantes necesitan la enseñanza de esta unidad

Esta unidad presenta la oportunidad de comprobar, con ejemplos bíblicos muy ilustrativos, que Dios valora de una manera especial a quienes lo sirven fielmente. Y no solo eso, sino que también tiene en gran estima a quienes logran ver las necesidades de otros y hacen lo imposible por suplirlas.

Estas lecciones proveen también la posibilidad de que los principiantes puedan comparar entre el egoísmo del mundo y la actitud de servicio que nos pide el Señor.

Ayúdelos a comprender que quienes se esfuerzan por servir a los demás, están en realidad sirviendo a Dios, y eso trae como recompensa buena fama entre sus amigos y gozo en el corazón.

Rut, una sierva fiel

Base bíblica: Rut 1, 2

Objetivo de la lección: Que los principiantes aprendan que Dios desea que sean sus siervos fieles.

Texto para memorizar: Solamente temed a Jehová y servidle de verdad con todo vuestro corazón, pues habéis visto cuán grandes cosas ha hecho por vosotros (1 Samuel 12:24).

¡PREPÁRESE PARA ENSEÑAR!

Es común que la mayoría de los niños de esta edad sean serviciales. Es precisamente en esta etapa de su crecimiento donde realmente desean ayudar a otros y, por lo tanto, no es extraño que se ofrezcan como voluntarios para acomodar las sillas del salón, borrar la pizarra o repartir los lápices de colores a sus compañeros.

Los principiantes se sienten valorados y apreciados cuando contribuyen en las actividades diarias.

Sus alumnos sienten la necesidad de colaborar para mejorar su entorno, desean demostrar que son dignos de confianza para recibir responsabilidades. En cierto sentido, comienzan a desarrollar su capacidad de ser siervos fieles. Esta lección les ayudará a comprender lo que significa ser un siervo fiel delante de Dios.

Tristemente, también es probable que algunos de los miembros de su grupo se hayan sentido defraudados por alguien que no cumplió su promesa o les mintió. Sin embargo, a través del estudio de esta lección aprenderán que Dios siempre es fiel y digno de nuestra confianza. Recuérdeles que el Señor siempre cumple sus promesas y que desea que nosotros también seamos personas fieles. Use esta oportunidad para ayudar a sus alumnos a comprender que Dios desea usar su fidelidad para bendecir a otras personas.

COMENTARIO BÍBLICO

El libro de Rut es una obra maestra dentro de la literatura hebrea, pero no solo eso, sino que también es un bello ejemplo de la forma en que Dios trabaja a través de las personas que le son fieles.

Aunque a simple vista el libro pareciera centrarse en la vida de dos mujeres, en realidad es una revelación del poder de Dios actuando a través de la vida de una sierva fiel.

Los primeros cinco versículos nos narran el trasfondo de una situación dramática. Una crisis desencadena otra y todo parece perdido y sin esperanza. Sin embargo, dentro de una situación fuera de control para estas dos mujeres, Dios demuestra su cuidado y misericordia de una forma majestuosa.

Rut responde al cuidado de Dios con fidelidad y obediencia, y es por ello que el Señor la elige, no solamente para ser un ejemplo de fe y lealtad, sino para formar parte del árbol genealógico de nuestro Señor Jesucristo.

DESARROLLO DE LA LECCIÓN

Reciba a sus alumnos con gozo y déles la bienvenida a los que asisten por primera vez. Inicien la clase entonando coros de alabanza y prepárelos para escuchar la verdad bíblica usando algunas de las siguientes actividades.

Palabras de fidelidad

Antes de la clase, trace en una cartulina el contorno de todas las letras del alfabeto y recórtelas. También escriba dos veces la palabra fidelidad y recórtela.

Mezcle todas las letras y colóquelas en una cesta o canasta. Después divida a la clase en 2 equipos y entrégueles una cartulina y pegamento. Pida a cada equipo que busque las letras que forman la palabra fidelidad y las peguen en la parte superior de la cartulina que les corresponde.

El equipo que termine primero será el ganador y podrá escoger una actividad recreativa para jugar al final de la clase.

¿Qué es fidelidad?

Para esta actividad necesitará: revistas, periódicos (diarios) usados, tijeras, lápices de colores y pegamento.

Permita que sus alumnos, agrupados en equipos, busquen en las revistas o diarios algunas imágenes o palabras que representen la fidelidad y las peguen en la cartulina, debajo de la palabra que colocaron en la primera actividad. Por ejemplo: un niño ayudando a un anciano, una mujer alimentando a su hijo, etc.

Cuando ambos equipos hayan terminado, pídales que expliquen el contenido de sus trabajos y use sus respuestas como base para iniciar el relato bíblico de hoy

HISTORIA BÍBLICA

Reúna a sus alumnos para escuchar la historia bíblica y dígales que cada vez que, durante la narración, escuchen la palabra "Rut" den un aplauso y cuando escuchen la palabra "Noemí" den dos aplausos.

Rut, una sierva fiel

Hace mucho tiempo, cuando el pueblo de Dios era gobernado por jueces y no por reyes, hubo hambre en la tierra de Israel. Las personas no tenían suficiente alimento. Por esa razón, Elimelec, su esposa Noemí (dos aplausos) y sus dos hijos se fueron a vivir a un lugar lejano llamado Moab.

Pasado algún tiempo, Elimelec murió y sus hijos crecieron y se casaron con mujeres moabitas: Rut (un aplauso) y Orfa. Diez años después, los hijos de Noemí (dos aplausos, etc.) también murieron.

Noemí estaba muy triste porque se encontraba sola en un país extranjero, lejos de su hogar.

—Volveré a mi tierra; he oído que Dios ha bendecido a Israel y ahora hay alimento, les dijo Noemí a Rut y Orfa.

—Iremos contigo —le dijeron sus nueras.

—Hijas mías —dijo Noemí—, regresen a vivir con sus familias. Ustedes fueron muy buenas con mis hijos y conmigo. Que Dios tenga compasión de ustedes y les prepare nuevos maridos.

Noemí se acercó a darles un beso antes de irse y ellas comenzaron a llorar con tristeza.

—Dios esté contigo —Orfa le dio un beso de despedida y tomó el camino de regreso a Moab.

—Mira Rut —dijo Noemí—, Orfa regresará a su pueblo con su familia, ve con ella.

—No iré —respondió Rut—, no voy a dejarte, a donde quiera que vayas yo iré contigo, tu pueblo será mi pueblo y tu Dios será mi Dios.

Cuando Noemí vio que Rut no iba a cambiar de opinión, dejó de insistirle.

Las dos mujeres emprendieron el camino hacia Israel y llegaron a Belén justo cuando comenzaba la cosecha. Cuando los segadores cortaban el grano y lo recogían, un poco de grano siempre caía en el suelo. Dios había ordenado a los israelitas que dejaran en el suelo el grano que caía. Debían dejarlo para que la gente pobre lo recogiera y tuviera alimento. Eso fue lo que hizo Rut. Ella iba detrás de los segadores recogiendo el grano que se caía.

Era una mujer muy trabajadora y no se detenía a descansar. Sabía que si no trabajaba, Noemí y ella no tendrían nada para comer.

Mientras Rut trabajaba sin cesar, Booz, el dueño de los campos estaba supervisando la cosecha.

—¿Quién es esa mujer? —le preguntó Booz al encargado de los segadores.

—Su nombre es Rut, vino de Moab con Noemí —le contestó—, ha trabajado sin descansar durante todo el día.

Booz se acercó hasta donde Rut estaba trabajando y le dijo:

—No trabajes en ningún otro campo, alguien podría lastimarte. Mejor trabaja en mis campos donde estarás segura.

—¡Usted es muy amable! —le dijo Rut— ¿Por qué es tan bueno conmigo siendo yo extranjera?

—He oído que eres muy buena con Noemí —afirmó Booz.

Cuando Rut regresó a su casa esa noche le contó a Noemí todo el grano que había recogido y la bondad del dueño de los campos para con ella.

Booz es pariente de mi esposo, le contó Noemí. Me alegra que te trate bien, así que no tengas temor de trabajar en sus campos, él te protegerá.

Rut obedeció a su suegra y siguió recogiendo el grano cerca de las sirvientas de Booz. Ella trabajó en los campos hasta el término de la cosecha. De esta forma logró almacenar gran cantidad de granos para asegurar alimento suficiente para su suegra y para ella.

ACTIVIDADES

Móvil: ¡Yo puedo ser fiel a Dios!

Para esta actividad necesitará: lápices de colores, tijeras, pegamento, listón (estambre o lana) y perforadora.

Antes de la clase, corte una pieza de listón de 30 cm. y cuatro piezas de 15 cm. para cada niño.

Distribuya a sus alumnos la página de actividades del libro del Alumno, lección 39, y pídales que sigan las instrucciones para armar el móvil. Déles tiempo para que coloreen las figuras mientras repasan el contenido de la lección. Una vez que los niños terminaron de colorear las figuras, provéales tijeras para que recorten cada sección del trabajo manual. Ayúdeles a perforar los orificios para ensamblar el móvil siguiendo las instrucciones.

Dirija la atención de los niños a la parte posterior de las figuras del móvil y dígales: Aquí dice "Yo puedo ser fiel a Dios", ¿de qué forma podemos mostrar nuestra fidelidad a Dios? (Asistiendo a la iglesia, orando, obedeciendo a nuestros padres).

Si el tiempo y el espacio se lo permiten, prepare una sencilla exposición para que los padres observen el trabajo que hicieron sus hijos durante la clase.

Un ayudante fiel

Reparta a los principiantes trozos de papel recortados en forma rectangular y lápices de colores.

Explíqueles que en cada trozo de papel deben escribir una forma en la que quieran mostrarles su fidelidad a Dios y a sus padres durante la semana, por ejemplo: leer la Biblia diariamente, ayudar a mi hermano pequeño con su tarea, recoger la basura, orar por un enfermo, etc.

Es importante que sus alumnos se centren en dos o tres actividades, de lo contrario sentirán que se han comprometido demasiado y fallarán en cumplir sus promesas.

Oren pidiéndole a Dios que los ayude a ser siervos fieles durante la semana.

Memorización

Antes de la clase, escriba el texto a memorizar en una cartulina y recórtela en varias piezas de rompecabezas.

Durante la clase, permita que sus alumnos se turnen para armar el rompecabezas y leer el versículo bíblico en voz alta. Registre el tiempo de cada niño mientras arma el texto, desafíelos a hacerlo con mayor velocidad cada semana.

Para terminar

Repasen brevemente la palabra importante de esta unidad (fidelidad) y entonen algunos coros de alabanza antes de despedirse. Recuérdeles a sus alumnos que la próxima clase seguirán estudiando sobre cómo ser siervos fieles a Dios y anímelos a asistir puntualmente.

Booz, un siervo fiel

Base bíblica: Rut 3–4
Objetivo de la lección: Que los principiantes aprendan que Dios utiliza siervos fieles para cumplir sus planes en la tierra.
Texto para memorizar: Solamente temed a Jehová y servidle de verdad con todo vuestro corazón, pues habéis visto cuán grandes cosas ha hecho por vosotros (1 Samuel 12:24).

¡PREPÁRESE PARA ENSEÑAR!

Los principiantes son conscientes de que dependen del cuidado de sus padres. Saben que ellos les proveen los alimentos, la ropa y el techo que los cobija. Es probable que la mayoría de sus alumnos vivan en un hogar en el que se sientan seguros, gracias al amor y cuidado de sus padres. Sin embargo, en otros casos no es así, y algunos de sus estudiantes seguramente sufrirán carencias porque sus padres no cumplen con sus responsabilidades como deberían. Con seguridad será más difícil hablar con ellos sobre el cuidado de Dios. Por lo tanto, es muy importante que su clase y las lecciones que los niños reciben en la iglesia, sean el medio que Dios utilice para mostrarles a esos niños que él tiene cuidado de ellos.

Use la historia de Booz para enseñar a sus alumnos que Dios necesita siervos fieles y obedientes, que estén dispuestos a ser instrumentos de bendición para sus semejantes.

COMENTARIO BÍBLICO

Al leer los primeros capítulos de la historia de Rut, es evidente el cuidado y la provisión de Dios para con esta mujer y su suegra. Sin embargo, la preocupación de Noemí por el futuro de su joven nuera surge en el capítulo tres. Desde los tiempos de la conquista, Josué distribuyó la tierra a las doce tribus de Israel. Sin embargo, ningún individuo era dueño de la tierra, porque formaba parte de la herencia de la familia. En Levítico 25:23 Dios dijo: *"La tierra no se venderá a perpetuidad, porque la tierra mía es"*.

Esta porción de la Escritura nos detalla claramente los procedimientos necesarios para poseer, vender o recobrar una propiedad. Si la persona necesitaba vender la propiedad (Rut 4:3), era obligación y deber del pariente más cercano comprarla para que siguiera siendo de la familia.

Noemí sabía que Booz era su pariente más cercano y deseaba que él asumiera la responsabilidad, no solamente sobre la tierra, sino sobre Rut, como se especifica en Deuteronomio 25:5-10.

La lealtad y el compromiso de Rut fueron permanentes mientras seguía las instrucciones de su suegra. Sin embargo, Booz se convirtió en la figura central del capítulo 4. Hizo por Rut y Noemí lo que por sí mismas no hubieran logrado: tomó la iniciativa (4:1); rescató la propiedad (4:8-9); restauró el nombre de estas mujeres (4:9-10); proveyó para su futuro (4:14-15).

Booz siguió todos los procedimientos legales y religiosos necesarios para ayudar a Rut y a su suegra. Fue obediente y cumplió la voluntad de Dios al tomar a Rut como esposa y ser parte de la genealogía del rey David.

Entone con sus alumnos coros alegres para alabar a Dios antes de iniciar el estudio de la lección bíblica. Oren unos por otros y recojan la ofrenda. Después repasen brevemente la clase anterior para que los niños relacionen los personajes con la historia de hoy.

DESARROLLO DE LA LECCIÓN

Prepare con anticipación los materiales didácticos que utilizará para esta lección y procure tener listo su salón de clases antes que sus alumnos lleguen.

Recuerde dar la bienvenida a los visitantes y tomar sus datos para contactarlos durante la semana.

Cuidado amoroso

Necesitará para esta actividad una planta pequeña o la fotografía de una mascota.

Muestre a sus alumnos la planta o la ilustración y explíqueles que son seres vivientes que necesitan cuidados especiales para sobrevivir. Permita que participen dando sugerencias sobre cómo cuidar las plantas o las mascotas. Por ejemplo: una planta necesita agua y luz del sol, y un pececito necesita un lugar especial para vivir, comida y agua limpia para respirar.

Pregúnteles: ¿Qué sucedería si me olvido de cuidar mi planta o mi mascota? (Podrían enfermarse o morir).

Después haga la transición a la historia bíblica diciéndoles: Al igual que mi planta (o mascota) necesita cuidados especiales, también nosotros necesitamos ser cuidados. Nuestra historia bíblica de hoy nos cuenta sobre un hombre llamado Booz, quien fue un siervo fiel, usado por Dios para cuidar de Rut y Noemí.

HISTORIA BÍBLICA

Elabore sencillos títeres que representen a Noemí, Rut y Booz para ilustrar la historia. Hágalos usando calcetas (medias) o bolsas de papel y decórelos con materiales reciclados. Si lo desea prepare un sencillo escenario con cajas de cartón, después podrá usarlo para futuras representaciones. Pida a un hermano adulto que le ayude a manejar uno de los personajes.

Booz ayuda a Rut

La vida de Rut y Noemí ya no era como antes. Gracias a Dios ahora tenían provisión de alimentos y vivían en un lugar seguro. Todos los días, Rut iba a los campos de un hombre llamado Booz a recoger granos. Booz era muy amable con Rut, le permitía comer con las mujeres que trabajaban para él y se aseguraba de que todos sus trabajadores dejaran suficiente grano para que Rut pudiera recogerlo.

Rut y Noemí estaban muy agradecidas con Dios por haberles provisto a alguien como Booz para que las ayudara.

Sin embargo, había algo que preocupaba a Noemí. Rut era una mujer joven y necesitaba un esposo que la amara y cuidara de ella, que además le daría la posibilidad de tener su propia familia.

Un día Noemí habló con Rut y le dijo:

—Yo deseo lo mejor para ti, me gustaría mucho que formaras tu propia familia. Booz es un pariente cercano de nuestra familia. Esta noche estará separando los granos en su granero, así que debes ir a verlo. Yo te diré lo que debes hacer.

Rut se vistió con su mejor vestido y fue a buscar a Booz. Ella esperó hasta que Booz se retiró a descansar.

Cuando estuvieron solos, Rut le dijo:

—Tú eres el protector de nuestra familia, por favor, me gustaría que te hicieras cargo de mí, casándote conmigo.

—No tengas miedo —le dijo Booz— yo me haré cargo de ti porque soy tu pariente y toda la gente sabe que tú eres una buena mujer. Pero tienes otro pariente más cercano. Iré a hablar con él por la mañana. Si él desea ayudarte, estará bien. De lo contrario, yo me casaré contigo y te protegeré.

A la mañana siguiente, Booz fue a hablar con el otro pariente. Se reunió con él y otros diez hombres ancianos en la entrada de la ciudad y le preguntó a este hombre si deseaba comprar la parte de la tierra que le correspondía a Noemí y casarse con Rut.

—No deseo comprar la tierra ni casarme con la nuera de Noemí —manifestó el pariente más cercano.

En Israel existía la costumbre de que cuando dos personas hacían un trato sobre alguna propiedad, cada uno debía quitarse una sandalia y dársela al otro.

Booz se dirigió a los ancianos y les dijo en voz alta:

—Este día ustedes son testigos que yo he comprado la tierra que pertenecía a Elimelec, Quelión y Mahlón. También he tomado a Rut, la moabita, para hacerla mi esposa. Ella es la viuda de Mahlón y yo he decidido casarme con ella para preservar la familia.

Finalmente Rut y Booz se casaron. Tiempo después tuvieron un lindo bebé al que llamaron Obed. Todos estaban muy emocionados por el nacimiento del niño.

Cuando Obed creció, tuvo hijos y después muchos nietos. Uno de esos nietos mató a un gigante llamado Goliat. Él fue el rey David, quien fue descendiente de Rut y Booz.

Muchos, muchos años después, nació otro bebé que también fue descendiente de Rut y Booz. Este bebé también nació en Belén y durmió en un pesebre.

Dios premió la fidelidad de Rut y Booz permitiéndoles ser parte de la familia del rey David, pero sobre todo, del Señor Jesús.

La historia de Rut y Booz

Necesita: Túnicas sencillas o telas que puedan usar para cubrirse, granos de maíz o trigo, un muñeco y una manta.

Provea los disfraces y permita que los niños actúen algunas de las siguientes escenas sobre la historia bíblica: 1. Noemí le dice a Rut que debe ir a buscar a Booz; 2. Rut habla con Booz y él le da granos para que ella lleve a su casa; 3. Booz hablando con los hombres en las puertas de la ciudad; 4. Rut y Booz se casan; 5. Noemí cuida del bebé Obed.

Tarjeta animada

Pida a los niños que abran el libro del Alumno en la actividad de la lección 40 y escriban su nombre en la línea marcada. Déles tiempo suficiente para que sigan las instrucciones del libro y elaboren su tarjeta animada.

Dígales que lleven las tarjetas a su casa y les cuenten a sus padres lo que aprendieron en la lección de hoy.

Memorización

Use el rompecabezas que elaboró en la clase pasada para repasar el texto bíblico.

Antes que los alumnos lleguen, esconda las piezas por diferentes partes del salón. Permita que los niños busquen las piezas y armen el texto. Luego, todos a coro pueden repetir el texto a memorizar. Si hay voluntarios que hayan aprendido el texto de memoria, pídales que lo digan. Como premio, recibirán el aplauso del resto de los niños.

Para terminar

Repitan el texto para memorizar en voz alta y recuérdeles la palabra importante para esta unidad: "Fidelidad".

Formen un círculo, tomados de las manos y allí diríjalos en una oración. Concluyan la clase entonando una alabanza que hable sobre la fidelidad de Dios.

No se olvide de entregarles los trabajos que hayan elaborado durante la clase para que los usen para contar a sus amigos y familiares lo que aprendieron en esta clase.

Ana, una sierva fiel

Base bíblica: 1 Samuel 1:1–2:11, 18-21
Objetivo de la lección: Que los principiantes aprendan a confiar en la fidelidad de Dios e incrementen su deseo de orar.
Texto para memorizar: Solamente temed a Jehová y servidle de verdad con todo vuestro corazón, pues habéis visto cuán grandes cosas ha hecho por vosotros (1 Samuel 12:24).

¡PREPÁRESE PARA ENSEÑAR!

Los niños en edad preescolar, que asisten regularmente a la iglesia o pertenecen a una familia cristiana, están cada vez más familiarizados con la oración. Para ellos orar es muy sencillo, lo único que tienen que hacer es hablar con Jesús. Es frecuente escucharlos dar gracias por sus mascotas, sus juguetes y pidiendo protección por sus padres mientras trabajan.

Los niños saben que tienen una línea de comunicación directa con Dios y que pueden hablar con él en cualquier momento del día y en cualquier lugar. Esta lección los ayudará a reforzar lo que aprendieron a través del tiempo sobre la oración. También les facilitará a los nuevos creyentes a comprender y a confiar que Dios nos escucha y nos responde cuando oramos.

COMENTARIO BÍBLICO

Lea 1 Samuel 1:1–2:11, 18-21. El primero y segundo libro de Samuel nos narra la historia de Israel, desde la conquista de Josué hasta la su cautividad en Babilonia. Nos revelan a un Dios asombro y santo, quien trabaja a través de sus siervos y las circunstancias para cumplir su propósito. De igual forma proclaman la presencia y fidelidad de Dios en la historia de su pueblo.

Al principio de la historia de hoy, Ana vivía con sentimientos de frustración, tristeza y culpa. Ser estéril en la sociedad hebrea llenaba de vergüenza a una mujer. Los hijos varones eran importantes para preservar el nombre de la familia y proveían a sus padres seguridad en la edad adulta. Además, el esposo tenía el derecho legal de divorciarse de una esposa estéril.

Ana buscaba el consuelo y la ayuda en el único ser que podía escuchar y atender su llanto: Dios. Ella oraba humildemente ante él entregándole sus frustraciones y necesidades, y le prometió que si le daba un hijo, ella lo dedicaría completamente a su servicio.

Dios escuchó la oración de esta mujer y contestó su petición. Probablemente Samuel tenía tres años cuando Ana lo llevó al templo para cumplir la promesa que le había hecho al Señor. Seguramente fue difícil para ella dejar a su pequeño hijo por el que había esperado tanto, al cuidado del sacerdote Elí. Sin embargo, una vez más Dios mostró su fidelidad hacia Ana concediéndole ser madre de otros cinco hijos.

DESARROLLO DE LA LECCIÓN

Prepare con anticipación los materiales didácticos que utilizará para esta lección y procure tener listo su salón de clases antes de que lleguen sus alumnos.

Recuerde dar la bienvenida a los visitantes y tomar sus datos para contactarlos durante la semana.

Palabras importantes

Escriba las palabras importantes de esta lección en dos tarjetas de cartulina. En la parte d atrás escriba el significado. Muéstrelas a sus alumnos.

Pregúnteles: ¿Alguien puede decirme lo que significa "sacrificio"? (Permita que los niños respondan.) Después lea usted la definición que se encuentra en la parte posterior de la tarjeta y repita el mismo procedimiento para la palabra "ofrenda".

Sacrificio: Un sacrificio es un regalo sin precio que le ofrecemos a Dios.

Ofrenda: Una ofrenda es un regalo que las personas le ofrecen a Dios. No necesariamente debe ser dinero. También puede ser tiempo, obediencia, servicio, etc.

Asegúrese de que sus alumnos no tengan dudas en cuanto a estos dos conceptos. Y para hacer la transición al tema de estudio de hoy dígales: En la historia bíblica de hoy, hablaremos sobre una mujer que ofreció a Dios un regalo sin precio. Su ofrenda fue un gran sacrificio. Veamos lo que Ana ofreció y por qué.

Títere

Para esta actividad necesitará: Bolsas (sacos) de papel, dos tiras de 5 cm. x 12 cm. de cartulina o cartón no muy grueso por alumno, trozos de cartulina de colores, tijeras, pegamento, lápices o marcadores de colores.

Diga a sus alumnos: Nuestra historia de hoy nos habla sobre una mujer llamada Ana. Ahora vamos a hacer un títere con la figura de Ana para que todos participen de la historia bíblica. Entregue a cada alumno una bolsa de papel y pídales que doblen las tiras de cartulina para formar los brazos, después deben cortar cuatro círculos de cartulina para formar las manos y los pies. Deberán pegar los brazos dentro de los dobleces de la bolsa, y las manos y los pies donde corresponden.

Déles tiempo para que los niños dibujen el rostro, el cabello y el vestido de Ana.

138

El bebé de Ana

Para esta actividad necesitará un muñeco. Sostenga al muñeco en sus brazos y diga: La historia bíblica de hoy es sobre una mujer llamada Ana que deseaba tener un hijo, pero no podía. Por eso estaba muy triste.

Permita que los niños sostengan al bebé unos momentos y dígales que si quieren saber lo que sucedió con Ana deben estar atentos durante la historia bíblica.

HISTORIA BÍBLICA

Pida a los principiantes que coloquen en sus manos los títeres que elaboraron y que cada vez que escuchen nombrar a Ana durante la historia bíblica muevan su mano para simular que Ana está hablando.

Ana cumple su promesa

Hace mucho tiempo vivía un hombre llamado Elcana que tenía dos esposas. En la antigüedad estaba permitido que un hombre tuviera dos esposas. Una se llamaba Penina y la otra Ana.

Ana amaba a Dios, pero estaba muy triste. Se sentía así por que no tenía hijos, aunque los deseaba con todo su corazón. En cambio, Penina sí tenía hijos y siempre se burlaba de Ana.

Cada año Ana y su esposo Elcana hacían un viaje muy largo para adorar a Dios en el templo y ofrecerle sacrificios. Un día, mientras Elcana estaba orando, Ana comenzó a llorar.

—Querido Dios, tú gobiernas sobre todas las cosas. Por favor, no me olvides y escucha mi súplica, oró Ana. Por favor, permíteme tener un hijo. Si esto sucede te prometo que será tu siervo y te amará para siempre.

En el templo había un sacerdote que se encargaba de cuidar la casa de Dios, su nombre era Elí.

Él estaba sentado cerca de Ana y la observaba. Mientras ella oraba sus labios se movían, pero no se escuchaban sus palabras porque estaba orando en su corazón. Elí pensó que estaba ebria y que había tomado vino, así que se acercó para reclamarle.

—Deja ya el vino.

—Yo no he bebido nada. Estaba orando al Señor porque tengo un problema muy grande y estoy muy triste —contestó Ana.

Elí le dijo:

—Ve en paz y que el Dios de Israel te conceda lo que le pides.

Cuando Ana salió del templo se sintió mucho mejor y tuvo deseos de comer. A la mañana siguiente después de adorar a Dios, Elcana, Ana y el resto de la familia regresaron a su hogar. Dios escuchó la oración de Ana y tiempo después le dio un hijo al que llamó Samuel. Ana estaba muy feliz porque Dios había respondido su oración.

Cuando fue el tiempo de regresar a Silo a adorar a Dios y a ofrecer los sacrificios, Ana permaneció en su casa con Samuel. Ella le dijo a Elcana:

—Cuando Samuel sea mayor, regresaré a Silo contigo y dejaremos a Samuel en el templo para que sirva al Señor como se lo prometí.

Los años siguientes pasaron con rapidez. Aunque Samuel aun era pequeño, Ana estaba lista para regresar a Silo y cumplir la promesa que le había hecho al Señor, así que tomó a su pequeño hijo y lo llevó a la casa de Dios.

Después de que Elcana entregó sus sacrificios al Señor, Ana llevó a Samuel con Elí. Y le dijo:

—Yo soy la mujer que vino a orar al Señor hace algunos años pidiéndole por este niño. Ahora he vuelto para cumplir mi promesa a Dios y entregar a Samuel a su servicio. Mientras Samuel viva, pertenecerá a Dios.

Cuando Ana y Elcana regresaron a su casa, Samuel permaneció en Silo y comenzó a ayudar al sacerdote Elí en los trabajos del templo. Pero aunque Samuel no vivía en su casa, Ana lo seguía amando, cada año le hacía una túnica nueva y se la llevaba.

Elí sabía que Dios se agradaba que Ana hubiera cumplido su promesa y les dio una bendición especial.

Dios fue muy bueno con ella y le prometió que le daría otros tres hijos y dos hijas. Cuando veía a Samuel sirviendo en el templo, siempre recordaba que Dios había contestado su oración.

ACTIVIDADES

Después de relatar la historia bíblica, use este juego para repasar lo que aprendieron. Divida la clase en dos equipos. Use cinta adhesiva para formar un cuadrado grande en el piso. Divida el cuadrado en cuatro partes y asigne a cada sección los siguientes puntajes: 1, 2, 3 y 4 puntos. Si no puede usar cinta adhesiva, marque un cuadrado en el piso de tierra con una piedra, o en el piso de cemento con tiza (yeso).

Cada equipo deberá formar una fila detrás del cuadrado y alejarse por lo menos medio metro del mismo.

Necesitará una bolsita llena de granos o algún otro objeto pesado (piedra) para que los niños lo lancen hacia el cuadrado. Dependiendo del puntaje en el que haya caído la bolsita, los alumnos responderán una pregunta de repaso. El equipo que la conteste correctamente tendrá esa cantidad de puntos. Usted podrá seguir haciéndoles preguntas e irán cada vez arrojando la bolsita y sumando los puntos obtenidos. Ganará el equipo con más puntaje.

Tríptico

Pida a un voluntario que distribuya los libros del Alumno y les diga a los niños que los abran en la página correspondiente a la lección. Diríjalos a la sección recortable y pídales que busquen y recorten las figuras que corresponden a los contornos de la página del trabajo de hoy. Después, próveales pegamento para que las peguen y doblen la hoja terminada para formar un tríptico.

Memorización

Formen una ronda y repitan varias veces el texto a memorizar mientras giran. Después, permita que algunos voluntarios pasen al centro de la ronda y digan solos el pasaje bíblico. Ayude a los que tengan dificultades con la memorización.

Para terminar

Repasen brevemente las palabras importantes de esta unidad y recojan la ofrenda. Anime a sus alumnos a ser fieles y obedientes a Dios durante la semana, orando, visitando a los enfermos y obedeciendo a sus padres y maestros.

Recuérdeles que la próxima clase es la última de esta unidad, por lo que es muy importante su asistencia. Despídalos con una oración.

Samuel, un siervo fiel

Base bíblica: 1 Samuel 2:12-17, 22-26; 3
Objetivo de la lección: Que los principiantes sepan que Dios desea que lo escuchen y obedezcan en todas las decisiones que tomen.
Texto para memorizar: *Solamente temed a Jehová y servidle de verdad con todo vuestro corazón* (1 Samuel 12:24a).

¡PREPÁRESE PARA ENSEÑAR!

Obediencia es una palabra que los principiantes comprenden perfectamente. Con el paso del tiempo, ellos han aprendido que cuando desobedecen siempre hay consecuencias negativas. También comprenden que cuando obedecen hay recompensas. Enseñar a los niños a obedecer es un paso fundamental para inculcarles la templanza y la disciplina. Mientras enseñamos a los niños a obedecer a sus padres y maestros, también los estamos encaminando a que lo hagan con Dios.

La obediencia es parte esencial de la fidelidad. Samuel fue obediente a Dios y por esa razón, el Señor decidió usarlo para hacer cosas maravillosas. Samuel aprendió a escuchar a Dios.

Anime a sus alumnos a estar atentos a la voz de Dios y a obedecer su voluntad.

COMENTARIO BÍBLICO

Antes de que la palabra de Dios estuviera disponible en forma escrita, el Señor usó diferentes medios para comunicarse con su pueblo, por ejemplo a través de sueños, visiones y eventos sobrenaturales. Sin embargo, 1 Samuel 3:1 dice "El joven Samuel servía a Jehová en presencia de Elí; en aquellos días escaseaba la palabra de Jehová y no eran frecuentes las visiones".

Los hijos de Elí eran parte central del problema que se relata en este capítulo. En primer lugar, Samuel 2:12 señala que: *"Los hijos de Elí eran hombres impíos, que no tenían conocimiento de Jehová".*

Ellos demandaban una porción especial (además de la que recibían como donativo por parte de los que se acercaban al templo), aún antes de que Dios recibiera su parte del sacrificio. De igual forma, las inmoralidades que cometían con las mujeres que trabajaban en el templo violaban los Diez Mandamientos y probablemente eran conductas que imitaban las costumbres de los cananeos.

En contraste *"el joven Samuel iba creciendo y haciéndose grato delante de Dios y delante de los hombres"* (1 Samuel 2:26).

Dios encontró en Samuel a un siervo diligente y obediente con el que podía comunicarse.

Al principio, Samuel no reconoció el llamado de Dios. Sin embargo, el consejo acertado de Elí ayudó a Samuel a reconocer la voz del Señor y a saber qué hacer con el mensaje que recibió. Aunque fue difícil, Samuel comunicó fielmente el mensaje de Dios a Elí. Desde ese momento, Samuel fue reconocido y aprobado como profeta de Dios.

DESARROLLO DE LA LECCIÓN

Reciba con afecto a sus alumnos y procure que el salón de clases esté limpio y arreglado para cuando lleguen. Antes de abordar el tema de hoy, repasen brevemente las tres lecciones anteriores y pida a sus alumnos que cuenten algunos ejemplos sobre cómo han sido fieles a Dios durante este mes que está por concluir.

¡Escucha el llamado!

Para esta actividad necesitará trozos de tela para vendar los ojos de sus alumnos.

Mueva las sillas y las mesas a un extremo del salón para despejar el espacio que se utilizará para el juego y evitar accidentes.

Divida a sus alumnos en parejas, uno será el hijo y el otro el padre. Vende los ojos de los hijos y pídales que escuchen con atención la voz de su padre. Esto deberá hacerlo una pareja a la vez. Todos los demás deben permanecer en silencio para dar al hijo la oportunidad de reconocer la voz de su padre. Una vez que todas las parejas hayan concluido esta parte del juego, separe a los padres de los hijos y dispérselos alrededor del salón.

Cuando usted diga: "¡Ahora!", los hijos deberán buscar a sus padres guiados solamente por su voz. Los que hacen de padre deberán llamarlo hasta que el hijo lo encuentre.

Repita el juego varias veces, permitiendo que los alumnos intercambien los roles. Asegúrese de que no haya ningún objeto que pueda lastimar a los pequeños mientras juegan con los ojos vendados.

Reflexionen en la importancia de reconocer la voz de nuestro Padre para llegar ante su presencia.

Palabras importantes

Durante la semana escriba en una cartulina con letras grandes las tres palabras importantes de la unidad: fidelidad, sacrificio y ofrenda. Recorte cada letra y escóndalas dentro del salón antes de que sus alumnos lleguen.

Pida a los principiantes que busquen las letras y formen las palabras lo más rápido posible. Coloque en la pared o en la pizarra trozos de cinta adhesiva para que peguen las letras cuando las encuentren.

Solicite a tres voluntarios que pasen al frente y expliquen a todo el grupo el significado de esas tres palabras importantes.

HISTORIA BÍBLICA

Antes de la clase, coloque dos mantas o frazadas y dos almohadas en esquinas opuestas del salón de clase. Una cama será para Elí y otra para Samuel.

Al iniciar el relato bíblico, asigne a dos alumnos para que interpreten los personajes de Samuel y Elí. Pídales que se recuesten en sus camas hasta que escuchen la segunda parte de la historia, y cuando usted les dé la señal se levantarán y seguirán las instrucciones de la narración.

Una voz en la noche

El sacerdote Elí tenía dos hijos. Ellos también eran sacerdotes, pero no tenían un buen comportamiento delante de Dios. Aunque conocían los mandamientos de Dios, no querían obedecerlos.

Cuando alguien iba a ofrecer un sacrificio al templo, el sacerdote ofrecía cierta porción de la carne como una ofrenda a Dios. Luego, el sacerdote podía conservar una porción para él mismo o para compartir con otros.

Los hijos de Elí no obedecían los mandamientos de Dios para las ofrendas. En vez de eso, tomaban las piezas de carne que deseaban antes de presentar la ofrenda a Dios. Cuando las personas que ofrecían el holocausto les preguntaban sobre ello, los hijos de Elí les contestaban de mala forma.

Poco tiempo después, Elí comenzó a escuchar quejas sobre el comportamiento de sus dos hijos. Así que se acercó a ellos y les mencionó que muchos se quejaban por su mala conducta.

Los hijos de Elí no escucharon el consejo de su padre y siguieron haciendo lo malo ante los ojos de Dios. Sin embargo, Samuel crecía y se fortalecía en el temor del Señor.

Una noche, Elí y Samuel se fueron a dormir como de costumbre, pero de pronto Dios llamó a Samuel. Él nunca antes había escuchado la voz de Dios, por

lo tanto no la reconoció y pensó que era Elí quien lo llamaba.

Rápidamente Samuel se levantó de su cama y corrió hasta donde estaba Elí.

—Aquí estoy. ¿Para qué me ha llamado? —preguntó Samuel.

Pero Elí le respondió:

—Yo no te he llamado, regresa a acostarte.

Samuel regresó a su cama y escuchó una vez más la voz llamándolo por su nombre, así que una vez más se dirigió hasta donde estaba Elí.

—Hijo mío, yo no te he llamado. Vuelve a acostarte —repitió Elí al joven.

Por tercera vez Dios llamó a Samuel, pero él no reconoció su voz, así que caminó hasta donde estaba el sacerdote.

Finalmente, Elí se dio cuenta de lo que estaba sucediendo, Dios estaba llamando a Samuel.

—Vuelve a acostarte —replicó Elí a Samuel —y si escuchas una vez más que te llaman, di: "Habla que tu siervo escucha".

Así que Samuel regresó a dormir y en cuanto estuvo en la cama volvió a escuchar la voz de Dios llamándolo y contestó lo que el sacerdote le ordenó.

Dios le dio a Samuel un mensaje muy triste para Elí.

—Dile a Elí que voy a castigar a su familia, tengo que hacerlo porque él sabía que sus hijos estaban obrando mal delante de mí y no los detuvo.

Cuando Dios terminó de hablar, Samuel volvió a dormir hasta la mañana siguiente.

Al amanecer, el joven tenía temor de decirle a Elí lo que Dios le había encomendado, pero el sacerdote lo llamó para pedirle que le contara el mensaje que había recibido del Señor.

—Dime todo lo que el Señor te dijo o que nuestro Dios te castigue duramente si me escondes una sola palabra —le ordenó.

Así que mientras Samuel le contaba todo a Elí, este escuchaba atentamente.

—Él es el Señor y hará lo que es mejor —contestó el sacerdote.

Dios estuvo con Samuel mientras crecía, y continuó hablándole y dándole mensajes para los israelitas. Muy pronto, todo el pueblo de Israel supo que Samuel era el profeta que Dios había escogido.

ACTIVIDADES

Juego de repaso

Escriba en tiras de papel las siguientes preguntas y enróllelas bien. Después guarde cada rollito en un globo desinflado.

Infle los globos de tal forma que el papel con la pregunta quede adentro. Luego distribuya los globos entre los alumnos para que los revienten y contesten la pregunta. (Si esta no es una actividad práctica para usted, escriba las preguntas en papeles pequeños, colóquelos dentro de una caja o bolsa, dé oportunidad para que cada niño saque una pregunta y la conteste. Ayude a quienes no saben la respuesta). Usted puede añadir preguntas, según el número de estudiantes de su grupo.

1. ¿Qué hacían los hijos de Elí?
2. ¿Qué le decían a Elí las personas del pueblo?
3. ¿Qué hicieron los hijos de Elí cuando él les dijo que debían dejar su mala conducta?
4. ¿En qué se diferenciaba Samuel a los hijos de Elí?
5. ¿Qué escuchó Samuel?
6. ¿Qué hizo Samuel cuándo escuchó la voz que lo llamaba?
7. ¿Qué fue lo que Elí le dijo a Samuel que hiciera cuando escuchara la voz?
8. ¿Qué le dijo Dios a Samuel?
9. ¿Quién era la madre de Samuel?
10. ¿Dónde vivía Samuel?

Trabajo manual

Entregue a los niños la hoja de actividad del libro del Alumno y pídales que lo abran en la página que corresponde a esta lección. Pregúnteles: ¿Quién es el personaje que aparece en el dibujo? (Samuel). Permita que algunos voluntarios repitan brevemente lo que Samuel escuchó de parte de Dios.

Coloque una música de fondo mientras sus alumnos colorean la ilustración y recortan la figura por el contorno marcado. Explíqueles que pueden usar su trabajo ya terminado para colgarlo en la manija (pi-caporte) de la puerta de su dormitorio, cuando estén hablando/orando con Dios y así evitar interrupciones.

Memorización

Solicite a dos o tres voluntarios que hayan aprendido el texto bíblico de memoria que pasen al frente y lo digan frente al resto del grupo. Si sus posibilidades se lo permiten, entregue un pequeño incentivo (lápices, separadores de Biblias o caramelos) a los que hayan aprendido el texto completo.

Si lo desea, invite a algunos padres de familia para que escuchen lo que sus hijos estudiaron durante estas cuatro lecciones.

Para terminar

Verifique que los principiantes no se olviden lo que deben llevar a casa (trabajos manuales, ropa, etc.) Agradézcale a cada uno por haber asistido a la clase de hoy y haga una mención especial de los que asistieron durante todo el mes. Anuncie el tema de la siguiente unidad: "El asombroso poder de Dios", para despertar el interés de los niños. Termine con una oración y no olvide recordar a los alumnos que deben ser siervos fieles y estar atentos para escuchar la voz de Dios.

✎ **Mis notas:**

Año 3

Introducción – Unidad XI
EL ASOMBROSO PODER DE DIOS

Bases bíblicas: Éxodo 3–4; Éxodo 13:17, 15:2; Éxodo 16:1–17:7; Ester 1:1-4:17; Ester 5–8.

Texto de la unidad: *Dios es nuestro amparo y fortaleza, nuestro pronto auxilio en las tribulaciones* (Salmos 46:1).

Propósitos de la unidad

Esta unidad ayudará a los principiantes a:

✗ Descubrir que Dios tiene más poder que cualquier héroe del cine o la televisión.

✗ Que el poder de Dios no es una historieta, es real.

✗ Saber que Dios suple las necesidades de sus hijos.

✗ Confiar en Dios en los momentos difíciles.

✗ Aprender que Dios tiene poder para librar a sus hijos de los peligros que enfrentan.

Lecciones de la unidad

Lección 43: Dios le da a Moisés una misión especial
Lección 44: Dios rescata a su pueblo
Lección 45: Dios provee para su pueblo
Lección 46: Dios protege a su pueblo
Lección 47: Dios muestra su poder

Por qué los principiantes necesitan la enseñanza de esta unidad

Los niños de cualquier parte de la tierra aman los relatos de los héroes que, a último momento, salvan a los "buenos".

Si usted logra comunicar los relatos bíblicos, y lo hace con suspenso y emoción (sin exagerar el texto), es muy posible que los niños no olviden jamás los milagros y maravillas de Dios.

Ponga énfasis en los siguientes puntos:

1. Que a diferencia de las historietas de Batman, Superman, Tarzán y otros; las historias prodigiosas de la Biblia fueron reales.

2. Que tenemos un Dios con poder ilimitado. Eso debe quitarnos todo temor y llenarnos de confianza en el Dios en quien creemos.

3. Que por más dura y difícil que sea nuestra vida, Dios puede ayudarnos, ya que nada es imposible para él.

Dios le da a Moisés una misión especial

Base bíblica: Éxodo 3–4

Objetivo de la lección: Que los principiantes aprendan que cuando Dios les asigna una misión especial, él los ayudará a llevarla a cabo.

Texto a memorizar: *Dios es nuestro amparo y fortaleza, nuestro pronto auxilio en las tribulaciones* (Salmos 46:1).

¡PREPÁRESE PARA ENSEÑAR!

La sociedad en que vivimos valora la inteligencia, la belleza, la popularidad y el talento. Es común que las personas creativas y talentosas reciban mayor número de elogios y consideraciones que aquellas que aparentemente no muestran estas cualidades. Para muchos de sus alumnos es normal sentirse relegados y frustrados ante los altos estándares que la sociedad les impone.

Para los principiantes es especialmente difícil, porque es justo durante esta etapa donde comienzan a perder los dientes y se sienten débiles ante la fuerza de los adolescentes. Para ellos resulta complicado entender cómo Dios podría elegirlos para una misión especial. Sin embargo, a través de las enseñanzas de esta unidad aprenderán que el Señor puede usar aún a las personas más débiles para cumplir su propósito.

Por esta razón, sus estudiantes se identificarán fácilmente con Moisés. Él era un hombre fugitivo, que tenía dificultades para hablar y le sobrevino un gran temor cuando Dios le pidió que liberara al pueblo hebreo. Sin embargo, la historia nos narra la forma extraordinaria en que Dios usó a Moisés.

COMENTARIO BÍBLICO

Éxodo 3–4. Cuando un hombre hebreo le preguntó al príncipe Moisés: "¿Quién te ha puesto a ti por príncipe y juez sobre nosotros?", no tenía idea de cuán proféticas eran sus palabras. Los hebreos que vivían cautivos en Egipto no estaban listos para recibir a un libertador. De la misma manera, Moisés no estaba listo para ser el líder del pueblo de Dios. El Señor aún no le había asignado esa tarea.

Madián quedaba en la región sureste de la península del Sinaí. Los madianitas eran descendientes de Abraham, esto los hacía parientes de los israelitas.

Moisés era pastor de ovejas y trabajaba para Jetro, un sacerdote madianita que tiempo después se convertiría en su suegro. Este trabajo ayudó a Moisés a sobrevivir en el desierto; ya que necesitaría estas ha-

bilidades para realizar el trabajo que Dios tenía planeado para él.

Cierto día, un arbusto ardiente llamó la atención de Moisés. Frecuentemente el fuego acompañaba las revelaciones de Dios porque representaba su presencia. Conforme Moisés más se aproximaba al arbusto, Dios le advirtió que debía quitar sus sandalias. Esa era una forma de mostrar reverencia y humildad ante Dios.

Dios es el soberano gobernador del universo. Él puede hacerse cargo de cualquier problema con tan solo pensarlo. Sin embargo, una de las más sorprendentes verdades de las Escrituras es que el Señor siempre eligió a los seres humanos para completar sus propósitos. Como hijos de Dios, podemos sentirnos honrados al ser parte de sus planes perfectos.

Dios eligió a Moisés a pesar de sus defectos y debilidades. No lo escogió por su valentía o por sus grandes conocimientos, sino porque el Señor tiene el poder de usar hombres imperfectos para demostrar cuán grandes y maravillosas son sus obras.

DESARROLLO DE LA LECCIÓN

Esta es la primera de una serie de cinco lecciones sobre el increíble poder de Dios. Busque con anticipación cánticos que se relacionen con el tema de estudio y escriba la letra en cartulinas para que sus alumnos los aprendan con mayor facilidad.

Control de asistencia

Durante la semana elabore un cuadro de asistencia para que sus alumnos lo completen en el transcurso de la unidad.

Busque hermanos de su congregación para que lo ayuden a comprar o elaborar sencillos premios para obsequiar a los que asistan fielmente.

Diga a los principiantes que es fundamental que sean constantes en su asistencia y puntualidad, no solamente para ganar el premio, sino para aprender importantes verdades bíblicas.

Palabras importantes

Antes de la clase, escriba la definición de la palabra "milagro" en la pizarra.

Milagro: es un evento sorprendente que sucede cuando Dios muestra su poder y que no tiene ninguna otra explicación.

Diga a sus alumnos que la palabra importante de esta unidad es "milagro", y explíqueles que a lo largo de esta unidad aprenderán sobre muchos milagros que Dios hizo para liberar a su pueblo.

Personaje misterioso

Pida a los principiantes que se sienten formando un círculo para que adivinen quién es el personaje bíblico sobre el que estudiarán en esta unidad.

Usted leerá las siguientes frases, mientras ellos piensan en silencio. Después pida que los que saben de quién se trata levanten su mano y contesten en forma ordenada.

1. Nació y vivió en Egipto durante su niñez.
2. Su familia lo escondió cuando era un bebé.
3. Tenía una hermana llamada Miriam.
4. Creció en el palacio de Faraón hasta que fue adulto.
5. Por 40 años fue pastor de ovejas en el desierto de Madián.

HISTORIA BÍBLICA

Reúna a sus alumnos para escuchar la historia de hoy. Abra su Biblia en Éxodo 3 y diga a los principiantes: Nuestra historia bíblica se encuentra en Éxodo, capítulos 3 y 4 y nos habla sobre Moisés. Escuchen atentos lo que le sucedió mientras cuidaba ovejas en el desierto.

Una misión especial y una promesa

"¡Bee-bee!" balaban las ovejas mientras Moisés las conducía a través del caliente y seco desierto.

Querí apurar el paso porque todavía le quedaba un largo camino por delante. Todas estaban sedientas, cansadas y acaloradas. Finalmente, llegaron a una montaña donde podrían descansar un poco.

De repente Moisés vio algo que lo impresionó.

—¿Qué le está pasando a ese arbusto? —exclamó sorprendido.

Se acercó un poco para observar con mayor detalle... ¡El arbusto estaba cubierto por el fuego!, pero decidió acercarse más para ver por qué el fuego no lo consumía.

—¡Moisés, Moisés! —llamó una voz desde el arbusto.

—Aquí estoy —respondió sorprendido.

—No te acerques más —le dijo Dios—, quita las sandalias de tus pies porque estas pisando un lugar santo. —Rápidamente, Moisés se desató y quitó las sandalias. Se quedó muy quieto, miraba el arbusto, una zarza, con ojos enormes. ¡No podía creer que la zarza no se consumiera por el fuerte fuego! —Yo soy el Dios de Abraham, Isaac y Jacob.

—Oh Señor —exclamó Moisés escondiendo su rostro, porque tuvo mucho miedo de mirar a Dios.

—Yo he visto lo que sufre mi pueblo en Egipto. Ahora voy a rescatarlos y los llevaré a una hermosa tierra llamada Canaán. Así que ahora ve. Yo te mando que vayas ante Faraón para liberar a los israelitas de Egipto.

—¿A mí? ¿Por qué Faraón, el rey de Egipto, escucharía a alguien como yo? ¿Cómo podría yo liberar a los israelitas?

—Yo estaré contigo —le prometió Dios—. Y como señal de esta promesa, cuando hayas regresado de liberar a mi pueblo, me adorarás en esta montaña.

Moisés estaba atemorizado, así que comenzó a argumentar con Dios.

—¿Qué sucederá si los israelitas me preguntan: "¿quién te envió a nosotros?", ¿qué les digo?

—Les dirás que te envió: "Yo soy el que soy". Di a los israelitas que mi nombre es "Yo soy" y que yo te he enviado.

—¿Qué sucederá si los líderes de Israel no me creen y piensan que estoy inventando todo? —preguntó Moisés.

—¿Qué tienes en tu mano? —le dijo Dios.

—Mi vara de pastor —contestó Moisés.

—Arrójala a la tierra. —En el momento en que Moisés obedeció, la vara se convirtió en una serpiente.

—Lo haré —exclamó Moisés.

—Tómala por la cola —le ordenó Dios a Moisés.

Con miedo y precaución, Moisés tomó lentamente la serpiente que, en cuanto estuvo en sus manos, se convirtió nuevamente en vara—. Tú podrás hacer este milagro ante los israelitas, entonces creerán que yo te he enviado —afirmó el Señor y le ordenó: Mete tu mano en tu pecho.

Así que Moisés obedeció y cuando la sacó estaba cubierta de lepra.

—Estoy leproso —exclamó Moisés.

—Métela nuevamente.

—Desapareció la lepra —replicó Moisés.

—Si los israelitas no creen en el primer milagro, creerán en el segundo —declaró Dios—, pero si no lo hacen, tomarás agua del río y la derramarás en la tierra, y las aguas se convertirán en sangre.

—Pero Dios, yo soy muy torpe para hablar —dijo Moisés.

—¿No fui yo quien te dio el habla? —dijo Dios—, ahora ve, que yo te ayudaré a hablar y te enseñaré qué decir.

—¡Oh Dios, por favor, envía a alguien más! —le suplicó Moisés.

—Tu hermano Aarón tiene facilidad de palabra, así que llévalo contigo. Yo los ayudaré a los dos en esta misión. No olvides llevar tu vara porque a través de ella harás grandes milagros.

Finalmente, Moisés obedeció a Dios y se fue a despedir de su suegro Jetro. Tomó a su esposa y a sus dos hijos y emprendió el largo viaje a Egipto. En el camino se reunió con Aarón.

Cuando Moisés y Aarón llegaron a Egipto le dijeron al pueblo todo lo que Dios le había dicho a Moisés en el monte Horeb. Moisés hizo los milagros que Dios le mostró en el desierto y las personas comprendieron que el Señor había escuchado sus ruegos y los liberaría de la esclavitud.

ACTIVIDADES

Dios nos ayuda (tríptico)

Reparta la hoja de actividad del libro del Alumno, lección 43.

Pida a sus alumnos que completen el texto bíblico y coloreen las figuras de Moisés. Luego, usted puede hacerles preguntas sobre lo que acontece en cada escena. Al terminar, pida que den vuelta la hoja para hablar sobre la ilustración y conversar sobre lo que la niña sentía. Después pregúnteles: ¿Ustedes creen que todos los sentimientos de temor de esta niña desaparecieron cuando oró? ¿Por qué sí o por qué no? (Dios nos quita todo el miedo que sentimos; en otras ocasiones nos ayuda a saber qué hacer aunque sigamos atemorizados.)

Déles tiempo para que realicen la actividad, mientras hacen un breve repaso de lo que aprendieron en la historia bíblica.

Memorización

Durante la semana elabore en una cartulina el contorno de un arbusto ardiendo y píntelo con colores vivos.

Después escriba cada una de las palabras que forman el texto para memorizar en tarjetas con forma de llamas de fuego.

Reparta una tarjeta a cada niño en forma desor-denada para que ellos traten de acomodarlas sobre el contorno del arbusto, de forma tal, que el texto de esta unidad, quede en el orden correcto. Entregue las tarjetas a otros niños y repitan varias veces esta actividad hasta que sea fácil para ellos ordenar correctamente el pasaje bíblico.

Pegue la cartulina en algún lugar visible del salón como recordatorio.

Para terminar

Pida a sus alumnos que organicen y guarden los materiales que hayan usado durante el día. Después reúnalos para interceder por los pedidos de oración. Recuérdeles que Dios tiene poder para ayudarlos a realizar todas las actividades, por difíciles que sean y anímelos a asistir a la próxima clase.

Lección 44

Dios rescata a su pueblo

Base bíblica: Éxodo 13:17–15:2
Objetivo de la lección: Que los principiantes aprendan que Dios tiene poder para ayudarlos en las situaciones difíciles.
Texto para memorizar: *Dios es nuestro amparo y fortaleza, nuestro pronto auxilio en las tribulaciones* (Salmos 46:1).

¡PREPÁRESE PARA ENSEÑAR!

A los niños les encantan las historias sobre milagros. La liberación milagrosa de los israelitas en Éxodo 14 les permitirá aprender más sobre las maravillas y prodigios que nuestro Dios hace.

Es probable que algunos de sus alumnos estén sufriendo una situación de violencia doméstica o la separación de sus padres y oren pidiendo un milagro que los ayude a resolver esa situación que escapa de su control.

Es importante que a través de esta lección fortalezcan su confianza y fe en que Dios tiene poder para ayudarlos a resolver aun los problemas más difíciles. Sin embargo, también es importante recalcar que Dios no es una "máquina de cumplir deseos", sino un Padre amoroso que nos escucha y atiende nuestras peticiones según su voluntad. Algunas veces las respuestas de Dios no son inmediatas, pero nunca llegan tarde.

COMENTARIO BÍBLICO

Éxodo 13:17. Finalmente, después de cientos de años, los israelitas fueron liberados de su esclavitud y Dios los condujo lejos de Egipto. Sin embargo, los llevó por el camino largo. Seguramente para el pueblo resultaba muy difícil entender por qué sería más fácil sobrevivir en un desierto seco y cálido, que hacer pirámides bajo los maltratos de los egipcios.

Pero Dios tenía sus planes, y llevarlos por el camino largo era su estrategia para protegerlos. Él sabía que en ese tiempo los israelitas eran un pueblo vulnerable y se desanimaban con facilidad, así que el camino largo fue la mejor forma de evitar que se enfrentaran en guerras con los pueblos enemigos.

De entre todas las pertenencias que llevaban con ellos en este interminable viaje, es muy significativo saber que llevaban también los restos de José. Éxodo 13:19 dice: *"Moisés tomó también consigo los huesos de José, el cual había hecho jurar a los hijos de Israel, diciéndoles: 'Dios ciertamente os visitará, y entonces os llevaréis mis huesos de aquí con vosotros'"*. José deseaba que lo sepultaran en la tierra que Dios le había prometido a Abraham muchos años antes del éxodo del pueblo. José confió en Dwios y creyó en el pacto que el Señor había hecho con Abraham muchos años atrás.

Por otra parte, los israelitas perdieron su fe con mucha rapidez mientras se encontraban en el candente desierto. Su primera equivocación fue cuestionarse si Dios los había abandonado. Dios sabe lo que está haciendo cuando nos lleva por el camino largo. Cuando nos reta a permanecer firmes en nuestra fe y a confiar en él, también nos capacita para llegar hasta donde quiere que lleguemos. Dios nunca nos deja solos, él va delante de nosotros para abrir el camino. El Señor fue delante de los israelitas como una columna de nubes y fuego mientras caminaban por el desierto.

Dios no promete rescatarnos de todas las situaciones difíciles, sin embargo podemos estar seguros de que siempre estará allí para ayudarnos a salir adelante con su poder.

DESARROLLO DE LA LECCIÓN

Espere en la puerta a sus alumnos y, conforme entren al salón de clases, pídales que se sienten formando un semicírculo. Oren y den gracias a Dios por la semana que concluyó y la que inicia. Dé la bienvenida a los visitantes y hágalos sentirse cómodos entre ustedes.

Repaso bíblico

Dibuje o pegue en la pizarra las figuras de: una mosca, granizo y ranas.

Pregunte a los principiantes: ¿Qué tienen en común estas tres figuras con nuestra clase anterior? (Fueron algunas de las plagas que Dios envió a Egipto para que liberaran a los israelitas.) Escuche las respuestas de los niños y repasen brevemente lo que estudiaron la semana pasada.

¿Quién puede ayudarme?

Use esta actividad para que sus alumnos aprendan a quién deben acercarse en busca de ayuda en determinadas situaciones, y también para hacer la transición a la historia bíblica.

Escriba en la pizarra las siguientes preguntas y permita que sus alumnos conversen entre ellos para encontrar las respuestas. Escuche lo que digan y complemente sus ideas con las respuestas que aparecen entre paréntesis.

¿A quién le pedirías ayuda si...?

✘ Te pierdes en una tienda y no puedes encontrar a tus padres. (A un empleado de la tienda, a un guardia de seguridad o a un policía.)

✘ Alguien trata de lastimarte en el patio de la escuela. (A un maestro, al director o a un empleado de la escuela.)

✘ Estás tratando de arreglar algo que es demasiado complicado para ti. (A mis padres, a un amigo adulto o a mis hermanos mayores.)

✘ Tienes preguntas sobre Dios. (A mis padres, el pastor de la iglesia o al maestro de la Escuela Dominical.)

✘ Te sientes triste o decepcionado. (A Dios, a mis padres.)

¡Atrapado!

Pídales a dos de los alumnos más altos que se paren frente a frente en un área despejada. Solicíteles que se tomen de las manos y encierren a un tercero entre sus brazos. Sugiérales que no lo aprieten muy fuerte.

Después diga al tercer alumno: Ahora estás atrapado y tienes que buscar una forma de salir de ahí sin lastimar a tus compañeros.

Permita que trate de salir y cuando finalmente lo logre, acceda a que otros voluntarios pasen.

Dígales: Hoy escucharemos sobre un grupo de personas que estaban atrapadas y sin salida, estaban seguras que se iban a morir y solamente Dios podía salvarlos.

HISTORIA BÍBLICA

Pida a los principiantes que se sienten formando un semicírculo y pídales que abran su Biblia en Éxodo 13:17. Dígales: En la clase pasada aprendimos que Dios castigó a Egipto con diez plagas diferentes porque no quería liberar a los israelitas que mantenía como esclavos. En la historia de hoy aprenderemos lo que sucedió cuando finalmente lograron salir de ese país.

Rescate en el Mar Rojo

Imagínense lo que sería vivir por años trabajando como esclavos bajo el sol ardiente del desierto. Imagínense trabajar cada día haciendo ladrillos y transportando pesadas rocas de un lado a otro. Esa era la forma en la que los israelitas vivían antes de que Dios enviara a Moisés para liberarlos de Egipto.

Dios envió diez plagas sobre los egipcios antes de que Faraón los dejara en libertad, hasta que finalmente los dejó ir. El pueblo estaba feliz con la noticia y siguieron apresurados a Moisés. Dios les había prometido que los llevaría a una hermosa tierra. Todos lo alababan porque por fin estarían libres de la esclavitud egipcia.

Los israelitas tomaron todas sus pertenencias, incluyendo a sus animales, y salieron felices de la tierra en la que habían estado cautivos por tantos años. Sin embargo, Dios no los llevó por el camino corto a la tierra de Canaán, sino que escogió el camino largo.

Dios trazó un plan especial para guiar a los hebreos hasta la tierra de Canaán. Le hizo saber que estaría con ellos: una columna de nubes los guiaría durante el día y por la noche una columna de fuego los alumbraría mientras viajaban.

Cuando llegaron a orillas del mar Rojo, el pueblo decidió acampar y fue ahí donde empezaron los problemas.

—¡Ahí vienen los egipcios! —gritó alguien.

—¡Miren el polvo que levantan sus carruajes, están cada vez más cerca!

Faraón había cambiado de planes y quería que sus esclavos regresaran a sus labores.

—¡Debíamos habernos quedado en Egipto! —gritaban otros—. ¿Para qué nos trajiste a morir en el desierto? —le preguntaban a Moisés. Dios le había dicho que los egipcios irían tras ellos, pero él también sabía que Dios era más poderoso.

—¡No tengan miedo, observen y verán que el poder de Dios nos librará del peligro! —dijo Moisés al pueblo.

El ruido de los caballos y los carros de guerra se escuchaban cada vez más cerca.

Cuando comenzó a oscurecer, Dios movió la columna de nubes y la colocó entre los hebreos y los egipcios. El pueblo de Dios tendría claridad para seguir viajando, mientras que los egipcios estarían en tinieblas.

—Levanta la vara sobre el mar —le ordenó Dios a Moisés.

Moisés obedeció y el viento sopló tan fuerte que abrió el mar en dos, formando un camino seco para que los israelitas pudieran cruzar.

Muy temprano a la mañana todo el pueblo comenzó a cruzar el mar por el camino seco, y cuando miraron atrás se dieron cuenta que los egipcios estaban siguiéndolos por el mismo camino.

Dios hizo que las ruedas de los carros egipcios se rompieran y todos gritaban:

—¡Debemos alejarnos de los hebreos, su Dios está peleando contra nosotros!

Cuando los hebreos llegaron a la otra orilla, Dios le dijo a Moisés que levantara su vara y así las aguas regresaron a su lugar. Todos los soldados egipcios, sus caballos y sus carros quedaron cubiertos por el mar. A través de su gran poder, Dios salvó a su pueblo.

Moisés y todo el pueblo alabaron a Dios y cantaron alegremente: "Dios es mi fuerza y mi canto, de él viene mi salvación. Él es mi Dios y yo le alabo".

ACTIVIDADES

Un rescate maravilloso

Entregue a los niños las hojas de actividades del libro del Alumno para que trabajen.

Sigan las instrucciones para hacer la actividad.

Mientras lo hacen pregúnteles: ¿De qué forma rescató Dios a los israelitas? ¿Qué sucedió con los egipcios? ¿Qué fue lo que hizo que las aguas del mar se abrieran en dos?

Repasen la historia mientras trabajan, den vuelta la página y llenen los espacios en blanco con las palabras que corresponden.

Memorización

Durante la semana busque en algún libro o revista la fotografía de un castillo o fortaleza y llévela para que los alumnos la observen.

Explíqueles que, en la antigüedad, los reyes construían estas fortalezas para defenderse de los enemigos. Usaban piedras grandes para construir paredes altas para que nadie pudiera penetrarlas. En tiempos de guerra, los que estaban dentro de las fortalezas se encontraban a salvo.

De la misma forma, el texto a memorizar de esta unidad nos recuerda que Dios es nuestro amparo y fortaleza, por lo tanto, no debemos temer.

Reparta hojas de papel y lápices de colores para que dibujen una fortaleza y escriban el pasaje a memorizar como recordatorio.

Para terminar

Asegúrese que todos terminaron sus trabajos y recogieron el material didáctico. Den gracias a Dios por lo que aprendieron y no olvide invitarlos a la clase de la próxima semana para estudiar más sobre el gran poder de Dios.

Lección 45

Dios provee para su pueblo

Base bíblica: Éxodo 16:1–17:7
Objetivo de la lección: Que los principiantes aprendan que Dios suple las necesidades de sus hijos.
Texto para memorizar: *Dios es nuestro amparo y fortaleza, nuestro pronto auxilio en las tribulaciones* (Salmos 46:1).

¡PREPÁRESE PARA ENSEÑAR!

Para sus alumnos es importante escuchar sobre las formas maravillosas en las que Dios ha cuidado de sus hijos a través del tiempo. Los principiantes encontrarán algo mágico en la clase de hoy, al escuchar la forma en que Dios alimentó al pueblo hebreo.

Sin dañar su fe infantil, explíqueles que no todas las oraciones se responden a través de un milagro, pero eso no significa de ninguna manera que Dios se haya olvidado de ellas.

Dios provee para nuestras necesidades de formas diversas y nos ayuda a confiar más en él. Enseñe a los niños por qué es importante presentar sus peticiones y necesidades a Dios en oración. Él tiene cuidado de todos los aspectos de sus vidas.

Mientras los alumnos cuentan sus pedidos de oración, anímelos a ser agradecidos al recibir las respuestas del Señor.

Los principiantes deben conocer a Dios como el único hacedor de milagros, pero también necesitan recordar que él siempre está con ellos, cuidándolos y ayudándolos a través de todas las situaciones por las que pasan y, aunque muchas veces se sientan solos, pueden confiar en que el Señor siempre está a su lado.

COMENTARIO BÍBLICO

Éxodo 16:1–17:7. El pueblo de Dios había dejado atrás la tierra de Egipto y, a lo largo del camino del desierto, se quejaban y añoraban lo que habían abandonado. Deseaban el agua dulce y el pan caliente que disfrutaban en sus hogares en Egipto.

Cuando llegaron a Mara, encontraron una fuente de agua amarga. Después de que el pueblo se quejó y argumentó contra Moisés, Dios lo dirigió a golpear la roca con una vara de madera y el agua se volvió dulce.

Después de estar en Mara, los israelitas fueron guiados a Elim (Éxodo 16:1). En ese lugar había doce fuentes de agua y setenta palmeras que daban buena sombra, por lo que decidieron acampar allí.

Había pasado un mes desde el milagro del mar Rojo. Dios había provisto sus necesidades con agua dulce y un lugar confortable para descansar antes de guiarlos hacia el desierto de Sin. Sin embargo, no pasó mucho tiempo antes de que comenzaran a quejarse nuevamente contra Moisés, por haber dejado Egipto.

Dios quería que su pueblo confiara y dependiera únicamente de él. Respondió a sus quejas con gran amor y proveyó el maná, que sería la fuente de alimento para los israelitas por cuarenta años.

Cada mañana encontrarían maná sobre el suelo y reunirían la cantidad suficiente para ese día. Si guardaban una provisión mayor de la que necesitaban, al otro día estaría podrida y cubierta de gusanos. El único día que podían reunir doble porción de maná sería la mañana anterior al día de reposo.

Dios demostró una vez más su poder al cuidar a su pueblo y enviar alimento del cielo para ellos.

DESARROLLO DE LA LECCIÓN

Nuestra sugerencia para iniciar la lección de hoy implica invertir una hora extra antes de la clase para limpiar muy bien el piso del salón. También necesitará un paquete de galletitas y servilletas.

Coloque las galletitas sobre las servilletas y póngalas en el piso alrededor del salón. Pida a sus alumnos que sean cuidadosos al entrar para no pisar la sorpresa que allí se encuentra.

Dígales que la lección de hoy habla sobre una forma especial en que Dios cuidó de su pueblo cuando estaban en el desierto.

Uno nada más

Antes de la clase consiga una bolsa de dulces o caramelos envueltos.

Durante la clase, pida a los principiantes que se sienten formando un círculo en el piso. Dígales: Cierren sus ojos mientras yo cuento hasta tres, después voy a dejar caer varios dulces alrededor del salón. Luego, podrán abrir sus ojos y tomar un caramelo. Si toman más de uno, lo perderán.

Después que los niños tengan su golosina, pregúnteles: ¿Alguno de ustedes tiene más de uno? Si alguien tiene dos o más, pídale que le entregue todos los caramelos.

Pregúnteles nuevamente: ¿Fue difícil tomar solamente uno?

Escuche sus respuestas y dígales: Es muy importante seguir las instrucciones, de lo contrario podríamos tener problemas. Hoy aprenderemos lo que les sucedió a los israelitas cuando no siguieron las instrucciones de Dios.

¿Qué le pasó al pan?

Necesita una pieza de pan viejo o echado a perder.

Reúna a sus alumnos y dígales: Algunas veces cuando vamos a la tienda compramos más pan del que podemos comer. ¿Saben qué sucede cuando el pan se pone viejo? (Se forman hongos sobre él y huele mal).

Muestre el pan viejo a la clase y pregúnteles: ¿Les gustaría que su madre usara este pan para prepararles la cena? Permita que respondan y dígales: En la historia de hoy escucharemos sobre unas personas que tomaron una decisión equivocada y algo malo le sucedió a sus alimentos.

HISTORIA BÍBLICA

Reúna a sus alumnos para escuchar la historia bíblica. Pida a un joven de su congregación que busque una túnica y se disfrace de Moisés para narrar esta historia.

Un milagro desde el cielo

El éxodo desde Egipto y el escape a través del mar Rojo fueron tan solo el comienzo de un largo viaje para todos nosotros. Dios nos guió de un lugar a otro a través del desierto. Algunas veces no había agua suficiente para beber. Cuando eso sucedía, los israelitas se quejaban conmigo y comenzaban a lamentarse por haber dejado Egipto.

Yo hubiera deseado que confiaran en Dios en vez de quejarse todo el tiempo.

El Señor nos llevó a Elim, un oasis en el desierto con palmeras y fuentes de agua. Después de eso, viajamos hacia el desierto de Sin, donde nos quedamos sin comida y el pueblo hambriento comenzó a quejarse conmigo una vez más.

—¿Por qué Dios no nos dejó quedarnos en Egipto? Allá teníamos mucha comida y aquí pronto moriremos —me decían.

Yo hablé con Dios para encontrar la forma de resolver este problema.

—Voy a enviar a este pueblo un pan especial que descenderá del cielo cada mañana. También enviaré por la tarde codornices para que se alimenten con carne. —Además nos dio instrucciones especiales sobre el maná y nos dijo—: Salgan cada mañana y recojan comida suficiente para cada persona en su casa, pero tomen solamente lo que necesitarán para ese día. No recojan nada extra. El sexto día de la semana recojan una doble porción, para que tengan alimento en el día de reposo.

A la mañana siguiente, luego de que el rocío se evaporaba, había hojuelas de maná por todo el desierto. Su sabor era dulce como la miel.

Sin embargo, los israelitas no siguieron las instrucciones que Dios nos dio y tomaron más maná del que necesitaban para ese día. A la mañana siguiente había un terrible olor en sus tiendas y encontraron muchos gusanos sobre el pan que habían recogido.

Sin embargo, esto no hizo que siguieran las instrucciones de Dios. El sexto día, cuando se suponía que debían recoger maná suficiente para dos días, muchos no lo hicieron y salieron durante la mañana que debían descansar a buscar la porción de pan, pero Dios había dicho que solamente haría caer el maná seis días.

Recibimos el maná del cielo seis días a la semana los cuarenta años que vivimos en el desierto. Dios nos ordenó que pusiéramos una porción de maná en un recipiente y lo reserváramos para que las nuevas generaciones supieran la forma milagrosa en la que Dios alimentó a sus hijos.

Llegó el día en que tuvimos que irnos a otro lugar. Viajamos por un tiempo y finalmente acampamos en Refidim, un lugar donde no había agua. El pueblo comenzó a quejarse conmigo nuevamente y me preguntaban por qué los había llevado al desierto a morir.

Otra vez me acerqué a Dios para pedir su ayuda y me dijo que tomara a los líderes de Israel y fuera a una roca en el monte Horeb y golpeara la roca con mi vara.

Obedecí y agua cristalina salió de la roca. Otro milagro de nuestro gran Dios para demostrarle al pueblo que él tenía el control de todo.

ACTIVIDADES

Dios provee

Pida a los principiantes que tomen el libro del Alumno y se sienten a realizar la actividad que corresponde a esta lección. Ayúdelos a completar su proyecto y lea las instrucciones en voz alta para que todos lo escuchen con claridad.

Explíqueles lo que deben hacer para terminar la actividad y, mientras trabajan, haga un repaso de lo que aprendieron en la lección bíblica de hoy.

Entrega tus necesidades

Para esta actividad necesitará una caja pequeña de cartón por cada estudiante, lápices o marcadores de colores y otros elementos para decorar.

Entregue una caja a cada alumno y permita que la decoren a su gusto. Cada caja deberá tener un orificio por el cual quepa una hoja de papel doblada.

Después entrégueles trozos de papel para que escriban sus pedidos de oración y las coloquen dentro de la caja.

Dígales que, al igual que Moisés le pidió a Dios por sus necesidades, ellos también pueden hacerlo escribiendo sus peticiones y guardándolas en su caja de oración. Si desean, pueden invitar a otros a colocar sus pedidos de oración dentro de la caja. También sus padres y hermanos pueden colocar sus peticiones allí.

Memorización

Pida a los niños que caminen hacia atrás o en reversa. Por cada paso que den deben decir una palabra del texto a memorizar. Repitan el texto hasta que hayan dado una vuelta completa al salón. Luego repáselo con ellos en forma individual y anime a los que tengan dificultades a aprenderlo.

Para terminar

Oren dando gracias a Dios por su provisión y cuidado. También intercedan por todas las personas alrededor del mundo que necesitan alimento.

Entrégueles los trabajos que realizaron e invítelos a la próxima reunión.

Dios protege a su pueblo

Base bíblica: Ester 1:1–4:17
Objetivo de la lección: Que los principiantes aprendan a confiar en Dios en los momentos difíciles.
Texto para memorizar: *Dios es nuestro amparo y fortaleza, nuestro pronto auxilio en las tribulaciones* (Salmos 46:1).

¡PREPÁRESE PARA ENSEÑAR!

El poder de nuestro Dios es incomparable y es lo que nos ayuda, protege y brinda el valor para seguirlo. Si bien es cierto que Dios no nos ha llamado a ser "superhéroes", seguramente llegará el momento en que, por causa de Cristo, tengamos que hacer algo peligroso. Sin embargo, la mayoría de los cristianos tenemos vidas ordinarias y comunes. Eso no quiere decir que no tengamos que enfrentarnos al peligro del pecado y las tentaciones que el mundo ofrece.

Los principiantes están comenzando a descubrir un mundo hasta ahora desconocido para ellos. La televisión, los amigos y los medios de comunicación ponen a su alcance una gran variedad de tentaciones que desean atraparlos en el pecado. Es importante que, a través de esta lección, los niños aprendan a confiar en Dios cuando se sientan tentados o en problemas. El ejemplo de valor de la reina Ester les ayudará a saber que Dios está dispuesto a ayudarlos a enfrentarse a los peligros, si se lo piden humildemente.

COMENTARIO BÍBLICO

Lea Ester 1:1–4:17. La serie de extraños acontecimientos que llevaron a Ester a ocupar el trono de las provincias de Persia pudieran parecer una simple co-incidencia. Pero Mardoqueo, el tío de Ester, no creía lo mismo. Él estaba seguro que Ester había llegado hasta esa posición real por una razón particular.

La Escritura no nos da muchos detalles sobre esta historia, como por ejemplo: por qué Mardoqueo se rehusó a que Ester hablara sobre sus orígenes, ni tampoco sabemos por qué Mardoqueo permitió que su sobrina se casara con un gentil, ya que estaba prohibido por las leyes hebreas.

Ester fue escogida como candidata para ser la esposa del rey y tuvo que someterse a un régimen de belleza por doce meses. Finalmente, se presentó ante él y la eligieron como reina, en lugar de Vasti. De acuerdo con la tradición, este proceso tomaba alrededor de cuatro años.

Los acontecimientos venideros fueron una combinación de maldad, envidia y odio de Amán hacia los judíos. Sin embargo, la fidelidad de Dios estaba vigente y eligió usar a Ester para proteger a su pueblo.

DESARROLLO DE LA LECCIÓN

Oren dando gracias a Dios por la oportunidad de reunirse nuevamente a estudiar su Palabra y entonen algunos coros. Explique a los principiantes que en el día de hoy estudiarán otro libro de la Biblia. En las tres lecciones anteriores estudiaron el Éxodo y en esta ocasión estudiarán el libro de Ester.

Ayúdelos a identificar el libro en su Biblia y separarlo con un lápiz para usarlo durante la historia de hoy.

¿Quién es?

Escriba en la pizarra las letras que forman el nombre de Ester en desorden, por ejemplo: TSREE. Después pida a sus alumnos que traten de ordenar las letras para encontrar el nombre del personaje bíblico que estudiarán durante estas dos lecciones.

Coronas para el rey

Para esta actividad necesitará: una tira ancha (15 cm. o más) de cartulina o papel grueso por cada niño, tijeras, pegamento, cinta adhesiva, lápices o plumones de colores y trozos de papel de colores.

Reparta los materiales y coloque una tira de papel alrededor de la cabeza de cada niño y marque el lugar donde la tira debe coincidir para que la corona quede a la medida. Ayúdelos a unir sus coronas con la cita adhesiva.

Bríndeles tiempo para que escriban su nombre en la corona y la decoren a su gusto. Permita que los alumnos mayores hagan puntas en sus coronas usando la tijera y ayude a los más pequeños.

Mientras trabajan pregúnteles: ¿Quiénes usan coronas? (Los reyes y las reinas.) ¿Qué hacen los reyes y las reinas? (Gobiernan un país, ayudan a las personas y se encargan de que todo funcione bien.)

Explíqueles que los reyes y las reinas sirven a su pueblo. Su trabajo es garantizar la seguridad de la gente, proveer fuentes de trabajo y administrar los recursos de la comunidad. En la actualidad, muchos países ya no tienen reyes y reinas, sino presidentes. Sin embargo, en los tiempos bíblicos eran ellos quienes gobernaban. Hoy estudiaremos sobre una reina que confió en Dios para ayudar a su pueblo.

Una reina valiente

El rey Asuero, quien gobernaba Persia y sus provincias, decidió hacer un gran banquete e invitar a todos los oficiales importantes del reino. La reina Vasti también organizó una fiesta para sus amigas.

El rey envió a un mensajero que le dijera a la reina Vasti:

—Ven a mi fiesta, porque quiero que todos vean lo hermosa que eres.

—No voy.

Cuando la reina se negó a ir, el rey se enojó mucho, así que fue con sus consejeros y les preguntó:

—¿Qué debo hacer con la reina? ¡No quiso obedecerme y se negó a venir a mi banquete!

—No permitas que Vasti siga siendo la reina, mejor busca a otra mujer para que ocupe el trono —le contestaron.

El rey sonrió, creyó que era una excelente idea, así que comenzó la búsqueda para encontrar a la futura reina.

Mardoqueo era un judío que vivía en Persia. Tenía una hermosa sobrina llamada Ester.

Un día los sirvientes del rey llegaron a casa de Mardoqueo y vieron a Ester.

—¡Es muy hermosa! —exclamaron—, la llevaremos al palacio.

Ester no tenía otra opción, debía obedecer la orden del rey. Pero antes de salir de la casa, Mardoqueo le dijo:

—No le digas a nadie que eres judía, y no te preocupes por nada que yo estaré pendiente de ti.

A Ester la llevaron al palacio real junto con otras jóvenes y bellas mujeres. Por doce meses los sirvientes del rey las ayudaron a ponerse más bellas. Ella fue bien recibida en el palacio, todos la querían y la cuidaban mucho.

Mardoqueo no se olvidó de Ester, y todos los días se acercaba a los jardines del palacio para preguntar sobre su sobrina.

Finalmente llegó el día en el que Ester conocería al rey. Se vistió con hermosas ropas e hizo todo lo que los sirvientes del rey le dijeron que hiciera.

Cuando el rey la vio por primera vez quedó encantado con su belleza y la eligió como reina. Luego, organizó un gran banquete en su honor para que todos supieran que ella era su nueva esposa.

Como todos los días, Mardoqueo se acercó al palacio para escuchar noticias de su sobrina. Sin embargo, ese día fue diferente porque escuchó que dos soldados estaban planeando matar al rey. Así que de inmediato fue a ver a su sobrina y le contó lo que él había oído.

Ester le comunicó a su esposo sobre el plan y quedaron al descubierto los planes de los soldados. Este hecho se escribió en el libro de las crónicas del rey.

En el reino había también un oficial perverso llamado Amán. Sin embargo, ganó la simpatía del rey, quien le dio un cargo muy importante. Todas las personas se arrodillaban y veneraban a Amán, excepto una persona, Mardoqueo.

—¿Por qué no obedeces el mandato del rey? —le preguntaron los oficiales a Mardoqueo.

Pero él seguía sin arrodillarse ante Amán.

Pronto esta noticia llegó a oídos de Amán, quien se enojó mucho y dijo:

—Como castigo voy a matar a Mardoqueo y a todos los judíos. —Rápidamente Amán fue delante del rey y le dijo—: Hay un grupo de personas que viven en tu reino pero no te respetan, no obedecen tus leyes. Por favor, toma este dinero y úsalo para contratar a hombres que maten a esas personas.

—Guarda tu dinero —le dijo el rey—. Aquí tienes este anillo que hará oficial lo que tú y yo hemos hablado; haz lo que quieras con esas personas.

Amán escribió una nueva ley que decía: "El día 13 del mes 12 todas las personas deben asesinar a todos los judíos que encuentren y apoderarse de sus bienes". Después selló la ley con el anillo del rey y la envió a todas las provincias.

Cuando Mardoqueo escuchó la noticia se entristeció mucho, cubrió su cabeza con ceniza y se vistió con ropas hoscas en señal de dolor.

Un día, un siervo de Ester le dijo:

—Tu tío Mardoqueo está afuera y quiere verte, está llorando y se ha vestido con ropas adustas, parece que está muy triste.

Ester amaba mucho a su tío, así que le pidió al sirviente que le llevara ropa limpia y cómoda para cambiarse.

El siervo regresó de inmediato con la ropa, porque Mardoqueo no había querido aceptarla, su tristeza era muy grande y lo único que deseaba era que la reina supiera lo que estaba sucediendo.

Mardoqueo le pidió al sirviente que le informara a su sobrina sobre las malas noticias.

—Nuestro pueblo será exterminado —dijo Mardoqueo— estoy vestido con esta ropa por la tristeza que tengo.

Ester se enteró de lo que Amán había planeado. Su tío le pidió que hablara con el rey y le solicitara ayuda.

Pero Ester le dijo:

—No puedo ir. El rey no ha pedido verme, sino hasta dentro de treinta días, si voy sin invitación me matará.

—No pienses que escaparás en la casa del rey más que cualquier otro judío. Porque si callas en este tiempo, respiro y liberación vendrá de alguna otra parte para los judíos; mas tú y la casa de tu padre pereceréis. ¿Y quién sabe si para esta hora hayas llegado al reino? —le contestó Mardoqueo.

Cuando Ester escuchó estas palabras pensó en hacer algo para ayudar. Le pidió a Mardoqueo y a los demás judíos que vivían en la ciudad que oraran por ella, les dijo que no comieran nada durante tres días, que solamente oraran.

Ella decidió obedecer a Dios para salvar a su pueblo y clamó para pedir la ayuda del Señor.

Mardoqueo, Ester y el pueblo judío oraron y ayunaron por tres días.

¿Qué pasará con ellos? ¿Podría alguien detener el terrible plan de Amán? No se pierdan el final de esta apasionante historia la próxima semana.

ACTIVIDADES

No tengo miedo

Para esta actividad necesitará hojas blancas y lápices de colores.

Reparta los materiales entre los alumnos y pídales que hagan un dibujo o escriban un relato sobre las cosas que les asustan o les causan miedo.

Obsérvelos mientras trabajan y hable con ellos sobre la importancia de confiar en Dios cuando sentimos temor o las situaciones parecen fuera de control.

Déles tiempo para que cada uno muestre su trabajo y diga lo que representa. Conversen sobre sus temores, y use la historia de Ester para enseñarles que Dios nos ayuda a ser valientes si confiamos en él.

Después ponga el cesto o bote de basura al centro del salón para que cada uno pase y rompa su dibujo mientras dice: No tengo miedo, porque confío en Dios y él me ayuda a ser valiente.

Confía en Dios

Prepare con anticipación los materiales que el libro del Alumno le sugiere y asegúrese que haya suficiente para todos los pequeños. Necesitará: platos de cartón y cinta o hilo grueso para cada alumno, colores, marcadores, crayones, tijeras y pegamento.

Durante la clase, ayude a los niños a realizar el trabajo manual. Mientras trabajan pregúnteles: ¿Qué personajes confiaron en Dios en la historia de hoy? (Ester y Mardoqueo.) Dígales: Dios ayudó a Ester a ser valiente y hacer lo correcto para ayudar a su pueblo. Nosotros también debemos confiar en que Dios nos ayuda a ser valientes y debemos hacer siempre lo correcto, no importa lo difícil que sea la situación.

Anime a los principiantes a llevar sus trabajos terminados a casa y dígales: La próxima vez que se enfrenten a una situación difícil, observen esta figura y recuerden que pueden confiar en Dios y pedirle que los ayude a ser valientes.

Memorización

Pida a sus alumnos que se sienten mirando hacia el frente y dígales que cierren sus ojos. Escriba el texto a memorizar en la pizarra. Luego los niños podrán abrir los ojos y leerlo. Solicíteles que cierren los ojos nuevamente y, mientras usted borra algunas palabras, deben decir todo el texto. Repita el ejercicio hasta que todas las palabras estén borradas y puedan decir el pasaje bíblico completo de memoria.

Para terminar

Formen un círculo de oración para darle gracias a Dios. Diga: Él nos ayuda a ser valientes y a confiar en su poder cuando enfrentamos algún problema. Déles la oportunidad para que cuenten sus pedidos de oración.

Anime a los principiantes a confiar en Dios durante la semana. Dígales que les hablen a su familia sobre lo que aprendieron en la clase de hoy.

Coménteles que la próxima semana estudiarán la última lección de esta unidad, que tratará sobre el poder de Dios, por lo que será muy importante que todos asistan.

Lección 47

Dios muestra su poder

Base bíblica: Ester 5–8
Objetivo de la lección: Que los principiantes sepan que Dios tiene poder para librar a sus hijos de los peligros.
Texto para memorizar: *Dios es nuestro amparo y fortaleza, nuestro pronto auxilio en las tribulaciones* (Salmos 46:1).

¡PREPÁRESE PARA ENSEÑAR!

Los programas de televisión más populares entre los niños generalmente son los que tratan sobre héroes con poderes especiales que les permiten volar, congelar a sus enemigos, hacerse invisibles y ver a través de las paredes. Los principiantes disfrutan al ver cómo sus héroes imaginarios triunfan. Estos titanes vencen a sus enemigos por medio de superpoderes, y es común que en los juegos infantiles imiten esas conductas y simulen ser esos personajes de la televisión.

Y aunque todo esto es producto de la imaginación de los creadores de los dibujos animados, es importante que aprendan que solamente Dios tiene el poder para hacer cualquier cosa.

Pero no solo eso, sino que Dios desea que sus hijos disfruten de sus bendiciones y sean parte de sus planes. Él quiere usar su poder a través de nosotros para alcanzar a un mundo que vive en oscuridad.

Mientras les enseña esta lección a los estudiantes, pídale al Espíritu Santo que los ayude a comprender que el poder de Dios va más allá de nuestro entendimiento y está disponible para todos los que confiamos en él.

COMENTARIO BÍBLICO

Ester 5–8. Cualquier persona que diga que leer la Biblia es aburrido, definitivamente no ha leído el libro de Ester. En él se encuentran todos los elementos que debe tener una historia apasionante que atrapa al lector.

En la historia de hoy, Ester está a punto de presentarse ante el rey y está preparada para lo que pueda suceder. A menos que Asuero extienda su cetro real, los guardias tienen órdenes de matarla, sin importar que sea la reina.

Hay dos personajes que juegan un papel muy importante en la historia de hoy. El más visible es Ester. Asombrosamente, el Dios de toda la creación, que puede hacer lo que desea, escogió trabajar a través de manos humanas para cumplir su propósito divino. Por medio de esta historia, Dios permitió que personas ordinarias hicieran cosas extraordinarias, aun cuando sus vidas estuvieran en peligro. Ester fue una mujer común que decidió ser obediente a Dios, y pudo salvar a todo un pueblo.

También es importante recalcar la fidelidad de Mardoqueo. Este hombre se mantuvo fiel a Dios y decidió no doblar sus rodillas ante el perverso Amán. Esta historia nos recuerda una vez más que Dios desea tener siervos obedientes y fieles que lo sigan y confíen en su poder.

Dios usó a Ester de una forma muy especial para salvar al pueblo judío de un exterminio. Fue la fidelidad y el testimonio de su tío Mardoqueo lo que la animó a obedecer la voluntad de Dios. Ella confió en que el poder del Señor podría hacer posible lo que parecía imposible.

DESARROLLO DE LA LECCIÓN

Por ser la última lección de la unidad, le sugerimos que prepare algo para premiar a los alumnos que hayan asistido fielmente. Elabore sencillas tarjetas de agradecimiento o con versículos bíblicos para obsequiar a los estudiantes.

Entonen algunos cantos de alabanza antes de iniciar con las actividades de aprendizaje.

¿Qué quiere la reina?

En este juego, el maestro representará a la reina y los alumnos serán los súbditos. La reina debe sentarse a un lado del salón, mientras los alumnos estarán en el extremo opuesto.

Ella dará indicaciones variadas a los súbditos, como por ejemplo: "Roberto, debes dar tres pequeños pasos al frente". También puede pedirles que brinquen, que caminen hacia atrás, etc.

Repita el juego hasta que todos sus alumnos hayan participado.

Después dígales: "Los monarcas pueden dar órdenes a sus súbditos, porque son los gobernantes y tienen mucha gente a su servicio. En la historia de hoy vamos a escuchar lo que sucedió con la reina Ester después de haber escuchado esa mala noticia".

HISTORIA BÍBLICA

Antes de iniciar la historia de hoy, es importante que juntos repasen lo que estudiaron la semana pasada. De esta forma relacionarán los personajes y será más efectivo el aprendizaje.

Si lo desea, elija voluntarios que narren lo que aprendieron la semana anterior o lean el pasaje bíblico correspondiente.

Antes de la clase, escriba en una cartulina la siguiente frase: **¡Dios está al control!** Después, muéstrela a sus estudiantes y dígales: Cuando les muestre esta frase durante la historia bíblica, ustedes deben repetir esas palabras en voz alta. Escuchen con atención para que sepan cuál fue el final de esta historia.

Poder que salva

Ester estaba muy pensativa; finalmente se puso de pie y dijo: Tengo que ver al rey. (Muestre la frase: "Dios está al control".)

Había estado orando y ayunando por tres días. (Frase)

Pasados los tres días fue a ver al rey. ¡Tenía mucho temor!, porque nadie podía verlo sin una invitación, sin embargo, sabía que Dios estaba con ella. (Frase)

El rey Asuero se puso muy contento al ver a Ester y le dio permiso para que hablara con él: le extendió su centro real, lo cual significaba que le perdonaba la vida. (Frase)

—¿Qué sucede, reina Ester? ¿Para qué has venido a verme? Pídeme lo que quieras y todo te lo daré. Incluso te daré la mitad de mi reino —le dijo el rey Asuero. (Frase)

Ester le contestó:

—Rey Asuero, me gustaría invitarte a un banquete esta noche que he preparado para ti. Por favor ven y también invita a Amán.

El rey y Amán aceptaron la invitación de la reina para ir al banquete. (Frase)

El rey le preguntó:

—¿Qué puedo hacer por ti, reina Ester?

—Tengo que pedirte algo muy importante. Por favor, trae a Amán a cenar con nosotros mañana y ahí responderé a tu pregunta —le contestó ella.

Amán, muy orgulloso, fue a la casa. Aún se sentía molesto porque Mardoqueo lo ignoraba, pero estaba muy emocionado por el hecho de que Asuero y Ester lo hayan invitado al banquete.

Amán presumió ante sus amigos y familiares:

—Hoy estuve comiendo con el rey y la reina, tengo muchas riquezas y estoy invitado a otro banquete mañana, sin embargo, nada de eso me hace sentir feliz cuando veo a Mardoqueo sentado en la puerta real.

—Pídele a Asuero que lo mate —sugirió su esposa.

—Claro, él no va a negarte nada —apoyaron sus amigos.

Así que Amán mandó construir una horca muy grande para colgar a Mardoqueo al día siguiente.

Esa noche el rey no podía dormir, así que pidió a uno de sus sirvientes que le trajera el libro de las crónicas reales y que lo leyeran en su presencia. (Frase)

Cuando leyeron la parte en la que Mardoqueo ayudó a salvarle la vida al rey, Asuero preguntó:

—¿Qué hicimos para recompensar a Mardoqueo por salvar mi vida?

—Nada señor —le contestó el sirviente.

Entonces el rey escuchó un ruido y preguntó:

—¿Quién está en el patio?

—Es Amán.

Asuero ordenó que Amán entrara y le preguntó:

—¿Cómo debemos premiar a alguien a quien el rey quiere honrar?

Amán pensó que se trataba de él y respondió:

—Debes darle un vestido real, un hermoso caballo y ponerle una corona para que todos lo vean.

Entonces el rey le dijo:

—Date prisa y has todo eso con el judío Mardoqueo.

Amán hizo todo lo que el rey le pidió. ¡Pero estaba muy enojado! Así que se fue a su casa y contó a su mujer y a sus amigos todo lo que había pasado. En ese momento llegaron los sirvientes para llevarlo a la cena con los monarcas. (Frase) Estando en el banquete, el rey le preguntó a Ester cuál era su petición y ella le contó todo lo que iba a sucederle a su pueblo. Le dijo que era judía y que la ley que él había promulgado ponía en peligro su vida y la de su pueblo. (Frase)

El rey hizo lo que Ester le pidió y dictó una nueva ley para mantener a los judíos a salvo. (Frase)

Se castigó a Amán por sus maldades en la misma horca que mandó construir para Mardoqueo. Y Mardoqueo, junto con todos los judíos del reino, hicieron una gran celebración y alabaron a Dios. Estaban muy felices porque los había librado de una muerte segura. (Frase)

El rey le dio a Mardoqueo una buena posición y no volvieron a tener temor porque sabían que Dios los había librado de la mano de sus enemigos.

ACTIVIDADES

El gran poder de Dios

Reparta la hoja de actividad del libro del Alumno y lápices. Ayúdelos a armar los rompecabezas, poniendo en el lugar correcto las figuras y las palabras perdidas. Pida a algunos voluntarios que lean las oraciones en voz alta. Anímelos a confiar en el poder de Dios, cuando sientan temor o se enfrenten a una situación difícil.

¡Tú también puedes ayudar!

Pídales a los niños que se sienten formando un círculo y que se pongan las coronas que hicieron durante la clase anterior. Anímelos a imaginar que son reyes o reinas y piensen cómo podrían ayudar a otras personas, así como Ester ayudó a su pueblo.

Pida a algunos voluntarios que pasen al centro del círculo y digan de qué forma ayudarían a otras personas si fueran los reyes de una nación.

Explíqueles que aunque no lleguen a ser reyes poderosos, pueden ser serviciales con sus prójimos, por ejemplo: recogiendo la basura del templo, ayudando a un anciano, colaborando en las tareas del hogar, etc.

Memorización

Hable con su pastor o director de ministerios de la Escuela Dominical para que les den una participación especial en el culto. Prepare a los alumnos para que digan de memoria, frente a la congregación, el texto que aprendieron durante esta unidad.

Ayude a los más pequeños o a quienes tengan dificultades con el aprendizaje.

Para terminar

Anime a los principiantes a confiar en Dios en medio de los problemas. Recuérdeles que a través de todas estas lecciones aprendieron que el poder de Dios es mayor que cualquier otra cosa. Dígales que el poder del Señor está disponible para todos aquellos que confían en él y lo obedecen.

Recuérdeles que en la próxima unidad iniciarán el estudio de las lecciones sobre la Navidad. Anímelos a invitar a sus amigos a la clase.

✏️ Mis notas:

Año 3

Introducción – Unidad XII

LA HISTORIA DE LA NAVIDAD

Bases bíblicas: Mateo 1:18-25; 2:1-12; Lucas 1:26-38; 2:1-7; 2:8-20; Juan 3:16; 1 Juan 4:9.

Texto de la unidad: *De tal manera amó Dios al mundo, que ha dado a su Hijo unigénito, para que todo aquel que en él cree no se pierda, sino que tenga vida eterna* (Juan 3:16).

Propósitos de la unidad

Esta unidad ayudará a los principiantes a:

- ✘ Entender la importancia de obedecer a Dios.
- ✘ Comprender que todas las personas necesitan al Salvador: Cristo Jesús.
- ✘ Despertar en ellos un espíritu evangelístico.
- ✘ Comprender que a Dios le agrada la alabanza y la adoración de sus hijos.

Lecciones de la unidad

Lección 48: El regalo de la obediencia
Lección 49: El regalo de un Salvador
Lección 50: El regalo de la alabanza
Lección 51: El regalo de la adoración

Por qué los principiantes necesitan la enseñanza de esta unidad

Esta unidad le permitirá ayudar a los principiantes a entender que cuando obedecen a Dios las cosas les irán mucho mejor que cuando desobedecen. Que los consejos de Dios siempre son para bien del que los sigue.

A la par que desarrolla la explicación de la Navidad, podrá despertar en ellos el deseo de hablarles de Jesús a los amigos o familiares que no conocen al Señor. Pero no haciéndolo como quien recluta socios para un club, sino porque han entendido, primeramente, que las personas sin Dios están vacías, tristes y sin esperanza.

Y por último, esta unidad le provee una posibilidad maravillosa: inculcarles que Dios espera cada día poder estar con ellos y escuchar de sus labios palabras de adoración y de agradecimiento por tantas bendiciones que él derrama sobre sus vidas.

El regalo de la obediencia

Base bíblica: Mateo 1:18-25; Lucas 1:26-38
Objetivo de la lección: Que los principiantes deseen obedecer a Dios.
Texto para memorizar: *Porque de tal manera amó Dios al mundo, que ha dado a su Hijo unigénito, para que todo aquel que en él cree no se pierda, sino que tenga vida eterna* (Juan 3:16).

¡PREPÁRESE PARA ENSEÑAR!

"¿Qué regalo quieres para Navidad?", probablemente es una de las preguntas más frecuentes que escuchamos durante la época navideña. Las listas de peticiones y regalos que los niños hacen parecen interminables y cada día añaden algo nuevo.

Esta lección es la primera de cuatro en las que estudiaremos sobre "los regalos" que hubo en la primera Navidad. Con excepción de los obsequios (oro, incienso y mirra) que los sabios de oriente llevaron a Jesús, estos regalos no son materiales, sino parte de la adoración que debemos dar al Rey de reyes.

Nuestro mundo está lleno de regalos espectaculares de todas clases y estilos. El materialismo absorbe gran parte de la vida del ser humano. Esta época especial se ha convertido en un intercambio de obsequios costosos, pero que no llenan el vacío espiritual en el alma del hombre. Mientras prepara estas lecciones, pida al Señor que le ayude a enseñar a los alumnos el verdadero significado de la Navidad. Que todos puedan entender la importancia de valorar el regalo de amor que Dios hizo a la humanidad: Jesús, el Salvador del mundo.

COMENTARIO BÍBLICO

Usted escuchó la historia de Navidad tantas veces que ya le debe parecer monótona y corriente. Pero sabemos que no es así. Todavía es la historia espectacular que nos recuerda el sufrimiento y el triunfo del ser humano.

Jesús no llegó a una familia perfecta que esperaba un pequeño hijo varón, y cuyos padres esperaban que creciera para ser el Salvador del mundo. Por el contrario, Dios escogió a dos personas comunes, dos que ni siquiera estaban casados, para que cuidaran aquí en la tierra a su bebé. Dios los escogió, pero aun así tenían que aceptar la oferta de Dios. Y su obediencia no llegó sin esfuerzo, porque eran seres humanos, y el temor es parte de la condición humana. Estos dos incidentes en las Escrituras, nos muestran un patrón que nos ayudará a seguir la voluntad de Dios.

Lea Lucas 1:26-38. En el encuentro de María con el ángel Gabriel, ella escuchó un gran anuncio de Dios: sería la madre del único Hijo de Dios. La reacción de María fue una reacción natural de cualquier ser humano. No solamente la posibilidad de procrear un niño tan "especial", la llenó de pánico, sino que tampoco entendía cómo sucedería, siendo que todavía era virgen.

Gabriel pacientemente le explicó cómo haría Dios esto, por medio del Espíritu Santo. Aun le reveló otro milagro que Dios había hecho recientemente: su estéril prima Elizabet también estaba embarazada. Gabriel convenció a María que tenía un buen plan en mente y que era capaz de llevarlo a cabo. María creyó en el mensaje y aceptó su papel en el drama de su vida.

Lea Mateo 1:18-25. José tuvo la misma experiencia al poco tiempo. Cuando se confirmó el embarazo de María; él quiso hacer lo que era correcto. Para José, significó dejarla ir permanentemente porque esto le acarrearía a María la vergüenza pública, si él se casaba con ella en tal condición. José estaba preocupado por la reputación de María, porque él era un hombre recto.

Pero, en sueños, un ángel le explicó cómo todas esas cosas estaban dentro del plan de Dios para él, para María, y para todo el mundo. Cuando José se levantó, obedeció a Dios aceptando a María como su esposa.

Podemos ver este mismo patrón en nuestros esfuerzos por obedecer a Dios. Escuchamos la sorprendente demanda del evangelio, la cual atrapa nuestros corazones. Entonces nuestros miedos naturales surgen —miedo al cambio, miedo a lo desconocido— y nos hacen vacilar. Entonces el Espíritu nos enseña la verdad (Juan 14:26; 16:13). Nuestros miedos se aquietan, obedecemos y seguimos a Cristo. Seguidamente a nuestra salvación, este proceso se repite muchas veces mientras Dios nos pide que tomemos nuevos pasos de fe.

Maestro, ¿cómo podemos ayudar a los niños a aceptar este patrón de obediencia? De varias formas:

- ✗ Proclamamos las maravillosas historias de los Evangelios en formas que los niños puedan entender.
- ✗ Aconsejamos y consolamos a los pequeños cuando sufren y lloran.
- ✗ Nos mantenemos alertas al Espíritu Santo a medida que él les habla a los niños.
- ✗ Los ayudamos a entender el deseo de Dios de salvarlos y guiarlos por el resto de sus vidas.
- ✗ Guiamos a los niños a estar atentos para reconocer y aceptar el llamado de Dios y hacer un compromiso de seguir al Maestro.

Somos colaboradores con Dios en hacer que los niños, desde temprana edad, decidan obedecer al Señor.

DESARROLLO DE LA LECCIÓN

Le sugerimos que decore su salón con motivos navideños para hacerlo más llamativo a los principiantes. Recuerde que deben ser ornamentos que no distraigan su atención del verdadero significado de esta celebración.

¿Qué regalo quieres para Navidad?

Distribuya hojas blancas y lápices de colores para que los alumnos elaboren un dibujo sobre el regalo que quieren para esta Navidad.

Una vez que todos hayan terminado pídales que pasen al frente y expliquen el significado de su dibujo. Tome en cuenta lo que los alumnos hayan expresado como base para iniciar la presentación de esta clase.

Regalos importantes

Para esta actividad necesitará cuatro cajas forradas como regalo, cada caja deberá tener dentro una tarjeta con las siguientes palabras: Obediencia, Salvador, Alabanza y Adoración.

En cada clase de esta unidad, abrirá la caja que contiene el regalo sobre el que estudiarán la lección.

Reúna a sus alumnos frente a las cajas y pregúnteles: ¿Qué prefieren, dar o recibir regalos?, seguramente la mayoría responderán que prefieren recibir. Explíqueles que la Biblia dice que es más bienaventurado dar que recibir, y en esta serie de lecciones estudiarán qué regalos pueden ofrecer a Jesús.

Abra la caja que corresponde a esta lección y pídales que lean en voz alta lo que dice la tarjeta: Obediencia.

HISTORIA BÍBLICA

Reúna a sus alumnos para escuchar la historia bíblica y mantenga su Biblia abierta en Mateo 1:18-25.

El regalo de María y José

"El tiempo pasa muy rápido", pensaba María, "en solo unos meses, José y yo nos casaremos".

María era una mujer que amaba y obedecía a Dios. Vivía en un pueblo llamado Nazaret. Ella era novia de un joven carpintero llamado José.

Un día María estaba sentada en su casa, cuando de pronto frente a ella apareció un hombre vestido con una túnica brillante y resplandeciente.

"¿Quién podrá ser?", pensó María, "¿Será un ángel, un mensajero de Dios?"

El extraño personaje era el ángel Gabriel. María quedó paralizada por el temor.

—Saludos, María —dijo el ángel Gabriel—. No temas, Dios te ama mucho y está contigo —María sintió mucho miedo, sus ojos se abrieron de asombro y no dejaba de mirar al ángel Gabriel que estaba parado frente a ella—. Dios está complacido contigo y me envió a darte buenas noticias.

María escuchó con atención al ángel que le dijo:

—Muy pronto, algo especial ocurrirá contigo. ¡Tendrás un bebé! Y debes llamarlo Jesús. Él será un gran Rey. Será Rey por siempre y ayudará a mucha gente porque es el Hijo Dios.

María intentaba entender lo que el ángel decía, pero le pareció increíble.

—¿Cómo puede ser esto posible? —preguntó María.

—María, el bebé que nacerá será por el poder de Dios. Dios puede hacer cosas que nadie más puede hacer. Tú vas a tener al Hijo de Dios.

María confiaba en la soberanía de Dios, sabía que cumpliría su promesa y se sentía feliz por haber sido escogida para ser la madre de este bebé tan especial. Cuando el ángel se fue, María alabó y glorificó a Dios con todo su corazón.

Luego fue a buscar a José y le dijo todo lo que había ocurrido con el ángel. Pero José no se puso muy contento y aunque amaba mucho a su novia decidió que no se casaría con ella.

Sin embargo, esa noche mientras José dormía, el ángel del Señor se le apareció y le dijo:

—José, hijo de David, no temas tomar a María como tu esposa. El bebé que está esperando es fruto del Espíritu Santo. Ella tendrá un hijo y ustedes deben llamarlo Jesús porque él salvará al pueblo de sus pecados.

Cuando José se despertó, sabía lo que debía hacer. En vez de romper su compromiso con María decidió obedecer a Dios, así que se dirigió a ver a su novia.

—Yo también he visto al ángel de Dios —dijo José—, me casaré contigo.

María y José no entendían lo que estaba sucediendo, pero los dos amaban a Dios y querían obedecerlo siendo los padres terrenales del único Hijo de Dios: Jesús. Ellos serían parte de los planes de Dios para traer al Salvador del mundo.

¿Obedeces?

Entregue a sus alumnos dos tarjetas blancas o corten por la mitad una hoja. Deberán escribir en una *fácil* y en la otra *difícil*.

Conforme usted lea las siguientes oraciones, ellos deben levantar la tarjeta que represente la respuesta que desean dar.

Papá dice: "Sube al automóvil, vamos a comprar helados".

Mamá dice: "Hoy debes limpiar tu cuarto".

La maestra dice: "Termina toda la tarea para mañana".

Tu tío dice: "Te voy a llevar a jugar a la pelota al parque, si aprendes seis versículos bíblicos".

Tu abuelita dice: "No debes comer caramelos antes de la cena".

Tu papá dice: "Prométeme que no verás dibujos animados violentos mientras estás en casa de tu amigo Luis".

Tu maestra de escuela dominical dice: "No olvides hablar de Jesús a alguien durante esta semana".

Cuando hayan terminado, conversen sobre el

porqué es difícil obedecer algunas veces y otras no. Explíqueles que Dios desea que seamos obedientes a él aunque a veces nos resulte difícil.

El cubo de Navidad

Durante la semana, antes de la clase, haga un modelo del cubo/caja de regalo según las instrucciones del libro del Alumno.

Durante la clase reparta la hoja de actividad del libro del Alumno y guíe a los niños para que sigan las instrucciones para elaborar el trabajo manual. Déles tiempo para colorear, completar las palabras que faltan y armar la caja de regalo. Mientras trabajan, permita que hablen y repasen lo que aprendieron en la historia bíblica. Comenten sobre las palabras en el cubo.

Memorización

Elabore en hojas de papel grueso el contorno de varias cajas de regalo y decórelas con lápices de colores. Después escriba en ellas las palabras que forman el texto para memorizar de la unidad. Divida el texto en 8 tarjetas, como lo indican las barras [/]:

"Porque de tal manera/ amó Dios al mundo/ que ha dado a su Hijo unigénito/ para que todo aquel/ que en él cree/ no se pierda/ sino que tenga/ vida eterna" (Juan 3:16)/.

Esconda las tarjetas en el salón. Pida a los principiantes que las busquen y traten de acomodarlas en orden. Ayúdelos a organizar el versículo correctamente y repásenlo varias veces usando las tarjetas. Estas tarjetas le servirán para las cuatro clases de la unidad.

Para terminar

Asegúrese que sus alumnos recojan los artículos que utilizaron durante la clase y organicen el salón antes de irse. Despídanse en oración dando gracias a Dios por enseñarnos a obedecerlo.

Haga énfasis en la importancia de obsequiar a Jesús nuestra obediencia diaria como una muestra de nuestro amor por él. Recuérdeles que la próxima semana estudiarán sobre otro regalo que podemos ofrecer a Dios.

Lección 49

El regalo de un Salvador

Base bíblica: Lucas 2:1-7; Juan 3:16; 1 Juan 4:9

Objetivo de la lección: Que los principiantes comprendan por qué las personas necesitan al Salvador.

Texto para memorizar: *Porque de tal manera amó Dios al mundo, que ha dado a su Hijo unigénito, para que todo aquel que en él cree no se pierda, sino que tenga vida eterna (Juan 3:16).*

¡PREPÁRESE PARA ENSEÑAR!

Tal vez una de las tareas más difíciles para los maestros de los principiantes es ayudarlos a comprender por qué el regalo de Jesús como Salvador es tan especial. Para apreciar completamente a Jesús como Salvador, la persona debe tener un sentimiento de necesidad de ser salva. Para tener ese sentimiento, debe saber que pecó y arrepentirse.

Nosotros no podemos forzar a los niños a entender esta verdad espiritual antes que sean capaces de hacerlo. Sin embargo, podemos presentarles esta verdad y pedir al Espíritu Santo que hable a sus corazones y les brinde entendimiento aun a su corta edad. Esta lección ayudará a los alumnos a comprender por qué necesitan un Salvador y por qué el nacimiento de Jesús es tan especial. Algunos de esos niños pueden hacer una decisión personal si usted les habla sobre el plan de salvación hoy. Es probable que otros disfruten la historia bíblica, pero no acepten a Cristo, sin embargo, usted habrá plantado la semilla de verdad y el Espíritu Santo dará el crecimiento a su tiempo.

COMENTARIO BÍBLICO

Lea Lucas 2:1-7; Juan 3:16 y 1 Juan 4:9. Dar regalos es una de las tradiciones más arraigadas en la época navideña y en muchos casos se ha convertido en la parte central de la celebración. Sin embargo, la Escritura nos recuerda la importancia de esta celebración especial.

Juan 3:16 nos da el ejemplo perfecto sobre el mejor regalo de Navidad. El mundo entero puede recibir este hermoso regalo. Todo el que crea en el Hijo de Dios recibirá vida eterna. 1 Juan 4:9 nos habla de este mismo regalo, pero de una forma más personal: Dios mostrándonos su amor genuino a través de Jesucristo. Luego, en Lucas 2:1-7 encontramos el regalo especial de Dios: el bebé Jesús, el Salvador del mundo.

El gran amor de Dios manifestado al mundo es el mejor regalo de Navidad que las personas pueden recibir. La Biblia es clara al decirnos que... *"él salvará al pueblo de sus pecados".* Y nosotros, como receptores de ese regalo maravilloso, tenemos la misión de hacerlo llegar a todos aquellos que viven en tinieblas y sin esperanza.

Ore para que durante esta temporada navideña, el Señor le permita a usted y a los alumnos ser instrumentos de bendición para otros. Forme a los pequeños para que puedan alcanzar a otros y llevarlos a los pies de Cristo. Los niños también son parte del plan de Dios.

DESARROLLO DE LA LECCIÓN

Brinde la bienvenida a los alumnos, en especial a los que los visitan por primera vez. Tome sus datos para que se mantenga en contacto con ellos. Entonen coros de alabanza para iniciar.

Regalos importantes

Es tiempo de abrir la segunda caja de regalo, la que contiene la tarjeta que dice: Salvador.

Elija al alumno que haya llegado más temprano o que ya sepa el texto bíblico de memoria, para que abra la caja y lea la tarjeta en voz alta.

Después repasen brevemente lo que aprendieron sobre el regalo de la obediencia. Explíqueles que en esta clase estudiarán sobre el regalo más maravilloso de todos los tiempos.

Un bebé especial

Para esta actividad necesita artículos para bebé.

Colóquelos sobre la mesa y permita que los niños los vean y los toquen. Puede traer un muñeco para que los principiantes piensen en el bebé Jesús. Después pregúnteles: ¿Para qué usamos estos artículos? Escuche sus respuestas y conversen sobre los cuidados que los padres deben tener con los recién nacidos. Hable con los niños sobre la posibilidad de que María no tuviera agua limpia para lavar al bebé. Sin duda se escucharía el ruido de los animales, y se percibiría el olor típico de un establo. Así era el lugar donde nació el Salvador. Verdaderamente un lugar muy humilde. Si los niños quieren, usted puede llevar ropas para vestir a una niña que represente a María, otro a José y algunos pueden representar a los pastores. Dígales que en la clase de hoy escucharán una historia sobre un bebé muy especial.

¡Contaminado! (Mancha congelada)

Prepare su salón de clase para este juego, moviendo todos los muebles hacia una esquina. Necesita un área grande para que sus alumnos puedan correr (puede hacerlo en un patio).

Elija a un voluntario para que sea el "contaminado" que debe contagiar a los demás cuando los toca. El alumno que sea tocado deberá permanecer inmóvil, hasta que otro niño le de una palmada suave en la espalda y lo "descontamine". Cuando todos estén inmóviles se termina el juego y pueden iniciar nuevamente eligiendo a otro "contaminado".

Después de concluir el juego pregúnteles: ¿Por qué no se pueden mover cuando el "contaminado" los toca? (Porque estaban contaminados.) ¿Qué necesitaban para seguir en el juego? (Que alguien que no estuviera contaminado los toque.)

Realice la transición a la historia bíblica explicándoles que al igual que en el juego, en la vida real, todos estamos contaminados por el pecado y no podemos salvarnos a nosotros mismos, por eso, Dios ideó un plan para que seamos perdonados de nuestros pecados y podamos tenerlo a él en nuestros corazones. En la historia bíblica aprenderemos más sobre este plan especial.

HISTORIA BÍBLICA

Ubique a sus alumnos en el contexto de la historia. Es importante que comprendan que el nacimiento de Jesús se produjo en medio de circunstancias especiales e inesperadas.

Para visualizar la historia puede usar material didáctico. Si no tiene, elabórelo usted mismo o compre algunas figuras que se usan en los nacimientos tradicionales para representar a los personajes de la historia bíblica. Si desea puede fotocopiar la escena del libro del Alumno, agrandar las figuras, colorearlas, pegarles imán o franela en la parte de atrás, y usarlas en una chapa de metal o el franelógrafo.

El maravilloso regalo de Dios

Un mensajero del emperador romano César Augusto llegó en su caballo hasta un mercado en la ciudad de Nazaret, sacó un pergamino de su bolsa y comenzó a leer en alta voz para que todos escucharan:

Augusto César, el gran emperador realizará un censo, porque quiere contar a todas las personas que viven en su reino. Para esto, todos deben viajar a la ciudad donde nacieron.

El mensajero cerró el pergamino y se dirigió a otra ciudad para dar el mismo anuncio.

Habían pasado varios meses desde que el ángel apareció a María y a José. El bebé estaba por nacer muy pronto.

—Debemos ir a Belén —dijo José—, toda mi familia es de ahí.

—Mi familia también es de Belén —acotó María.

Ambos empacaron para el largo viaje. Necesitarían comida, agua y mantas para dormir. María también preparó algo de ropa que había hecho para el bebé. Los pañales serían muy necesarios. En ese entonces no había pañales desechables como el que todos ustedes usaron.

Era un camino muy largo para llegar a Belén. Finalmente llegaron cuando ya era de noche.

José se apresuró para buscar un lugar para descansar, María estaba muy cansada por el largo viaje y pronto nacería el niño. Sin embargo, todos los lugares de alojamiento y los mesones estaban llenos. Mucha gente estaba allí porque tenía que empadronarse debido al censo.

Por fin, llegaron al último lugar del pueblo y aunque estaba lleno, el mesonero les permitió quedarse en el establo.

Ese no era el lugar donde María se imaginó para que su hijo naciera. Su familia estaba muy lejos y no tenían ningún amigo o familiar cerca para ayudarlos, tampoco tenían una cama para descansar.

Sin embargo, esa noche, en un establo de Belén nació el bebé Jesús, el Salvador del mundo.

María tomó al bebé en sus brazos y lo limpió, después lo envolvió en las mantas que había llevado y lo puso en un pesebre lleno de paja limpia para que pudiera dormir.

Esa noche, Dios le brindó a la humanidad el mejor regalo de Navidad: Jesús, su único Hijo.

Después de la historia, pida a los niños que inclinen la cabeza y guíelos a repetir esta oración después de usted. Haga una pausa cada vez que encuentre este signo (/). Si lo desea, puede hacer una invitación más personal a cada alumno para entregar su vida a Cristo. Si los niños aceptan a Jesús, le sugerimos que dedique un poco de tiempo después de la clase para orar con ellos individualmente.

Querido Dios, gracias por amarnos. / Gracias por pensar en un plan perfecto para nosotros / y enviar a Jesús a la tierra. / Te alabamos y te adoramos Dios / por el regalo maravilloso / que nos diste a través de tu Hijo Jesús, / nuestro Salvador. / Amén.

ACTIVIDADES

El nacimiento de Jesús

Entregue a cada niños el libro del Alumno abierto en la lección 49, tijeras y cinta adhesiva.

Antes de la clase lea cuidadosamente las instrucciones y sígalas paso a paso para preparar el establo donde nació Jesús.

Ayude a los principiantes a realizar su trabajo manual y haga preguntas sobre la lección, para repasar la historia, mientras trabajan. Anímelos a usar la escena del nacimiento de Jesús. Dígales que cuenten a sus amigos y familiares sobre lo que aprendieron en esta clase.

Memorización

Use las tarjetas que elaboró la semana pasada con el versículo bíblico.

Péguelas en la pizarra para que los niños lean el texto un par de veces, después vaya quitándolas una por una, hasta que la pizarra quede vacía y ellos digan el pasaje completo de memoria.

Si lo desea y el tiempo se lo permite, pida a algunos voluntarios que pasen al frente y digan de memoria el versículo.

Para terminar

Ponga especial atención en los que oraron aceptando a Jesús y explíqueles la importancia de este paso de fe.

Anímelos a seguir asistiendo a la clase para aprender más sobre los regalos que ofrecemos a Dios.

Déles tiempo para conocer sus pedidos de oración y que intercedan unos por los otros antes de despedirse.

Lección 50

El regalo de la alabanza

Base bíblica: Lucas 2:8-20
Objetivo de la lección: Enseñar a los principiantes sobre la importancia de contar a otros las Buenas Nuevas de Jesús.
Texto para memorizar: *Porque de tal manera amó Dios al mundo, que ha dado a su Hijo unigénito, para que todo aquel que en él cree no se pierda, sino que tenga vida eterna* (Juan 3:16).

¡PREPÁRESE PARA ENSEÑAR!

Es común que para algunos de los alumnos el concepto de ser "testigos de Cristo", sea un poco difícil de entender. Muchos principiantes son tímidos y les cuesta contar a otros sobre su fe, sobre todo si viven en una sociedad en donde las creencias son completamente opuestas a lo que ellos aprendieron, en clase o en sus hogares cristianos.

Esta lección los ayudará a aprender sobre el gozo que los pastores sintieron cuando conocieron a Jesús, y la forma en que contaron estas Buenas Nuevas a otras personas.

Los pastores no tenían mucho que ofrecer a Jesús y tal vez los alumnos se sientan de la misma forma. Ayúdelos a comprender que pueden dar a Jesús lo mismo que los pastores le ofrecieron en el pesebre: su alabanza, entusiasmo y deseo de contar a otros las buenas noticias del Hijo de Dios.

COMENTARIO BÍBLICO

Lea Lucas 2:8-20. Hay historias que podríamos oír una y otra vez sin cansarnos y este es el caso de este pasaje bíblico.

Esta parte de la historia de la Navidad nos revela el evento más grandioso que ocurrió en la historia de la humanidad: el nacimiento del Salvador del mundo. Sin embargo, no es una simple narración sobre ese evento, sino que nos explica el significado de lo que ocurría. No era tan solo el nacimiento de otro bebé judío, era la llegada del Mesías, el ungido de Dios, que había sido enviado a llevar las Buenas Nuevas a los pobres (Lucas 4:18).

El Mesías también traería libertad a los cautivos y daría vista a los ciegos. Definitivamente el nacimiento de Jesús cambió por completo la historia de la humanidad, y el mundo ya no sería el mismo.

Sin embargo, Dios escogió a unos humildes pastores para dar las Buenas Nuevas. El Evangelio de Lucas es el único que nos narra la visita que los ángeles hicieron a los pastores. Estos hombres humildes fueron los primeros en saber que Dios cumplió su promesa, y que el Mesías escogido, ya estaba en la tierra para cumplir su misión.

Lucas nos explica claramente que Dios puso sus ojos en esos humildes y despreciados pastores para anunciar el nacimiento de su Hijo. Con esto, estableció que la Buenas Nuevas eran para todo el mundo, desde el más rico y poderoso hasta la criatura más pobre y pequeña.

Los pastores no se hicieron esperar, y llenos de gozo se apresuraron para ir a Belén a conocer al nuevo Rey. Pero no solo eso, sino que dieron a todos las Buenas Nuevas. La forma espontánea de creer y la respuesta de los pastores, es un ejemplo para nosotros hoy. Debemos dar toda nuestra alabanza a Dios porque Jesús, su Hijo vino a vivir con nosotros, vino a morir por nosotros, y fue a preparar un lugar para nosotros. ¡Ese es el mejor regalo que podemos dar a aquellos que no conocen las Buenas Nuevas de Cristo Jesús!

DESARROLLO DE LA LECCIÓN

Oren dando gracias a Dios por la oportunidad de reunirse una vez más a estudiar su Palabra. Salúdense unos a otros. Entonen un coro de alabanza e inicien el estudio de la lección.

Regalos importantes

Abran la tercera caja de regalo. Al igual que la clase pasada, puede elegir a un voluntario que haya mostrado un buen comportamiento o aprendizaje. Hablen sobre los otros dos regalos que estudiaron y dígales que en la clase de hoy aprenderán sobre otro obsequio muy especial que un grupo de hombres dio a Jesús.

¿Qué hace un pastor?

Con anticipación invite a un joven de su congregación para que se disfrace de pastor de ovejas, como en los tiempos bíblicos.

Pídale que hable a los niños sobre las tareas que un pastor desempeña, por ejemplo, cuidar las ovejas, defenderlas de los animales, buscar el alimento y el agua para su rebaño, contarlas por las noches, etc.

Permita que sus alumnos le hagan preguntas antes de pasar a la siguiente actividad.

HISTORIA BÍBLICA

Busque a dos jóvenes para que le ayuden a representar la siguiente escena. Saque fotocopias de esta página para que sus invitados tengan tiempo de estudiar la parte que les asignó. Puede colocarles túnicas como en los tiempos de Jesús. También puede utilizar títeres.

El regalo de los pastores

Zetro: —¡Miriam, Miriam ven rápido!

Miriam: —¿Qué sucede, Zetro? ¿Qué te pasó? No esperaba que llegaras a casa sino hasta dentro de tres días.

Zetro: —Miriam, tengo algo que decirte, ¡ha pasado algo maravilloso!

Miriam: —¡Cuéntamelo todo!

Zetro: —Anoche mientras cuidábamos las ovejas en el campo sucedió algo maravilloso.

Miriam: —¡Apresúrate, dime, qué pasó!

Zetro: —¡Ángeles!

Miriam: —¿Ángeles? Zetro, ¿tienes fiebre? (le toca la frente) ¿estás enfermo?

Zetro: —¡No, no, no Miriam! Te estoy diciendo la verdad. En medio de la noche aparecieron ángeles con vestiduras resplandecientes y todos estábamos muy asustados.

Miriam: —Yo también hubiera estado muy asustada.

Zetro: —Entonces un ángel se apareció ante nosotros y nos dijo: "No teman, porque traigo Buenas Nuevas para todo el pueblo. Hoy en la ciudad de David, ha nacido el Salvador que es Cristo el Señor. Esto les servirá de señal, hallarán al niño acostado en un pesebre envuelto en pañales junto a su madre María".

Miriam: —¿Y luego? ¡Cuéntame más rápido... qué emoción... y qué susto!

Zetro: —Entonces el cielo se llenó de cientos de ángeles que alababan a Dios y decían: "Gloria a Dios en las alturas y en la tierra paz a los hombres de buena voluntad".

Miriam: —¿Y qué significa eso?

Zetro: —Eso iba a explicarte. Cuando los ángeles se fueron, nos apresuramos y fuimos hasta Belén para ver lo que sucedió y el Señor nos había dicho. ¡Y justo como nos dijo el ángel, encontramos en un establo al bebé! ¡Un establo! ¿Puedes creer? ¡Pobrecito, estaba acostado en un pesebre! ¡Había animales en el establo y también estaban sus padres, María y José! ¡El olor no era muy bueno... era un establo! Pero el bebé tenía ropa muy limpia. Su carita era preciosa y sus mejillas rosadas.

Miriam: —¿De verdad? Me parece imposible de creer. ¿Me estás diciendo la verdad?

Zetro: —También para nosotros fue increíble, pero todo sucedió tal como el ángel nos lo dijo. Aunque todavía no entiendo porqué el Mesías nació en un establo, en vez de un palacio con una hermosa cuna de oro y mantas bordadas.

Miriam: —Yo tampoco entiendo eso.

Zetro: —Sin embargo, sentimos en nuestro corazón que ese bebé es el Hijo de Dios. Nos arrodillamos frente a él para adorarlo. Después nos fuimos de prisa porque teníamos que contar a todos estas buenas noticias. ¡Qué privilegio contar que llegó el Salvador, el prometido de Dios! ¡Qué privilegio que los ángeles nos dieran esa hermosa noticia… a nosotros, unos humildes pastores!

Fuimos por todo el pueblo de Belén adorando a Dios y contando lo que vimos y escuchamos.

Miriam: —Zetro, aún no puedo creerte. Tú solo eres un humilde pastor. ¿Por qué Dios te daría un honor tan grande?

Zetro: —No lo sé Miriam. Pero sí sé que vi al prometido de Dios, al Mesías, a mi Salvador, y tengo que decírselo a todos. Mi voz no es tan hermosa como la de los ángeles, pero quiero usarla para adorar a Dios siempre. Quiero dar las Buenas Nuevas a todas las personas. ¡Ese es mi regalo para Dios!

ACTIVIDADES

Contemos las Buenas Nuevas

Entregue a sus alumnos tiras de papel para que escriban algunas formas de contar las Buenas Nuevas a otras personas. Cuando hayan terminado, peguen las tiras en una cartulina para formar un mural y colóquenlo en un lugar visible del salón. De esta manera recordarán que es importante contar a otros sobre el nacimiento de Jesús.

Aquí le sugerimos las siguientes ideas:

✘ Invitar a nuestros amigos al servicio de Navidad.

✘ Enviar una tarjeta navideña con un mensaje sobre Jesús.

✘ Visitar los hospitales para relatar la historia del nacimiento de Jesús, a los niños que están enfermos.

Le proponemos que como proyecto de clase, cada uno elabore una tarjeta navideña y la envíe a un familiar o amigo que no conozca de Cristo.

Los pastores

Distribuya los libros del Alumno, y pida a los principiantes que los abran en la página que corresponde a esta lección.

Reparta las tijeras y déles tiempo para que recorten las figuras de la Sección Recortable y las peguen en los espacios que corresponden.

Mientras trabajan conversen sobre lo que se imaginan que sintieron los pastores cuando recibieron la visita de los ángeles.

Cantos de Navidad

Dirija un tiempo de coros navideños y acompáñense con instrumentos, aquí le proponemos una sencilla forma de fabricarlos.

Necesita: latas o botes de conserva vacíos de diferentes tamaños, semillas, botones, y piedras pequeñas. Pida a los niños que coloquen las semillas o piedras dentro de las latas. Entregue hojas de papel o de aluminio para que hagan una especie de tapa. Enséñeles cómo pegar con cinta adhesiva el papel. Ya están listas las sonajas.

Si tienen instrumentos de ritmo en su iglesia, no dude en usarlos, y dediquen un tiempo de alabanza para celebrar el nacimiento de Jesús. Explique a sus alumnos que una forma de alabar a Dios es a través de nuestros cánticos, igual como lo hicieron los ángeles la noche que Jesús nació.

Memorización

Antes de la clase, esconda las tarjetas que utilizó la lección anterior. Indique a los niños que las busquen. Después pídales que acomoden el versículo en orden y lo digan en voz alta. Si desea puede hacer dos o más juegos de tarjetas con la figura de cajas de regalo. Esto le ayudará para dividir la clase en dos o más grupos.

Para terminar

Formen un círculo de oración e intercedan por las necesidades de cada uno. Luego anímelos a aprovechar esta temporada navideña para seguir el ejemplo de los pastores. Pídales a los niños que cuenten a otros la historia del nacimiento de Jesús. Dígales que cuenten del plan perfecto de Dios, para salvar a la humanidad de sus pecados.

Despídanse entonando un coro de alabanza. Invítelos a la clase de la próxima semana para descubrir el último regalo.

✎ **Mis notas:**

El regalo de la adoración

Base bíblica: Mateo 2:1-12
Objetivo de la lección: Que los principiantes deseen y busquen formas de adorar a Jesús.
Texto para memorizar: *Porque de tal manera amó Dios al mundo, que ha dado a su Hijo unigénito, para que todo aquel que en él cree no se pierda, sino que tenga vida eterna* (Juan 3:16).

¡PREPÁRESE PARA ENSEÑAR!

¿Los niños pueden adorar a Dios? ¡Por supuesto que sí! Muchas veces pensamos que son incapaces de concentrarse en una actitud de adoración, sin embargo, aun con su dinamismo y exceso de energía, los alumnos tienen la capacidad de aprender a adorar a Dios.

Adorar no significa solamente cantar con nuestros ojos cerrados y las manos levantadas, adorar es una actitud del corazón, que nace del amor que sentimos por Dios.

Use esta lección para enseñar a los pequeños el ejemplo de los sabios de oriente, quienes viajaron muchos kilómetros para ofrecer, no solamente regalos materiales, sino su adoración y devoción al Rey de reyes.

Ayúdelos a comprender que la verdadera adoración nace del corazón. Dígales que Dios se complace cuando nos humillamos ante él. Contrario a lo que sucede en estas fechas, cuando todos esperan recibir algo, los principiantes aprenderán hoy, que Dios desea que demos a Jesús nuestro sincero regalo de adoración.

COMENTARIO BÍBLICO

Lea Mateo 2:1-12. Una estrella brillante en el cielo fue lo que llamó la atención de los sabios orientales. No era una estrella común y corriente, nunca antes la habían visto aparecer, y parecía indicarles algo. Pero, ¿qué era? ¡Era el cumplimiento del plan de Dios para la humanidad!

Dios había cumplido su Palabra y el Mesías estaba por nacer.

La Biblia no nos dice cuántos eran los hombres que llegaron a visitar a Jesús y tampoco cuáles eran sus nombres. La tradición nos dice que eran tres, por la cantidad de regalos que ofrecieron al Señor.

También sabemos que llegaron a Jerusalén desde el oriente y fueron a buscar al rey Herodes para preguntarle: *"¿Dónde está el rey de los judíos que ha nacido? Porque su estrella hemos visto en el oriente y venimos a adorarlo"* (Mateo 2:2).

Herodes, inmediatamente convocó a los sacerdotes y escribas del pueblo para investigar dónde había de nacer el Cristo. Después de algunas deliberaciones y cálculos, le informaron que sería en Belén de Judea, como lo escribió el profeta Miqueas.

Herodes llamó a los sabios secretamente para indagar el tiempo de la aparición de la estrella, y los mandó a Belén a buscar al bebé. Les dijo que cuando lo encontraran se lo hicieran saber, para que él también fuera a adorarlo.

Cuando los magos encontraron a Jesús, se postraron para adorarlo y le ofrecieron simbólicos presentes: oro, incienso y mirra. Sin embargo, tuvieron una revelación en un sueño. El Señor les indicó en la revelación que no regresaran a ver a Herodes nuevamente. Los tres magos fueron a su tierra por otro camino. Dios conocía que los planes de Herodes eran siniestros.

Estos hombres nos dan un ejemplo, no solamente de obediencia al dejar su tierra y emprender un viaje para buscar a Jesús, sino de entrega y adoración ante el Salvador del mundo.

Pero no todas las personas responden como los magos lo hicieron. Algunos reaccionan al anuncio de Jesús como lo hizo Herodes, con odio y hostilidad. Herodes es un buen ejemplo; pensó en Jesús como un rey quien competiría con él por el poder. Esa fue la razón que lo llevó a decir que luego iría a adorarlo; pero la verdad fue otra, quería matarlo. Otros responden a Jesús con indiferencia. El típico ejemplo de tantos escribas y fariseos que ignoraron a Jesús durante sus años de ministerio. Pero los magos respondieron a Jesús con verdadera adoración. En esa categoría es en la que todos deseamos estar. Pidamos al Señor que nos ayude a ser "verdaderos adoradores" de Cristo Jesús.

DESARROLLO DE LA LECCIÓN

Al ser esta la última lección de la unidad y del año, le sugerimos que prepare una sencilla fiesta navideña. El motivo principal será celebrar al bebé de Belén, Jesús. También será para agradecer a los alumnos por la asistencia y participación durante todo el año.

Será necesario que prepare los libros, manualidades y el material que los pequeños llevarán a casa. Hoy podrán llevar su frasco con los Textos Dulces. Pídales que peguen el último dulce (caramelo) en el frasco. Dígales que sigan recordando y memorizando los textos bíblicos. Sugiérales que repitan los pasajes a sus padres, abuelos y amigos.

Regalos importantes

Hoy es el día para abrir el último de los cuatro regalos. Repasen brevemente lo que aprendieron las tres lecciones anteriores y abran la cuarta caja para descubrir la tarjeta que dice "adoración".

Mencione a los principiantes que en esta clase estudiarán sobre otro regalo que pueden hacer a Jesús.

Tres regalos para un Rey

Consiga tres cajas pequeñas, del tamaño de la palma de una mano envueltas para regalo, y guarde en el interior de cada caja una tarjetita que diga: oro, incienso y mirra.

Esconda las tres cajas en el salón y pida a los alumnos que le ayuden a encontrar los tres regalos que unos hombres sabios le llevaron a Jesús cuando era un bebé.

Déles unos minutos para que busquen las cajitas y las traigan al frente. Después elija tres voluntarios para que lean las tarjetas en voz alta. Use esta actividad como introducción a la historia bíblica de hoy. Al abrir las pequeñas cajas y leer lo que dicen las tarjetas, explique el significado de cada regalo que trajeron los magos:

Oro: fue el perfecto regalo para un Rey. Jesús era el Rey de reyes y Señor de señores.

Incienso: fue el regalo perfecto para un Sacerdote. Jesús era el Sumo Sacerdote.

Mirra: el perfecto regalo para alguien que iría a la muerte. La ofrenda Perfecta. Jesús iría a la cruz a morir por nosotros.

HISTORIA BÍBLICA

Prepare algún material visual para ilustrar el contenido de la lección. Use figuras para franelógrafo u otras ilustraciones para captar la atención de los alumnos.

Regalos de los hombres sabios

Hace mucho tiempo, en un lugar muy lejano vivían unos hombres sabios. Eran estudiosos de las estrellas. Una de esas noches, observaron algo diferente en el cielo, una estrella muy grande y brillante había aparecido.

—Esta estrella significa que un bebé especial ha nacido —dijeron los sabios—. Este bebé es un Rey muy importante, ¡vamos a adorarlo!

Los hombres sabios subieron a sus camellos y emprendieron el largo viaje.

—Debemos llegar a Jerusalén —dijo uno de ellos—. La gente de ahí nos dirá dónde encontrar al nuevo Rey.

Cuando llegaron a la ciudad, se dirigieron al palacio real para hablar con el rey Herodes, quien gobernaba Jerusalén.

—¿Dónde está el nuevo Rey que ha nacido? Porque su estrella hemos visto y venimos a adorarlo —dijeron los sabios.

El rey Herodes se puso muy nervioso cuando oyó esto y reunió a los sacerdotes principales y a otros hombres estudiados y les preguntó:

—¿Dónde tiene que nacer el nuevo Rey?

—En Belén de Judea, la ciudad de David —respondieron—. El profeta Miqueas lo escribió. Mucho

tiempo antes del nacimiento de Jesús, Dios escogió a hombres fieles para anunciar al pueblo que enviaría a su Hijo al mundo, como un Rey especial.

Los hombres sabios tomaron sus camellos y comenzaron el viaje hacia Belén. La estrella brillante que habían visto los guió conforme avanzaban.

Después de un rato, la estrella se detuvo sobre el establo donde estaba el niño Jesús. ¡Los sabios se pusieron muy felices!

Cuando entraron en el establo, vieron a Jesús con su madre María y se arrodillaron para adorarlo.

—Este es el nuevo Rey —proclamaron muy emocionados.

Los sabios le dieron a Jesús tres regalos especiales: oro, incienso y mirra.

Al poco tiempo, debieron regresar a su tierra, el viaje sería muy largo, pero eso ya no era tan importante. Estaban muy felices, por que habían conocido a Jesús, el Hijo de Dios, el Salvador esperado. Y estaban felices que pudieron llevarle sus regalos de adoración al bebé de Belén, al Rey de reyes.

ACTIVIDADES

Decoremos el árbol

Necesitarán cartulina o papel grueso de color verde, tiras de papel marrón (color café) para el tronco, tijeras, pegamento, colores. Pida a un voluntario que reparta los libros de trabajo. Solicite a los principiantes que los abran en la página de la lección 51 y sigan las instrucciones para realizar la actividad. Distribuya los materiales que necesiten y ayude a los más pequeños.

Aproveche este momento para repasar con ellos lo que aprendieron a lo largo de estas cuatro lecciones sobre la historia de la Navidad.

Una estrella escondida

Haga un corte en medio de una manzana y muestre a sus alumnos la estrella que se forma en el centro cuando la parten por la mitad. Dígales que algunas personas piensan que esta estrella es un recordatorio de aquella que guió a los hombres sabios hasta donde se encontraba Jesús.

Nos alegramos que Dios haya enviado esa estrella especial. Es una muestra de que Jesús no solamente es el Rey de los judíos, sino también nuestro Rey.

Los magos que viajaron del oriente hasta Belén fueron las primeras personas no judías en adorar a Jesús.

Si tiene suficientes manzanas, compártalas con sus alumnos.

Memorización

1. Organice una participación especial de los alumnos que hayan aprendido el texto bíblico completo y entrégueles sencillos premios para estimularlos a seguir estudiando y aprendiendo la palabra de Dios.

166

2. Si hay niños que recuerdan todos los versículos bíblicos del año, será emocionante que puedan tener un tiempo especial y recitar los versículos delante de la congregación. Para esto, pida al pastor que le dé la oportunidad para presentar a su clase y a los niños que aprendieron todos los textos. Usted puede entregar certificados de reconocimiento a los niños que participen.

Para terminar

Den gracias a Dios por este año de estudio que terminó y también por el hermoso regalo de la Salvación que nos dio a través de Jesucristo. Anime a los niños a seguir adelante en su vida cristiana confiando en Jesús, como su Salvador personal.

Pregúnteles cuáles serán los regalos que ellos le darán a Jesús en esta Navidad. Comience usted contando a los niños cuál será su regalo o regalos especiales para Jesús:

✗ Tiempo: al enseñar la clase, tiempo de preparación, asistencia a los servicios, etc.

✗ Oración personal y pública

✗ Consagración: toda su vida

✗ Ofrendas: dinero, talentos

✗ Adoración: cantos de alabanza, contar las Buenas Nuevas, testificar de Jesús.

Ore por cada uno de ellos y recuérdeles la importancia de buscar a Dios siempre. No olvide entregarles sus libros del Alumno y los trabajos que hayan realizado en clase.

✎ *Mis notas:*

www.ingramcontent.com/pod-product-compliance
Lightning Source LLC
Chambersburg PA
CBHW081511040426
42447CB00013B/3192